U0527783

讲给大家的《孟子》

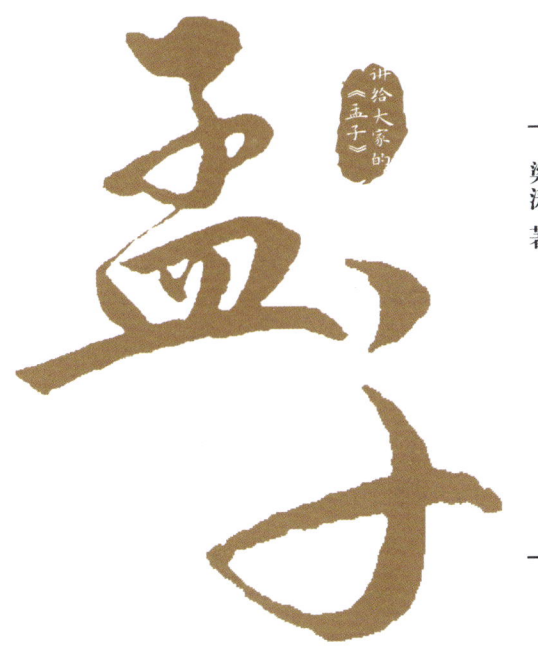

梁涛 著

乱世的抗争

孟子

广州新华出版发行集团
广州出版社
GUANGZHOU PRESS

图书在版编目（CIP）数据

乱世的抗争：讲给大家的《孟子》/ 梁涛著 . —广州：广州出版社，2024.5
　ISBN 978-7-5462-3739-8

　Ⅰ . ①乱⋯　Ⅱ . ①梁⋯　Ⅲ . ①《孟子》—研究　Ⅳ . ① B222.55

中国版本图书馆 CIP 数据核字（2024）第 066005 号

书　　　名	乱世的抗争：讲给大家的《孟子》 Luanshi de Kangzheng：Jianggei Dajia de Mengzi
著　　　者	梁　涛
出版发行	广州出版社 （地址：广州市天河区天润路87号广建大厦9、10楼 邮政编码：510635　网址：www.gzcbs.com.cn）
策划编辑	何　旻
责任编辑	司丽丽
责任校对	王俊婕　窦兵兵
印刷单位	三河市祥达印刷包装有限公司 （地址：三河市杨庄镇杨庄村　邮政编码：065200）
规　　　格	880 mm × 1230 mm
开　　　本	1/32
印　　　张	16
字　　　数	358 千
版　　　次	2024年5月第1版
印　　　次	2024年5月第1次
书　　　号	ISBN 978-7-5462-3739-8
定　　　价	88.00元

发行专线：（020）38903520　38903521
如发现印装质量问题，影响阅读，请与承印厂联系调换

目录

第一讲	为什么要读《孟子》	-001
第二讲	孟子是怎样成为"亚圣"的	-027
第三讲	说邹穆公与初次游齐	-053
第四讲	交游匡章与宋国的经历	-081
第五讲	见梁惠王与再次游齐	-115
第六讲	当今之世,舍我其谁	-140
第七讲	孟子性善之谜	-170
第八讲	为什么说"孟子道性善""功不在禹下"	-188
第九讲	我善养吾浩然之气	-215
第十讲	知言与赞美孔子	-242
第十一讲	从"民主"到民本	-267
第十二讲	从民本到民主	-293
第十三讲	井田与仁政	-333
第十四讲	王道与义利之辨	-366
第十五讲	父亲杀了人,儿子怎么办	-407
第十六讲	与告子的辩论	-433
第十七讲	事天与立命	-463

第一讲

孟子

为什么要读《孟子》

乱世的抗争——讲给大家的《孟子》

学习儒学,大家可能会首先想到两个人:孔子和孟子。孔子是儒学的创立者,生活在春秋末年。孟子生活于战国中晚期,是孔子的仰慕和追随者,他继承、发展了孔子的仁学思想,提出了性善、仁政、民本等一系列观点,将儒学发展到一个新的高度。传统社会后期,人们常用"孔孟之道"指称儒学,孟子被尊奉为"亚圣",是儒学史上仅次于至圣孔子,排名第二位的圣人。由孟子及其弟子编纂的《孟子》一书,同样是传统文化的重要经典,宋代以后,《孟子》与《论语》《大学》《中庸》被编订为"四书",成为儒学的核心经典,在历史上产生了深远影响。大家学习国学,喜欢请老师推荐书籍,如果推荐五部传统经典的话,我一定会选《孟子》。选四部,也应该有《孟子》。选三部,咬咬牙,也可以选入。推荐两部,那可能选不进去了。如果只推荐两部,我会选《论语》和《老子》,它们应该更重要一些。不过能稳进前五名,挤进前三名,已足以说明《孟子》地位之重要,是必读的传统经典。其实先秦儒学史中还有一位重要人物——荀子。他有自己的著作《荀子》,但与孟子的地位不断上升形成对比,荀子的地位却在不断下降,其牌位甚至在明代被请出了孔庙,清代有学者试图重新肯定荀子的地位,章太炎尊称荀子为"后圣",但始终没有得到普遍认可。儒家十三经中,有《孟子》而无《荀子》。孟子和荀子均是孔子之后儒家的重要学者,对儒家思想的

第一讲 为什么要读《孟子》

发展都做出过重要贡献,但评价反差如此之大,是一个值得重视的文化现象,同时也说明孟子在传统社会的影响更大,地位也更高。所以学习传统文化,《孟子》是必读的经典。

孟子为什么会受到后世学者的重视,在历史上产生如此大的影响呢?这是因为,孟子思想是中国文化中的清流,是中华民族的精神脊梁。任何一个民族的文化都会有精华、糟粕,有清流、浊流,但孟子思想无疑是传统文化精华相对集中的部分,是中国文化的一道清流。孟子诞生于诸侯混战、民不聊生的战国中晚期,他以新兴社会阶层"士"的身份登上历史舞台,希望以仁政、王道启发、教导君主,"以不忍人之心,行不忍人之政"(《孟子·公孙丑上》3.6),通过"格君心之非"(《孟子·离娄上》7.20),纠正国君思想的错误,"一正君而国定矣"(同上),纠正国君而使国家达到安定。对于民众的利益,他大声呼吁、呐喊;对于暴君污吏的"残民""害民"之举,他猛烈抨击和批判。因此,孟子是士人的良知,是民众的代言人,同时又是君主的规劝和批判者。孟子的思想不仅培育了古代士人为民请命、舍身求法的优秀品质,同时也塑造了中华民族"穷则独善其身,达则兼善天下"(《孟子·尽心上》13.9)的精神追求。孟子的性善说深刻影响了中华民族的民族心理,形成有别于其他民族的积极乐观、刚健有为的人生态度。孟子倡导的"浩然之气""大丈夫"精神,塑造了中华民族"威武不能屈,富贵不能淫,贫贱不能移"的高尚伟岸人格。孟子的民贵君轻说、以德抗位说,成为人们反抗专制强暴的理论武器。孟子的民本、仁政说在历史上对改善民生、缓解社会矛盾起到积极作用。每当社会矛盾尖锐、紧张的时候,孟子的思想就会被人们重新提起,并赋予新意。孟子对于中国文化的影响，深且大矣！

一、孟子其人

孟子曾提出要"知人论世"，那么，孟子是个什么样的人？生活在什么时代？司马迁在《史记·孟子荀卿列传》中对孟子的生平有一个简短的介绍，为我们了解孟子其人提供了重要材料。

> 孟轲，邹人也。受业子思之门人。道既通，游事齐宣王，宣王不能用。适梁，梁惠王不果所言，则见以为迂远而阔于事情……天下方务于合从连衡，以攻伐为贤，而孟轲乃述唐、虞、三代之德，是以所如者不合。退而与万章之徒序《诗》《书》，述仲尼之意，作《孟子》七篇。

其实司马迁的记载是有讹误的，比如他说孟子先游事齐宣王，后见梁惠王就不准确，实际情况是孟子见梁惠王在前，游事齐宣王在后。不过讹误的是细节，抓住的则是重点，司马迁寥寥几笔，把孟子生平的重要信息都作了交代。从这一点看，《孟子荀卿列传》仍不愧是出自史圣的手笔。根据司马迁的介绍，"孟轲，邹人也"。孟子，姓孟名轲，是战国时邹国人。邹国在哪里？在今天山东邹城，《左传》中称邾国，也称邾娄，邾娄快读就是邹。邹国与鲁国相邻，孟子曾感叹："近圣人之居，若此其甚也。"（《孟子·尽心下》14.38）就是说自己与孔子的家乡曲阜非常之近。现在曲阜有高铁站，出了车站乘车半个小时就到了邹城。曲阜与邹城之间正在修建空中云轨，如果开通，至圣与亚圣的故乡就连在一起，大家去两地旅游，交通就更便利了。说到邾国，就不能不说到春秋时期的邾文公，他是邾国历史上的著名人物，对孟子产生过重要影响。据《左传·文公十三年》（前614）记载，邾文公准备迁都于绎，也就是今天邹城附近，为此进行占卜，结果是有利于民，而不利于君。邾文公说："苟利于民，孤之利也。天生民而树之君，以利之也。民既利矣，孤必与焉。"民众的利益，也就是我的利益。上天生下民众，为他们选立一个君主，就是为了给他们带来利益的。民众既然得到了利益，我难道没有利益吗？当然也得到利益了。当时邾文公已经在位五十一年，年事已高，经不起迁都的劳顿。故身边的人劝说他：如不迁都，还可以多活几年，还是不要迁都了吧！文公说："命在养民。死之短长，时也。民苟利矣，迁也，吉莫如之！"国君的使命在于养民，这里的"命"是使命的意思，指天之所命。至于寿命的长短，那是时运。既然对民众有利，那就迁都吧，我看没有比这更吉利的了。"遂迁于绎。五月，邾文公卒。"迁都不久，邾文公就去世了。当国君的利益与民众的利益发生冲突时，邾文公毅然选择了后者，认为国君的利益是从属于民众利益的，民众既然得利，君主自然也有利，这是一种民本思想。我们读《孟子》，读到"民为贵，社稷次之，君为轻"时，可能会感到诧异，孟子为何会有这样进步的思想呢？其实中国古代是有民本思想传统的，这个我们后面会专门来讲。邾文公就是孟子之前民本思想的一个代表人物，了解了邾文公，再来看孟子的民贵君轻，是不是就容易理解一点了呢？

"受业子思之门人。"这是司马迁提供给我们的另一个重要信息。子思，姓孔名伋，是孔子的孙子、孔鲤的儿子。孔鲤资质平平，先孔子而卒，《论语》中有关于他的记载。如《论语·季氏》记载孔鲤的话：

> （孔子）尝独立，鲤趋而过庭。曰："学《诗》乎？"对曰："未也。""不学《诗》，无以言！"鲤退而学《诗》。他日，又独立，鲤趋而过庭。曰："学礼乎？"对曰："未也。""不学礼，无以立！"鲤退而学礼。

有一天，孔子独自站在庭院里，孔鲤看到父亲，想快步走开，"趋"是快走的意思。孔子喊住他：stop，你学《诗》了没有？孔鲤回答：还没学呢。孔子很生气："不学《诗》，无以言。"不学《诗》，你连话都不会说。孔鲤受到父亲的训斥，转身就去学《诗》了。《诗》就是后来的《诗经》，也称《诗三百》。《诗》在孔子以前就存在了，不过今天我们看到的《诗经》经过了孔子的整理。孔子为什么说"不学《诗》，无以言"呢？这与古代的诗教传统有关。古代贵族重视文化修养，遇到事情不是直白去说，而是通过引《诗》来表达自己的想法，这样才显得有水平。这就好比朋友外出游玩，看到夕阳余晖，孤雁翱翔，有文化的会说："落霞与孤鹜齐飞，秋水共长天一色。"而没文化的则说："天哪，好大的鸟！"又比如被公司炒鱿鱼了，读过诗的会说："仰天大笑出门去，我辈岂是蓬蒿人。"没读过的，最多说一句："此处不留爷，自有留爷处。"高下立见。《左传》中记载有很多贵族引《诗》的例子，话不用直接说出来，你引一句《诗》，我立刻就明白了，马上回你一句。由于《诗》是贵族的基本文化修养，大家对其内容十分熟悉，这样就形成特殊的交流形式。又有一天，孔子独自

第一讲 为什么要读《孟子》

站在庭院里，孔鲤看到父亲，又想快步走开。孩子见到父亲就想跑，肯定是学习差，不受父亲的欣赏。孔子喊道：stop，你学礼了吗？孔鲤回答：还没学呢。孔子说："不学礼，无以立。"你不学礼，就无法立足于社会。孔子曾说"吾十有五而志于学，三十而立"（《论语·为政》），"立"就是指"立于礼"。中国古代是一个礼仪社会，所谓"礼仪三百，威仪三千"（《礼记·中庸》），人与人相处，有相应的礼仪规定。见到长辈，该行什么礼；见到老师，该行什么礼，都是有规定的。一个人到了三十岁，掌握这些基本礼仪，就可以立足于社会了。我们今天说三十而立，意思已发生了变化，是说一个人到了三十岁，事业有成，可以自立了。立是指经济上的独立，事业上的自立，这是现代观念，与孔子的时代有所不同。最初《诗》、礼只有贵族可以学习，是贵族的特权，吟诗、行礼是贵族身份的象征。孔子通过教育，把《诗》、礼转化为一般人的道德修养，他教授弟子就是以《诗》《书》、礼乐为主要内容，所以他教导孔鲤也要学习《诗》和礼。不过孔鲤虽然受到孔子的教诲，但在学术上并没有什么成就。我们对他的了解，主要是他出生时，孔子作鲁国管理仓库的委吏，因为工作干得不错，鲁昭公派人送来一条鲤鱼表示祝贺。这应该是孔鲤一生最风光的事情，不过他当时刚出生，还体会不到。子思则不同了，他是孔子之后另一位重要的儒家学者，《汉书·艺文志》记载有"《子思》二十三篇"，有一个注："名伋，孔子孙，为鲁缪公师。"按照古书体例，二十三篇的《子思》应当是子思弟子对子思作品、言论的整理和记录。不过这本书后来失传了，但它在历史上的影响却是很大的。我们今天读的《中庸》就是出自子思之手，可能是《子思》中的一篇。另外，《孔丛子》一书记载有子思与孔子的对话,从这些记载来看,子思相当早慧,而且深得孔子喜爱。例如,"夫子闲居,喟然而叹。子思再拜,请曰:'意子孙不修,将忝祖乎?羡尧舜之道,恨不及乎?'夫子曰:'尔孺子安知吾志?'"(《记问》)一天孔子赋闲在家,发出一声叹息。子思上前行礼问道:爷爷您是担心子孙没有出息,会辱没先祖;还是羡慕尧舜之道,却遗憾不能实现?孔子很是诧异:你一个小孩子,怎么懂得爷爷的想法呢?又如,"子思问于夫子曰:'为人君者,莫不知任贤之逸也,而不能用贤,何故?'子曰:'非不欲也,所以官人失能者,由于不明也。'"子思问:爷爷,国君都知道任用贤者的好处,却不能真正任用贤者,这是为什么呢?从子思提出的问题,就能看出此孺子非同一般。据学者考证,孔子去世时,子思仅有七八岁,《孔丛子》所记或许有夸大的成分,但子思才华出众则是可以肯定的。

  孟子为什么要向子思学习呢?司马迁没有说明,我认为这应该与孟子对孔子的崇拜有关。孟子曾说,虽然历史上出现了很多圣人,但"自生民以来,未有盛于孔子也"(《孟子·公孙丑上》3.2),没有哪个圣人能与孔子相比。自称"乃所愿,则学孔子也"(同上),自己的最大心愿就是向孔子学习。孟子的这一说法,今天看来可能不奇怪,毕竟孔子后来被尊为至圣先师,成为中国历史上地位最崇高的圣人,但在当时却是石破天惊。因为孟子的时代,人们所认为的圣人主要指尧、舜、禹、汤、文、武、周公等,他们的身份是天子、君王,不仅有德,而且有位,是圣王。而孔子则是一介布衣,是普通的读书人,用当时的话说,是士;用今天的话说,是知识分子。无论从地位还是功业来看,孔子都无法与前面的圣王相比。其实孔子在世时,就已经有人提出，孔子甚至还不及他的弟子。据《论语·子张》，有一个叫叔孙武叔的鲁国大夫在朝中说："子贡贤于仲尼。"子贡比孔子强多了。有人把这话转告了子贡。子贡怎么回答呢？他说：用围墙来打个比方吧。我的围墙只有肩膀高，人们站在墙外，里面的房屋家舍一览无余。可是我老师的围墙有几丈高，如果不得其门而入，就不知道里面宗庙的壮美，各种馆舍的富丽。能得其门而入者本来就很少，叔孙武叔这样评价我的老师，是不奇怪的。问题是"子贡贤于仲尼"并不只是叔孙武叔个人的观点，而是当时很多人的看法。为什么呢？因为从世俗的眼光来看，子贡才是真正的成功者，是类似今天马云、王健林这样的人物，而孔子只能算是失败者，一生虽四处奔波，"知其不可为而为之"，却无所成就，累累若丧家之狗。据《史记·仲尼弟子列传》记载："子贡好废举，与时转货资……家累千金。""废举"指囤积货物，贱买贵卖。子贡很有商业头脑，根据市场行情的变化做买卖，商业大获成功，成为巨富。孔子曾经感叹："回也其庶乎，屡空；赐不受命，而货殖焉，亿则屡中。"（《论语·先进》）颜回接近完美了，但很贫穷。子贡不懂天命，可是做生意呢，猜测物价的变化总是能猜中。用今天的话说，就是买什么股票，什么股票就涨；抛什么股票，什么股票就跌。孔子生活在农业社会，所以更欣赏安贫乐道的颜回，认为自己的学说只有靠颜回这样的弟子才能守得住。如果是在今天的话，孔子应该会欣赏子贡多一些，子贡更具有开拓性，更适应工商社会，更能代表儒学未来的发展。子贡会经商，有了经济的独立，才能有人格的独立，思想的独立。《史记·货殖列传》称："子贡结驷连骑，束帛之币以聘享诸侯，所至，国君无不分庭与之抗礼。夫使孔子名布扬于天下者，子贡先后之也。"子贡乘坐四匹高头大马拉的车子——这在古代就是豪车了，车队前后相连，"束帛之币"前应该掉了一个字"执"，拿着丝绸厚礼去拜见诸侯，所到之处，国君亲自接见，而且不行君臣之礼，只行宾主之礼。古代主人与宾客分别站在庭院的两边，相对行礼，以平等地位相待，叫作分庭抗礼。可见当时子贡影响之大，很多人就是因为子贡而知道孔子的。所以叔孙武叔说子贡胜过孔子并不奇怪，毕竟任何一个时代，人们都是用权力、财富、地位来衡量人的价值的。用这些标准来衡量，孔子实在是乏善可陈，哪一样他都不占有。不是失败者是什么？但孟子不这样认为，在他眼里，孔子才是最伟大的，自有人类以来，没有人能比得上孔子。这在当时当然是石破天惊，与世俗格格不入的。那么，为什么孟子会认为"自生民以来，未有盛于孔子也"（《孟子·公孙丑上》3.2）？我把这个问题提出来，请大家思考。

孟子虽然崇拜孔子，但他生活的时代距孔子已经有一百多年了，直接向孔子学习已经不可能了，于是孟子选择向孔子的后人学习。孔子后人中最有学术成就的当然就是子思孔伋了，但孟子出生时，子思已经去世，所以他是"受业子思之门人"，通过向子思的学生学习，间接了解到孔子的思想。孟子说："予未得为孔子徒也，予私淑诸人也。"（《孟子·离娄下》8.22）我没有机会成为孔子的学生，我是私下从别人那里学到的。孟子虽没有直接受业于子思，但他与子思的思想存在继承关系，属于儒学内部的同一派别，史称"思孟学派"。孟子受业的子思门人具体是谁，史无记载，已不得而知。子思与孔子的年龄相差较大，受到孔子教诲的时间并不多，他们之间应该有一个承上启下的中间环节。自唐代以来，一般都认为这个环节是曾子，近代以来多数学者也持这种观点。另有学者认为，孔子和子思之间的环节不是曾子，而是子游。可能曾参和子游的思想本来就比较接近，同属于孔门后学中的"主内派"，子思的思想是从这一派发展而来。这一学派的师承授受关系应该是：

孔子（仲尼）——曾子（曾参）或子游（言偃）——子思（孔伋）——子思门人——孟子（孟轲）

孟子后来成为著名儒家学者，与其早年的家庭教育有密切关系，刘向《列女传》记录的"孟母三迁""断机劝学"、《韩诗外传》记录的"杀豚不欺子"等故事，反映了孟母在孟子教育上倾注的心血，这对孟子以后的成长产生了重要的影响。

孟子的生卒，司马迁《史记·孟子荀卿列传》、东汉赵岐《孟子章句》等均无记载。学者根据《孟子》一书的相关记载做了很多推测，大致而言，孟子生活于战国中晚期，与我国古代另一位著名的思想家庄子处于同一时代。比较流行的说法是，孟子约生于公元前372年，卒于公元前289年，活了八十四岁。先秦儒学的两位重要人物，孔子与孟子，一个活了七十三岁，一个活了八十四岁。民间有一种说法，老人七十三、八十四是一个坎，就是由此而来。先秦另一位儒学大师荀子，据我的考证，活了一百岁。古人寿命比较短，"人生七十古来稀"，活过七十岁的非常少。孔孟荀都活过了七十岁，荀子甚至活到了一百岁，所以学习儒学有一个好处，那就是长寿。

二、士的自觉

"道既通,游事齐宣王,宣王不能用。适梁,梁惠王不果所言,则见以为迂远而阔于事情。"(《史记·孟子荀卿列传》)根据这段文字,我们可以知道,孟子早年主要在家乡一带求师问学,"道既通",思想成熟了以后,开始游说诸侯,并且见到了当时一些大国的国君。孟子游说诸侯的过程,前面说过,司马迁记载有误。了解孟子的生平活动,更重要的材料是《孟子》一书,远比《列传》的记载要丰富、详细,我们后面会专门来讲。孟子为什么思想成熟后,便积极入世,去游说诸侯呢?这与其所处的时代有关。孟子生活的战国中后期,正是兼并战争愈演愈烈的时代。诸侯之间相互混战,"争地以战,杀人盈野;争城以战,杀人盈城。"(《孟子·离娄上》7.14)连年的战争,对社会生产造成极大破坏,给人民的生活带来沉重灾难。到了战国后期,战争规模不断升级,广大民众饱受战争之苦。秦国攻打楚国,秦将白起引水灌鄢城,淹死百姓数十万。统治阶级穷奢极欲,想尽一切办法聚敛财物,广大民众却弃尸沟壑,挣扎在死亡线上,出现了"庖有肥肉,厩有肥马,民有饥色,野有饿莩"(《孟子·梁惠王上》1.4)的惨状。那么,为什么国与国之间、人与人之间会出现互相厮杀的情况呢?怎样才能改变这种混乱的状况,重建和谐的人间秩序呢?对于前一问题,孟子的思考并不深入,他只是从儒家的仁道立场出发,对"争地以战"的兼并战争做了道义上的否定,抨击其对民众生命、财产所造成的伤害,而没有对战争的原因做出更深一层的分析。对于后一问题,孟子则明确提出要实行仁政、王道，认为只有实行仁政，才能使百姓过上安定、富足的生活；只有实行王道，才能结束诸侯间的混战，重建和谐的政治秩序。孟子提出仁政、王道，针对的是战国诸侯推行的暴政、霸道，他认为战国的混乱无序是由暴政、霸道造成的，而要结束这一局面，就要实行仁政、王道。孟子崇拜孔子，他的仁政、王道就是来自孔子的仁学思想，是对孔子思想的进一步发展。

孟子"道既通"之后，如何把自己的思想、主张宣传出去？如何用自己的思想、主张改变无道的社会现实，实现平治天下的政治抱负呢？孟子与孔子一样，都是布衣，一个普通人要想去参与政治，甚至影响社会的发展，谈何容易。然而时代为他提供了这样的机会，那就是成为一名士，通过出仕推行政治理想。士本来是一个社会阶层，在天子、诸侯、大夫、士的社会等级中，士是贵族中最低的阶层，但处在庶民之上。由于"当时社会阶级的流动，即上层贵族的下降和下层庶民的上升。由于士阶层适处于贵族与庶人之间，是上下流动的汇合之所，士的人数遂不免随之大增。这就导使士阶层在社会性格上发生了基本的改变"。[①]凡具有一定的知识、文化、技能，且在社会上产生一定影响的人，都可以成为士。士的政治地位虽然较低，却成为当时最为活跃、最有影响力的阶层。

战国时期，各诸侯国为了争霸的需要，纷纷设官开馆、招徕人才，礼贤下士、重视人才成为一时的风气。战国初年，魏文侯师卜子夏，友田子方，礼段干木，用李悝为相，先后重用翟璜、吴起、西门豹、乐羊等，开战国时期礼贤下士的先河。而齐

[①] 余英时：《士与中国文化》，上海人民出版社，1987，第12—13页。

国稷下学宫的设立,不仅将招贤纳士制度化,而且提倡一种多元、自由的学术风气。稷下学宫兴办于桓公田午之时,随着威王的政治经济改革而发展起来,至宣王、湣王时最为兴盛,到襄王、齐王建时逐渐衰落,及秦并六国,齐国灭亡,学宫最终结束,前后大约经历了一百五十年的历史。稷下学宫的地址,在齐国都城临淄的稷门下,稷下学宫的名称,即由此而来。活跃于稷下的学者并不来自一个统一的学术派别,而是春秋以来各个学术派别的集合体。他们各有自己的政治见解、思想主张、理论体系、价值观念和思维方式,具有多元并立、平等共存、争鸣驳难、融合发展的特点。当时的儒、墨、道、法、名、阴阳、小说、纵横、农家等各派著名人物,纷纷登上稷下政治、学术的舞台,奏出了一曲百家争鸣的交响乐。郭沫若说:"这稷下之学的设置,在中国文化史上实在是有划时代的意义,它似乎是一种研究院的性质,和一般的庠序学校不同。发展到能够以学术思想为自由研究的对象,这是社会的进步,不用说也就促进了学术思想的进步。"[1]孟子曾于齐威王、齐宣王时两次来到齐国,前后停留达八年之久。战国时期各国虽然都有招贤纳士的做法,但像齐国这样自由、开放的学术环境却不多见。在楚国,吴起变法的一个重要措施,就是"破驰说之言纵横者"(《史记·孙子吴起列传》);在秦国,商鞅除主张"壹教"外,还明确规定:"天下之吏民,虽有贤良辩慧,不能开一言以枉法。"(《商君书·定分》)吴起、商鞅都是在招贤纳士的风气下,得到重用而推行变法的,

---

[1] 郭沫若:《十批判书·稷下黄老学派的批判》,人民出版社,1954,第135页。

但他们变法的一个重要措施却是强化思想上的统治,这与齐国开放的思想文化政策形成鲜明对比,中国古代的百家争鸣主要是在齐国稷下学宫进行的。由于当时各国都有招贤纳士、广延人才的做法,这样的社会环境为士人走上政治舞台,施展抱负提供了可能。当年孔子周游列国,希望通过出仕推行政治理想,现在社会条件更为有利,孟子在"道既通"之后,自然追随孔子走上游说诸侯的道路,这也是当时大多数士人的选择。那么,孟子游说诸侯的成果如何呢?是否如他所期望的,"一正君而国定矣"?恰恰相反,孟子的游说很不成功,对于孟子宣扬的仁政、王道,诸侯国君根本听不进去,反而认为是"迂远而阔于事情",迂阔是他们对孟子的基本评价。我们打开《孟子》一书,首先映入眼帘的便是孟子与梁惠王之间的对话:"王曰:'叟!不远千里而来,亦将有以利吾国乎?'孟子对曰:'王何必曰利?亦有仁义而已矣。'"(《孟子·梁惠王上》1.1)梁惠王兴冲冲地问:老先生,您长途跋涉,不远千里而来,将给我们魏国带来什么利益呢?孟子却回答:大王何必说利呢?谈谈仁义不好吗?《孟子》没有记载梁惠王的反应,我想他鼻子一定都气歪了,心里蹦出两个字:迂阔。孟子所答与梁惠王所问,完全是错位的,两人完全不在一个频道上。

"天下方务于合从连衡,以攻伐为贤,而孟轲乃述唐、虞、三代之德,是以所如者不合。"(《史记·孟子荀卿列传》)司马迁的这段话点出了问题所在。当时的诸侯追求的是攻城略地,"以攻伐为贤",而服务这一要求的主要是纵横之士。所谓纵横是合纵连横的简称,合纵指"合众弱以攻一强",是许多弱国联合起来抵抗一个强国,以防止强国的兼并。连横指"事一强以攻众弱"(《韩非子·五蠹篇》),是由强国拉拢一些弱国来进攻另外一些弱国,以达到兼并土地的目的。由于当时各个国家都推行合纵连横的政治、军事政策,故纵横家成为炙手可热的人物。以孟子为代表的儒家反而在政治上处于边缘,这当然是其不同选择的结果。纵横家奉行现实主义原则,以迎合、满足君王的政治策略为目的,因而得到诸侯的欣赏与认可;孟子则推崇尧舜、三代之德,坚持道德理想,对攻城略地的兼并战争持完全否定的态度,不能满足诸侯的政治需要,自然不被重视和接受。儒家与纵横家不同的人生理想与追求,决定了其不同的人生选择。那么,纵横家的人生追求是什么呢?我们不妨以当时影响最大的纵横家苏秦为例来做一说明。

据《战国策·秦策一》,苏秦早年曾游说秦王不成,"归至家,妻不下纴,嫂不为炊,父母不与言"。"纴"是织布机。妻子不下织布机,嫂子不给做饭,父母不跟他说话,让苏秦尝尽了人间的世态炎凉。"苏秦喟叹曰:'妻不以我为夫,嫂不以我为叔,父母不以我为子,是皆秦之罪也!'"苏秦没有怨天尤人,因为他看透了,这个世界是现实、冷酷的,与其抱怨别人,不如掌握自己的命运。于是闭门苦读,研《阴符经》,练揣摩之术。"读书欲睡,引锥自刺其股,血流至足。"这就是著名的锥刺股的典故,相信大家都曾从中受到过激励。可是大家忽略了一点,苏秦奋发有为的动力是什么呢?其实苏秦自己说得很明白:"安有说人主不能出其金玉锦绣,取卿相之尊者乎?"哪有游说人主却不能让他们拿出金玉锦绣,得到卿相的尊位呢?所以苏秦的人生目标很明确,就是获得锦绣玉帛、卿相之位,他锥刺股的动力就是来自这里。"期年,揣摩成,曰:'此真可以说当世之君矣。'"过了一年,揣摩之术终于练成,苏秦自信满满地说:这次我真的可以游说当世君主了。

后来苏秦果然以合纵之术成功游说赵、韩、魏、齐、楚、燕等六国共同抗秦,自己任"从约长"——相当于合纵联盟的联盟长,同时兼任六国的国相,佩六国相印,真是人生得意,好不威风!正好这时,苏秦出使楚国,路过洛阳——苏秦是东周洛阳人,父母听说后,出迎三十里,"妻侧目而视,倾耳而听;嫂蛇行匍伏,四拜自跪而谢"。妻子不敢正视,侧着耳朵听他说话;而嫂子跪在地上,像蛇一样爬行。苏秦问:"嫂何前倨而后卑也?"嫂子为什么以前傲慢,现在又这样谦卑呢?嫂子回答:"以季子之位尊而多金。"因为你地位尊贵,又有钱财。苏秦感叹道:"嗟乎!贫穷则父母不子,富贵则亲戚畏惧。人生世上,势位富贵,盖可忽乎哉!"一个人穷困落魄,父母都不把他当儿子,而一旦富贵显赫,亲戚朋友都会感到畏惧。因此,人生在世,权势、富贵怎么能忽视呢?怎么能说不重要呢?苏秦的感叹,不是个人的感叹,而是一个时代的感叹,是一个时代价值观的反映。所以任何时代坚守理想的只能是少数,大多数人是随波逐流的。苏秦属于大多数,而孟子是少数,二人价值观的冲突,在《孟子》书中也有反映,有一个叫景春的人与孟子有一段对话:

> 景春曰:"公孙衍、张仪岂不诚大丈夫哉?一怒而诸侯惧,安居而天下熄。"
> 孟子曰:"是焉得为大丈夫乎?子未学礼乎?丈夫之冠也,父命之;女子之嫁也,母命之,往送之门,戒之曰:'往之女家,必敬必戒,无违夫子!'以顺为正者,妾妇之道

也。居天下之广居，立天下之正位，行天下之大道。得志，与民由之；不得志，独行其道。富贵不能淫，贫贱不能移，威武不能屈，此之谓大丈夫。"（《孟子·滕文公下》6.2）

景春所说的公孙衍、张仪都是纵横家的代表，是当时政治舞台上的风云人物，他们一发怒，诸侯都会害怕；安静下来，天下就太平无事，好不气派、威风，所以景春称其为"大丈夫"。孟子说：呸，公孙衍、张仪算什么大丈夫？我看他们只能算是小媳妇。你没有学过礼吗？古代男子到了二十岁，父亲给他行冠礼，表示成年；女子十五六岁结婚，母亲要告诫女儿：到了婆家，一定小心谨慎，听老公的话。古代的母亲和现在不一样，现在的母亲在女儿出嫁时会说：姑娘别怕，有妈给你撑腰。古代是男权社会，母亲知道这样讲是害自己的女儿。所以做媳妇的要"以顺为正"，以顺从别人的意志为正确。公孙衍、张仪奉行的恰恰是看人眼色行事、顺从主子的意志的"妾妇之道"，他们不是大丈夫，只能算是小媳妇。真正的大丈夫"居天下之广居，立天下之正位，行天下之大道"，他们居住在天下最大的房子里——仁，站在天下最正确的位置上——义，行走在天下最宽阔的道路上——礼。"得志，与民由之；不得志，独行其道。"如果有条件，就与民众一起实现自己的志向；如果没有机会，就独自坚守自己的理想。他们站得直，立得端，行得正，"富贵不能淫，贫贱不能移，威武不能屈"，具有崇高的精神境界。这才是真正的大丈夫，是士人所追求的人格典范和人生理想。可见在孟子心目中，士首先代表一种精神信仰，一种责任担当，他们关注于人间的政治秩序和普遍利益，具有类似于西方近代"知识分子"的基本性格。余英时先生曾强调，孔子儒家所代表的士，绝不仅仅只是一个特殊的社会阶层，是一群"劳心者"，更重要的是，他们以道自任，能够超越个人的私利去关注国家、民众的普遍利益。"无恒产而有恒心者，惟士为能。"（《孟子·梁惠王上》1.7）士辗转取食于诸侯之间，没有固定的财产来源，主要靠自己的服务获取相应的报酬，但不能因此放弃原则，成为他人的御用工具，相反应肩负起超越个人利益的价值理念和人生理想。孔子首先揭示的"士志于道"，便已规定士是基本价值的维护者，是"社会的良心"。曾参发挥师教，讲得更明白："士不可以不弘毅，任重而道远。仁以为己任，不亦重乎？死而后已，不亦远乎？"（《论语·泰伯》）孟子明确肯定，士应该"尚志"（《孟子·尽心上》13.33）——使志向高尚。这些都说明，在儒家心目中，士首先关注的不是个人的私利，而是国家、民众的普遍利益，他们具有独立的人格，代表了社会的良心，是社会价值的维护者。余英时先生曾分析说："根据西方学术界的一般理解，所谓'知识分子'，除了献身于专业工作以外，同时还必须深切地关怀着国家、社会、以至世界上一切有关公共利害之事，而且这种关怀又必须是超越于个人（包括个人所属的小团体）的私利之上的。所以有人指出，'知识分子'事实上具有一种宗教承当的精神。熟悉中国文化史的人不难看出：西方学人所刻画的'知识分子'的基本性格竟和中国的'士'极为相似……'士'作为一个承担着文化使命的特殊阶层，自始便在中国史上发挥着'知识分子'的功用。"[①] 而且与古希腊的智者与希伯来的先知不同，"孔子来自中

---

① 余英时：《士与中国文化》，上海人民出版社，1987，《自序》第2—3页。

国文化的独特传统,代表'士'的原型。他有重'理性'的一面,但并非'静观瞑想'的哲学家;他也负有宗教性的使命感,但又与承'上帝'旨意以救世的教主不同。就其兼具两重性格而言,中国的'士'毋宁更近于西方近代的'知识分子'。"①

> 王子垫问曰:"士何事?"
> 孟子曰:"尚志。"
> 曰:"何谓尚志?"
> 曰:"仁义而已矣。杀一无罪非仁也,非其有而取之非义也。居恶在?仁是也;路恶在?义是也。居仁由义,大人之事备矣。"(《孟子·尽心上》13.33)

王子垫是齐国的一位王子,他可能看到士人既不种田,也不做工、经商,与农、工、商有具体的工作不同,显得游手好闲,无所事事,所以就问:士平时做什么事呢?这说明随着脑力与体力分工的出现,如何说明士这一特殊阶层的职责与使命已成为一个重要问题。是像纵横家那样一味迎合、服务于权力的需要,还是维持社会的基本价值和原则,成为士人的重要选择。孟子认为,士人平时并非无事可做,而是修养自我,使心志高尚。而使心志高尚就是坚守仁义的基本原则,不杀一个无罪的人,是仁;不占有不是自己的东西,是义。所以士应该是社会基本价值的维护者,他们"居仁由义",使心志高尚,不仅美化着社会风气,也为以后的出仕做好准备。

---

① 余英时:《士与中国文化》,上海人民出版社,1987,《自序》第8页。

公孙丑曰:"《诗》曰:'不素餐兮。'君子之不耕而食,何也?"

孟子曰:"君子居是国也,其君用之,则安富尊荣;其子弟从之,则孝悌忠信。'不素餐兮',孰大于是?"(《孟子·尽心上》13.32)

公孙丑是孟子弟子,他的提问说明,对士人的质疑不仅存在于社会上,也存在于儒门之中。那么,君子、士人是否是"不耕而食",白白吃饭呢?孟子的回答是否定的。对于君子、士人,不能仅从生产劳动看待其功用,士是一个特殊的阶层,从事的是管理、教化的工作,国君任用他,就能带来安定富足,尊贵荣耀;学生们跟随他,就会变得孝悌友爱,忠诚守信,难道还有比这功用更大的吗?所以士有自己的职责与工作,"士者,事也,任事之称"(《白虎通·爵》)。士有自己的事业,他们以仕显身,成为职业的管理者。在《孟子》中,有孟子与魏人周霄的一段讨论:

周霄问曰:"古之君子仕乎?"

孟子曰:"仕。《传》曰:'孔子三月无君,则皇皇如也,出疆必载质。'公明仪曰:'古之人三月无君,则吊。'"

"三月无君则吊,不以急乎?"

曰:"士之失位也,犹诸侯之失国家也。……"

"出疆必载质,何也?"

曰:"士之仕也,犹农夫之耕也,农夫岂为出疆舍其耒耜哉?"(《孟子·滕文公下》6.3)

周霄问:"古代的君子出仕吗?"孟子回答:"当然出仕了。孔子如果三个月没有侍奉的君主,就会惶惶不安;离开国境时,一定要带上拜见国君的礼物。""质"通"贽",是初次拜见人时带的礼物。"公明仪说了:古代的人要是三个月没有侍奉的君主,就要去安慰他。"周霄说:"三个月没有侍奉的君主,就要去安慰,那也太心急了吧?"孟子说:"有什么心急的?士失去职位,就像诸侯失去国家,难道不需要安慰吗?"诸侯失去国家——这种事在春秋战国时经常发生,需要安慰,士人失去工作,一样需要安慰啊。有学者看到儒者热心出仕,就骂儒家是官迷,称儒学是官学。但是好人不出仕,不去当官,那么出仕、当官的自然只剩下坏人,岂不是更坏?所以关键不在于是否出仕、做官,而在于是出于什么目的出仕,通过什么方式当官?周霄与孟子下面的对话非常重要。

曰:"晋国亦仕国也,未尝闻仕如此其急。仕如此其急也,君子之难仕,何也?"

曰:"丈夫生而愿为之有室,女子生而愿为之有家,父母之心,人皆有之。不待父母之命、媒妁之言,钻穴隙相窥,逾墙相从,则父母国人皆贱之。古之人未尝不欲仕也,又恶不由其道。不由其道而往者,与钻穴隙之类也。"(《孟子·滕文公下》6.3)

周霄说:"我们晋国也是可以出仕的国家,但是没有听说士人对于出仕如此急迫。可是你们儒者虽然热心出仕,却又不迟迟不肯出仕,这是为什么呢?"周霄说的晋国指魏国,韩、赵、魏三家分晋后，往往仍自称晋国。我们魏国是有很多出仕机会的，你们儒者也热心出仕，但有了机会却不又肯出仕，我实在不理解。孟子说："父母生了男孩，便想给他找一个好妻子；生了女孩，便想找一个好婆家。父母的心情，人皆有之，可以理解。但是如果不等父母同意，媒人说合，就钻地洞扒门缝，翻墙约会，干出苟且之事，那么父母、国人都会瞧不起。"当时不讲自由恋爱，如果婚前有不当行为，是非常严重的错误。"古之人未尝不欲仕也，又恶不由其道。"古代的人不是不想出仕，但又厌恶不通过正当途径出仕。"不由其道而往者，与钻穴隙之类也。"不通过正当途径出仕，就是钻地洞扒门缝这样的行为。这句的"与"训为是，而不是和，否则不合语法。所以孟子一方面主张士人要积极出仕，"士之仕也，犹农夫之耕也"。士人出仕如同农夫耕田，是自己的工作、职业。另一方面他又坚守了孔子以来确立的出仕原则，"君子之仕也，行其义也"（《论语·微子》）。君子对于出仕，有着自己的道义与原则，他们"见危致命，见得思义"（《论语·子张》），"危邦不入，乱邦不居"（《论语·泰伯》）。这样，士又不仅仅是一种职业，是一种谋生的手段，同时还肩负着一种政治理念、社会理想，士人出仕，不过是要将这一理念付诸实践而已。所以士人出仕，不是为了迎合、满足诸侯的政治需要，而是对其杀戮无辜、占人土地的无道行为，进行制止和劝阻。如果放弃了理想，不根据原则出仕，就如同钻地洞扒门缝一样，是可耻的行为。

在这里我们可以看到，孟子包括早期儒家普遍存在的内在矛盾，他们虽然怀抱道德理想，抵死维护仁义的价值原则，但他们实现理想的方式却是出仕，是通过出仕以推行政治理想，用今天的话说，是进入体制以改变体制。他们对君主制度本身较少反省和批判，而对参与政治却表现出极高的热情。出现这种情况，主要是因为中国古代社会没有像西方那样出现君主、贵族、民主等不同政体，而只有君主制度一种形式，所以古代知识分子无法像西方哲人那样，通过分析不同政体的优劣，从制度上寻找解决现实问题的方法，结果只剩下出仕一条路。同时，由于春秋战国时期，大一统的政治局面还没有形成，中原地区存在众多的国家和君主，这些君主也具有不同的思想倾向，这就使士人产生一种幻觉，认为可以遇到一位理解并愿意接受自己主张的君主，得君而行道，最终实现自己的政治理想。得君行道的积极意义在于，将"道"置于"君"之上，用"道"去规范、引导权力，而不是一味地迎合、服务于权力。但又将行道的希望寄托在权力上，结果陷入自相矛盾。所以从孔子开始，一方面主张"士志于道"（《论语·里仁》），希望通过出仕参与政治，改变无道的社会现实。另一方面又感叹"天下有道则见，无道则隐"（《论语·泰伯》），"道不行，乘桴浮于海"（《论语·公冶长》）。本来是希望通过出仕来改变天下无道，但出仕的前提又是天下有道，这不能不说是一种深刻的矛盾和无奈。孔子如此，孟子何尝不是如此呢？孟子想劝说诸侯放弃他们热衷的对外战争，只能是"所如者不合也"，孟子所言与诸侯所想，是南辕北辙，不相符合的。

三、《孟子》其书

"退而与万章之徒序《诗》《书》，述仲尼之意，作《孟子》七篇。"（《史记·孟子荀卿列传》）根据司马迁记载，孟子游说诸侯不果，晚年回到家乡，与弟子万章等人编写了《孟子》七篇。东汉赵岐《孟子题辞》也说："于是退而论集所与高第弟子公孙丑、万章之徒难疑答问，又自撰其法度之言，著书七篇，二百六十一章，三万四千六百八十五字。"赵岐说《孟子》一书有三万四千多字，我用电脑统计，有三万八千多字，比赵岐所说多了四千字。赵岐又说："又有外书四篇：《性善》《辩文》《说孝经》《为政》。其文不能宏深，不与内篇相似，似非孟子本真，后世依放而托之者也。"（赵岐：《孟子题辞》，见焦循《孟子正义》上）说明在《孟子》七篇之外，另有外书四篇，这样《孟子》一书实际有十一篇。这在其他文献中也有反映，如《汉书·艺文志》说："《孟子》十一篇。名轲，邹人。子思弟子，有列传。"《风俗通义·穷通》也说："又绝粮于邹、薛，困殆甚，退与万章之徒序《诗》《书》、仲尼之意，作书中、外十一篇。"这里的"中、外十一篇"即是指《孟子》七篇与外书四篇，二者相加正好十一篇。不过，由于赵岐认为外书四篇与内篇风格有异，"似非孟子本真"，像是后人的假托，没有对其作注，结果使外书四篇后来失传了。这说明注疏往往与经典同样重要，很多经典是通过注疏流传下来的。赵岐没有给外书作注，而导致其失传，实在是一件遗憾的事情。其实即使外书不是孟子所著，对于我们了解孟子学派的发展同样是非常重要的。不过由于当时的学者经常引用外书中的内容，通过辑佚，我们还是可以了解其中部分内容。

　　孟子一生崇拜孔子，孔子有《论语》传世，孟子也编订了《孟子》，二者都是儒学史上的重要经典，而且内容与体例也非常接近。《论语》为"孔子应答弟子、时人及弟子相与言而接闻于夫子之语也"（《汉书·艺文志》），《孟子》也主要记载孟子应答弟子、时人之问,以及孟子的思想、言论;《论语》为记言体,每章多以"子曰"的形式出现,《孟子》亦为记言体,每章前常冠以"孟子曰"。二者所不同者,《论语》编订于孔子之身后,而《孟子》成书于孟子在世之晚年。孔子在世时,并未想到要将自己一生的言论编订成册,传之后世。孔子去世后,"弟子恐离居已后,各生异见,而圣言永灭"(何晏注,邢昺疏:《论语注疏·序解》),于是通过"相与辑而论纂"的形式编订了《论语》。到了孟子这里,情况则有所变化。孟子自称"乃所愿,则学孔子也"(《孟子·公孙丑上》),而他想要向孔子学习的,恐怕就包括编撰一本像《论语》那样可以传之后世的著作。于是在他的晚年,在其生命终结之前,在弟子万章等人的帮助下,孟子回忆一生的游历,总结其思想学说,编订了我们今天看到的《孟子》一书。

第二讲 孟子

孟子是怎样成为『亚圣』的

乱世的抗争——讲给大家的《孟子》

这一讲我们讨论孟子在儒学史上的地位及影响，尤其是孟子地位的提升，上一讲说过，不仅《孟子》一书被列入十三经，孟子也被奉为亚圣，这在学术史上称为"孟子的升格运动"。不过说到儒学，我们首先要了解两个概念：经学与子学。我们所说的《孟子》，还有《论语》《荀子》，从传统学术来看，都属于子学著作，不属于经学。经学的地位要高于子学，但后来《论语》《孟子》上升为经学著作，而《荀子》则一直停留在子学，所以传统社会中，孟子的地位是要高于荀子及其他儒家学者的。那么为什么会有这些不同呢？要讲清楚这些问题，首先要了解什么是经学和子学。

一、经学与子学

大家读哲学史，尤其是儒学史，会发现这样一种现象，先秦时期主要讨论的是孔、孟、荀等学者个人的思想，包括人性论、天命观、民本、仁政等，这些在传统学术中就属于子学。但是到了汉代，讨论的则是经学的问题，讲的是《诗》《书》《礼》《易》《春秋》等经典的传承和注疏，以及今文经、古文经这些问题，例如讨论董仲舒就要说明他是属于汉代经学中的公羊学系统。大家可能会产生一种疑问，为什么在短短的几十年中，儒学的形态会发生如此大的变化？子学为何会被经学所取代？子学与经学是一种什么关系呢？冯友兰先生在20世纪30年代出版的《中国哲学史》中，将中国哲学史分为两个阶段：先秦时期是子学的时代，汉代以后是经学的时代。按照冯先生的划分，子学、经学的差别在于时代的不同。但是冯先生的说法是有问题的，先秦时期既有子学，也有经学，可以称为早期经学，汉代以后不仅有经学，也有子学。

我们知道，孔子在历史上的一大贡献，是他顺应了"学移民间"的历史潮流，创立私学，主张"有教无类"，打破了"学在官府"，使古代学术思想进入一个新的发展阶段。孔子讲学，以《诗》《书》、礼乐为基本内容。"孔子以《诗》《书》、礼乐教，弟子盖三千焉，身通六艺者七十有二人。"（《史记·孔子世家》）《诗》《书》、礼乐本属于古代王官之学，其传授也限于贵族之间。至孔子之时，"周室微而礼乐废，《诗》《书》缺"（同上），于是孔子对其进行了编定、整理，并运用于教学之中，使其由贵族垄断的学问一变而成为一般民众的知识修养。孔子晚年对《周易》产生浓厚兴趣，又根据鲁国历史整理、编纂《春秋》一书。这样，《诗》《书》、礼乐、《易》《春秋》经孔子的整理、阐释和理解，乃成为一新的知识系统，这套学问就是以后的经学，也称"六艺之学"。但孔子创立儒学，绝不仅仅是因为对古代文献作了整理和解释的工作。孔子生当"礼乐征伐自诸侯出""陪臣执国命"的乱世，却向往建立上下有序的"有道"社会。他倡导仁，重视礼，以仁、礼为解决人生困境和社会矛盾的良方，建立起包括人生修养、伦理政治等内容的思想体系。故从孔子开始，儒学实分有两途：一为六艺之学，一为社会人生之学。

六艺之学是关于《诗》《书》、礼乐、《易》《春秋》等古代文献的学说，包括文本的整理、文字的解读、意义的阐发等等，属于孔子的学术思想。六艺在孔子之前已存在，孔子以后也不为儒家专有，如墨家也常称引《诗》《书》等，但孔子在创立儒学时，对六艺进行了系统的编定、整理和意义的阐释，并用来教授徒众，这样便形成儒学内部传授的一套学问。汉代以后"独尊儒术"，这套学问便称为"经学"。社会人生之学则是孔子对社会人生的见解和看法，是孔子改革社会政教的主张和方案，是孔子的思想创造。"仁"虽在孔子以前已出现，但孔子却赋予了不同以往的含义，使其成为儒家的终极信念和人生理想，"孔门之学，求仁之学也"。"礼"也是六艺中经常出现的概念，但孔子对其作了重新论证，提出以礼为核心的社会改革方案。由于孔子是以新兴的"诸子"身份提出自己的思想主张，故他的社会人生之学又称作"子学"。六艺之学与社会人生之学在思想上存在着联系，但在学术形态上二者又有明显的差别：六艺之学是对经典的注释、诠释之学，突出、强调的是经典的思想价值。社会人生之学则是对人生意义、社会理想的探讨，注重的是力行实践和思想创造。在儒学内部，六艺之学与社会人生之学存在着不同的传授，六艺的传授重师说，往往形成儒家内部的传经系统，如《史记》《汉书》中记载的《诗》《书》《礼》《易》的传授系统等。而社会人生之学则重视思想的继承和创造，如孟子主要发展了孔子的仁学思想，荀子主要继承了孔子的礼学思想等。六艺中除《易》外，一般均为公共科目，个人可以根据偏好和需要进行传授。如孟子"序《诗》《书》，述仲尼之意"（《孟子荀卿列传》），荀子则对《诗》《书》《礼》《乐》大部分经典进行了传授。而社会人生之学虽为孔子所提出，但孔门弟子却会因所处时代及思想倾向而有不同的发展，甚至表现出某种对立，如荀子批评子思、孟子"略法先王而不知其统"(《荀子·非十二子》)。

这样孔子所创立的儒学，就不仅仅是一单纯的思想、理论体系，同时还包含一学术传统，形成六艺之学与社会人生之学的双层结构。只不过作为一个社会大变革时代的思想家，孔孟荀主要关注的不是一典籍、知识的问题，而是一思想信仰或道的问题，是如何解决社会和人生困境的问题。故在早期儒学那里，子学是一条主线，经学或者六艺之学则是一条辅线。而汉代以后推重经学，实发展了孔子的六艺之学，而把子学降到附属的地位，看作经学的附庸或者传记。有学者可能会以为，汉代以后重六艺，故这一时期只有经学而无子学。其实，《汉书·艺文志·诸子略》儒家类记录的汉代著作就有《陆贾》二十三篇，《贾谊》五十八篇，《董仲舒》百二十三篇，《儒家言》十八篇等多种，这就是当时的子学著作。与早期儒学一样，汉代儒学实际同样存在着经学和子学的双重结构，只是二者的地位较之以往发生了变化而已。

二、两汉：孟荀齐号

搞清了经学、子学的内涵以及儒学的双重结构，就容易对孟子在儒学史上的地位做出判断了。近代以来一些学者出于反专制的需要，过分夸大荀子的影响，如谭嗣同曾说："二千年来之学，荀学也，皆乡愿也。"[1] 这一说法不仅对荀子的评价不够客

---

[1] 谭嗣同:《仁学》，辽宁人民出版社，1994，第70页。

观，也不符合事实，在历史上更多的时间里，人们尊崇、突出的是孟子，而不是荀子。孟子不仅被尊奉为亚圣，《孟子》一书也升为经学，成为科举考试的内容，这些都是荀子所未曾达到的。不过仍有一些学者主张，至少在两汉时期荀学的影响要远远大于孟学，这方面以台湾的徐平章先生为代表，他主要从汉代的经学、子学两个方面进行论证。就经学方面来说，虽然孟、荀均传授六艺，但由于荀子活到"六王毕，四海一"的战国后期，六经多是由他才传到后代，汉初的经师，如毛公、申公、穆生、白生、张苍、贾谊、大小戴等，直接或间接都出于荀子之门，所以荀子与汉代经学的关系更为密切，对汉代经学的影响也更大。[①]这点前人也有谈到，如清人汪中说："荀卿之学，出于孔氏，而尤有功于诸经。……盖七十子之徒既殁，汉诸儒未兴，中更战国暴秦之乱，六艺之传，赖以不绝者，荀卿也。周公作之，孔子述之，荀卿传之，其揆一也。"[②]梁启超也说："汉世六经家法，强半为荀子所传；而传经诸老师，又多故秦博士。故自汉以后，名虽为昌明孔学，实则所传者，仅荀学一支派而已。"[③]汉代儒学除经学外，亦包括子学，徐平章先生认为，荀子"隆礼重法"，注重外王事功，对汉代诸子的影响也超过孟子。"汉世儒者，非仅浮丘伯、伏生、申公一辈博士经生，大部出自荀卿之学。即其卓称诸子，自陆贾以下，如扬雄、王符、仲长统，及荀悦之伦，亦莫

[①] 徐平章：《荀子与两汉儒学》，台湾文津出版社，1988，第178页。

[②] 汪中：《荀卿子通论》，载王先谦《荀子集解》，《诸子集成》第2册，中华书局，2006，第14—15页。

[③] 梁启超：《论中国学术思想变迁之大势》，上海古籍出版社，2001，第60页。

非荀卿之传也。盖两汉学术,经学固云独盛,然因承先秦诸家之余风,子学述作亦复不少,其列于儒家者,大抵为荀卿之儒也。吾人读其书,荀卿之色彩颇浓,申、韩之绪余,亦往往杂出乎其间。"并由此得出结论说:"三代以下之天下,非孟子治之,乃荀子治之。"[1]

以上说法夸大了荀子的影响,忽略了孟子的地位,是不符合实际的。在汉代,《孟子》被看作子书,与《荀子》同属于"诸子传记",二人均对汉代儒学产生过重要影响。这从司马迁在《史记》中将二人并列,做《孟子荀卿列传》就可以反映出来。《儒林传》也称:"孟子、荀卿之列,咸遵夫子之业而润色之,以学显于当世。"说明司马迁将孟、荀二人是等量齐观的,学者称为"孟荀齐号"。就汉代经学而言,孟、荀都产生过影响。蒙文通有《汉儒之学源于孟子考》一文,对孟子与汉代经学的关系做了初步梳理。徐复观在《中国经学史的基础》中则指出:"孟子发展了《诗》《书》之教,而荀子则发展了礼、乐之教。"[2]另外,孟子对《春秋》学也有重要影响,孟子提出"孔子作《春秋》",奠定了汉代《春秋》学的理论基础,其许多学术观点为西汉今文经学所吸收,故有学者认为,孟子对西汉今文经学的贡献决不在荀子之下。

就汉代子学而言,也并非只是荀学的延续,而更多表现为对孟、荀的融合。如在人性论上,一些儒家学者试图在理论上将孟子的性善论与荀子的性恶论相融合,并提出自己对人性的理

---

[1] 徐平章:《荀子与两汉儒学》,第179页。
[2] 徐复观:《徐复观论经学史二种》,上海书店出版社,2006,第37页。

解，董仲舒提出"性三品"，扬雄提出"性善恶混"，均表现出这样的思想倾向。在政治思想上，汉代诸子则主要将孟子倡导的仁政与荀子强调的礼法相结合，同样是兼取孟荀，而不是荀学独尊。只不过汉代儒学关注的主题不是天道性命，而是礼乐刑政，故荀学更适合时代的需要，较多受到诸子的垂青而已。

从孟学史的角度看，两汉时期孟子地位总体上处于上升、发展之中，有几个事件值得关注：一是据赵岐记载，汉文帝时曾为《孟子》及《论语》《孝经》《尔雅》设立博士，后人称为"传记博士"。为什么称"传记"呢？就是因为当时人们认为《论语》《孟子》等儒家子学著作的地位虽然不如《诗》《书》《礼》《易》《春秋》五经，但可以帮助我们理解五经，可以看作五经的传记，传记有注释、解释的意思。后来武帝设置五经博士，传记博士便被罢黜了，但《孟子》的影响依然存在，人们引用《孟子》解说经义，被称为"博文"[①]。二是在西汉昭帝时的盐铁会议上，孟子思想大放异彩，成为贤良文学抨击时政的理论根据和思想来源，孟子的地位得到前所未有的提高。西汉初年，盐、铁的产销主要由民间经营。汉武帝时，为了增加国家的财政收入，下令实行盐铁官营专卖的政策，出现了国进民退的情况，导致社会矛盾激化。汉武帝死后，掌握实际权力的大将军霍光考虑对武帝的政策进行调整，于是在昭帝始元六年（前81）二月召开盐铁会议。会议参加者有两方面代表，一方是御史大夫桑弘羊和御史等人，主张继续实行盐铁官营专卖政策；另一方是霍光征选的贤良文学唐生、鲁万生等六十余人，对盐铁政策持否定态度。孟子主张民贵

[①] 赵岐《孟子题辞》："诸经通议，得引《孟子》以明事，谓之博文。"

君轻，反对政府垄断，与民争利，主张"关市讥而不征"，要求统治者保民而王，与民同乐，实行仁政，这些都启发、影响了贤良文学，成为其批判盐铁官营的重要思想资源。三是扬雄推崇孟子，自比于孟子，仿效孟子批判杨墨，捍卫孔子之道。"古者杨、墨塞路，孟子辞而辟之，廓如也。后之塞路者有矣，窃自比于孟子。"（《法言·吾子》）扬雄是汉代的大儒，他的提倡对孟子地位的提升产生一定影响。唐代韩愈曾说"因扬书而孟氏益尊"（《读荀》），徐复观先生也说："就西汉初期思想的大势说，荀子的影响，实大于孟子……拔《孟子》于诸子之上，以为不异于孔子的，也是始于扬雄。"[1]四是东汉赵岐为《孟子》作注，称孟子为"命世亚圣之大才者也"，虽然赵岐的亚圣之称还没有得到普遍认可，但无疑提升了孟子的地位和影响。相比较而言，杨倞的《荀子注》要到唐代才出现，远远晚于赵岐的《孟子注》。

孟子地位提升的另一个重要表现是，东汉后期，孟子思想对士人精神产生深刻影响，这在士大夫、太学生的批评、抗议运动中鲜明地反映出来。东汉桓帝、灵帝时期，外戚和宦官集团贪污腐化，暴虐恣睢，相互争斗，百姓生活困苦不堪，东汉政权陷入危机之中。为挽救危亡，在官僚士大夫中形成了以品评人物为基本形式的政治批评风气，称为"清议"。清议的领袖人物有李膺、陈蕃、王畅等，他们以太学为中心，希望以"清议"的方式表达对现实政治的不满，引起最高统治者的重视以改革弊政，太学清议开我国古代社会舆论影响政治的先例。在清议的社会氛围

---

[1] 徐复观：《两汉思想史》第2卷，华东师范大学出版社，2001，第310页。

乱世的抗争——讲给大家的《孟子》

下，出现了太学生的抗议运动。汉桓帝永兴元年（153），冀州刺史朱穆因打击横行州郡的宦官势力被治罪，罚往左校服劳役。太学书生刘陶等数千人诣阙上书，指责宦官集团徇私枉法，陷害忠良，为朱穆鸣不平，表示愿意代替朱穆服刑劳作，桓帝不得已赦免了朱穆（《后汉书·朱穆传》）。汉桓帝延熹五年（162），议郎皇甫规因拒绝贿赂当权宦官，遭到诬陷，被严刑治罪，太学生张凤等三百余人发起集会，"诣阙讼之"，使皇甫规得到赦免（《后汉书·皇甫规传》）。孟子在先秦儒家中最具有批判精神，他主张"乐以天下，忧以天下"（《孟子·梁惠王下》2.4），"天下有道，以道殉身；天下无道，以身殉道"（《孟子·尽心上》13.42），要求"格君心之非"（《孟子·离娄上》7.20），"引其君以当道，志于仁"（《孟子·告子下》12.8），这无疑都对东汉士人产生深刻影响。士大夫、太学生的抗议活动遭到宦官集团的嫉恨，先后两次兴起党锢之祸，对士人进行严厉打击。面对严酷的党锢之祸，士林开始分化，有人宣传应以"保身全家"为贵。李膺则告诫友人："孟子以为，人无是非之心，非人也。弟何期不与孟轲同邪？"李膺是著名的清议名士，当时社会上有"天下模楷李元礼（李膺）"的说法，李膺能有如此大的人格魅力及影响，显然是与孟子思想的激励和影响有关。另一清议名士陈蕃，得知宦官发动叛乱后，不顾年老体衰，毅然率领属官和学生八十余人，一起拔刀冲进宫内，冒死相拼，直至牺牲，身体力行了孟子所倡导的"以身殉道"的精神。反对外戚梁冀的名士李固，曾引《孟子》"其进锐者，其退速"（《孟子·尽心上》13.44），告诫士人不要看重一时的得失，强调对道的执着与坚守。赵岐在《孟子题辞》中曾说："守志厉操者仪之，则可以崇高节，抗浮云。"认为

036

孟子的思想对培养士人的气节，抗拒世俗的侵蚀，有着重要的作用。赵岐本人娶了大经学家马融哥哥的女儿为妻，二人有亲戚关系，但马融攀附外戚，为大将军梁冀作《西第颂》，为赵岐所不齿，故拒绝与其往来。后因抨击、批判宦官势力遭到报复，家人被害，赵岐被迫逃亡，被北海（今山东潍坊）人孙宾石收留，躲在夹壁中数年，《孟子注》正是在逃亡中所写。而赵岐选择为《孟子》作注，正表明他是从《孟子》中汲取精神力量，这也是当时多数士人的选择。不过，随着东汉王朝的覆灭，社会陷入战乱之中，曹操颁布"求贤令"，主张"唯才是举"，即使"盗嫂受金"，品格有亏也可选用，士人的气节不再被推崇。曹魏政权的崛起，对士林产生深刻影响，出现"魏武好法术，而天下贵刑名；魏文慕通达，而天下贱守节"（《晋书·傅玄传》）的现象，自此士人逐渐与道德气节告别，出现了两极分化：一部分由"清议"转为"清谈"，魏晋玄学由此兴起，士人空谈玄理，超乎现实，走向清虚空灵之路。另一部分则迎合政治的需要，讲求法术刑名之学，重视实际的政治操作。在此背景下，儒学的衰落是必然的，富于社会批判精神和讲究气节的孟子思想自然也不会得到重视和发扬。

三、唐宋：孔孟一体

唐代是孟子思想发展的一个重要的转折期。这一时期孟子的地位有了很大的提高，逐渐从诸子中凸显出来，成为直承孔圣的大儒，"孟荀齐号"的说法也渐被"孔孟一体"所取代，而促成这一转变的是中晚唐儒学复兴运动中的核心人物——韩愈。韩

乱世的抗争——讲给大家的《孟子》

愈在《原道》一文中提出：

> 博爱之谓仁，行而宜之之谓义，由是而之焉之谓道，足乎己，无待于外之谓德。其文《诗》《书》《易》《春秋》，其法礼乐刑政，其民士农工贾，其位君臣、父子、师友、宾主、昆弟、夫妇……斯道也，何道也？曰：斯吾所谓道也，非向所谓老与佛之道也。尧以是传之舜，舜以是传之禹，禹以是传之汤，汤以是传之文武周公，文武周公传之孔子，孔子传之孟轲，轲之死，不得其传焉。

韩愈认为儒家存在一个道统，而孔子之后传播此道统的是孟子，甚至认为孟子死后，道统不传。这样便将孟子的地位凸显出来，"孔孟一体"由此成立。韩愈还称赞孟子"醇乎醇者也"（《读荀》），认为"自孔子没，群弟子莫不有书，独孟轲氏之传得其宗"（《送王秀才序》）。韩愈的道统说明确标举孟子为孔子嫡传，使孟子在人们心目中的地位陡增，备受学者关注。作为当时的文坛领袖，韩愈的思想观念无疑会对同时代的门生故友产生影响。张籍、皇甫湜、李翱等韩门弟子在儒学观念上都宣扬孔孟之道，普遍继承了韩愈尊孟之说。但韩愈的道统说在当时并没有得到普遍认可，与韩愈同时的杨倞就针锋相对提出另一种道统说，认为"盖周公制作之，仲尼祖述之，荀、孟赞成之，所以胶固王道，至深至备"（《荀子注·序》），仍延续的是"孟荀齐号"的说法。

大家可能会问，以上韩愈等人的说法属于经学还是子学？当然属于子学，是韩愈个人的看法，还没有得到官方的认可。不过在经学方面，《孟子》在唐代也有重要发展，那就是礼部侍郎杨绾上疏，请将《论语》《孝经》《孟子》兼为一经，列为举选科目："《论语》《孝经》皆圣人深旨，《孟子》亦儒门之达者。其学官望兼习此三者，共为一经。"（《唐会要·贡举中》）其考试方法同于他经。杨绾改革科举制的言论得到众多朝臣的附议，给事中李栖筠、李廙，尚书左丞贾至，御史大夫严武均支持杨绾之请。唐代科举以进士、明经为主，进士科以诗文取士，重辞藻文采而忽视儒家经术；明经则以考儒家经书为主，分为"帖经"和"墨义"，帖经就是把经文的两端掩盖起来，只留出中间的文字，然后用纸帖住经文的三个字，要求考生根据上下文填写被帖的字，墨义则是解释经文的含义，二者偏重于经学章句的记诵。此前，《论语》《孝经》已列入"兼经"，成为士人必修的经籍，而杨绾建议增加《孟子》为考试科目，是视其为与《论语》《孝经》一样重要的儒家经典，能够代表儒学的精神。这无异是肯定了《孟子》地位已近于"经"，非寻常诸子书可比。晚唐时期，皮日休又上书明确要求以《孟子》设科取士。咸通四年（863），皮日休上《请〈孟子〉为学科书》，称"孟子之文粲若经传"，有"圣人之微旨"。其议虽然没有通过，但却反映出在当时士人心目中，《孟子》正逐渐由子书上升为经书。虽然终唐一世，《孟子》的经学地位一直都没有得到官方确认，但将其视同经书已经是中晚唐很多学者的共识，可视为宋代《孟子》由子升经的先声。

到了宋代，随着理学的兴起，"孔孟一体"才真正得以确立，《孟子》终于完成由"子"入"经"的过程，地位大大提升，影响远远超越《荀子》。钱穆先生曾描述这一时期的变化说："伊洛兴起，那时的学术风气又变了。他们看重'教'更过于看重

'治'。因此他们特别提出《小戴记》中《大学》这一篇,也正为《大学》明白地主张把'治国''平天下'包括到'正心''诚意'的一条线上来。于是孟子和孔子更接近,周公和孔子则更疏远。在韩愈以前,常还是'周孔'并称的,到伊洛以后,确然变成为'孔孟'并称了……他们之更可看重者,也全在内圣之德上,而不在其外王之道上。于是远从《尚书》'十六字传心诀',一线相传到孔孟,全都是'圣学',不再是'王道'。"[1]伊洛指今天河南省的伊河和洛河,由于程颢、程颐曾生活在这里,所以用"伊洛"代指二程的理学。以后朱熹主要继承了二程的学术,所以又称程朱理学,这是传统社会后期的官方学术。大家可能会问,程朱理学属于经学还是子学呢?属于经学,但属于经学中的宋学。我们一般把经学分为汉学和宋学,汉唐时期可以归为汉学,两宋时期可称为宋学,这里的宋学特指程朱理学,是狭义的用法,学术界还有广义的用法,我们这里不讨论。清代官方推崇的仍是程朱理学,但真正有影响的则是汉学,人们常说的乾嘉学派就属于汉学;另外,晚清时期公羊学兴起,这也属于汉学,是汉学中的今文学派。汉学与宋学有什么区别呢?汉学研究的经典是五经,研究方法主要是章句训诂。而宋学重视的经典是四书,研究方法上则主要讨论天道、性命、理气、心性这些问题,侧重义理的发挥。所以随着宋学的兴起,儒学形态发生了重要变化:一是由五经转向四书,二是由章句训诂转向性命义理。我们之前说过,五经主要记载的是尧、舜、禹、汤、文、武、周公的事迹,以周公为代表。四书则以孔孟为核心,所以这个转变的意义是非常重大

---

[1] 钱穆:《两汉经学今古文平议》,商务印书馆,2001,第296—297页。

的。由汉至唐,"周孔"并称,孔子辅翼于周公之后。唐宋以后,"孔孟"并称,孟子的地位大大提升。"周孔并称,孔子只是尧、舜、禹、汤、文、武、周公之骥尾,对后来言,只是传经之媒介""孔孟并称,则是以孔子为教主,孔子之所以为孔子始正式被认识"。[①]在这一过程中,《孟子》终于完成了升格运动,由子入经,"孟荀齐号"被"孔孟一体"所取代。韩愈的道统说被二程、朱熹等理学家普遍接受,他们都主张孔子之后,传播"圣学"的主要是孟子。

> 孔子没,曾子之道日益光大。孔子没,传孔子之道者,曾子而已。曾子传之子思,子思传之孟子,孟子死,不得其传,至孟子而圣人之道益尊。(《二程集·河南程氏遗书》卷二十五)

> 孔子传之孟轲,轲之死,不得其传。此非深知所传者何事,则未易言也。夫孟子之所传者何哉?曰:仁义而已矣……尧舜之所以为尧舜,以其尽此心之体而已。禹、汤、文、武、周公、孔子传之,以至于孟子,其间相望,有或数百年者,非得口传耳授密相付属也。(《李公常语上》,《朱子全书》第24册)

由于二程、朱熹肯定了孔子、曾子、子思、孟子的道统传授系统,他们四人的思想便在儒学史上占有特殊地位,于是朱

---

① 牟宗三:《心体与性体》第1册,台北中正书局,1968,第13—14页。

熹将《大学》《中庸》从《礼记》中独立出来，与《论语》《孟子》一起合为四书，其中《中庸》为子思所作，《大学》为孔子之传而曾子"以发其意"。这样理学家所推崇的四书实际是来自孔、曾、思、孟，是他们思想的反映，是儒家道统之所在，而二程、朱熹等理学家也以承继道统自任，一部理学史某种意义上即是对儒家道统重新理解、阐释的历史。在这一过程中，孟子的地位大大提升。如张载称："古之学者便立天理，孔孟而后，其心不传，如荀、扬皆不能知。"（《张载集·经学理窟》）二程说："孟子有功于道，为万世师。"（《二程集·河南程氏遗书》卷五）"孟子有功于圣门不可言。如仲尼只说一个仁，孟子开口便说仁义；仲尼只说一个志，孟子便说出许多养气来。只此二字，其功甚多。"（同上，卷八）朱熹说："（曾子）虽是做工夫处比颜子觉粗，然缘他资质刚毅，先自把捉得定，故得卒传夫子之道。后来有子思、孟子，其传亦永远。"（《朱子语类》卷十三）《孟子》一书也升格为"经"，与《论语》一样具有与六经同等的地位。二程说："学者当以《论语》《孟子》为本。《论语》《孟子》既治，则六经可不治而明矣。"（《二程集·河南程氏遗书》卷二十五）"《论》《孟》如丈尺权衡相似，以此量度事物，自然见得长短轻重。……今人看《论》《孟》之书，亦如见孔孟何异？"（同上，卷十八）朱熹说："某向丱（guàn）角读《论》《孟》，自后欲一本文字高似《论》《孟》者，竟无之。"（《朱子语类》卷一百四）"丱角"，头发束成两个角，指童年或少年时期。所以朱熹对《孟子》十分重视："今欲直得圣人本意不差，未须理会'经'，先须于《论语》《孟子》中专意看他。"（同上）朱熹所说的"经"指五经，在他看来，要理解孔子儒家的思想，《论语》《孟子》比五经更为直接，也更为重要。

程朱理学虽然后来成为官方学术，但在北宋时期只是民间学派，当时真正有影响且居于官学地位的是王安石新学，统治北宋后期的思想界达六十年之久。而王安石十分推崇孟子，引孟子为千古知己，其《孟子》诗云："沉魄浮魂不可招，遗编一读想风标。何妨举世嫌迂阔，故有斯人慰寂寥。"他还为《孟子》作注，撰写文章亦好模仿《孟子》，其所著"《淮南杂说》行于时，天下推尊之，以比孟子"（马永卿《元城语录》卷上）。在立身处世方面，更是以孟子为榜样，尝自谓："欲传道义心犹在，强学文章力已穷。他日若能窥孟子，终身安敢望韩公！"（《奉酬永叔见赠》）虽然王安石思想较为复杂，所受影响不限于孟子，但他对孟子的推崇与赞扬，无疑极大地提升了孟子的地位与影响。

四、两宋时期的"非孟"思潮

谈到宋代的尊孟，就不能不谈及同时并存的"非孟"思潮。大家可能会认为，既然这么多学者推崇孟子，那么孟子的升格应该是一帆风顺了吧？其实不然。在尊孟的同时，还出现了一个"非孟"的思潮。如果说尊孟学者往往钟情于孟子的性善论、浩然之气、大丈夫精神和独立人格，那么"非孟"学者恰恰担忧的是孟子倡导的独立人格和平等精神，尤其是"诛一夫"的主张对专制君权可能造成的冲击和影响。

《孟子》中记载，齐宣王曾问："臣弑其君可乎？"孟子回答："贼仁者谓之贼，贼义者谓之残；残贼之人，谓之一夫。闻诛一夫纣矣，未闻弑君也。"（《孟子·梁惠王下》2.8）认为对于暴君可以诛之、杀之。对此李觏、司马光、郑厚等"非孟"学者深感震惊，认为是大逆不道。甚至连写过《孟子传》、给予孟子很高评价的张九成，读到此章时，"毛发森耸""掩卷不忍，至于流涕"，认为是违背君臣大伦的"可怪"之论（见《张状元孟子传》卷四）。在这些学者看来，君位不能以君主品质的好坏而转移，君臣关系更不能随便改变，孟子主张"诛一夫"，必定会为奸臣贼子弑君提供口实。所以李觏批评孟子说，"由孟子之言，则是汤、武修仁行义，以取桀、纣"，是以"仁义之为篡器"。至于孟子主张"诛一夫"，实际是承认"人皆可以为君"，实为"五霸之罪人"。"五霸率诸侯事天子，孟子劝诸侯为天子，苟有人性者，必知其逆顺耳矣。……孟子忍人也，其视周室如无有也。""孔子之道，君君臣臣也；孟子之道，人皆可以为君也"，孟子"名学孔子而实背之者也"（《李觏集》"附录一"《佚文·常语》）。另一位"非孟"学者司马光认为"君臣之位，犹天地之不可易也"（《资治通鉴》卷一），身为臣子，"谏于君而不听，去之可也，死之可也，若之何其以贵戚之故，敢易位而处也？"（《传家集》）"臣之事君，有死无贰，此人道之大伦也。苟或废之，乱莫大焉！"（《资治通鉴》卷二百九十一）在君臣关系上，司马光以"君"为本位来思考问题，主张对君主绝对忠诚，有死无贰，"尊君"的倾向非常明显。故他对孟子的民本、诛一夫的思想非常不满，作《疑孟》对孟子进行严厉的批判。萧公权指出："司马氏生于宋代专制政体发展近于完成之时，故'民为贵'之古义已非所能喻，而颇致意于阐明君臣之名分。"[1]

---

[1] 萧公权：《中国政治思想史》，中国人民大学出版社，2014，第168页。

第二讲 孟子是怎样成为"亚圣"的

孟子生活于专制制度尚未形成的战国时代，他发展了春秋以来的民本思想，主张相对的君臣关系，但到了秦汉以后，专制制度逐渐完善，神化君权、尊君卑臣成为常态，孟子的思想难免要与现实发生冲突。据记载，南宋严松曾问梭山（陆九韶）："孟子说诸侯以王道，是行王道以崇周室乎？行王道以得天位乎？"梭山说："得天位。"严松又问："岂教之篡夺乎？"梭山曰："民为贵，社稷次之，君为轻。"象山（陆九渊）叹息曰："旷古以来，无此议论。"（《陆九渊集》卷三十四）陆象山所叹息的正是"非孟"学者所着力批判的，在他们看来，"当时尚有周天子，何必纷纷说魏齐"，孟子游说诸侯，不是劝其尊周王，而是鼓励其行仁政自己称王，这本身就有悖于孔子，不仅不符合名教之旨，一旦流行起来，还会对当时的统治秩序形成冲击。但是虽有分歧和纷争，尊孟最终还是压倒"非孟"，成为主流的认识和观点，孟子的思想和地位得到多数士人的承认，成为传统社会仅次于孔子的亚圣。

五、元明清：受封"亚圣"与质疑、挑战

宋元以后，孟子被尊为"亚圣"，受到士人的推崇和敬仰。虽然早在东汉时期，赵岐就称孟子为"命世亚圣之大才者也"（《孟子题辞》），但此说并没有得到学者普遍认可。唐代有"亚圣"之称的是颜回而不是孟子，唐玄宗在诏书中称："以颜子亚圣，亲为之赞。"（杜佑《通典》卷五十三《礼十三》）以官方形式明确肯定颜回为"亚圣"。韩愈提出道统说，孔子之后列入道统的有曾子、子思、孟子，而没有颜回，对颜回的地位产生一定

影响，但直到北宋时期，颜回的"亚圣"之称一直没有改变。宋明理学的鼻祖周敦颐就有"颜子亚圣"的说法（《周敦颐集》卷二），理学代表人物程颐称："颜子去圣人，只毫发之间。孟子大贤，亚圣之次也。"（《二程集》卷十八）也认为颜回是亚圣，而孟子次于颜回。南宋朱熹指出孟子的修养不及颜回，"颜子比孟子，则孟子当粗看，磨棱合缝，犹未有尽处"（《朱子语类》卷九十三）。与程颐不同的是，朱熹将颜回、孟子并称为"亚圣"。"颜子亚圣，犹不能无违于三月之后。"（《四书章句集注·论语集注》卷三）"孟子……不屑屑于既往之迹，而能合乎先王之意，真可谓命世亚圣之才矣。"（《四书章句集注·孟子集注》卷五）两宋时期，颜回、孟子长期并称"亚圣"，出现"言亚圣者必曰颜孟"的特殊局面。[1]宋元丰七年（1084），宋神宗同意陆长愈奏请，以孟子、颜子共同配享孔子，承认二人地位相等。直到元代，元文宗于至顺元年（1330）下旨称："孟子百世师也。……英风千载，蔚有耿光，可加封邹国亚圣公。"（《元史》卷七十六）首次以官方形式承认孟子为亚圣。明嘉靖九年（1530），明世宗同意大学士张璁奏议，更定孔子祀典，称孔子为至圣先师，封孟子为亚圣、颜回为复圣、曾子为宗圣、子思为述圣，四人配享孔子（《明史》卷五十）。清代建立后，延续了明代的封号和四配制度，孟子终于走完了由凡入圣的漫长道路，亚圣地位得以确立。汉唐时期，学者往往将孟子与荀子对比，二人的影响和地位经历了由"孟荀齐号"到"孔孟一体"的变化过程。宋元以后，

---

[1] 赵宇：《儒家"亚圣"名号变迁考——关于宋元政治与理学道统论之互动研究》，《历史研究》2017年第4期。

学者在孟子与颜回谁是亚圣的问题上，又产生分歧和争议。出现这种情况主要是因为，宋明理学的一个主题是阐发性命之学，以解决人生信仰和意义的问题，与佛老否定现实人生、追求涅槃或长生不老的出世人生观相对抗。在这一背景下，孔子、颜回的生活态度成为儒者效法的榜样，孔颜之乐也成为儒者探求生命意义的重要话题。颜回是孔子最欣赏的学生，在儒学史上具有很高的地位，孔子称赞他："贤哉，回也！一箪食，一瓢饮，在陋巷，人不堪其忧，回也不改其乐。"(《论语·雍也》)所以自理学宗师周敦颐要求其学生"寻孔颜乐处"后，孔颜之乐受到理学家的普遍关注，成为贯穿宋明理学发展的一个核心问题。这样与孔子相近的自然是颜回，亚圣的位子只能给颜回了。但是颜回早逝，没有著作传世，其思想的丰富性与深刻性无法与孟子相比。因此，随着韩愈、朱熹道统说的流行和四书地位的确立，孟子自然取代了颜回，而独占了亚圣的地位。

　　孟子虽然取得亚圣的地位，但由于其思想的人民性和批判性，在君主专制时代，仍不时受到帝王和士大夫的质疑和挑战，最突出的事例便是朱元璋删节《孟子》事件。明太祖朱元璋本是要饭的和尚，没有多少文化。做了皇帝后，出于意识形态的需要，开始学习儒家经典。当他读到《孟子》"君之视臣如草芥，则臣视君如寇雠"一句时，勃然大怒，认为非臣子之言，不符合君臣大义，随即下令将孟子的牌位移除孔庙，罢黜配享。考虑到可能会遭到士人的反对，朱元璋又下令：若有敢进谏者，以大不敬论罪。也就是要处以死罪。然而令朱元璋没有想到的是，此时孟子早已深入人心，其思想更是成为士人的精神信仰。孟子倡导"杀身成仁""舍生取义"，为了捍卫孟子，他们一样可以献出生命。刑部尚书钱唐就是这样一位孟子的捍卫者，得知孟子要被罢享后，他毅然拉着棺材上朝进谏。朱元璋见有人竟然抗命不从，下令士兵放箭射杀，钱唐"袒胸当箭"，撕开衣服，用胸口迎箭，高呼"臣得为孟轲死，死有余荣"。可能士兵见是钱尚书，有意避开了要害部位，钱唐才捡回一命，但全身已经被射成刺猬了。朱元璋虽然残暴，这个时候也不能不有所退让，于是让太医为钱唐疗伤治病，不得已收回罢享的成命。①罢黜孟子配享虽然没有成功，但《孟子》一书却不能任其流传，危及自家的统治，于是命令翰林学士刘三吾对《孟子》进行删节。可是孟子是二程、朱熹肯定的圣贤，地位早已确立，要删他的书，必须给出理由。刘三吾只好采取折中的做法，一方面肯定"《孟子》七篇，圣贤扶持名教之书"，另一方面又指出孟子的君臣观念只适合于诸侯纷争的战国时期，今天圣王已经出现，天下一家，四海一国，人人有尊君亲上之心，这时若再坚持孟子的观念，显然已违背扶持名教的本意。最终，在朱元璋的授意下，把《梁惠王篇》"国人皆曰可杀"章、"时日曷丧，予及汝偕亡"章、"闻诛一夫纣矣，未闻弑君也"章，《离娄篇》"桀纣之失天下也，失其民也；失其民者，失其心也"章、"君之视臣如土芥，则臣视君如寇雠"章，《万章篇》"天与贤则与贤"章、"天视自我民视，天听自我民听"章、"君有大过则谏，反复之而不听，则易位"章，《尽心篇》的"民为贵，社稷次之，君为轻"章等八十五条不合名教的话，全部删掉。"自今八十五条之内，课试不以命题，科举不以取士"，只剩

---

① 张廷玉等：《明史》第13册，中华书局，1974，第3982页。

下一百七十多条，刻板颁行全国学校。①在与孟子的角力中，朱元璋凭借手中的权力暂时获得胜利。

朱元璋删节《孟子》的原则，容肇祖先生将其概括为十一个"不许说"：不许说人民有尊贵的地位和权利，不许说人民对于暴君污吏报复的话，不许说人民应有革命和反抗暴君的权利，不许说人民应有生存的权利，不许说统治者的坏话，不许说反对征兵征物同时并举，不许说反对捐税的话，不许说反对内战，不许说官僚黑暗的统治，不许说行仁政救人民，不许说君主要负善良或败坏风俗的责任。②然而"不许说"只是朱元璋的一厢情愿，即使从维持朱姓统治来看，也是行不通的。一代代的王朝轮回已使统治者认识到，允许臣子谏言，实行一定的仁政，实际是有利于江山永固的；过于严苛的统治，反而会导致官逼民反。所以孟子的言论虽然刺耳，还是保留为好。况且多数士人已将孟子思想当作精神信仰，他们更多是从民本而非君本来看待君民关系的，维护孟子的权威和地位成为他们责无旁贷的责任。故到明成祖朱棣即位后，连江人孙芝于永乐九年（1411）上疏，建议恢复《孟子》全书，斥责刘三吾为逆臣，删《孟子》八十五条，科举不以取士尤为荒谬。③至此孟子凭道义的力量战胜强权，使不可一世的朱元璋终于败下阵来。可能连朱家后人都觉得这出闹剧过于狗血，故对这段历史讳莫如深，现存《明太祖实录》避而不谈朱元璋删孟子事，《明史·艺文志》也没有著录《孟子节文》，清初著名藏

---

① 刘三吾：《刘三吾集》，岳麓书社，2013，第8页。
② 容肇祖：《明太祖的〈孟子节文〉》，《容肇祖集》，齐鲁书社，1989，第174—183页。
③ 潘柽章：《国史考异》，丛书集成初编本，中华书局，1985，第86页。

书家朱彝尊想要一睹其书竟不可得,以至当时有人感叹知此事者已经很少。这固然与朱姓统治者的有意隐瞒有关,但也说明凭借权力、逞一时之忿的《孟子节文》不得人心,只能被扫进历史的垃圾堆。

明代虽然经历了《孟子节文》的曲折,但孟子思想仍得到长足的发展。永乐年间,明成祖钦定编纂《四书大全》《性理大全》,大力宣扬程朱理学,孟子的地位也再次得以确立。明代官方虽然提倡的是程朱理学,但真正有影响的则是王阳明心学,而阳明学实际就是孟子学,用牟宗三先生的话说,"其学之义理系统客观地说乃属于孟子学者亦无疑"。①王阳明的核心概念是致良知,而"良知"一词正是孟子所提出,王阳明通过发展了孟子的良知说,创立了理学中的心学派,其后学浙中王门、江右王门、南中王门、北方王门、闽粤王门、泰州学派等多个学派均参与到良知的讨论中,阳明学与孟子的关联显而易见,某种意义上可以说,阳明学乃是孟子的2.0版。

清代与明代一样,官方也大力提倡程朱理学,作为官方理学的代表人物,李光地对《孟子》颇为重视,著有《读孟子札记》等书。不过李光地虽然肯定、承认孟子的地位,但对其仍颇有微词,他说:"若句弹字议,除是孔子,方一字不可移易;孟子便有可疑,如臣视君如寇仇,闻诛一夫纣之类,皆似太险……皆微欠圆成。"②可见,在李光地眼里,只有孔子的话是"一字不可移易",而孟子"诛一夫纣"之类的言论实在是危险,有欠圆融,

---

① 牟宗三:《从陆象山到刘蕺山》,上海古籍出版社,2007,第152页。
② 李光地:《榕村语录 榕村续语录》,中华书局,1995,第3页。

是不能接受和赞同的，反映了官方学术对于孟子的矛盾心理。不过虽有官方的宣扬和提倡，清代的程朱理学已僵化、保守，鲜有思想创造，在儒学史上也没有什么影响。纵观清代学术，真正有影响的是明末清初的启蒙思想、乾嘉时期的考据学和清末的维新变法思想，而这三个学术思潮中都有孟子的身影。

作为早期启蒙思想的代表人物，黄宗羲十分重视孟子，其《孟子师说》一书虽题曰"师说"，但书中直接引用其师刘宗周的观点较少，更多是承接师说，通过"释孟"阐发自己的心一元论，批驳程朱分理气、心性为二的观点，提倡实学，倡导经世，开启新的学风。黄宗羲还著有《明夷待访录》，提出"天下为主，君为客"，发展了孟子的民本思想，达到古代政治思想的最高认识水平。

戴震是乾嘉考据学的重要学者，乾嘉考据学分为吴派和皖派，吴派代表人物是惠栋，皖派代表人物就是戴震。戴震十分喜好孟子，著有《原善》《孟子私淑录》《绪言》《孟子字义疏证》，学者称为戴震孟学四书。戴震采用考证、辨析字词的方法，对理、气、心、性、道、器等概念进行详细梳理，坚持理气一元论，反对程朱理气二元论；主张理欲的统一，批判程朱理学是以理杀人。虽然戴震对孟子的诠释不完全符合本意，而是掺入了荀子的思想以及他个人的理解，但孟子无疑是他批判程朱理学的一个重要思想资源。

康有为是清末维新变法的领袖人物，他建构维新变法理论同样利用了孟子的思想资源。其所著《孟子微》一书，贯通古今，兼采中西，通过以西释孟，用近代西学政治理念诠释传统儒家思想，将孟子思想中抽象平等观念转化成具有政治意义的平等思想，把天赋人权与孟子的天爵相衔接，使孟子思想中隐而不彰的观念得以发扬光大，赋予了时代的新意。康有为的《孟子微》，重点不是阐释《孟子》，而是借《孟子》言志立说，抒发"大同"社会理想，为维新变法提供理论根据，故在阐发孟子思想时往往带有主观发挥，但从创造性转化的角度来看，康有为不愧为理论的天才，他的《孟子微》也是清代晚期《孟子》义理学的代表之作。

在注疏方面，清代焦循的《孟子正义》考据、义理并重，达到清代《孟子》注疏学的最高成就。该书与东汉赵岐的《孟子注》、南宋朱熹的《孟子集注》，同为研读《孟子》必读的参考书。

通过以上分析不难看出，孟子在儒学史上占有重要地位，产生过深远影响，而且越是到传统社会后期，其影响越大。朱熹有诗云："半亩方塘一鉴开，天光云影共徘徊。问渠那得清如许？为有源头活水来。"孟学就是儒家思想的一个源头活水，是中国文化的清流。我们要了解中国历史，要了解儒学，培养我们的精神气节，挺立我们的精神脊梁，就要学习孟子的思想，弄清并理解孟子是怎样成为亚圣的。

第三讲 孟子说邹穆公与初次游齐

乱世的抗争——讲给大家的《孟子》

前面两讲我们分别讲述了孟子其人其书，以及孟子在儒学史上的地位，这一讲我们要进入《孟子》文本，开始讨论《孟子》书中的内容。我们研读《孟子》，有两个线索非常重要，一个是时间线索，另一个是思想线索。为什么这两个线索非常重要呢？因为《孟子》与《论语》一样，都属于记言体，它们有一个共同的特点，就是虽然每篇都有一个大致的主题，但是在编排上并不十分严格，往往把不同主题的内容包含进去。至于每篇中的各章，内容就更为松散，不一定具有内在的联系。相反，有些章虽然是讨论同一主题，却被编在了不同的篇；有些章记录的是前后相关的一件事，却被打散编在了不同的篇。所以我们在研读《孟子》时，一开始当然可以按照篇章的顺序一章一章往下读，但到了一定的阶段，就需要按照时间和思想的线索对书中的内容进行整理，这样才能进入更高的学习阶段，才能对经典有更深的理解。

一、时间线索与孟子行年

思想线索我们后面再谈，这一讲先讲时间线索。大家读《孟子》，可能会有一个感觉，就是内容比较凌乱，编排未必合理。我阅读《孟子》很多年，每年都要在人大国学院讲一遍《孟子》，讲得多了，内容熟悉了，就发现《孟子》一书其实编的并不好，有些篇章调整一下，重新编排在一起，更利于人们的理解。我举一个例子，比如《孟子·离娄上》7.24章有这样一段记载：

乐正子从于子敖之齐。

乐正子见孟子。孟子曰："子亦来见我乎？"

曰："先生何为出此言也？"

曰："子来几日矣？"

曰："昔者。"

曰："昔者，则我出此言也，不亦宜乎？"

曰："舍馆未定。"

曰："子闻之也，舍馆定，然后求见长者乎？"

曰："克有罪。"

乐正子是孟子弟子乐正克，他跟随子敖来到齐国。正好孟子也在齐国，他便来拜访老师。可是孟子脸一黑，甩出一句："你也知道来见我啊！"乐正克颇感差异，连忙问："老师何出此言？"孟子问："你来几天了？"乐正克答："昨天到的。"孟子问："昨天到的。我这么说，难道不应该吗？"乐正克解释说："住的地方还没安顿好。"孟子问："你听谁说的，住的地方安顿好了，才能去拜访长辈？"乐正克只好承认："这是弟子的不对。"

读了这一章，大家是不是感到孟子有点咄咄逼人，太过在意师道尊严了？其实不然，孟子生气的不是乐正克，而是他跟随的子敖。子敖是谁呢？联系其他章可知，就是齐国权臣王驩。《孟子》一书中多次提到王驩，与孟子很不对付。据《孟子·公孙丑下》4.6章：

> 孟子为卿于齐，出吊于滕，王使盖大夫王驩为辅行。王驩朝暮见，反齐滕之路，未尝与之言行事也。
> 公孙丑曰："齐卿之位，不为小矣；齐滕之路，不为近矣，反之而未尝与言行事，何也？"
> 曰："夫既或治之，予何言哉？"

孟子曾做过滕文公的老师，滕文公去世后，齐宣王便派孟子为正使、王驩为副使去滕国吊唁。但王驩仗着宣王的宠幸，独断专行，自作主张，遇事也不与孟子商量，让孟子十分不爽，于是干脆一言不发，用冷暴力回击他。孟子的弟子公孙丑不了解情况，就问："老师，您是齐国的卿大夫，官职不算小；齐国与滕国之间的路程，也不算近"——齐国的首都在山东淄博，滕国在山东滕州，两地有两百七十多公里，古代交通不便，算是不近的距离了——"却为什么没有见到你与王驩谈论公事呢？"孟子答："他都自作主张了，我还说什么呢？"可见孟子对王驩是十分反感的。孟子与王驩的矛盾在《孟子·离娄下》8.27章记载也有反映：

> 公行子有子之丧，右师往吊。入门，有进而与右师言者，有就右师之位而与右师言者。孟子不与右师言，右师不悦曰："诸君子皆与驩言，孟子独不与驩言，是简驩也。"
> 孟子闻之，曰："礼，朝廷不历位而相与言，不逾阶而相揖也。我欲行礼，子敖以我为简，不亦异乎？"

第三讲 说邹穆公与初次游齐

本章提到了右师、驩、子敖，根据这一章我们可以知道，原来右师、子敖都是指王驩。右师是王驩的官职，子敖是王驩的字。公行子是齐国大夫，他的儿子去世，齐国的官员前来吊唁，右师王驩也来了。王驩本是盖地大夫，地位并不高，但善于阿谀逢迎，得到齐宣王的宠信，成为齐国炙手可热的人物。所以他一出现，官员们便争着讨好、巴结，唯独孟子对其不理不睬。王驩不高兴了："别人都过来向我问好，你孟子却无动于衷，这是明显瞧不起我嘛。"孟子回答说："按照礼的规定，朝廷上不能越过座位相互交谈，不能越过台阶相互作揖。我想遵循礼制，王驩却认为我不尊重他，这不是很奇怪吗？"孟子的回答对不对呢？不对。孟子与王驩见面的地方是大夫家里，而不是朝廷，他用朝廷之礼说事，是不合适的。孟子对于礼其实没有那么重视，他有时也引用礼，但主要是为了立论的方便，态度是比较灵活的。孟子不理睬王驩，主要是厌恶其飞扬跋扈的小人嘴脸，而不是如其所声称的是礼制不允许。弟子乐正克做了王驩的手下，与这样的人为伍，难怪孟子要甩脸子了。《离娄上》7.25章也记载了孟子对乐正克的批评：

孟子谓乐正子曰："子之从于子敖来，徒餔啜也。我不意子学古之道而以餔啜也。"

孟子斥责乐正克："你跟着王驩混，就是为了吃吃喝喝。我没有想到你学习古人的道理，却只是为了吃吃喝喝。"那么，孟子是否真的对于乐正克不满意呢？那也不是，其实孟子对弟子乐正克还是十分欣赏的。《孟子·告子下》12.13章记录了孟子对乐正克的另一种评价：

> 鲁欲使乐正子为政。孟子曰："吾闻之，喜而不寐。"
> 公孙丑曰："乐正子强乎？"
> 曰："否。"
> "有知虑乎？"
> 曰："否。"
> "多闻识乎？"
> 曰："否。"
> "然则奚为喜而不寐？"
> 曰："其为人也好善。"
> "好善足乎？"
> 曰："好善优于天下，而况鲁国乎？……"

可能是受到孟子的批评，乐正克终于与王驩划清界限，而他的才干又得到鲁国的认可，要被聘请到鲁国管理国政。孟子听说后，"喜而不寐"，高兴得睡不着觉。公孙丑问："乐正克很有能力吗？"孟子说："不。""很有智慧吗？""不。""见多识广吗？""也不。""那你为什么高兴得睡不着觉呢？""因为他喜好善。""喜好善就足以治国了吗？""喜好善足以治理天下，岂止是鲁国。"下面孟子还有论述，我就不引用了。从这一章看，孟子对乐正克是十分欣赏的，认为他的优点是喜好善，而喜好善是一个人最优秀的品质，比能力、智慧、博学都重要。所以乐正克受到老师的批评，便能从善如流，幡然悔悟，而一个能力强、有智慧、博学的人，面对高官厚禄的诱惑，却未必能把老师的话听进去。孟子对乐正克的不满，主要是他跟错了小人王驩，而当他有机会到鲁国施展才干时，孟子则是为弟子感到高兴的。

可见，孟子与王驩曾发生过一系列事件，但《孟子》一书将这些事件分别记载于4.6、7.24、7.25、8.27、12.13不同的章节之中。有时称王驩，有时称子敖，一个初学者很难将这些章联系在一起，甚至搞不清王驩、子敖的关系，误将其当作两个人。相反，如果我们按照时间线索将这些内容重新编排一下，人物、事件的关系就非常清楚了。

一、孟子、王驩出使滕国，孟子不满王驩独断专行。（4.6）

二、参加齐大夫之子的丧礼，孟子对王驩不予理睬。（8.27）

三、乐正克拜见孟子，孟子对其批评、讥讽。（7.24）

四、孟子批评乐正克跟随王驩吃吃喝喝。（7.25）

五、乐正克转而效力鲁国，孟子"喜而不寐"。（12.13）

在今本《孟子》中，以上内容被打乱了，放在不同的篇章中，所以我们阅读的时候，会有凌乱的感觉，无法将相关的内容联系在一起。这种情况不是个例，我再举一个例子，《孟子》中有《滕文公上》《滕文公下》，主要记载孟子在滕国推行仁政事，有孟子与滕文公的对话，也有孟子在滕国时与其他人的对话。但是在《梁惠王下》又有三章记录孟子与滕文公的对话，那么为什么不将这三章放在《滕文公上》，而要编在《梁惠王下》呢？其实如果将这三章挪到《滕文公上》，可能更合适，也更符合逻辑。但不知为什么，《孟子》的编订者却没有这样做。有人可能会说，《滕文公》记载的也不都是孟子在滕国的事情，而《梁惠王》也记载有孟子与其他人的对话，这样编排也不是不可以。的确，《孟子》一书中用国君作篇名的《梁惠王》和《滕文公》有一个共同特点，就是上篇主要记载孟子与该位国君的对话，下篇则比较复杂，往往也包含其他内容。但问题是，既然《孟子》一书有《滕文公》篇，有关滕文公的内容就应放于此，而且如果按照时间线索将《梁惠王下》有关滕文公的三章移到《滕文公上》，孟子在滕国的活动就十分清楚了。今试将《滕文公上》调整如下：

一、尚为太子的滕文公在宋国遇到孟子，被孟子打动。（5.1）

二、滕定公去世，滕文公即位，派人请教孟子丧礼事。（5.2）

三、滕文公请教治国之策，孟子论仁政。（5.3）

四、孟子与农家许行之徒陈相辩论。（5.4）

五、孟子与墨者夷之辩论。（5.5）

六、滕文公问孟子，滕夹于齐、楚之间，如何自处？（2.13）

七、齐人筑薛城，威胁到滕国，滕文公问孟子如何应对。（2.14）

八、滕文公问孟子，滕国如何与大国相处？（2.15）

经过以上调整，孟子与滕文公的交往便清晰、完整了。前三章记载孟子与滕文公相识及在滕国推行仁政，中间两章记载滕国的仁政引起社会的关注,孟子与农家、墨家辩论。最后三章记载齐国威胁到滕国,滕文公问怎么办?孟子拿不出好的办法,只能说"强为善而已",不久离开了滕国。这样的调整显然比目前的编排要好。所以我认为,如果按照时间、思想的线索对《孟子》一书做些调整,结构会更为合理,章与章之间的关系更密切,也更便于理解。《孟子》的编排不尽合理,可能与古人逻辑思维不发达有关。中国古人长于形象思维,弱于逻辑思维,形象思维是联想、散发式的,容易出诗人,但理论思辨则有所不足,在书籍的编订上也显得凌乱,不懂得如何分类。另外,《孟子》一书是由孟子与弟子万章、公孙丑等人共同编订的,可能有不同的资料来源,或许对搜集的资料未作调整,直接编订成书,导致目前看到的状况。近些年我有了一个想法,想根据时间、思想线索对《孟子》一书中的章节进行重新编订,写一本《孟子章节新编》。我听说瑞典一位学者做过类似的工作,但我没有看到书,不知他是怎么调整的。我的具体想法已经成熟了,只要有几个月的时间,就可以完成。

《孟子》一书的编订不尽合理,这就要求我们根据时间、思想的线索对其内容进行重新整理。司马迁的《孟子列传》写得过于简略,我们要了解孟子的生平活动,主要还是靠《孟子》。从元代以来,就有学者开始根据《孟子》一书考订孟子的生平,编撰行年、年谱,尤其是清代学者在这方面做了较多工作。经过学者研究,我们已经大致搞清了孟子的生平活动。孟子的生卒,文献没有记载,学者一般推断为生于公元前372年,卒于公元前289年,活了八十四岁。孟子一生与孔子相似,早年在家乡一带活动,"道既通",思想成熟,在社会产生一定影响后,便开始周游列国，游说诸侯。谭贞默《孟子编年略》说："孟子四十以前，讲学设教；六十以后，归老著书。其传食诸侯当在四十以外。"基本概括了孟子一生的活动。孟子曾先后两次去过齐国，第一次到齐国时，是齐威王执政，可能这时孟子影响不大，《孟子》中记载其与齐威王的对话不多。不过孟子在齐国时，结识了大将军匡章，结下一段友谊。孟子在齐国得不到施展才干的机会，正好听说宋王偃推行仁政，于是来到了宋国。孟子到宋国后，发现围绕宋王身边的多是奸佞小人，深感担忧，故向宋大夫戴不胜建议，多在宋王身边安排善人君子，引导宋王向善。孟子在宋国没有获得出仕的机会，甚至连宋王偃都没有见到，却遇到了一生中唯一一次成为帝王师的机会。当时还是太子的滕文公，出使路过宋国时遇到孟子，孟子"道性善，言必称尧舜"，深深打动了小王子，回程时再次拜访了孟子。滕文公回到滕国不久，父亲滕定公去世，滕文公正式即位，于是将孟子请到滕国，孟子终于有机会推行其政治理想了。孟子在滕国推行仁政，在社会上引起反响，农家许行也来到滕国，孟子与其弟子陈相就"劳心者治人，劳力者治于人"等问题展开辩论。滕文公虽然听从孟子的教诲，诚心推行仁政，但滕国毕竟是小国，处在大国的包夹之中，面临着到底是侍奉齐国还是楚国的两难选择。这时齐国在滕国附近修建了薛城，直接威胁到了滕国，孟子虽然主张"仁者无敌"，但是面对强敌，他也拿不出好的办法。在这种情况下，孟子认识到，要想推行仁政，还是要依靠大国，于是离开滕国，前往魏国。这时梁惠王刚吃了败仗，听说孟子到来，亲自迎接，于是我们看到《孟子》开篇第一章的场景：梁惠王问："先生不远千里来到魏国，能给我们国家带来什么利益呢？"孟子回答："大王何必要说利呢？我们谈谈仁义不好吗？"俩人一见面，谈话就不投机。以后孟子又多次向其陈述仁政，梁惠王虽然心中暗骂迂阔，但由于当时礼贤下士的风气，表面上还保持客气。两年后，梁惠王去世，梁襄王即位，孟子"望之不似人君"，不像国君的样子，于是离开魏国，前往齐国，此时齐威王已经去世，由齐宣王执政。初到齐国时，孟子与宣王的关系尚比较融洽，以前孟子向君主游说仁政，多用类比的方法，如五十步笑百步等，对君主多有指责。这时孟子汲取了以往的经验，不再对宣王简单地批评，而是用心理分析的方法，从对牛的恻隐之心推论其完全能够推行仁政。孟子的"四端说"此时应该已经形成，并应用到游说诸侯中。不过一件事情的发生，使孟子与宣王的关系直转而下。燕国的国君哙学习尧舜禅让，将王位让给相子之，结果引起一场内乱，齐国趁机出兵，很快攻下了燕国。宣王派人询问孟子，是否应该占取燕国？孟子回答：如果燕国百姓欢迎，便占取；如果燕国百姓反对，便不要占取。意为要行仁政，尊重民意。但齐军占取燕国后，烧杀掳掠，抢劫财物，甚至连燕国的祭器都运回齐国，结果激起燕人的激烈反抗，诸侯也出兵救燕。于是孟子向宣王建议，释放被抓的人口，返还抢夺的祭器，与燕人商议，选立一位国君，主动从燕国撤兵。但宣王没有听取孟子的建议，结果被诸侯的援军打败。《孟子》一书记录孟子与齐宣王的对话共有十四章，其中七章为孟子向宣王宣扬仁政，包括大家熟悉的"以羊易牛"章，谈话双方态度和缓，气氛融洽，应该是发生在"伐燕"之前。还有七章孟子的态度有了明显变化，常常对宣王批评、指责，致使"王顾左右而言他"，应该是"伐燕"之后的事。经过这次事件，孟子对宣王感到失望，于是离开齐国，回到邹国，收徒设教，与弟子万章等人编订《孟子》一书。孟子的生平活动可列表如下：

> 在邹国学习（四十岁左右，邹穆公执政）——第一次到齐国（约四十四岁，齐威王执政）——到宋国（约四十六岁，宋王偃执政）——在滕国行仁政（约四十九岁，滕文公执政）——到魏国（约五十三岁，梁惠王执政）——第二次到齐国（约五十五岁，齐宣王执政）——告老还家（约六十一岁），著《孟子》。

以上是《孟子》中所见孟子生平的主要内容，更详细的活动可见下面的"孟子行年表"，我略去了具体的考证，有兴趣的可以参看我与刘宝才老师撰写的《中国学术思想编年·先秦卷》（陕西师范大学出版社2000年版）。掌握了这个时间线索，再来看《孟子》，感受就不一样了，会感到孟子"活"了起来，孟子的生平活动如一幅幅画面呈现在我们面前，而没有了之前的凌乱感。

附：孟子行年表

周烈王四年（公元前372年）
孟子约生于此时。

周显王十一年（公元前358年）
孟子约十五岁，受业于子思门人（《史记·孟子荀卿列传》）。

周显王十六年（公元前353年）

孟子约二十岁，欲休妻（《韩诗外传·卷九》）。

周显王三十七年（公元前332年）

邹与鲁閧，孟子答邹穆公问（2.12）。

周显王三十八年（公元前331年）

孟子在邹，与屋庐子、曹交问答（12.1、12.2）。

孟子到任国，拜访季任（12.5）。

周显王三十九年（公元前330年）

孟子到平陆，见大夫孔距心（4.4）。

周显王四十年（齐威王二十八年，公元前329年）

孟子约四十四岁，首次至齐（4.3、12.5）。

齐相储子来见孟子（8.32）。

周显王四十一年（齐威王二十九年，公元前328年）

孟子在齐，与告子辩论（11.1、11.2、11.3、11.4）。

孟子劝蚔鼃向齐王进谏（4.5）。

孟子与匡章交游（8.30、6.10）。

孟子离开齐国，前往宋国（6.5）。

周显王四十二年（宋君偃后元二年，公元前327年）

孟子至宋，与戴不胜论如何使宋王为善（6.6）。

周显王四十三年（宋君偃后元三年，公元前326年）

孟子在宋，与滕国世子相会（5.1）。

孟子与宋人勾践论游说之道（13.9）。

周显王四十四年（宋君偃后元四年，公元前325年）

孟子离开宋国，回到邹（6.8、4.3）。

周显王四十五年（公元前324年）

孟子在邹，滕文公派然友来问丧礼（5.2）。

孟子由邹之滕，助滕文公推行仁政（5.3）。

周显王四十六年（公元前323年）

许行由楚之滕，传播其学说（5.4）。

孟子与农家陈相辩论（5.4）。

周显王四十七年（齐威王三十五年，公元前322年）

齐人城薛，滕文公问于孟子（2.13、2.14、2.15）。

周慎靓王元年（魏惠王后元十五年，公元前320年）

孟子见梁惠王，时约五十三岁（1.1、1.2、1.3、1.4、1.5）。

孟子与魏人周霄论出仕（6.3）。

周慎靓王二年（齐宣王元年，公元前319年）

齐宣王即位，孟子在魏国，与公孙丑论宣王欲短丧（13.39）。

齐宣王喜文学游说之士，稷下学宫复盛（《史记·田敬仲完世家》）。

梁惠王卒。

周慎靓王三年（魏襄王元年，齐宣王二年，公元前318年）

孟子约五十五岁，见梁襄王，不久离开魏国，前往齐国（1.6）。

孟子过范，遇齐王子（13.36）。

孟子至齐，答齐宣王问（1.7、2.2、2.3、2.4、2.5、2.7）。

孟子论"我四十不动心"（3.2、3.1）。

周慎靓王四年（齐宣王三年，宋偃王后元十一年，公元前317年）

宋偃王出兵灭滕。

孟子在齐，出吊滕文公（4.6）。

周慎靓王六年（鲁平公八年，齐宣王五年，公元前315年）

孟子回鲁国守母丧，鲁平公欲见孟子（2.16）。

孟子返回齐国，与充虞论葬母（4.7）。

齐宣王问孟子伐燕（4.8、2.10、2.11）。

周赧王三年（齐宣王八年，公元前312年）

燕人叛齐，齐宣王说"吾甚惭于孟子"（4.9、2.11）。

孟子见宣王，论"臣视君如寇雠"（8.3、2.8、2.6、10.9）。

孟子与淳于髡辩论（7.17）。

孟子约六十一岁，辞官离开齐国（4.10、4.11、4.12、4.13）。

孟子遇宋牼于石丘（12.4）。

周赧王四年（齐宣王九年，公元前311年）

孟子回到邹国，教学著述，与万章等人编订《孟子》（《史记·孟子荀卿列传》）。

周赧王二十五年（公元前290年）

《孟子》约成书于此时。

周赧王二十六年（公元前289年）

孟子约卒于此时，时年八十四岁。

二、百姓不爱国，国君怎么办

孟子是邹国人，其游说诸侯是从邹穆公开始的。学者一般认为，《梁惠王下》2.12章记载的"邹与鲁閧"是《孟子》中可见的关于孟子最早的记录。清周广业《孟子四考》说："孟子之仕，自邹始也。时方隐居乐道，……会与鲁哄，有司多死者，公问如何而可？孟子以仁政勉之。"此时孟子四十岁左右，清狄子奇《孟子编年》列于周显王三十七年，公元前332年，孟子四十一岁。

第三讲 说邹穆公与初次游齐

据该章记载：

> 邹与鲁鬨。穆公问曰："吾有司死者三十三人，而民莫之死也。诛之，则不可胜诛；不诛，则疾视其长上之死而不救，如之何则可也？"
>
> 孟子对曰："凶年饥岁，君之民老弱转乎沟壑，壮者散而之四方者，几千人矣，而君之仓廪实，府库充，有司莫以告，是上慢而残下也。曾子曰：'戒之戒之！出乎尔者，反乎尔者也。'夫民今而后得反之也。君无尤焉。君行仁政，斯民亲其上，死其长矣。"（《孟子·梁惠王下》2.12）

邹国与鲁国发生了一场武装冲突，"鬨"现在一般写作"哄"，《说文》："鬨，斗也。"那么谁打胜了呢？鲁国。邹国的官员被打死三十三人。两国冲突动武，有人死亡，本属正常，但让邹穆公气愤的是，自己的官员被打死三十多人，而邹国百姓竟然在一旁看热闹，没有一个上去救助的！这让一国之君情何以堪？长此以往，国还能成其为国吗？这时孟子在邹国已经有了一定的影响，于是他向孟子请教："真是国运不幸，我们邹国怎么出了这么一帮冷漠的百姓！我的官员被打死这么多人，他们竟然在一旁看热闹。把他们都杀了吧，法不责众，不杀吧，我实在咽不下这口气。你说我该怎么办？"

面对同样的情况，作为现代人，我们可能有不同的理解。在现代社会，如果两国边界起了冲突，政府的第一反应是要疏散边境的百姓，把老百姓转移到安全地带，毕竟枪炮无眼，保家卫国是军队的职责，没有受过训练的平民不一定要卷入其中。即便国民在海外遇到战争,生命受到威胁,政府也要采取紧急撤侨行动。如果城市发生暴力事件,警察也是第一时间疏散群众。但古代的情况有所不同,官民往往没有分得那么清楚,所以邹穆公认为百姓见死不救就是不爱国,自己的威望和尊严受到了伤害,不杀几个以儆效尤,就显示不出自己的威风来。这是古今观念的不同。

面对穆公的发问,孟子是怎么回答的?他有没有说这届人民不行,要展开一场轰轰烈烈的爱国主义教育运动?没有!如果这样回答,那就不是孟子了。孟子的回答用两个字概括就是:报应!背后蕴含的意思是:活该。孟子这样回答,当然有他的理由,那就是百姓与国家的义务是相互的,百姓如何对待官员,取决于官员对待民众的态度。那么邹国的官员是如何对待百姓的呢?"凶年饥岁,君之民老弱转乎沟壑",每逢饥年,邹国的百姓中老弱病残的只能抛尸荒野、山沟,"转"是抛尸的意思;"壮者散而之四方者,几千人矣",身强力壮的也只好四处逃窜要饭吃,这样的情况有近千人。"几"是将近的意思,"几千人矣"不能理解为好几千人。那么是不是官府没有粮食呢?不是!谷仓里堆满了粮食,库房里装满了钱财。可是面对灾情,官员却没有一个人向上汇报,这叫"上慢而残下"!对上怠慢渎职,对下残害百姓。既然官员如此对待百姓,那么你说,官员遇到危难,百姓在一旁袖手旁观,是不是他们咎由自取的呢?孟子引用曾子的话说:"戒之戒之!出乎尔者,反乎尔者也。"要警惕啊,要警惕!从你身上出去的,还会回到你身上。用今天的话说:出来混,迟早是要还的!所以对于这些官员来说,这是报应。

面对邹穆公百姓不爱国的控诉,孟子并没有站在国君的一方,主张对民众进行惩罚,而是站在百姓的一方,让穆公反躬自问:您和您的官员是如何对待百姓的?且不说这些官员平时如何骄奢淫逸,就是遇到收成不好的年景,依然欺上瞒下,完全不管民众的死活。面对这样的官员,面对这样的国家,您好意思让民众为你们卖命?好意思说国家有难,百姓有责?好意思治人家的罪?孟子主张:"行有不得者,皆反求诸己。"(《孟子·离娄上》7.4)没有得到预期的结果,应当反省的是自己,所以要反省的恐怕是穆公自己。孟子与邹穆公的冲突实际反映了两种爱国观,邹穆公认为爱国是无条件的,既然你是邹国的百姓,那就生是邹国的人,死是邹国的鬼,不论官员、国家怎么对待你,你都必须无怨无悔为国家尽忠尽责。孟子则认为爱国是有条件的,一个国家中最为珍贵、重要的是民众,国家、君主是相对次要的,这就是孟子著名的民本主义宣言:"民为贵,社稷次之,君为轻。"(《孟子·尽心下》14.14)既然民众最为珍贵,那么国家、君主的设立就只能是为了民,如果国家不能保护民众,那就可以变置;君主危害了民众,就可以易位,有什么理由要求民众无条件地为残害他们的官员卖命呢?可以看到,孟子立论的根据是民本,与邹穆公的君本相对。民本的观念产生甚早,在西周"天命无常""敬德保民"的宗教信仰中已经开始萌芽,春秋时期得到真正发展,邾文公在迁都问题上将民众的利益置于自己利益之上,认为君主的利益是附属于民众利益的,就是实践民本的典范。孟子在接受前人思想的基础上,对民本做了进一步的提升和发展。由于孟子是立足于民本而不是君本,他这样回答邹穆公之问,就不奇怪了。关于民本,我们以后会专门来讨论,这里就不展开了。

孟子不同意对民众实行惩罚，但官员与民众的对立已经出现，如何化解干群之间的矛盾，使他们重归于好呢？这就涉及孟子的另一个重要主张：仁政。孟子说："君无尤焉。君行仁政，斯民亲其上，死其长矣。"（《孟子·梁惠王下》2.12）您不要责怪百姓，只要实行仁政，那么民众就会亲近官长，甚至为他们献出生命了。"斯"是虚词，则的意思。"斯民亲其上"，就是则民亲其上。民本是孟子的政治理念，仁政则是实现民本的政治举措。孟子在本章虽然提出了仁政，但对仁政的具体内容却没有说明，表明其思想还在形成发展之中。大家可能会问，民本、仁政能防止君主、官员变质、腐败吗？能起到一定的作用。邹穆公就是一个例子，《孟子》中的邹穆公杀气腾腾，只想把失败的怒气撒到百姓身上。但据贾谊记载，邹穆公则是一位爱民如子的仁君。他的一项流芳青史的仁政举措是，命令宫中养鹅只能用秕糠，不能用小米。当时宫廷为了祭祀养了很多鹅，但国家粮仓里有小米而没有秕糠，宫廷的官员没办法，只好拿小米去换民间的秕糠。秕糠本不值钱，但因为宫廷需求量大，物以稀为贵，价格不断上涨，竟然两石小米才能换一石秕糠。官员觉得不划算，向穆公建议："国库里的小米有的是，唯独没有秕糠，现在用两石小米才能换一石秕糠，用秕糠养鹅，花费也太大了！您还是批准用小米养鹅吧。"穆公说："你的目光太短浅了！农民锄禾日当午，汗滴禾下土，辛辛苦苦，不敢偷懒，难道他们打下的粮食就是为了喂养禽兽？小米是上等的粮食，怎么可以拿人吃的粮食去喂家禽呢？你只会打小算盘，不会算大账！有句谚语说得好：'盛粮的袋子漏了，也是漏在粮仓里。'难道你没有听说，君主是百姓的父母，国库中的小米转移到了百姓手中，难道就不是我的小米了？只要鹅吃的是秕糠，就不会浪费邹国的小米。至于粮食是储存在国库里，还是收藏在百姓家，对我来说有什么区别呢?!"百姓听说后，"皆知其私积之与公家为一体也"(《新书·春秋》)。都明白了自己的谷仓和国家的粮仓是连在一起的，自己的私利与国家的公利是一致的。穆公不仅对百姓行仁政，自己的生活也十分节俭，吃穿不挑剔，宫室很简朴。在他的治理下，"鲁卫不敢轻，齐楚不能胁"。由于穆公使邹国一度中兴，他治理的时期被称为"穆公之治"。穆公去世时，百姓如同死了父亲一样，整整哭了三个月（见《邹县志·国君志》）。这位穆公显然与《孟子》中的穆公有所不同，那么哪一个是真实的穆公呢？我想两个应该都是真实的，只不过一个是早期的穆公，一个是后期的穆公。早期的穆公被官员的阿谀奉承所迷惑，对百姓的死活置若罔闻，结果遭到民众的报复。后来受到孟子的影响，加之"邹与鲁鬨"的刺激，于是痛下决心，实行仁政，终于赢得百姓的爱戴，成为一代贤君。历史上很多帝王出于长远统治的考虑，往往都会接受孟子的民本主张。例如五代十国时期后蜀的末代皇帝孟昶就十分推崇孟子，他写《官箴》二十四句九十六字，应该就受到孟子的影响。后来宋太宗从中择出四句十六字，制成《戒石铭》，颁于郡国。其文云：

尔俸尔禄，民膏民脂。
下民易虐，上天难欺。

《戒石铭》虽然只有寥寥十六字，却形象、生动地阐明了民本的两个基本原理：一是百姓养活了官员，而不是官员养活了百姓。官员所领的俸禄，都是百姓的血汗（"尔俸尔禄，民膏民脂"）。二是官员若虐待百姓，必遭到上天的惩罚。百姓虽然好欺，上天却不会宽恕（"下民易虐，上天难欺"）。《戒石铭》制成后，颁发到各州县，立于官署衙门的大堂前，警示官员们务必清正廉洁，克己爱民。有一年我去河北大学讲学，顺便参观了位于保定的直隶总督府，看到总督府前就立了一块《戒石铭》，可见儒家民本思想影响之深远。那么民本思想解决了官员的腐败问题了吗？当然没有！政治学有一个基本原理：权力只为自己的源头负责。谁赋予我权力，我就为谁负责。邹国的官员是谁任命的？邹穆公。所以他们只为邹穆公负责，自己治下的百姓即使抛尸沟壑，四处讨饭，官员也会隐瞒不报。如果汇报上去，邹穆公一怒之下，把我撤职了怎么办？决定我仕途的是国君，而不是百姓，所以我在乎的只是邹穆公，而不是邹国的民众。官员能否做到以民为本，主要取决于他们的道德自觉和对天命的敬畏，而不是制度的约束。所以历史上虽然孔孟儒家一直在宣扬民本，历代帝王出于长远统治的考虑，也承认、认可了民本，但并没有解决政治腐败的问题，中国历史仍陷入一治一乱的周期律，这就是黄炎培所说的"一部历史，'政息宦成'的也有，'人亡政息'的也有，'求荣取辱'的也有。总之没有能跳出这周期率。"[①]暴力革命、改朝换代成为中国历史的常态，打天下、坐天下成为造反者的追求。新王朝建立之初，统治者还能顾及民生，实行仁政。但几代之后，必然骄奢淫逸，脱离民众，官民矛盾积累到一定程度，又酝酿下一次的动乱和革命。而每一次革命都对社会造成巨大破坏，

[①] 黄炎培：《延安归来》，国讯书店，1945，第64—65页。

田亩荒芜，人口减半，对文明和进步却一点贡献都没有。所以靠民本的说教是解决不了历史周期律的，那么要靠什么呢？当然是民主。民主的核心是权由民所赋，官员是民众选举出来的，其权力是民众赋予的，要受到民众的监督，这样官员才会真正地为人民服务，才不会出现"上慢下残"的情况。

三、为政不称职，不应恋权位

除了"邹与鲁鬨"章外，记载孟子在邹国活动的还有《孟子·告子下》的"礼与食孰重"章（12.1）、"人皆可以为尧舜"章（12.2）。在前一章，有一个任国人问孟子弟子屋庐子："礼仪与食物哪一个重要？"屋庐子回答："当然是礼仪重要了。"任国人问："按照礼仪去谋食，就得饿死；不遵守礼仪去谋食，就能得到食物，那还一定要遵守礼仪吗？"屋庐子回答不上来，"明日之邹以告孟子"。（《孟子·告子下》12.1）从这句话我们可以知道，这件事情发生在邹国。孟子说："回答这个问题有什么难的？你去问他：'扭住哥哥的胳膊，夺他口中的食物，就有吃的；不扭，就没有吃的，那么你会扭吗？'任何事物进行比较，需要放在同等条件下，拿饮食重要的方面与礼仪细微的方面比较，自然会得出错误的结论。"在后一章，有一个叫曹交的人问："人皆可以为尧舜，有诸？"孟子回答："当然可以。尧舜之道，只是孝悌而已。你穿尧的衣服，说尧的话，做尧的事，就成了尧。你穿桀的衣服，说桀的话，做桀的事，就变成了桀。"曹交听后说："交得见于邹君，可以假馆，愿留而受业于门。"（《孟子·告子下》12.2）想留在邹国，跟孟子学习。由此可知，这也是发生在邹国的事情。

孟子在邹国有了一定影响后,便离开邹国前往齐国。齐国是东方最有影响的国家,也是战国学术文化的中心,齐国的稷下学宫更是为士人所向往,孟子当然也不例外。路过平陆时,孟子与大夫孔距心有一段对话:

> 孟子之平陆,谓其大夫曰:"子之持戟之士,一日而三失伍,则去之否乎?"
>
> 曰:"不待三。"
>
> "然则子之失伍也亦多矣。凶年饥岁,子之民,老羸转于沟壑,壮者散而之四方者,几千人矣。"
>
> 曰:"此非距心之所得为也。"
>
> 曰:"今有受人之牛羊而为之牧之者,则必为之求牧与刍矣。求牧与刍而不得,则反诸其人乎?抑亦立而视其死与?"
>
> 曰:"此则距心之罪也。"
>
> 他日,见于王曰:"王之为都者,臣知五人焉。知其罪者,惟孔距心。"为王诵之。
>
> 王曰:"此则寡人之罪也。"(《孟子·公孙丑下》4.4)

平陆是齐国边境的邑,在今天山东汶上县北。周代名义上天下为天子所有,所谓"普天之下,莫非王土",但天子管理不过来,就把王畿之外的土地分给诸侯,称为国;诸侯也管理不过来,又把一部分土地分给大夫,称为采邑或者家。平陆是齐国的封邑,孟子由邹国到齐国,要经过这里。孟子见到平陆大夫孔距心，问道："你手下有一位士兵，如果一天三次失职，您是否开除他呢？""失伍"是掉队的意思。这是孟子早期常用的论证方式，不是直接点明主题，而是通过设问、类比的方式引出所要表达的主张。大夫说："哪能等到三次，一次我就开除了。"孟子接着说："这样说来，您失职的地方也有很多啊。灾荒年成，您治下的百姓，年老体弱抛尸在山沟与年轻力壮逃荒于四方的，有近千人。"大夫说："这不是我能力所能做到的。"意思是这是天灾，非人力可为。古代生产力低下，主要靠天吃饭，风调雨顺还能勉强糊口，一旦水涝旱灾，收成不好，饿死人是常有的事，所以孔距心不承认是自己的责任。孟子又说："假如有个人，受人委托为其放牧牛羊，那么就一定要为牛羊寻找牧场和草料。要是找不到牧场和草料，是把牛羊还给主人呢，还是站在一边眼看着它们死去呢？"孟子这里又用了一个类比，其寓意是非常清楚的。其中牛羊指百姓，牧者指孔距心，委托者指王。孔距心受王的委托管理百姓，如果不称职，没有照顾好百姓，是不是该辞职呢？战国时期，一些国家进行了改革，地方官员不再是分封而是任命，虽然称大夫，实际已经是官僚了，官僚是可以免职的。所以孔距心听后马上说："这是我的过错。"这是发生在平陆的事，后来孟子到了齐国首都，见到齐王，说："大王的长官，我认识五位，能认识自己过错的，只有孔距心一位。"把这件事叙述了一遍。齐王听后说："这是寡人的过错。"

这里有两个问题需要注意，一是这位齐王是谁？应该是齐威王，孟子第一次到齐国时，正值齐威王执政。但《孟子》没有说威王，只说齐王，容易产生混淆。出现这种情况，可能是因为孟子第一次到齐国时，影响不大，威王没有专门接见过孟子，二人只是在稷下学宫相见，孟子趁机说了自己的见闻，这与齐宣王多次会见孟子形成鲜明反差，故《孟子》只笼统称其为王。对于齐威王，大家可能不熟悉，但如果说到邹忌讽齐王纳谏的故事，则一定是耳熟能详的，这位齐王就是齐威王。据《战国策·齐策》记载，邹忌身高八尺，体健貌美，非常自恋，老想与城北徐公比一比。城北徐公是齐国的美男子，战国时的刘德华。有一天他问妻子："我与刘德华谁帅？"妻子说："当然是你帅了！刘德华怎么能与你比？"又问妾，也回答："刘德华不如你帅。"有客人来拜访，问客人，也回答："你比刘德华帅。"没有想到第二天战国刘德华城北徐公亲自登门拜访，可能是听说邹忌想与自己比帅，所以亲自来会一会。邹忌见到徐公本人，才知道什么叫相形见绌。窥镜自视，更是自叹弗如。晚上躺在床上翻来覆去睡不着，自尊心受到伤害，第二天一大早就入朝拜见威王，说："我明明不如刘德华帅，可是妻子偏爱我，妾畏惧我，客人有求于我，都罔顾事实，硬说我比刘德华帅。我不过是齐国的一位官员，权力、地位都不能与大王您比。如今齐国方圆千里，城池有一百二十座，宫廷的妻妾哪个不偏爱您？朝廷的大臣哪个不畏惧您？齐国的民众哪个不有求于您？这样看来，大王您已经被大大蒙蔽了！"威王听后，吓得一激灵，但仔细一想，确实有道理。于是下令："齐国的朝臣和官吏民众，能当面指出寡人过错的，受上赏；上书劝谏寡人的，受中赏；在公共场所议论指责寡人被我听到的，受下赏。"法令刚公布，群臣纷纷进谏，朝廷热闹像集市；几个月后，偶尔才有人进谏；一年以后，即使想进谏，也没有什么可进的了。齐国的风气为之一变，燕、赵、韩、魏等国听说后，纷纷前来取经学习。可见，齐威王有从善如流的品格，

第三讲 说邹穆公与初次游齐

所以他听了孟子的陈述后，马上承认是自己的过错。

二是齐国的国君为何会称王呢？周代不是只有天子可以称王吗？的确，春秋战国时期，除了吴、越、楚等"夷狄"国家有称王的记载外，诸侯一般只能称公、侯、伯等，但一些国家势力强大到一定程度，也自称为王。而诸侯称王的始作俑者，正好是孟子所见的两位诸侯王——梁惠王与齐威王。战国时期首先崛起的是魏国，经过魏文侯、魏武侯两代的积累，魏国已成为战国七雄中最先称雄者。所以到了魏惠王（因迁都大梁又称梁惠王）即位后，于公元前344年率先称王，并举行逢泽之会。但逢泽之会受到齐国、韩国的抵制，惠王的称王并没有得到承认，反而遭到齐、秦、赵等国的围攻。齐威王即位后，任用邹忌为相，实施改革，使齐国成为诸侯中最强者。强大起来的齐国，不甘心受制于人，多次打败魏国。在这种情况下，魏惠王采纳相国惠施"折节事齐"的建议，于公元前334年，率领韩国等一些小国到徐州（今山东滕县东南）朝见齐威王，尊齐威王为王，齐威王不敢独自称王，也承认魏惠王为王，史称"徐州相王"。自此以后，诸侯纷纷称王，连孟子到过的实力不济的宋国，其国君也自称宋偃王。对于诸侯称王，孟子表示反对了吗？没有！孟子游说诸侯一个很重要的内容，就是劝他们行仁政而称王。孟子知道诸侯的最大心愿就是称王，但他不是站在"礼乐征伐自天子出"（《论语·季氏》）的传统观念表示反对，而是因势利导，劝其效法当年的文王，行仁政而称王。但这样一来，孟子也遭到历史上一些维护纲常名教顽固派的嫉恨，宋代有人做诗云："当时尚有周天子，何事纷纷说魏齐？"就是批评孟子不去侍奉周天子，而是游说诸侯称王。在他们看来，即使周天子再昏聩、无能，臣子也不能另择良木而栖，更不能取而代之，否则便是违背了君臣大义，这看似迂腐浅陋，但却是历史上的主流观点，也是专制制度下的必然选择。虽然孟子主张"君有大过则谏，反覆之而不听，则易位"（《孟子·万章下》10.9），《孟子》也成为统治者认可的经书，但鲜有臣子对皇帝讲易位的，如果讲也只可能是株连九族，所以秦汉以后专制王朝流行的只能是与孟子精神相违背的愚忠思想。这是经典与现实之间的张力，我们研读经典，既不能否定经典中思想观念的价值和意义，也不能简单将经典等同于现实。

另外，还有一个需要注意的问题是，孟子逼迫威王承认自己的过错，这背后隐藏的逻辑是，王并不是最高的，王之上还有天。如果说孔距心是受齐王之命来治理民众，如不称职当辞职而去。那么齐王也是受上天之命来治理民众，如不称职同样应该易位。国君只有天下的管理权，没有天下的所有权，国君的权力来自天，职责是保民、养民，如果不能尽职，天命就会转移，"四海困穷，天禄永终"（《论语·尧曰》）。所以即使贵为国君，也不能忘乎所以，而应想到还有一个更高的天在监督、考察你，天怎么考察国君呢？当然是根据民众的态度和意见。考察合格，接着干；考察不合格，就应易位、换人，这就是孟子的民本思想。关于民本，我们会有一讲专门讨论，这里就不展开了。

第四讲

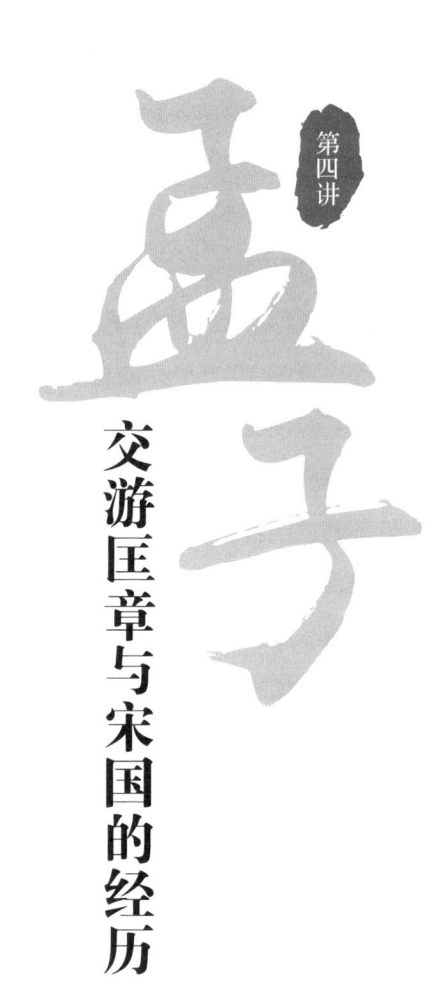

孟子交游匡章与宋国的经历

孟子一生分别在齐威王与齐宣王执政时两次来到齐国，由于第一次到齐国时，孟子的影响不够大，威王可能没有正式接见过他，两人仅有一次对话，《孟子》中称"王"，没有提及威王，这与孟子第二次到齐国时，与宣王十四次对话形成鲜明对照。所以人们往往只关注孟子的第二次齐国之旅，而忽略了孟子首次到齐国的活动。其实孟子第一次到齐国，虽然没有受到威王的重视，却是其一生中思想发展的重要时期。因为孟子在稷下学宫遇到了告子，二人就生之谓性、人性善恶、仁内义外等问题展开了学术史上著名的"孟告之辩"。这次辩论对孟子的思想发展产生了重要影响，《孟子》一书也专门列有《告子》篇。关于"孟告之辩"，我们后面会专门讨论，这里不展开。另外，孟子劝蚳鼃进谏、与匡章交游也发生在这一时期。蚳鼃本是齐国灵丘的长官，后来做了治狱官，有了接近齐王的机会，却一直没有进谏。孟子便劝其向王进谏，蚳鼃向齐王进谏，但齐王没有接受，于是蚳鼃只好辞官而去。齐人议论道："孟子未免太不地道了吧！你撺掇蚳鼃进谏，结果让蚳鼃丢了官职，你自己怎么不去进谏呢？"孟子听说后说："有官职的人，不能尽职就应离去；有进言之责的，不能进言就应离去。我既没有官职，又没有进言之责，那么我的进退，难道不是宽宽绰绰有很大的回旋余地吗？"（见《孟子·公孙丑下》4.5）孟子第一次到齐国时，没有官职，"不在其位，不谋其政"（《论语·泰伯》），故没有进言之责。孟子第二次到齐国时，担任客卿，有了官职，那么他进言了吗？当然进言了。不仅向宣王进谏，而且使"王顾左右而言他"（《孟子·梁惠王下》2.6）。

一、匡章的悲剧，孟子的情谊

孟子第一次到齐国时，另一个重要活动便是与匡章的交往，《孟子》中有两章涉及这一内容。匡章是齐国的将军，历仕威王、宣王、闵王三世，屡建奇功。威王时，他指挥桑丘之战，运用间谍战术大败秦军，迫使秦惠文王割让土地，自称"西藩之臣"。宣王时，他利用燕王哙让国造成的混乱，出兵伐燕，短短五十天便攻取燕国。闵王时，他率军大破巅峰时期的秦国，攻入函谷关，迫使秦昭王割地求和，匡章也成为战国时期唯一攻入秦关的将领。由于司马迁在《史记》中没有为匡章立传，致使匡章的知名度不高，他立下的赫赫战功也被人们忽略。不过匡章的战功是以后的事了，此时的匡章遇到家庭的不幸，跌入人生的低谷。匡章的母亲不知因为什么得罪了丈夫，匡章的父亲一怒之下将妻子打死，并埋在马厩之下。匡章被夹在中间，左右为难。他指责父亲不该杀死自己母亲，结果得罪了父亲，落下不孝之名。不久父亲去世，死前没有同意匡章为母亲改葬。匡章不敢违背父亲的意愿，便没有改葬（见《战国策·齐策一》）。这样一来，匡章里外不是人，被齐国人的唾沫星子淹没了。《孟子·离娄下》8.30章孟子与公都子的对话，正反映了这一情况：

公都子曰:"匡章,通国皆称不孝焉,夫子与之游,又从而礼貌之,敢问何也?"

孟子曰:"世俗所谓不孝者五:惰其四支,不顾父母之养,一不孝也;博弈好饮酒,不顾父母之养,二不孝也;好货财,私妻子,不顾父母之养,三不孝也;从耳目之欲,以为父母戮,四不孝也;好勇斗很,以危父母,五不孝也。章子有一于是乎?夫章子,子父责善而不相遇也。责善,朋友之道也;父子责善,贼恩之大者。夫章子,岂不欲有夫妻子母之属哉?为得罪于父,不得近,出妻屏子,终身不养焉。其设心以为不若是,是则罪之大者。是则章子而已矣。"

公都子是孟子弟子,此时匡章正处于舆论的中心,整个齐国人都骂他是不孝之子,只有孟子仗义而为,挺身而出,仍把匡章当朋友看待。公都子感到不解,故向孟子提出疑问。读到这里,大家可能会感到疑惑。匡章在父亲杀妻的事件中没有过错啊!受指责的应该是匡章的父亲才对,为什么齐国人要把不孝的帽子扣在匡章的头上,对其施加舆论暴力呢?从我们今天的眼光看是这样,但放在古代就未必了。这就涉及古代的父权制,我们研读经典,了解古代历史,探讨孟子的思想,对父权制一定要加以关注。我们知道,人类是在父权家族阶段进入文明社会的。所谓父权家族是以父家长为核心的家庭组织,它是早期氏族组织长期发展演变的结果,一般由父家长与若干代子女组成,成年子女虽然可以组成家庭,成为小家长,但没有经济独立权,父家长利用对家族经济活动的管理垄断了家族的财产。为了维护对家族的统治，他们竭力压制小家长的"个性"。因此，在相当长的一段时间内，家族财产集中在父家长手里，虽然也出现了私有制——父家长私有制，但不同于个体私有制，它不仅没有瓦解父权家族，反而强化了父家长的统治。由于父家长占有了家族财产，在家族内部取得了支配一切的权力，除家族财产权外，还拥有司法审判权以及宗教祭祀权。[1] 所以在父权家族阶段，父家长对儿女包括妻子具有生杀予夺的权力，父亲杀死子女、丈夫杀死妻子不仅不违法，也不会受到道义的指责。相反，子女违抗父家长，妻子触怒丈夫，会被认为是不道德的。父权家族普遍存在于人类早期社会，中国如此，西方亦如此。例如罗马早期社会的基本单位就是父权家族，父家长的权力不受限制，可以对子女进行肉体的惩罚，决定其婚配甚至生死。家子及其他家庭成员在家庭内部须听命于家父，不能有丝毫的违抗。王政后期，氏族制解体，国家产生，但父权家族却保留下来，罗马早期国家是建立在父权家族基础之上的，这点与中国古代相似，国家通过法律强化父权，形成以父权为特征的罗马家庭。不过由于罗马商品经济发达，加之航海贸易，家子逐渐获得部分财产权以及人身自由，打破了家父对家庭财产和家子的绝对控制。到了共和国后期，罗马国家开始限制家父权，如设立监察官，以督察社会道德风纪的名义，对家父虐待子女的行为进行限制。到了帝政前期，一些皇帝颁布法令禁止滥用父权，家父只拥有对家庭成员的一般惩戒权，如果要对家子进行重罚，必须要移送法院，由法院审判定罪。家父虐待、

---

[1] 林耀华、庄孔韶：《父系家族公社形态研究》，青海人民出版社，1986，第12页。

杀害子女，均属于违法。与之相应，夫权也受到法律的限制，罗马早期流行有夫权婚姻，妻子没有财产权，如没有遵守某些迂腐的礼仪规定，丈夫可以杀死妻子，如在古代罗马，妇女是不允许喝葡萄酒的，若违反此规定，丈夫有权杀死妻子。后来有夫权婚姻逐渐被无夫权婚姻所取代，夫妻取得了形式上的"平等地位"，妻子具有了财产权，地位不断上升，法律也逐渐倾向保护妻子一方的利益。所以古代罗马同样存在过父权家族，只不过随着历史的发展，逐渐受到限制而退出历史舞台，限制父权的手段主要是国家法律。

中国古代国家也是建立在父权家族基础之上的，这点与早期罗马相似，但中国古代的父权没有随历史的发展而被削弱，反而不断得到强化，这点与罗马又有很大的不同。据学者研究，春秋战国时期，父家长不仅具有经济、法律、宗教权，还具有对子女的生杀权，家族中所有人都在他的权力之下。最典型的例子，是秦二世矫始皇诏赐扶苏及蒙恬死，扶苏说："父而赐子死，尚安敢复请？"（《史记·李斯列传》）可谓父让子死，子不得不死。此事发生于秦代，但这种观念应该在战国时已经出现。只是到后来，生杀权只适用于君臣，而不适用于父子。在家族内部，夫妻的地位也是不平等的，妻子没有继承丈夫财产的权利，丈夫去世，继承遗产的不是妻子，而是她的儿子或嗣子。根据三从之道，女子"幼从父兄，嫁从夫，夫死从子"（《礼记·郊特牲》），从生到死都处于"从"的地位，没有独立的意志可言。那么战国时期是否存在像早期罗马丈夫可以杀死妻子的法律或习俗呢？从匡章父亲杀妻的事件看，应该是存在的。所以匡章的母亲如果做了违反礼仪之事，如与丈夫顶嘴、吵架等，匡章的父亲是可以杀死妻子的。而匡章责备父亲，又没有为母亲改葬，一般民众自然会骂他是不孝之子了。但是孟子的看法却与俗见不同，他说："一般人们所认为的不孝有五种：四肢懒惰，不管父母的奉养，是一不孝；好下棋饮酒，不管父母的奉养，是二不孝；喜好钱财，偏爱妻子儿女，不管父母的奉养，是三不孝；放纵声色欲望，使父母蒙受羞辱，是四不孝；逞强好斗，连累父母，是五不孝。匡章有一种这样的行为吗？没有！既然没有，怎么能说匡章是不孝呢？"可见，孟子与齐人的不同，是他不人云亦云，而重视个人的判断、分析，体现了独立思考的精神，这也是孟子思想的魅力所在，在当时封闭的社会中，十分难得。不过接下来他将匡章的悲剧归于"子不责父善"，则失之片面。孟子说："匡章不过是由于以善相责，把父子关系搞坏了。以善相责，是朋友相处之道；父子之间以善相责，是最伤感情的事。"这个说法我认为是值得商榷的。匡章的问题是因为责备父亲杀死了母亲吗？当然不是！不仅不是，我认为匡章据理力争，向父亲进谏才是值得肯定的，也符合儒家的基本主张。因为儒家从孔子开始就主张对父母的过错要进行劝谏，只不过要注意劝谏的方式。孔子说："事父母几谏，见志不从，又敬不违，劳而不怨。"（《论语·里仁》）"几"是微的意思。侍奉父母，对父母的过错要委婉地劝谏。自己表达的意见没有被听从，仍要保持恭敬而不要违逆，内心忧愁而不怨恨。曾子称："父母之行，若中道则从，若不中道则谏。"（《大戴礼记·曾子事父母》）父母的行为如果符合道就听从，如果不符合道就进谏。"君子之孝也，以正致谏。"（《大戴礼记·曾子本孝》）君子所谓的孝，就是以正确的方式向父母进谏。《孝经》也说："父有争子，则身不陷于不义。故当不义，则子不可不争于父。"(《谏诤章》)"争"不是争辩,而是通"诤"。父亲有了谏诤的儿子,自己行为就不会陷于不义。所以遇到父亲不义的行为,儿子不能不向父亲谏诤。荀子更是明确提出:"父有争子,不行无礼;士有争友,不为不义。"父亲有谏诤的儿子,就不会做无礼的行为;士人有谏诤的朋友,就不会做不义的事情。"从道不从君,从义不从父。"(《荀子·子道》)服从道而不服从君,服从义而不服从父。孟子反对"父子责善",虽然不完全排除向父母进谏,而是包含有不求全责备的用意,但的确是弱化、偏离了早期儒学"以正致谏"的传统。我们在《孟子》一书中基本看不到关于谏诤的论述,反映了孟子思想的不足,所以他才会认为匡章的问题是出在责备父亲上。大家可能会说,向父母进谏,是因为父母有了不当的行为。可是根据前面的分析,战国时期丈夫是可以杀死违反礼仪的妻子的。既然法律这样规定了,匡章父亲的行为就是合法的,匡章责备父亲就没有理由了,孟子的说法没有错啊。这种看法没有理解什么是真正的法,是不能成立的。真正的法不是国王的命令,不是一时一地的习俗,而是人心中的正义。古往今来曾经有无数的法律条文,有无数的习俗礼仪,但今天多数已被人们废止、抛弃了。为什么?就是因为不符合人性,不符合人心中的正义。所以不论是中国还是西方,都认为在具体的法之上还有更高的法,有法之上的法,西方称为神法或自然法,中国人称为天地、良心。正是对更高的法、法之为法的追求,人类才逐步摆脱了恶法陋习,制定了更为合理的法。大家如果读过古希腊悲剧作家索福克勒斯的经典作品《安提戈涅》,就可以理解西方人如何看待更高的神法与具体人法的关系。安提戈涅是著名的俄狄浦斯王的女儿,俄狄浦斯去世后,安提戈涅的二哥波吕涅刻斯率兵回国，同兄长厄忒俄克勒斯争夺王位，结果手足相残，双双殒命。他们的舅父克瑞翁趁机攫取王位，厚葬厄忒俄克勒斯，同时下令不准埋葬波吕涅刻斯的尸体，违反者将被乱石砸死。作为国王，克瑞翁的命令即是国法，但这与古希腊人的宗教信仰相悖。古希腊人相信，死者如果不得埋葬，他的阴魂便不能入冥土，故亲人有埋葬死者的义务。于是安提戈涅不顾禁令，埋葬了哥哥。当克瑞翁责问为何敢违抗自己的命令时，安提戈涅说出了一段震古烁今的言论："我不认为一个凡人下一道命令就能废除天神制定的永恒不变的不成文律条，它的存在不限于今日和昨日，而是永久的，也没有人知道它是什么时候出现的。"[①] 面对神法与人法的冲突，安提戈涅毅然选择了前者，并为此付出生命的代价。在她看来，神法才是永恒的，是真正的法，人法是暂时的，是可以改变的。中国人面对不公，也会讲天地、良心。天地指天理，良心就是来自孟子。如果诉诸良心，人的生命与父权的威严哪个更为重要？当然是人的生命！不论是谁，都没有理由可以随意剥夺他人的生命。匡章的父亲杀死自己的妻子，并将其埋葬在马厩之下，不论当时的法律、习俗是如何规定的，其行为都是违背天地、良心，不符合儒家的仁爱原则的。"天地之性，人为贵。"（《孝经·圣治》）天生万物，人的生命最为宝贵。这是最大的原则，高于世俗的礼法。匡章责备父亲，是出于对母亲生命的尊重，也符合儒家提倡的谏诤原则，当然是应该肯定的。孟子从维护父子人伦的角度出发，认为匡章以善相责，伤害了父子的

[①] 索福克勒斯著，罗念生译：《索福克勒斯悲剧集》，上海人民出版社，2020，第27页。

感情，是不恰当的。出现这种情况，一方面说明父权在中国历史影响之大，另一方面也表明孟子此时的思想还不完全成熟，作为其思想核心的"四端说"可能还没有提出，他更多是从亲亲而不是恻隐之心来理解仁，这在其与告子的辩论中也反映出来，我们以后会专门讨论。孟子虽然被尊为亚圣，他的思想同样也有一个发展的过程。

匡章虽然因为责善得罪了父亲，但他又采取极端的方式来惩罚自己。孟子说："匡章难道不想自己有夫妻、子女有母子的关系吗？因为得罪了父亲，不能亲近，就赶走了妻子，疏远了子女，终身不让他们奉养。他内心认为不这样做，罪过更大。匡章就是这样一个人啊。"从这段话可知，匡章虽然向父亲争辩，但惹怒了父亲后，又马上向现实妥协，并进行了自我惩罚，惩罚的方式是赶走了妻子、儿女。匡章想以这种方式赢得父亲及社会的谅解，但他在自我惩罚的同时却使更为弱势的无辜者受到伤害，匡章的妻子、儿女有什么错呢？为什么要他们承担责任？但这是父权社会的必然选择，因为在等级的社会中，必然是要牺牲弱者以维护强者。匡章的父亲较之匡章是强者，故要牺牲匡章以维护其父的尊严；匡章较之妻子、儿子又是强者，故要牺牲他们的幸福以成就匡章的孝名。在我们今天看来，匡章是父权制下的悲剧人物，他的一些行为如不为母亲改葬，抛妻弃子，我们都是不认可的，但在当时却为他赢得国君的信任。桑丘之战前，作为齐军统帅的匡章让部分士兵变换服装、旗帜，混到秦军之中，准备做内应。前线的探子得知后，回来报告说："匡章要投降秦军了。"齐威王听后却不以为然。不久又来报告，威王仍不理会。如此反复多次，大臣坐不住了，向齐威王请求说："前线好几个探子都报告说匡章要投降,大王为什么不发兵讨伐他呢?"齐威王自信满满地说:"匡章肯定不会背叛我,我为什么要讨伐他呢?"不久前线传来捷报,齐军获得大胜。大臣不理解,问"为什么大王坚信匡章不会背叛呢"?原来威王任命匡章为将军时,曾许诺如取胜归来,将为其改葬母亲。匡章却回答说:"臣并非不能改葬母亲,只是因为臣的母亲得罪了先父,先父没有允许改葬就去世了。臣如果没得到父亲的允许就改葬母亲,这就等于是欺骗死去的父亲,所以臣才不敢为母亲改葬。"威王问大臣:"你们说说,一个人作为人子不敢欺骗死去的父亲,作为人臣他难道会欺骗活着的君主吗?"可见威王看重的是匡章的孝,认为这种孝必然会表现为对君主的忠,这就是移孝作忠,父权与君权是统一的,历代统治者提倡孝,其用心和目的就在这里。

还有一个问题需要注意,孟子认可匡章抛妻弃子的做法吗?我认为是不认可的。朱熹《孟子集注》曾引杨氏曰:"章子之行,孟子非取之也,特哀其志而不与之绝耳。"这里的"章子之行"应包括"出妻屏子",杨氏认为孟子并不认可匡章休掉妻子、赶走子女,只是同情他的遭遇而没有与他绝交,是有道理的。《孟子·滕文公下》6.10章记载孟子与匡章的对话,似乎也反映了这一点。

匡章曰:"陈仲子岂不诚廉士哉?居於陵,三日不食,耳无闻,目无见也。井上有李,螬食实者过半矣,匍匐往,将食之,三咽,然后耳有闻、目有见。"

孟子曰:"于齐国之士,吾必以仲子为巨擘焉。虽然,仲子恶能廉?充仲子之操,则蚓而后可者也。夫蚓,上食槁壤，下饮黄泉。仲子所居之室，伯夷之所筑与？抑亦盗跖之所筑与？所食之粟，伯夷之所树与？抑亦盗跖之所树与？是未可知也。"

曰："是何伤哉？彼身织屦，妻辟纑，以易之也。"

曰："仲子，齐之世家也。兄戴，盖禄万钟。以兄之禄为不义之禄而不食也，以兄之室为不义之室而不居也，辟兄离母，处于於陵。他日归，则有馈其兄生鹅者，己频顣曰：'恶用是鶂鶂者为哉？'他日，其母杀是鹅也，与之食之。其兄自外至，曰：'是鶂鶂之肉也。'出而哇之。以母则不食，以妻则食之；以兄之室则弗居，以於陵则居之，是尚为能充其类也乎？若仲子者，蚓而后充其操者也。"

这段应该是匡章被齐国人谴责、孤立时，孟子与其交游时的言论。陈仲子是齐国人，以廉洁闻名于世。《淮南子·氾论训》说他"不入洿（同'污'）君之朝，不食乱世之食，遂饿而死"。孟子与匡章围绕他发生争论，是耐人寻味的。匡章说："陈仲子真是个廉洁的人啊！他居住在於陵，三天没有东西吃，饿得耳朵听不见，眼睛看不见。正好井台上有个李子，已被虫子吃掉一大半，他爬过去拿起来就吃，吞咽了三口，耳朵才听得到，眼睛才看得到。"与匡章的赞赏相比，孟子虽然对陈仲子也有肯定，但态度却有所保留。他说："在齐国的士人中，我一定会以仲子为巨擘。但是，仲子又怎能称得上是廉洁呢？要推行仲子的操守，恐怕只有变成蚯蚓才能做得到。蚯蚓，在地上吃泥土，在地下喝泉水。陈仲子住的房子，是伯夷造的呢，还是盗跖造的呢？他吃的粮食，是伯夷种的呢，还是盗跖种的呢？这些都是说不清的。"

孟子为什么不认可陈仲子的廉洁呢？就是因为他是脱离了人伦关系来追求廉洁，为了廉洁而舍弃人伦关系、家庭生活，是本末倒置，因小失大，当然是不能肯定的。孟子说："陈仲子这个人，要是用不正当的方式把齐国送给他，他也不会接受，人们都相信这一点，但这只是拒绝一箪饭、一碗汤的义。人没有比失去亲戚、君臣、上下关系更大的事了。因为他的小节，就相信他的大节，怎么可以呢？"（《孟子·尽心上》13.34）当年子路批评隐者"欲洁其身，而乱大伦"（《论语·微子》），也是出于这种考虑。所以儒家追求的是社会关系中的廉洁，既然是社会关系中的廉洁，就不能那么极端、绝对，而应在廉洁与人伦关系中达到一种平衡，廉洁如此，其他美德亦如此，中道才是儒家恪守的原则。从这一点看，孟子固然有理想主义的一面，也不乏现实主义的考虑。现实总是不完满的，因为不完满，便躲入山林，摒弃人伦，以显示其洁身自好，这对于改造社会又有什么意义呢？而且你逃避社会，与世隔离，就一定能做到廉洁吗？你所住的房子，所吃的粮食，你能确定是廉洁的吗？匡章说："这有什么关系呢？仲子自己编草鞋，妻子纺麻线，用这些换来的。"意思是仲子所住的房子、所吃的粮食是通过自己的劳动换来的，所以不管是谁盖的房子，谁种的粮食，都不会与不廉洁有什么关系。对此，孟子没有继续辩论下去，而是讲了一个故事，以形象的方式说明陈仲子"欲洁其身，而乱大伦"，是无法提倡和肯定的，这也是孟子常用的论说方式。孟子说："仲子是齐国的宗族世家。他的哥哥陈戴，在盖邑有禄米万石。仲子认为哥哥的俸禄是不义之财而不吃，认为哥哥的房子是不义之室而不住，避开哥哥，离开母亲，住在於陵。有一天回家，正好有人送给他哥哥一只鹅，他皱着眉头说：'要这嘎嘎叫的东西做什么？'后来，母亲杀了这只鹅给仲子吃。哥哥正好从外面回来，说：'这就是那嘎嘎叫的肉。'仲子连忙跑出去，'哇'地一声吐了出来。母亲的东西便不吃，妻子的东西却吃；哥哥的房子便不住，於陵的房子却住，这种行为能够在人类中推广吗？像陈仲子这样，只有变成蚯蚓才能实现他的操守啊。"大家考虑一下，孟子不满意陈仲子的地方在哪里呢？在于他为了洁身自好而舍弃人伦生活的极端思维方式。孟子的时代，个别士人由于对现实完全失望，选择了退隐的生活方式，与社会乃至家庭保持距离，他们所追求仅在于独善其身，不同流合污而已。《论语》中记载的孔子与隐者的分歧，就是这种情况的反映。隐者批评孔子是"避人"，只逃避坏人，不与坏人合作，对现实社会仍抱有幻想，但"滔滔者天下皆是也"，坏人到处都是，怎么逃避得过来呢？所以他们的态度是"避世"，逃避现实社会（《论语·微子》）。隐者的观点在道家尤其是庄子那里得到发展，代表了不同于儒家的人生观。道家是避世或者游世，儒家则是入世。儒家当然也追求人格完善，但是通过完善社会以完善自我，与社会现实之间始终存在着张力，既不否定社会人伦，也不完全屈从于现实。在孟子看来，陈仲子哥哥的俸禄、房子如果是合法所得，仲子为了表示廉洁就逃离家庭，避开亲人，显然不近情理。别人送他哥哥鹅，如果是贿赂，他当然可以拒绝食用；如果是正常的礼尚往来，他吐出鹅肉，就显得夸张、做作了。更重要的是，仲子为了自己的廉洁名声，连母亲都不奉养，这算是尽了儿子的职责吗？值得注意的是，匡章的处事方式与陈仲子有类似之处，只是具体表现有所不同而已。陈仲子为了廉洁的名声便"辟兄离母"，匡章为了自己的孝行便"出妻屏子"，都是脱离了人伦关系去追求所谓德行，都是不近情理的极端做法。从上一章"是则章子而已矣"——"匡章就是这样一个人啊"的评价来看，孟子对匡章显然是有所保留的。《孟子》记载他们的对话可能不是无意的，而是以委婉的方式表达二人思想的分歧。当匡章处于危难时，孟子没有随波逐流，人云亦云，而是挺身而出，以诚相待，给了匡章精神上莫大的慰藉，陪伴他度过了人生的一次危机。由于孟子思想还不成熟，又受到重孝派的影响，他批评匡章以善相责是不恰当的。而匡章虽然情急之下也与父亲发生过争辩，但很快就屈从于父权的威严，他极力想示人的，还是移孝作忠的忠臣孝子形象，并以此换取政治资本，赢得君王的欣赏和信赖，这就使他与孟子渐行渐远。孟子第二次到齐国时，匡章如日中天，担任了伐燕的统帅。对于伐燕，齐宣王曾请教过孟子的意见，但在《孟子》书中，我们再没有看到二人的对话，此时他们即使不是形同陌路，关系也是相当疏远了。

二、教导君主如同学外语，重要的是环境

正当孟子在齐国得不到发展机会时，听到一个振奋人心的消息，宋偃王要推行王政了。《滕文公下》6.5章记万章问："宋，小国也。今将行王政，齐、楚恶而伐之，则如之何？"孟子慷慨陈词，举商汤、武王为例，声称"苟行王政，四海之内皆举首而望之，欲以为君。齐、楚虽大，何畏焉"？在这种情况下，孟子离开齐国，带着学生兴冲冲地奔赴宋国。然而希望有多大，失望也就有多大。孟子到宋国后，没有见到欲行王政的宋偃王，却看到在王政名义下上演的一出闹剧，这是孟子所始料未及的。不过

孟子到宋国之初，还是向宋大夫积极建言，希望能影响到宋偃王。据《孟子·滕文公下》6.6章：

> 孟子谓戴不胜曰："子欲子之王之善与？我明告子。有楚大夫于此，欲其子之齐语也，则使齐人傅诸？使楚人傅诸？"
>
> 曰："使齐人傅之。"
>
> 曰："一齐人傅之，众楚人咻（xiū，扰乱）之，虽日挞而求其齐也，不可得矣。引而置之庄岳之间数年，虽日挞而求其楚，亦不可得矣。子谓薛居州，善士也，使之居于王所。在于王所者，长幼卑尊皆薛居州也，王谁与为不善？在王所者，长幼卑尊皆非薛居州也，王谁与为善？一薛居州，独如宋王何？"

戴不胜，赵岐注："宋臣。"故知他是宋国大夫。"子欲子之王之善与"的后一个"之"，是动词，前往的意思。孟子说："你希望你的大王追求善吗？我明确告诉你方法。假如有一位楚国的大夫，想让他的儿子学齐国话，那么是请齐国人教他呢，还是请楚国人教他呢？"戴不胜说："当然是找齐国人教他了。"孟子又问："一个齐国人教他，可是身边都是楚国人，都说楚国话影响他，即使每天用鞭子抽打，逼他学齐国话，也不可能学好。可是如果带他到齐国都城的闹市上住上几年，这时即使每天用鞭子抽打，让他讲楚国话，也不可能讲好了。"孟子用学外语说明环境的重要，可谓形象生动。我是初中开始学外语的，到博士阶段，大概学了十几年了。但学到的只是哑巴外语，能看、能读，甚至能翻译,却不能说。为什么呢?就是语言环境不好,教我们英语的老师原来是学俄语的,自己临时抱佛脚,没有会话的能力,怎么能教好学生呢?后来我到哈佛做访问学者,待了一年,日常会话没有问题了,但学术报告还不行,必须提前写好发言稿。所以环境对学习语言是非常重要的,不仅我们如此,西方人也是一样。《读书》杂志曾经发表过一篇文章,介绍海外汉学家,其中说到:"其学为'汉学',其人为'汉学家',杰出者如已故费正清先生、李约瑟先生,……单听他们那一口流利的汉语,……不得不钦佩他们下的苦工夫。"清华大学的何兆武先生看到后,写了一篇《有关汉学家的汉语》,也发表在《读书》上,他说:"李约瑟先生我曾几次见过,还听过他几次讲演,从未听他说过一句汉语。费正清先生我曾去哈佛访问过他,他先是说汉语,但是词不达意,乃至语不成声,几分钟之后便不得不全部改用英语了。这一辈老汉学家大多是不能讲汉语的,更谈不上'流利'。即如目前健在的狄百瑞教授已年近八旬,是美国当今汉学家的泰斗了,但从来不讲一句汉语,甚至于来中国开汉学会议,亦只讲英语,再请人译为汉语。"何先生说的是实情,我与史景迁夫妇很熟悉,他们曾邀请我到耶鲁访问,史景迁夫人金安平女士是华裔,十几岁时从台湾去的美国,汉语没有问题,但史先生从来不说汉语。由于中美关系的原因,那一代汉学家基本没有来过大陆,没有语言环境,错过了学习汉语的机会。何先生还注意到:"年轻一代的洋人汉学家倒有不少人是汉语流畅了,然而功力恐未必能及老一代的。"年轻一代汉学家有机会来中国留学、访问,有了语言环境,汉语自然流利了。

　　学习语言如此,学习做人也同样如此。孟子话锋一转,点出了主题:"你说薛居州是个好人,让他住在宋王的宫中。如果王宫中的人,不论年龄大小、地位高低,都是薛居州那样的人,宋王还能与谁一起去做坏事呢?如果在王宫中的人,不论年龄大小、地位高低,都不是薛居州那样的人,宋王又能与谁一起去做好事呢?一个薛居州,又能把宋王怎么样呢?"薛居州是宋大夫,孟子认为,如果王宫中薛居州这样的好人多了,自然会对宋王产生影响,逐渐地使他也成为好人。可是如果王宫中多数不是薛居州,而是奸佞小人,那么宋王必然会向坏的方面发展了。从这里可以看出,孟子已经意识到,国家治理首先在于规范、引导王权,如果不能对王权进行约束,政治很容易会误入歧途。但是孟子约束王权,不是靠制度,而是靠士人的劝谏、教导。孟子说:"唯大人为能格君心之非。"(《孟子·离娄上》7.20)"大人"是有德有位之人,不仅品质高尚,而且居于高位,能接近君王,并得到其信任,只有他们才有可能纠正国君的错误。所以对于一个士人,就要积极出仕,不断提升自己的地位和影响,进而实现其得君行道、"格君心之非"的理想。孟子主张约束王权有积极意义,但具体方法则有很大的局限性,现实中也很难行得通。从人类的历史来看,对王权进行限制,把权力关进笼子里,只能走以权力制约权力的道路。限制王权,要么依靠贵族的力量,如英国大宪章;要么依靠市民的力量,如法国大革命。经过斗争,不同社会力量彼此达到平衡,最终实现民主、法治。但是从孔孟开始,儒家走上了一条通过出仕推行政治理想的道路,他们所代表的士人阶层,没有成为独立的社会力量,而是依附于王权之上,他们所能做的只能是向君王劝谏、尽忠而已,而无法从根本上对王权进行规范和限制。相反,到了近代,随着帝制的垮台,皮之不存,

第四讲 交游匡章与宋国的经历

毛将焉附？儒学魂不附体，成为游魂。这说明儒家不但没有实现对王权的规范和限制，而且王权一旦消亡，儒家自身的生存都成为问题。儒学重视教化，希望通过教育改变社会环境，进而教化君主，用文化影响政治，这当然有积极意义。但文化可以影响政治，政治同样可以影响文化，特别是不受约束的权力一旦发起疯来，对社会、文化的伤害更大。这些都是我们今天讨论儒学必须面对和认真思考的问题。儒学要重新发展，必须要经历一次浴火重生，凤凰涅槃。

孟子虽然对宋偃王已产生疑虑，但还是希望宋国的政治能够向好的方面发展，他看到宋国的税收较高，对商人盘剥较多，便提议实行十分抽一的田税，免除关卡和市场的征税，可是此时的宋国正在积极备战，只担心田税收得少，哪能听见孟子的建议呢？于是派大夫戴盈之应付道："您的建议今年还办不到，请先减轻一些，等到明年再彻底实行，怎么样？"面对这种狡辩，孟子没有据理力争，而是讲了一个偷鸡贼的故事，对其进行了辛辣的讽刺。"假如有个人每天偷邻居家一只鸡，有人告诉他：'这不是君子的作为。'那人却说：'请允许少偷一些，每月只偷一只鸡，等到明年，就不再偷了。'如果知道这件事不符合道义，就应该尽快停止，为什么要等到明年呢？"（见《孟子·滕文公下》6.8）孟子在宋国时，还结识一位叫勾践的宋国人，此人与越王勾践同名，热衷于游说君王。战国时代，游说之风盛行，许多士人都将游说当作进身的阶梯。宋偃王提出行王政后，引得天下士人纷纷前来，想通过游说君王获得一官半职，捞取实惠好处。勾践受到这种风气的影响，也跃跃欲试，想一展身手。孟子认可游说诸侯吗？当然认可。孟子一生像他崇拜的孔子一样奔走于各国，就是在游说诸侯。但孟子瞧不起那些利禄之徒,认为游说诸侯不应是为了个人的利益,而是应宣传拯世济民的思想主张,所以一定要有更高的人生志向。孟子对勾践说:"听说你喜欢游说君王,我告诉你游说应该遵循的原则吧。别人理解我,我安然自得;别人不理解我,我依然安然自得。"宋勾践问:"怎样才能做到安然自得呢?"孟子的回答非常有名,我将其引在下面:

> 尊德乐义,则可以嚣嚣矣。故士穷不失义,达不离道。穷不失义,故士得己焉;达不离道,故民不失望焉。古之人,得志,泽加于民;不得志,修身见于世。穷则独善其身,达则兼善天下。

"嚣嚣",赵岐注:"自得无欲之貌。"指安然自得的样子。孟子说:"尊崇德,爱好义,就能安然自得了。因此,士人穷困时不失去义,显达时不背离道。穷困时不失去义,士人就能保持住自己的操守;得志时不背离道,百姓就不会失望。古时候的人,得志时,恩泽广施百姓;不得志时,修身立于世。穷困时,独善自身;显达时,兼善天下。"所以对于士人而言,重要的是要有"尊德乐义"的信念和理想,这样才能做到"穷不失义,达不离道"。为什么有些士人、知识分子会不顾廉耻,出卖人格,在统治者面前摇尾乞怜,甚至成为其帮凶呢?一是不甘贫穷,二是难耐寂寞。读书人本来就聪明,比他人付出的又多,对自己的期望自然也高,可是一旦其学说不被社会所认可,穷困落魄而不被人所知,便会心理失衡,怨天尤人,感叹社会不公。如果没有超越的精神信仰,很容易丧失原则,揣摩逢迎,靠出卖良知换取荣华富贵。一旦获得高位，又身不由己，患得患失，做出违背良心的事来。孔子当年就注意到士人的这一弱点，提出"不怨天，不尤人。下学而上达，知我者，其天乎"（《论语·宪问》）！个人的穷达祸福是由外在的命运决定的，不必怨天尤人，只要我努力为学，真诚地完善自己，就可以被天所理解。即使世界上没有一个人理解我，还有天会理解我。世无人知，唯天知之！在孔子那里，天是超越的价值源头。有了对于天命的信仰，君子就可以"独立不惧，遯世无闷"（《周易·大过·象》），"遯世而无闷，不见是而无闷"（《周易·乾·文言》）。真正的君子要学会与世俗保持距离，不被世俗认可也不内心苦闷。所以人是要有精神信仰的，没有精神信仰很难具有超越世俗的勇气。孟子超越的精神信仰就是天，其内容则是道和义。以道义为原则，以行道为目的，这样才能超越世俗，达观地对待个人的现实际遇，做到"穷不失义，达不离道"。"不失义"就是要"独善其身"，"不离道"就是要"兼善天下"。孟子的"穷则独善其身，达则兼善天下"后来成为传统社会士人的立身处世之道，也是我们今天做人的基本原则。

　　孟子因为听说宋偃王要行王政，便兴冲冲来到宋国，结果发现是一场误会。前面说过，孟子不反对诸侯称王，但主张应行仁政而称王，所以在孟子那里，王政就等同于仁政。《孟子》一书中，"王政"共出现五次，均是就仁政而言。但宋偃王称王是真，行仁政则是假，从后来的发展来看，他不仅不行仁政，反而行暴政，是想通过暴政、霸道而称王。宋偃王姓戴，名偃，是宋辟公的儿子，剔成君的弟弟，但他赶跑了哥哥，夺取了王位，典籍中也称他为宋君偃、宋康王、宋献王，据学者考证，这是因为戴偃是宋国的末代国君，没有正式谥号，故后人对他有不同的称谓。宋国是小国，又处于齐、魏、楚等强国的夹击之中，本应低调自处，在列强的夹缝中寻找生存的机会。无奈戴偃是一个野心极强的人物，他相貌伟岸，"面有神光，力能屈伸铁钩"（《东周列国志》），即位不久即自称为王（前328），此时距齐威王、梁惠王的徐州相王（前334）仅六年，秦、韩、燕、赵等国尚未称王，如此高调行事显然是不明智的，容易引起诸侯的嫉恨，成为众矢之的。但宋君偃不管不顾，只想与诸侯一争高下。当时宋国都城城角上的小鸟孵出一只大鸟，宋偃王让太史占卜，太史说："小而生巨，必霸天下。"小鸟生出大鸟，预示宋国必能称霸天下。宋偃王大喜过望，于是出兵灭掉滕国，又攻取了齐国薛邑，夺取淮北的土地（《战国策·宋卫策》）。由于当时五国合纵伐秦，中原一带空虚，无暇顾及宋国，使其有机可趁。但宋偃王却错误认为诸侯惧怕自己，于是又向一直压制宋国的齐、楚、魏发起进攻，夺取不少土地。一些明智的大臣担心引来诸侯的报复，劝其不可滥用武力。但此时的宋偃王已极度膨胀，听不进任何意见，对进谏者一律射杀。为了树立自己的权威，他用皮袋盛血，悬挂在高处，用弓箭去射，称为"射天"。他用鞭子抽打土地，砍掉土神、谷神的神位，一把火将其烧掉，表示自己已经可以降服天下鬼神，人类更不在话下。为了制造恐怖气氛，他剖开驼背人的背，砍断早晨过河人的腿，使百姓人人自危，不敢再反对自己（同上）。然而不作不死，no zuo no die，宋偃王的作死终于迎来诸侯的报复，人们称其为"桀宋"，说"宋其复为纣所为，不可不诛"（《史记·宋微子世家》）。齐湣王十五年（前286），齐出兵灭宋，瓜分了宋地，宋至此灭亡。清代一些学者如周广业等人，注意到《孟子》中宋偃王的形象与史书中有所不同，《孟子》中的宋偃王有行仁政的愿望，而《史记》《战国策》中的宋偃王则是一个荒淫暴虐、类似于桀纣的昏君，二者反差很大，于是认为史书可能有污名化现象，历史中的宋偃王未必如此不堪。虽然史书的夸张、失真普遍存在，但这种看法显然是误读了《孟子》。如前所述，宋偃王关心的不是仁政，而是称王，其所谓王政是称王之政，而不是王者之政，虽然不排除可能推行一些仁政来沽名钓誉，但其主要目的则是称王。宋是殷商之后，在诸强争雄的战国时代，却想恢复殷商的王业，显然是不合时宜的，其走向穷兵黩武，最后身死国灭乃是必然。孟子曾设想通过朝廷大臣来约束、影响宋王，但实际情况是，宋王控制、左右了身边的大臣，当其杀伐决断，一意孤行时，即使多几个薛居州，也是奈何他不得的。孟子想通过环境影响君王，只是当时条件下可以想到的方案，思想家也是受制于他所处的时代的。

还有一个问题值得思考，孟子主张性善，当他面对宋偃王这样的暴君时，又该做何解释呢？当然孟子可以说，即使残暴如宋偃王者也是有善性的，只是个人的欲望、野心"陷溺其心"，使其丢失了本有的善性而已。但是一个思想家如果不敢正视、面对人性中的恶，其性善主张必然是缺乏深度和解释力的，史书中所记载的宋偃王荒淫、无耻的桀纣之行，显然是不能仅用"陷溺其心"来解释的。所以孟子"道性善"虽然对于儒学乃至中华文化贡献很大，但其理论是不完备的，我们研读经典，学习孟子的思想，还要考虑其他的学说，比如荀子的性恶心善说，统合孟荀，进而对儒家人性论做出创造性发展与创新性转化。

三、孟子"道性善",为何打动了滕王子

孟子满怀希望来到宋国,却遇到德薄位尊、智小谋大、力小任重的宋偃王,他提的建议不被采纳,内心不爽是可想而知了。不过在宋国,孟子却遇到了他一生中非常重要的人物——滕文公。《孟子·滕文公上》5.1章云:

> 滕文公为世子,将之楚,过宋而见孟子。孟子道性善,言必称尧舜。
>
> 世子自楚反,复见孟子。孟子曰:"世子疑吾言乎?夫道一而已矣。成覸谓齐景公曰:'彼,丈夫也;我,丈夫也,吾何畏彼哉?'颜渊曰:'舜,何人也?予,何人也?有为者亦若是。'公明仪曰:'文王,我师也。周公岂欺我哉?'今滕,绝长补短,将五十里也,犹可以为善国。《书》曰:'若药不瞑眩,厥疾不瘳。'"

滕国是周初分封的诸侯小国,在今天山东省滕州市。滕文公当时还是太子,出使楚国,路过宋国时遇到了孟子。宋国首都在今天河南商丘,楚国的首都郢在今湖北荆州,滕文公从山东到湖北,要路过河南商丘。孟子对他讲性善的道理,言谈必称尧舜,深深地打动了滕王子,使其一下成为孟子的粉丝。太子处理完公务,从楚国回来时,又拜访了孟子。孟子说:"太子怀疑我的话吗?道,只有一个啊。成覸对齐景公说:'他,是个大丈夫;我,也是个大丈夫,我怕他什么呢?'颜渊说:'舜是什么样的

人?我是什么样的人?有作为的人也应该像舜一样。'公明仪说:'文王是我的老师。周公难道会欺骗我吗?'现在的滕国,长短折算下来,将近方圆五十里,是能够治理成一个好的国家。《尚书》说:'如果药力不使人头晕目眩,病就不能够痊愈。'"滕文公带着孟子的教诲回到滕国,不久父亲滕定公去世,滕文公正式即位,于是将孟子请到滕国,帮助其推行仁政,孟子终于获得了得君行道、实现政治理想的机会。请大家思考一个问题:为什么"孟子道性善,言必称尧舜"会打动滕国的小王子?性善论到底有什么样的魔力能折服未来的滕文公呢?这涉及对孟子性善论的理解,而要理解孟子的性善论,就要从孔子的仁讲起。孔子创立儒学,提出的一个非常重要的概念就是仁。学习儒学就要从理解孔子的仁开始,理解了仁才可以说进入了儒学的思想世界。一部儒学史,某种意义上也可以说是对仁诠释、理解的历史。所以有学者说:"孔门之学,求仁之学也。"那么什么是孔子的仁呢?大家理解"仁",往往是根据《论语》中的一段记载。"樊迟问仁?子曰:'爱人。'"(《颜渊》)这当然没有错,与仁字的训诂是一致的。《说文解字》说:"仁,亲也,从人从二。"仁是由一个"人",一个"二"组成,表示两个人之间的关系。什么关系呢?就是"亲",就是"爱"。所以说仁指爱人是成立的,但这只是仁的一个方面。前些年出土的郭店竹简中,仁字不是写作从人从二,而是写作从身从心:"息"。上面一个"身",下面一个"心"。这个字形在《说文解字》中其实也有记录,只是有讹误,没有引起我们的注意而已。仁字从身从心,显然与"从人从二"的含义有所不同。那么什么是"身"呢?《尔雅》说:"身,我也。"身就是我。又说,"朕、余、躬,身也"。朕、余、躬的含义就是我,它们也被称为身。晋代郭璞注释《尔雅》说："今人亦自呼为身。"人们称呼自己就是身。所以，身就是指我，指自己。"悫"字从身从心，即表示心中想着自己，思考着自己，用当时的话说，就是"克己""修己""成己"，用今天的话说，就是要成就自己、实现自己、完成自己。那么如何成就、实现自己呢？通过改造、完善社会以成就、实现自己。仁是自觉向上的道德精神，是使人挺立、振作起来的精神力量。孔子虽然提出了仁，但没有说明仁是否就是性。孟子则明确肯定仁就是心，就是性，他说："仁，人心也。"（《孟子·告子上》11.11）在孟子那里，心与性是统一的，孟子是即心言性，通过心来理解性，由肯定心善进而肯定性善。所以孟子性善论就是来自孔子的仁，是从人性论的角度对孔子仁学的进一步发展，在强调人性中有一种自觉向上的力量，一种成就、实现自己的冲动上，与孔子的仁是一致的。明白了这一点，就容易理解为什么孟子道性善会打动滕王子了。我们来看，孟子首先提出"道一而已矣"，这个道应该是就仁义而言，指仁义之道。道在儒家、孟子那里有多种含义，其中一个含义指终极理想，如"朝闻道，夕死可矣"（《论语·里仁》），孟子这里的道也是指终极理想，对于儒家而言，终极理想只能有一个，就是成就、实现仁义。为什么要成就仁义呢？对我们有什么意义呢？当然有意义了。因为只有以仁义为最高价值，我们才会有人格的平等。成覵对齐景公说，你是大丈夫，我也是大丈夫，我为什么要惧怕你呢？成覵是齐国勇士，所以他面对国君可以无所畏惧，孟子引用他的话则是表示道德勇气。道德勇气来自哪里？来自仁义，来自把仁义看作最高的价值和理想。人生有很多价值，如权势、财富等都是人追求的价值，但这些是外在的价值，是人类社会中形成的价值,用孟子的话说是人爵。人爵只有少数人可以得到,在孟子的时代,是达官贵人的特权。仁义则不同,它是内在的价值,是上天的赋予,用孟子的话说,是天爵。天爵是每个人都具有的,上天不是给了张三,没有给李四,不是这样的,上天给了所有人天爵,所有的人都具有天所赋予的价值与尊严。在儒家、孟子那里,天是终极实在,是最高超越者,是人类价值和行为规则的来源,所以天爵高于人爵。从人爵的角度看,人是没有平等的,用权势、财富衡量人的价值,我们在达官贵人、富商大贾面前完全没有了存在的意义,更无平等可言。为什么生活中总有一些人奴颜婢膝,谄媚逢迎?就是因为在他们眼里只有人爵,没有天爵,他们只能算是臣民。从天爵的角度看,所有的人在人格上都是平等的,都具有天所赋予的爵位,也就是仁义。用孟子的话说,他们是"天民",是顶天立地,不卑不亢,肩负了上天的使命并推行于人间的人。孟子说:"天之生此民也,使先知觉后知,使先觉觉后觉也。予,天民之先觉者也。予将以斯道觉斯民也。"(《孟子·万章上》9.7)我们每个人都是天所生,拥有天所赋予的爵位,每个人都是天民,只是存在先知与后知、先觉与后觉的差别而已。作为先觉者有责任和义务用仁义之道唤醒未知、未觉者。从这一点说,只有觉悟者才是真正的天民。"有天民者,达可行于天下而后行之者也。"(《孟子·尽心上》13.19)"达"是知道、明白的意思。所以真正的天民是认识到天所赋予的使命可以推行于天下,然后努力践行的人。孔子说:"五十而知天命。"(《论语·为政》)孔子五十岁时意识到天赋予自己的使命,就是承继、传播"斯文"于天下(《子罕》),由此获得"知其不可而为之"(《宪问》)的道德勇气,即使面对命运的困厄、小人的逼迫，也能够无所畏惧，从容不迫。孔子是圣人，五十岁才知天命，达到天民的境界，我们更要努力了。我们每个人都是天民，拥有天爵，具有与生俱来的价值与尊严，只是不自觉，没有意识到天所赋予我的使命。天赋予我们的使命首先是成己，成就、实现自己。同时天还要我们爱人，成己不是通过恃强凌弱、征服他人来实现的，而是推己及人，奉行忠恕之道，实现自我的同时使他人也得以实现。儒家提倡仁政、王道，反对暴政、霸道，就是因为前者成己、爱人，后者则建立在对他人的奴役、征服之上。所以天赋予我们的使命就是成己、爱人，这也是儒家仁的基本含义。儒家推崇的圣人如尧、舜、禹、汤、文、武、周公等，都是成就、实现了天的使命的人，应该成为我们学习、效仿的对象。舜是什么样的人？舜本是一个平民，又生活在一个险恶的家庭里，父亲、弟弟都曾想加害他，他却凭着自己的真诚打动冥顽不灵的家人，使家庭重归于好，感染、影响到部落民众，受到帝尧的嘉许，登上天子之位，既成就、实现了自己，又受到民众的爱戴，建立起赫赫的功业。舜可以做到的，我们为什么不能呢？一个有抱负、作为的人，就应该像舜一样啊！文王本来只是小邦的首领，一度被监禁于羑里，遭遇磨难与困厄，但他奉行仁道，暗中行善，赢得民心的归附。从文王到武王再到周公，终于战胜强大的商人，并平定他们的叛乱，建立起周人近八百年的基业。滕国也是小国，只要以文王为师，奉行周公的教诲，同样是可以有所作为的。滕王子本是纨绔子弟，妥妥的官二代，平时热衷骑马射箭，对人生未来懵懵懂懂，这次受父王之命出使楚国，责任压到肩上，自然思考起人生的责任和意义来，这就是我们每个人都要经历的人生觉悟期。孟子"道性善"强调，每个人都有成就、实现自己的动力和愿望,主张通过奉行仁道以成就拯世济民的功业。处于人生觉悟期的滕王子,听了孟子的宣教后,内心深藏的动力和愿望被唤醒,自然产生极大的共鸣,他被孟子的性善论所折服,就不奇怪了。

滕王子回国不久,父亲滕定公去世,他马上想到了孟子。据《滕文公上》5.2章记载:

> 滕定公薨,世子谓然友曰:"昔者孟子尝与我言于宋,于心终不忘。今也不幸至于大故,吾欲使子问于孟子,然后行事。"
>
> 然友之邹问于孟子。

这时滕定公去世不久,滕文公还没有正式即位,所以文中称他为"世子",也就是太子。然友是太子在滕国的老师,太子对然友说:"以前在宋国时孟子曾经教导过我,他的话我一直记在心里。现在父亲不幸去世,我想请您去请教孟子,然后再治办丧事。"可见与孟子的宋国之会,给滕王子留下极深的印象。这时孟子已经离开宋国,回到邹国,于是然友就到邹国向孟子请教。

> 孟子曰:"不亦善乎! 亲丧,固所自尽也。曾子曰:'生,事之以礼;死,葬之以礼,祭之以礼,可谓孝矣。'诸侯之礼,吾未之学也。虽然,吾尝闻之矣,三年之丧,齐疏之服,飦粥之食,自天子达于庶人,三代共之。"
>
> 然友反命,定为三年之丧。父兄百官皆不欲,曰:"吾

宗国鲁先君莫之行，吾先君亦莫之行也。至于子之身而反之，不可。且《志》曰：'丧祭从先祖。'"曰："吾有所受之也。"（同上）

孟子提出实行三年之丧，他说："太子派你来，是一件很好的事情。父母的丧事，本来就应该用心尽力。曾子说过：'父母在世时，根据礼来侍奉；去世了，根据礼来安葬，根据礼来祭祀，这样就可以说做到孝了。'诸侯的礼仪，我没有学过。不过我听说，为父母守三年的丧期，守丧时穿粗布缝边的孝服，喝稀粥。从天子到百姓，夏、商、周三代都是这样。"然友回去汇报后，太子于是决定为父亲守三年之丧。但是宗室百官都不愿意，他们说："我们的宗国鲁国的历代先君没有实行过，我们自己的历代先君也没有实行过，到了你这里却要改变，这样是不行的。况且《志》书上说：'丧礼、祭祖一律依照祖先的规矩。'所以我们反对你是有根据的。"

谓然友曰："吾他日未尝学问，好驰马试剑。今也父兄百官不我足也，恐其不能尽于大事，子为我问孟子。"

然友复之邹问孟子。

孟子曰："然，不可以他求者也。孔子曰：'君薨，听于冢宰，歠粥，面深墨，即位而哭，百官有司莫敢不哀，先之也。'上有好者，下必有甚焉者矣。'君子之德，风也；小人之德，草也。草尚之风，必偃。'是在世子。"

然友反命。世子曰："然，是诚在我。"（同上）

听到百官的反对，太子感到无奈，对然友说："我以前未曾学艺问礼，喜欢骑马比剑。现在宗室百官都不满意我，恐怕他们不能在丧事上尽力了，您替我再去问问孟子。"于是然友再次来到邹国向孟子请教。孟子说："是的，为父亲守丧是不能靠别人的。孔子说：'国君去世，太子将政事交给冢宰，自己每天喝稀粥，面色深黑，到了孝子之位便哭泣，大小官员没有人敢不哀伤，这是因为太子自己带了头啊。'上面的人爱好什么，下面的人一定会更爱好。'君子的德，好比是风；百姓的德，好比是草。风吹到草上，草一定随风而倒。'这件事取决于太子自己。"听了然友的汇报，太子说："是啊，这件事确实取决于我。"

> 五月居庐，未有命戒。百官族人可，谓曰知。及之葬，四方来观之。颜色之戚，哭泣之哀，吊者大悦。（同上）

于是太子在为守丧临时搭建的茅屋中居住了五个月，不再下达命令、指示。百官和同族的人被其诚意打动，接受了太子的做法，称赞他知礼。到了下葬那天，四面八方的人都来观看。太子面容悲戚，哭声哀痛，吊丧的人都非常满意。

这里有两个问题需要注意，首先何为三年之丧？古代父母、祖父母等直系亲属去世，子女要为其服丧，称为居丧或守丧，居丧期间对饮食、居处、哭泣、容貌、言语、衣服、丧期等都有相应的规定，以表达对亲人的哀思，后来妻子为丈夫、臣子为国君也要守丧。按照儒家的说法，三年之丧是指子女为父母、妻妾为丈夫、臣子为国君、诸侯为天子的守丧期，向来为儒家学者所重视。不过据学者研究，最初的居丧是指从亲人死亡到安葬的一段时间，安葬之后是否需要守丧，不同时代、不同地域并没有统一标准。孟子说夏、商、周三代都实行三年之丧，恐怕是借古喻今，是不符合事实的。相反滕国的宗室百官称鲁国并不实行三年之丧，鲁国是周公的封国，保留周礼最为完备，这说明周代可能尚未实行三年之丧，即便实行也不普遍，滕国宗室百官的说法比孟子应该更可信。后来由于孔子、孟子、荀子等儒家学者的反复强调、宣传，三年之丧才逐渐流行起来的，其被统治者所接受，成为正式的制度，则是秦汉以后的事了，远远晚于孟子所说的三代。大家可能知道，孔子去世后，弟子为他守三年之丧，子贡甚至守两个三年，但这主要是出于弟子对孔子的尊敬和爱戴，并没有成为普遍的制度。

其次，孟子为什么鼓励滕王子实行三年之丧呢？既然夏、商、西周并不实行三年之丧，为何到了兼并战争日趋激烈的战国时代，孟子反而劝说一位国君实行三年之丧呢？这涉及儒家对政治的理解。儒家认为政治只有建立在道德的基础上才能久远，孔子说："为政以德，譬如北辰，居其所而众星共之。"（《论语·为政》）孟子也说："以德行仁者王。"（《孟子·公孙丑》3.3）所以儒家不看重刑政暴力，更重视道德教化；不看重一时一地的得失，更重视国家的长远发展。在当时宗法社会中，孝悌是推行道德教化的一个重要内容。孔子重视三年之丧，主要是认为其满足了子女报答父母养育之恩的情感需要，推行这种礼仪，有利于协调家庭关系。在《论语》中，宰我曾经问，三年之丧是否太久了？为父母守丧三年，很多工作都耽误了，改为一年是否可以呢？孔子回答，关键在于你的心安不安？父母去世了，你无动于衷，依然吃美食，穿绸缎，如果你心安，你就这样做吧。可是如果你心不安，是不是要为父母做点什么呢？父母拉扯你三年，你才可以脱离父母的怀抱，为父母守三年之丧，难道不是应该的吗？（《阳货》）父母爱子女，是天性；子女孝敬父母，则是教养，是觉悟。孔子说的不安，就是觉悟，是道德意识的萌芽。有了这个觉悟和萌芽，我们就开始了成人的过程，才有可能成为一个完整的人。孟子将孔子的思想推进一步，他鼓励滕文公实行三年之丧，就是要将其看作移风易俗、推行教化的重要手段，认为由国君推而广之，有利于形成良好的社会风气，稳定社会秩序，为政治奠定坚实的根基。

孟子用性善论说服滕王子，鼓励他要以文王为师，遵从周公的教诲，治理好滕国，成就一番事业，立志成为像舜一样的人，最终成就、实现自己。性善论落实在政治上就是实行仁政、王道，反对暴政、霸道，坚持以德服人，反对以力服人，用仁德赢得天下的归附。所以孟子特别重视道德风俗的培养，他劝滕文公实行三年之丧，既是表达对父亲的哀思，也是为了影响他人，美化社会风气，为国家治理打下基础。等到三年之丧完毕，滕文公问如何治理国家，孟子提出实行十一税，建立学校，推行教化等，其仁政思想进一步完善（见《孟子·滕文公上》5.3）。不过在兼并战争激烈的战国时代，孟子在小小的滕国勉励而为，想依靠推行仁政再现文王当年的功业，显然是不现实的。虽然滕国的仁政在社会产生了一定的影响，也为孟子赢得极大的声誉，农家的许行就是此时来到滕国，其弟子陈相与孟子进行了辩论（见《孟子·滕文公上》5.4）。另外，墨家夷之与孟子的辩论，可能也发生在这一时期（同上5.5）。但在"当今争于气力"（《韩非子·五蠹》）的现实面前，孟子的仁政难以行得通。当齐国修筑薛邑，威胁到滕国时，孟子拿不出应对的办法，只能建议滕文公或者迁国图存，或者坚守国土（见《孟子·梁惠王下》2.15）。这说明由于儒家坚持道德理想主义，其主张很难适应于崇尚暴力的战争年代，只有等战争结束，重建政治秩序时，其价值才能被人们重新认识和肯定。

第五讲 孟子见梁惠王与再次游齐

乱世的抗争——讲给大家的《孟子》

孟子在滕国协助滕文公推行仁政，虽产生一定的影响，但面对强敌的威胁，却无力应对。在这种情况下，孟子认识要到推行仁政，称王天下，仅靠滕这样的小国是不可能的，还必须说服大国国君。这时正好魏惠王在招贤纳士，于是孟子离开了滕国，前往魏国。不久，滕国被宋国灭掉，孟子在滕国的仁政试验最终被暴力扼杀。宋灭滕在宋君偃后元十一年（公元前317年）前后，[①]这时孟子已到了齐国，担任客卿，受齐国之命，参加了滕文公的葬礼。《孟子》一书只记载了孟子在吊唁途中与大夫王驩的不快之事，没有提及孟子参加葬礼的情景。但不难想象，面对英年早逝的弟子，孟子的心中一定是悲愤、凄凉，充满了对宋偃王暴政的憎恨，同时也坚定了推行仁政的决心。

一、实行仁政，就可以天下无敌

孟子离开滕国后，"后车数十乘，从者数百人"（《孟子·滕文公下》6.4），带着弟子浩浩荡荡前往魏国。由于在滕国推行仁政，又被滕文公拜为导师，此时的孟子已非当年可比，连弟子都怀疑如此排场是否有点过分？孟子却不这样认为，要想推行仁

---

① 司马迁：《史记·宋世家》："君偃十一年，……东败齐，取五城。"

政、王道，如果没有一定的声望、影响，如何能说动诸侯、君王呢？士人对于所得，关键要看是否符合道。如果不符合道，即使一碗饭也不能接受；如果符合道，舜接受尧的天下，也不算过分，今天排场一点能算过分吗？（同上）孟子到了魏国后，梁惠王亲自接见，《孟子》开篇第一章记载了当时的情景：

> 孟子见梁惠王。王曰："叟！不远千里而来，亦将有以利吾国乎？"
> 孟子对曰："王何必曰利？亦有仁义而已矣。"（《孟子·梁惠王上》1.1）

惠王一见面就急切地问："先生不远千里而来，将给我的国家带来什么利益呢？"孟子却回答："大王何必说利呢？还是谈谈仁义罢。"接着说明只谈利不言仁义的危害，涉及义利之辩，我们以后会专门讨论，这里不展开。俩人一见面，谈话便不投机。不过由于孟子的影响，加之年岁已长——孟子此时约五十三岁，故梁惠王称其为叟，对孟子还算尊重。在《孟子》一书中，孟子与惠王的对话共有五章，均见于《孟子·梁惠王上》，惠王甚至表示愿意诚心接受指教（见《孟子·梁惠王上》1.4），孟子趁机宣扬了如何实行仁政、王道，以及"仁者无敌"（同上1.5）的道理，孟子的思想得到进一步完善和发展。不过梁惠王虽然表面客气，内心却一定暗骂孟子迂腐，加之孟子的言论咄咄逼人，这就使其对孟子只能是敬而远之，对孟子的进言更是听不进去了。

孟子兴冲冲而来，惠王满怀期望地接见，然而一谈话，发现二人完全不在一个频道上。惠王感觉像被兜头浇了一瓢冷水，孟子则斥责"不仁哉梁惠王也"（《孟子·尽心下》14.1）。之所以出现这种情况，涉及孟子与惠王不同的政治理念，需要结合战国的形势以及惠王的处境来理解。说到战国，大家就会想到战国七雄，那么第一雄是谁呢？就是率先崛起的魏国。我们知道，三家分晋后，率先进行变法的就是魏国的国君魏文侯，他在位五十年，改革政治，奖励耕战，兴修水利，发展经济，内修文德，外治武备，联合韩、赵诸国，向西攻占了秦国河西之地，向北伐灭中山国，向东大败齐国军队，使魏国一跃成为战国七雄中最先强盛而称雄者。魏文侯还重视人才，奖励学术，他师卜子夏，友田子方，礼段干木，用李悝为相，先后重用翟璜、吴起、西门豹、乐羊等人，开战国礼贤下士的先河。虽然战国时期各国都有过招贤纳士的举措，齐国稷下学宫更是成为战国时期学术的中心，但"是时独魏文侯好学"（《史记·儒林列传》），这一风气最早是由魏文侯开创的。魏国第二代国君魏武侯，虽然没有其父的雄才大略，也出现一些战略失误，但基本上循规蹈矩，萧规曹随，使魏国的霸业得以平稳发展。然而魏国第三代国君魏惠王，却是个志大才疏的败家子，他好大喜功，又缺乏战略眼光，将一手好牌打得稀烂，生生将其祖其父创立的霸业毁掉，自己也成为诸侯嘲笑的对象。从地缘政治上看，魏国北邻赵，西接秦，南连楚，东毗齐、宋，其地四通八达，多面受敌，无险要可供守御，处于四战之地，这就决定了魏国的霸权具有内在的脆弱性。所以惠王即位后正确的选择应该是巩固三晋联盟，避免四面出击，东守而西攻，牢牢据有河西之地，控制崤函险要，限制秦国的发展，争取战略上的主动。①然而短视的梁惠王恰恰做出错误的选择，他即位第六年（公元前364年），就把都城从安邑（今山西运城夏县）搬迁到四通八达、无险可守的大梁（今河南开封），自以为居天下之中，便理所当然地成了天下的领袖。后又受秦国商鞅的撺掇，于公元前344年率先称王，在逢泽（今河南商丘）举行会盟，会后朝见周天子，想以此确立自己在列国间的统治，却引起三晋之一韩国的警惕，转而与齐国联盟与魏国为敌。为了巩固自己的地位，惠王四面出击，不断发动战争，却大败而归，使魏国大伤元气。《孟子·梁惠王上》1.5章云：

> 梁惠王曰："晋国，天下莫强焉，叟之所知也。及寡人之身，东败于齐，长子死焉；西丧地于秦七百里；南辱于楚。寡人耻之，愿比死者一洒之，如之何则可？"
>
> 孟子对曰："地方百里而可以王。王如施仁政于民，省刑罚，薄税敛，深耕易耨，壮者以暇日修其孝悌忠信，入以事其父兄，出以事其长上，可使制梃以挞秦楚之坚甲利兵矣。彼夺其民时，使不得耕耨以养其父母。父母冻饿，兄弟妻子离散。彼陷溺其民，王往而征之，夫谁与王敌？故曰：'仁者无敌。'王请勿疑！"

惠王因把都城迁到大梁，故称梁惠王，他所说的"晋国"指魏国，三家分晋后，韩、赵、魏升为诸侯，分别建国，但习惯上

---

① 黄朴民：《"奇葩"君主梁惠王》，（2017-03-10）. https://www.aisixiang.com/data/103531.html.

还称自己为晋国。惠王称魏国是当时最强大的国家，这点连孟子也知道。但魏国的强大是文侯、武侯奠定的，到了败家子惠王这里，已是江河日下，败仗一个接一个。其中"东败于齐"指著名的马陵之战，由于逢泽之会遭到韩国的抵制，第二年（公元前343年）惠王派大将庞涓率兵前去讨伐，韩国难以抵挡，便向齐国求援，齐威王派田忌、孙膑率军迎战。孙膑与庞涓的故事，大家应该都了解，二人本是同窗，一起拜师学习兵法，后庞涓出仕魏国，担任了惠王的将军。但庞涓心胸狭隘，嫉贤妒能，担心孙膑的才干会超过自己，于是派人将孙膑接到魏国，然后罗织罪名，砍去了孙膑的双足，又在他脸上刺字，心想这下你再有才华也只能埋没人间了。有一种流行的说法，认为孙膑是被挖去膝盖骨，是不正确的。古代确有膑刑，指挖人的膝盖骨，但后来不施行了，改为刖刑，砍人两足。孙膑所受为刖刑，而非膑刑，《史记·孙子吴起列传》说："庞涓恐其贤于己，疾之，则以法刑断其两足而黥之。"《报任安书》也说："孙子膑脚，《兵法》修列。"司马迁说"膑脚"而不说膑膝，说明孙膑是被砍足而不是挖膝。认为孙膑被挖膝盖骨，是由孙膑之名联想到膑刑而导致的以讹传讹，不足为信。孙膑虽身受重刑，却忍辱负重活了下来，并借机逃出魏国来到齐国，被委以重任，现在终于有了报仇雪恨的机会。他利用庞涓轻敌的弱点，让士兵逐日减少饭灶，制造齐军大量逃亡的假象，引诱魏军追击。当魏军追到马陵（有河南范县、河北大名等不同说法）的险要山谷时，埋伏在这里的齐军突然现身，万箭齐发。庞涓在绝望中自杀，死前感叹"遂叫竖子成名"，无法释怀的还是孙膑的名气最终压过了自己。另一种说法是庞涓被射杀，魏国十万精锐武卒被歼灭，太子申被俘。"西丧地于秦七百里"指秦将公孙鞅打败魏国，迫使魏国割让河西郡全部和上郡十五县。公孙鞅本是魏相公叔痤的臣下，公叔痤病重，惠王探望时问及身后之事，公叔痤力荐公孙鞅，并说"如不用，必杀之，无令出境"。惠王走后，公叔痤又对公孙鞅说："我先公后私。你赶紧逃跑吧，我看惠王不会重用你。"告诉他自己与惠王的对话。公孙鞅说："惠王既然不会听你的话重用我，怎么会听你的话杀我呢？"惠王果然没有把公孙鞅放在心上，对身边的人说："我看公叔痤是真病糊涂了，竟然让我重用公孙鞅，岂不荒唐？"后来公孙鞅听说秦国颁布招贤令，就前往秦国并受到重用，获封邑于商而称商鞅。商鞅得到秦的重用后，立即对惠王展开复仇模式，他先是向秦孝公建议："天令其灭亡，必让其疯狂。现在秦国的势力还无法与魏国抗衡，不如利用惠王的虚荣，劝其称王，让诸侯来攻伐他。"并亲自跑到魏国游说惠王，惠王不知是计，结果被忽悠称了王。商鞅又利用魏国在马陵之战的失败，于公元前341年联合齐、赵两国攻打魏国，惠王派公子卬迎战商鞅。商鞅在魏国时与公子卬是好朋友，有过一段交情。商鞅便派使者送信说："很怀念在魏国与公子交往的日子！现在虽然各为其主，但实在不忍心互相残杀，我想约公子一聚，重叙旧情，订立盟约，各自撤兵，让秦魏两国重归于好。"公子卬是惠王的弟弟，长在宫廷之中，缺乏社会经验，典型的傻白甜，兴冲冲去赴约，结果被埋伏的甲士俘虏。商鞅趁机攻击魏军，魏军大败，魏惠王被迫割让河西部分土地求和。此时的惠王肠子都悔青了，后悔当初没有听公叔痤的话。"南辱于楚"指公元前323年的楚魏襄陵之战，惠王经历一连串挫败后，听从公孙衍、惠施的建议，联合韩、赵、燕、中山四国互相称王，史称"五国相王"，实际是形成合纵,以对付秦、楚、齐等强国。为了给讨伐魏国寻找借口,楚国要求惠王废太子嗣,迎流亡于楚国的公子高回魏国为太子。这是公然干预魏国内政,魏王当然不答应,于是楚怀王就派楚将昭阳率军攻入魏国,在襄陵大破魏军,并趁势夺取了魏国的八座城池。受到这一系列打击后,惠王"卑礼厚币以招贤者"(《史记·魏世家》),想一雪前耻。在《孟子·梁惠王上》1.1章,他见到孟子劈头就问"您给我的国家带来什么利益"? 1.5章则提出:"寡人感到羞耻,想要为所有死者报仇雪恨,我要怎么做才可以呢?""愿比死者一洒之"的"比"是替、为的意思,"洒"同洗,复仇的意思。针对惠王的心理,孟子告诫其只有实行仁政,才能称王天下,因为"仁者无敌"。从惠王之问与孟子之答来看,二人的理念存在根本的差别。惠王虽然志大才疏,治国无方,祸国有术,但他的想法与大多数诸侯并没有什么区别,就是凭借武力对外扩张,称王天下。但孟子对诸侯的兼并战争持否定的态度,他说"不仁哉!梁惠王也"(《孟子·尽心下》14.1),惠王为了获取土地,就让百姓去打仗送死,大败之后,又想要报仇,担心不能取胜,就驱使他喜爱的子弟也去送死。对外兼并,推行霸道满足的是君王的野心和欲望,牺牲的则是百姓的福祉和生命,甚至连子女的性命也搭进去,孟子从民本的立场出发,根本不予接受。但孟子也认识到,制止战争必须靠武力来实现,所以他并不完全反对战争,而是希望实行仁政,得民心而得天下。所以他说:"只要有方圆百里的土地就可以称王天下。大王如果对百姓施行仁政,少用刑罚,减轻赋税,让百姓深耕细作,及时除去杂草,让身强力壮者在闲暇之时学习孝悌忠信,在家侍奉父兄,出外侍奉尊长。这样,他们即使拿着木棒也可以对抗秦、楚坚实的铠甲和锋利的兵刃了。"并宣称"仁者无敌",让惠王不要怀疑。

孟子与惠王,一个主张王道,一个推行霸道,其产生分歧是必然的,这也是孟子与时代的冲突。那么,孟子主张"仁者无敌",想用王道统一天下,能否成立呢?查孟子立论的根据,主要有三点:一、实行仁政可以赢得民心的归附,这就是孟子津津乐道的"得民心者得天下"(《孟子·离娄上》7.9)。二、实行暴政则会使民众离心离德,孟子举出历史上很多例子,如百姓诅咒夏桀"时日害丧,予及女偕亡"(《孟子·梁惠王上》1.2),期待商汤来解救自己(《孟子·梁惠王下》2.11)等。三、故得天下不在于土地大小,而在于仁政。这在历史上也得到证明,"以德行仁政者王,王不待大——汤以七十里,文王以百里"(《孟子·公孙丑上》3.3),有方圆百里的土地就可以称王天下。从逻辑、理论上看,孟子所论是可以成立的。但问题是,孟子的"仁者无敌"只是一种理论、信念,缺乏策略上的考虑。查孟子的仁政措施,只是包括少用刑罚,减轻赋税,让百姓深耕细作,及时除去杂草,让身强力壮者在闲暇之时学习孝悌忠信,在家侍奉父兄,出外侍奉尊长。其主要来自孔子的"富之""教之"(《论语·子路》),是一种富民、教民的政策,但由此得出结论说,即使让民众拿着木棒也可以对抗秦、楚坚实的铠甲和锋利的兵刃了,则显然存在着逻辑上的跳跃,由前者是推不出后者的。民众衣食无忧,知书达理,不一定作战勇敢,要想"仁者无敌",还必须对民众进行组织、训练,制定正确的作战方案,但孟子对这些问题一概不加涉及,就显得书生意气了。同样,孟子认为不行仁政会导致众叛亲离,这只有在矛盾积累到一定程度才有可能。

如果说因为别国实行暴政而使百姓陷入了痛苦之中，仁者前去讨伐就不会遇到反抗，同样存在逻辑上的跳跃。孟子坚信"仁者无敌"，请惠王不要怀疑。但惠王虽然傻，基本的辨别能力还是有的，对孟子陈义过高的进言，他自然是听不进去的。上文的"易耨"需要做些解释。"易"是疾、速的意思。"耨（nòu）"，是古代一种除草的工具，这里用作动词。易耨即疾耨，指快速除去杂草。《管子·度地篇》："大暑至，万物荣华，利以疾耨，杀草薉。"就是作疾耨。

几年之后，惠王去世，太子嗣即位，就是梁襄王。孟子与其见面后，大失所望，《孟子·梁惠王上》1.6章云：

> 孟子见梁襄王，出，语人曰："望之不似人君，就之而不见所畏焉。卒然问曰：'天下恶乎定？'
>
> 吾对曰：'定于一。'
>
> '孰能一之？'
>
> 对曰：'不嗜杀人者能一之。'
>
> '孰能与之？'
>
> 对曰：'天下莫不与也。王知夫苗乎？七八月之间旱，则苗槁矣。天油然作云，沛然下雨，则苗浡然兴之矣。其如是，孰能御之？今夫天下之人牧，未有不嗜杀人者也。如有不嗜杀人者，则天下之民皆引领而望之矣。诚如是也，民归之，由水之就下，沛然谁能御之？'"

孟子被梁襄王召见，出来后对人说，对哪些人说？文中没有说明，应该是对弟子还有朋友吧。《孟子·梁惠王上》1.6章所记与梁襄王的会面,与其他各章不同,不是第三人称的陈述,而是孟子第一人称的转述。孟子对襄王的评价是:"远看不像一个国君,到了他面前也不能令人敬畏。"从这段话看,战国时代言论是比较宽松、自由的,孟子也具有批判的精神,但随着大一统专制王权的建立,君主被神圣化,这样的言论是会被杀头,甚至株连九族的,自由批评的风气被扼杀。但由于《孟子》成为经典,人们可以从孟子身上多少感受到士人应有的风范。孟子说:"襄王突然问道:'天下怎样才能安定?'我回答:'天下统一了就会安定。'"这段话很重要,说明由于战国政治失序,陷入连年战乱,如何消除战争,恢复安定,成为人们的普遍焦虑。孟子主张统一才能安定,说明他不是一般的和平主义者,不是仅仅从道义上对战争进行批判,而是有着结束战争、统一天下的考虑。"襄王又问:'谁能统一天下?'我回答:'不喜欢杀人的人能统一天下。'"这是孟子的政治宣言,孟子与诸侯的分歧,并不在于是否要统一,而在于以什么方式实现统一。孟子从儒家的仁道主义出发,主张以德服人,而非以力服人,故希望通过行仁政而统一天下。"襄王问:'谁愿归顺他呢?'我回答:'天下的人没有不愿归顺的。'"襄王的疑问也是当时所有诸侯的,用暴力、杀人尚不能令天下归顺,现在不杀人了,难道天下就会自动归顺了吗?由于孟子的"仁者无敌"更多是着眼人性和历史的长远发展,是一种道理和信念,是理上如此,而不等于事实必如此。要从理上如此转变为事上亦如此,还需要相应的措施和策略,而这方面恰恰是孟子所缺乏的。他只能以禾苗为喻,说明得民心者必然得天下。"大王了解禾苗吗?七八月间遇上干旱,禾苗就会枯萎。这时天上涌起乌云,降下大雨,禾苗便蓬蓬勃勃地生长起来。这样的情况,谁能够阻挡呢?当今天下的国君没有不好杀人的。如果有一个不好杀人的人,那么天下的老百姓就会伸长了脖子盼望他。真能如此,百姓归顺他,就像水往低处奔流,浩浩荡荡谁能阻挡呢?"但孟子这番陈述道义和信念的成分多于现实的考虑,实际未必行得通,从以后的历史发展来看,恰恰是最敢于杀人的人统一了天下,而且形成恶性循环,影响了中国历史的发展,每一次的改朝换代都是靠武力、暴力来实现。在权力的角逐中,最终的获胜者往往都是最阴险狡诈、最无底线、最敢于使用暴力者。他们即使言说仁义,也是幌子和招牌,是"以力假仁者"。孟子"仁者无敌"的理想没有实现,这是孟子的不幸,也是中国文化的不幸,中国历史陷入一治一乱的循环之中,而必须靠暴力、武力来解决。从这一点看,孟子的理想虽没有实现,但并不意味着其没有价值和意义。相反,中国历史的发展方向,不就是要跳出打天下、坐天下的恶性循环?不就是要用仁义取代暴力成为主导历史发展的力量,从而实现"仁者无敌"、得民心者得天下的理想吗?只是由于孟子缺乏策略的考虑,同时缺乏外在历史条件,结果使这一理想悬在空中,无法真正实现。

大家可能会说,儒学的价值就是坚持道德理想而不向现实妥协,我们为何要苛责孟子呢?其实不完全如此,儒学内部是存在不同派别的。我们知道,孔子去世后,孔门内部发生分化,其中曾子留在了鲁国,讲学于洙泗之间,较多继承了孔子的仁学思想,他创立的"洙泗之学"被视为儒学正统,在后世有较高评价。孔子的另一位高足子夏则离开鲁国回到魏国,讲学于西河之间,为魏文侯师,为满足诸侯争霸的需要,他不是一味固守师说,而是在继承孔子礼学的基础上,又吸收法的内容,将礼与法相融合。他所创立的西河学派表现出重视政治功业、重视现实功利的特点，虽对儒学有所发展，但又因为杂驳，被认为偏离了儒家正统，在以后的儒学史上评价不高。但是若就当时而论，西河之学的影响则远在洙泗之学之上。子夏不仅为魏文侯所推重，而且弟子众多，有李悝、吴起、禽滑釐、田子方、段干木、公羊高、穀梁赤等，其中李悝著《法经》，被视为法家的创始人；吴起著《吴子兵法》，属于兵家，但又辅佐楚悼王变法，故亦兵亦法；禽滑釐虽学于子夏，后又成为墨家门徒；田子方、段干木虽可归为儒家，但又拒绝出仕；公羊高、穀梁赤则主要从事经学传授。故子夏的西河之学实际是以儒家为主，但又包含、容纳不同思想的宽松的学术派别。近些年公布的清华简中有多篇属于《逸周书》，引起学界的关注。经过研究，学者一般认为《逸周书》应该是子夏学派为配合魏文侯变法编订的著作，完成于子夏及其后学之手。《逸周书》的主体思想虽然是儒家的，但又讨论了国家治理、用兵打仗等内容，属于政治化、功利化的儒家。子夏的弟子有馯臂子弓，而荀子又非常推崇子弓，故儒学在孔子—曾子—子思—孟子的谱系之外，还存在孔子—子夏—子弓—荀子一系。孟子属于心性化的儒学，故尊王贱霸，突出道德理想，而缺乏策略的考虑。荀子属于政治化的儒学，故王霸并重，更多考虑了操作、应用的层面。我们看《荀子》一书，有《富国》《强国》《议兵》等篇，这些都是孟子所没有涉及的。要想真正做到"仁者无敌"，除了道德信念外，还需要有具体的制度设计，需要有策略的考虑，尽管二者之间存在着一定的张力。

二、孟子、庄子为什么互不提及

说到孟子的生平,有一件事需要讨论,那就是孟子与庄子的关系。孟子与庄子分别是战国时期儒家与道家的代表人物,都是当时思想界响当当的人物。他们生活在一个时代,相隔也不远,孟子是今山东邹城人,庄子是宋国蒙城人,在今安徽蒙城,一说河南商丘。但是我们读《孟子》《庄子》,孟子没有提及庄子,庄子也没有提及孟子,这引起学者的疑惑。我们知道,儒家的创始人是孔子,道家的创始人是老子,他们都生活在春秋末期,为同一个时代,老子约年长孔子二十岁。他们互有来往,而且还不止一次。大家比较熟悉的是孔子问礼于老子。据《史记·老子韩非列传》:"孔子适周,将问礼于老子。老子曰:'子所言者,其与人骨皆已朽矣,独其言在耳。且君子得其时则驾,不得其时则蓬累而行。'"老子认为礼是过时、腐朽之物,对于一个君子,如果天下太平,就乘坐公车出仕。如果时运不济,就像野外的蓬草随风而行。孔子出来后,对弟子说:"鸟,吾知其能飞;鱼,吾知其能游;兽,吾知其能走。……至于龙吾不能知,其乘风云而上天。吾今日见老子,其犹龙邪!"可见孔子没有门户之见,对于批评自己的老子,依然以龙称之。这次相见的时间,一般认为是鲁昭公二十一年(公元前521年),地点是东周的首都洛阳,时孔子三十一岁。另外,据《庄子·天道》:"孔子西[观]藏书于周室,子路谋曰:'由闻周之征藏史有老聃者,免而归居,夫子欲[观]藏书,则试往因焉。'孔子曰:'善。'往见老聃。""藏书"前缺了"观"字,孔子想去周室观看藏书,子

第五讲　见梁惠王与再次游齐

路说听说老子已经免职回家了，不如去拜访老子吧。于是孔子就去老子的家乡拜访老子。鲁昭公二十六年（公元前516年），周景王的庶子王子朝争夺王位失败，逃亡时带走大量周室典籍，负责掌管典籍的老子可能因此受到牵连，不久免官回家。所以根据《庄子》，孔子在老子免职后，还去拜访过他，二人就仁义问题展开了讨论。孔子多次拜访老子，那么老子有没有来看望孔子呢？有。《礼记·曾子问》记孔子说："昔者吾从老聃助葬于巷党，及堩（gèng，道），日有食之。老聃曰：'丘，止柩就道右，止哭以听变。'既明反，而后行。曰：'礼也。'"孔子曾随老子助葬，送葬的路上遇到日食，老子让孔子把馆柩放在道路右边，停止哭泣，观察变化，等日食过后继续行进。事后，老子还为孔子讲解了为何这样做的道理。"巷党"，学者多认为是鲁地。刘汝霖说："巷党不冠以国，必是鲁国的地名。因孔子、曾子同是鲁人，称本国的地名，不必更加国名。又如《论语·子罕》章载：'达巷党人曰："大哉，孔子！博学而无所成名。……"'若按康有为读法，达字联上章，此章只余'巷党人曰'四字。……由此可以知道，孔子问礼的地方，是在他的故乡鲁国。"[①]据《左传·昭公三十一年》："十二月辛亥朔，日有食之。"昭公三十一年（公元前511年）发生日食，此时老子已经辞职，来鲁国看望孔子，二人相见应该是在此时。所以孔子、老子虽然观念不同，互有辩论，但关系还是不错的，孔子去拜访过老子，老子也来看望过孔子。但作为战国时期儒家、道家的代表人物，孟子与庄子为何就没有互相提及呢？

[①] 刘汝霖：《周秦诸子考》，北京文化学社，1929，第41—42页。

C 乱世的抗争——讲给大家的《孟子》

当年朱熹的学生就曾问：为什么庄子没有提到孟子呢？朱熹的回答是：孟子平生只到过齐国、鲁国、滕国、宋国、大梁，从来没有到过大梁之南，而庄子是楚国人，山高水长，道路不便，所以庄子没有听说过孟子。[1]朱熹的说法是有问题的，孟子与庄子应该是有机会互相了解的，二人的活动存在交集，而交集的地方就是魏国。我们知道，庄子与惠施是好朋友，惠施是思想家，是名家的代表人物，且很有政治才干，是合纵的倡导者。著名的徐州相王就是出自惠施的建议，他还陪同惠王到徐州拜见齐威王。可能此后不久，惠施被任命为魏相。庄子听说老朋友升了官，便想来道贺。可是有人在惠施耳边嘀咕："庄子这次来，恐怕是想取代你的相位，你要当心啊！"结果惠施小心眼的毛病犯了，派士兵在城中搜了三天三夜。第四天，庄子主动现身，当面奚落惠施："南方有一种鸟，名叫鹓鶵，你听说过吗？鹓鶵从南海飞往北海，不是梧桐不止，不是美食不吃，不是甘泉不饮。可是有一只猫头鹰在吃死耗子，瞥见鹓鶵飞来，立刻警觉起来，抬起头吼道：'吓，吓！'老兄你是想拿你的魏相'吓'我吗？何必做得这么难看呢！"（见《庄子·外篇·秋水》）。惠施不好意思了，假装大度，向惠王引荐了庄子。为了消除惠施的疑心，庄子故意穿着破衣烂衫去见惠王，惠王皱着眉头问："你怎么这么狼狈啊？"庄子回答："我是贫穷，不是狼狈。士有理想不能实现，是狼狈；破衣烂衫，是贫穷，不是狼狈，只是时运不好。"（同上）庄子见惠王是当时轰动一时的事情，孟子虽然来魏国的时间比庄

---

[1] 黎靖德编，王星贤点校：《朱子语类》第8册，中华书局，1994，第2988—2989页。

子晚，但对此不可能没有耳闻。而且孟子是应该见过惠施的，孟子是惠王、襄王的座上宾，惠施是魏相，二人都是学者，一个是儒家，一个是名家，惠施是有可能向孟子提及自己的好友庄子的。那么《孟子》一书为什么没有提到庄子呢？后世学者对此有很多猜测，20世纪50年代人民出版社曾经出版了《老庄研究》一书，作者是李泰棻，书中有一节《庄孟互不相及问题斟酌》，引用了历史上13位学者的看法，大家若有兴趣，可以参考。

三、扩充您的恻隐之心，就可以称王天下

对襄王失望后，孟子萌生了去意，这时正好齐威王去世，齐宣王继位。宣王即位后，想实行短丧——不守三年之丧，只守丧一年，孟子在魏国听说后，与弟子公孙丑展开讨论（见《孟子·尽心上》13.39）。不久孟子离开魏国，前往齐国。在路过齐国一个叫范的地方时，遇到齐王子，孟子不由感叹道："居移气，养移体，大哉居乎！夫非尽人之子与？"（《孟子·尽心上》13.36）环境改变人的气质，奉养改变人的体貌，环境真是太重要了！同样是儿子，齐王的儿子就显得与众不同！人们往往认为孟子主张性善，所以就不重视后天的环境和教育，这种看法是不正确的。孟子所说的善性只是善端，好比种子、根苗，是需要后天培养的，这样环境和教育就非常重要了，孟子对齐王子的感慨正说明了这一点。孟子到了齐国后，受到宣王的接见。宣王喜欢文学游说之士，耗费巨资，广揽人才，邹衍、淳于髡、田骈、接予、慎到、环渊等一大批学者来到齐国，稷下学宫再次兴盛（《史记·田敬仲完世家》）。在《孟子》一书中，孟子与宣王

的对话共有十四章，其中有七章，君臣关系和睦，有问有答，其乐融融，应该是孟子初到齐国的情景。孟子汲取了以往游说君王的经验，不再是一味地批评、指责，而是循循善诱，加之孟子的"四端说"此时已经形成，所以更多是从心理分析进行陈说，这在《孟子·梁惠王上》1.7章鲜明地反映出来：

齐宣王问曰："齐桓、晋文之事可得闻乎？"

孟子对曰："仲尼之徒无道桓、文之事者，是以后世无传焉，臣未之闻也。无以，则王乎？"

曰："德何如则可以王矣？"

曰："保民而王，莫之能御也。"

齐宣王问："齐桓公、晋文公的事迹，可以讲给我听听吗？"孟子答："孔子的门徒没有谈论齐桓公、晋文公事迹的，因此没有流传到后世，我也不曾听说过。一定要我讲的话，那就讲讲称王天下吧？"孟子说孔门不谈论齐桓、晋文之事，符合不符合事实呢？不符合！孔门并非不谈齐桓、晋文之事，孔子本人所谈就不少，如"晋文公谲而不正，齐桓公正而不谲"(《论语·宪问》)；"桓公九合诸侯，不以兵车，管仲之力也。如其仁！如其仁！"(同上)；"管仲相桓公，霸诸侯，一匡天下，民到于今受其赐"(同上)，对齐桓、晋文尤其是桓公的霸业，孔子评价很高。孟子其实也不完全否定齐桓、晋文，他说："五霸者，三王之罪人也。"虽然五霸胁迫诸侯相互攻伐，破坏了夏禹、商汤、周文王确立起来的政治秩序，但仍有可取之处。五霸中，齐桓公的声威最大。他率领诸侯举行葵丘会盟，其所订立的五条盟约，包括尊重贤人、培育人才、不擅自杀戮大夫、不得遍筑堤防、不得拒绝邻国购买粮食等内容。而且规定凡是参加同盟者，盟会之后，言归于好，对于维持当时的政治秩序有积极意义。孟子真正反对的是当时的诸侯，他们攻城略地，不择手段，以邻为壑，毫无信义，完全违背了葵丘会盟的盟约，"故曰今之诸侯，五霸之罪人也"（《孟子·告子下》12.7）。孟子不愿意谈论齐桓、晋文，是担心宣王借五霸之名行兼并之实，给民众的生产、生活带来沉重灾难，而在孟子心目中，只有王道才能拯救民众于水火。"则王乎"的"王"读作四声，是动词，指称王天下。当时诸侯纷纷称王，已是大势所趋，不可阻挡。面对这一趋势，孟子想游说诸侯通过行仁政而称王，而不是靠杀伐掳掠而称王。如果有一位仁者出来，振臂一呼而应者云集，行仁政而天下归附，不仅民众受到的伤害最少，历史付出的代价也最小，是最好的结果。孟子的说法有陈义过高的问题，所以宣王马上问："具有怎样的道德，才可以称王天下呢？"意思是你说的目标太高了，恐怕只有圣人才可以做到，我们普通人恐怕无法实现吧！孟子说，不是这样的，我说的并不高，关键是安抚百姓、得民心，"安抚百姓而称王天下，没有人能够阻挡"。孟子将称王天下落实在安抚百姓上，而论证后一问题就要相对容易了。

曰："若寡人者，可以保民乎哉？"

曰："可。"

曰："何由知吾可也？"

曰："臣闻之胡龁曰：王坐于堂上，有牵牛而过堂下者，王见之，曰：'牛何之？'对曰：'将以衅钟。'王曰：'舍之！

吾不忍其觳觫,若无罪而就死地。'对曰:'然则废衅钟与?'曰:'何可废也?以羊易之!'不识有诸?"

曰:"有之。"

宣王问:"像寡人这样,能够安抚百姓吗?"孟子说:"当然可以啦。"宣王问:"凭什么知道我可以呢?"于是孟子讲起那个著名的"以羊易牛"的故事。"我听大臣胡龁说:一天大王您坐在堂上,有个人牵着牛从堂下经过,大王见了,问:'要把牛牵到哪里去呢?'那人回答:'准备杀了祭钟。'大王说:'放了牛吧!我不忍心看它战栗发抖,就像没有罪过却要被处死的样子。'那人问:'那么就不祭钟了吗?'大王说:'怎么能不祭钟呢?用羊替代牛吧!'不知道有没有这件事呢?"原文中的"衅钟"是古代一种祭祀仪式。古代新钟铸成后,杀牲取血,涂在钟的缝隙处,所以我们翻译为祭钟。宣王心想,这事你都知道了,消息够灵通的,回答说:"嗯,是有这件事。"

曰:"是心足以王矣。百姓皆以王为爱也,臣固知王之不忍也。"

王曰:"然,诚有百姓者。齐国虽褊小,吾何爱一牛?即不忍其觳觫,若无罪而就死地,故以羊易之也。"

曰:"王无异于百姓之以王为爱也。以小易大,彼恶知之?王若隐其无罪而就死地,则牛羊何择焉?"

王笑曰:"是诚何心哉?我非爱其财而易之以羊也。宜乎百姓之谓我爱也。"

曰:"无伤也,是乃仁术也,见牛未见羊也。君子之于禽兽也，见其生，不忍见其死；闻其声，不忍食其肉。是以君子远庖厨也。"

孟子马上说："大王您这样的心就足以称王天下。百姓听说这件事后都以为您吝啬，我却知道大王是于心不忍。"宣王说："对呀，确实有百姓这样认为。齐国虽然狭小，我何至于吝啬一头牛呢？我是不忍心看到它战栗发抖，就像没有罪过却要被处死，所以要用羊来替换牛。"孟子说："大王不要责怪百姓以为您吝啬。用小的羊替换大的牛，他们怎么能了解你的用心呢？大王如果可怜牛没有罪过而要被处死，那么羊就该被处死吗？牛和羊都是生命，为什么要厚此薄彼呢？"宣王听后不好意思了，笑着说："这到底是什么心理呢？我并非吝啬钱财而用羊去替换牛，可是百姓却说我吝啬，难道他们的说法是正确的？"孟子说："没有关系，这正是仁心的流露，因为您只看到了牛而没有看到羊。君子对于禽兽，看见它们生，就不忍心看见它们死；听见它们的哀叫，就不忍心吃它们的肉。因此，君子总是远离厨房。"孟子主张性善，认为人生而具有恻隐之心，这种恻隐之心在特殊境况下会自然呈现出来，如看到小孩子要掉到井里，就会产生"怵惕恻隐之心"（《孟子·公孙丑上》3.6）。同样，看到牛哆嗦颤抖，也会产生恻隐、不忍之心。宣王以羊易牛的行为，恰恰说明人皆有恻隐之心、人皆有善性是成立的。既然人都有恻隐、不忍人之心，那么君王扩充不忍人之心，就可以实行仁政，进而称王天下了。这就是孟子所说的"人皆有不忍人之心。先王有不忍人之心，斯有不忍人之政矣。以不忍人之心，行不忍人之政，治天下可运之掌上"（同上）。

王说曰:"《诗》云:'他人有心,予忖度之。'夫子之谓也。夫我乃行之,反而求之,不得吾心。夫子言之,于我心有戚戚焉。此心之所以合于王者,何也?"

……

"今恩足以及禽兽,而功不至于百姓者,独何与?然则一羽之不举,为不用力焉;舆薪之不见,为不用明焉;百姓之不见保,为不用恩焉。故王之不王,不为也,非不能也。"

听孟子帮自己解了围,宣王很高兴,但对于扩充不忍人之心就可以称王,仍感到疑惑,于是问道:"《诗经》中说:'别人有心思,我能揣摩到。'说的正是先生啊。我这样做了,反过来找原因,心里却不明白。先生这么一说,说到我心坎上了。这样的心适合于称王天下,又是为什么呢?"孟子说:"道理很简单啊!大王的恩惠能够施与禽兽,为什么却不能施及百姓呢?举不起一片羽毛,看不见一车柴禾,并非因为力气不够,目力不足,而是不愿意做;同样的道理,不去安抚百姓,也是因为不愿意施恩德。所以大王没有做到称王天下,是不愿意做,而不是做不到。"值得注意的是,宣王问为何不忍人之心适合称王天下,孟子回答的却是宣王的仁心为何只施及禽兽,没有施及百姓,认为施恩于百姓进而称王天下是很容易做到的。孟子的逻辑是:仁心能施及禽兽必然能施及百姓,仁心能施及百姓必然能称王天下。孟子前一个推理可以成立,后一推理则不能,施恩百姓只是称王天下的必要条件,而非充要条件,孟子把必要条件混同于充要条件,由前者直接推出后者,是不成立的,孟子谈论政治往往有简单化、理想化的倾向，根本原因就在这里。孟子称"老吾老以及人之老，幼吾幼以及人之幼，天下可运于掌"(《孟子·梁惠王上》1.7)，敬重自己的长辈进而敬重他人的长辈，这属于道德；天下可以运转在掌上，则属于政治，政治有自身的逻辑，处理的问题更为复杂，由前者是不能直接推出后者的。出现这种情况，一个重要的原因是孟子对人性的理解过于乐观，只看到人性中善的一面，忽视或回避了人性中恶的一面；只关注人性中自觉向上的力量，而没有考察人性中向下堕失的倾向。孟子主张性善，故认为善决定了历史的发展，而他所说的善，主要指君王的不忍人之心及所实行的仁政，这种对历史的理解显然是简单化了，忽略了人的欲望以及为满足欲望而导致的恶在历史中所产生的影响。恩格斯曾引用黑格尔的名言："人们以为，当他们说人本性是善的这句话时，他们就说出了一种很伟大的思想；但是他们忘记了，当人们说人本性是恶的这句话时，是说出了一种更伟大得多的思想。"① 黑格尔说性恶是一种更伟大的思想，并不是要赞美恶，而是要正视人性与历史中的恶，在善恶的辩证法中完成对恶的摒弃和对善的弘扬。恩格斯对此评论说："在黑格尔那里，恶是历史发展的动力借以表现出来的形式。……自从阶级对立产生以来，正是人的恶劣的情欲——贪欲和权势欲成了历史发展的杠杆，……但是，费尔巴哈就没有想到要研究道德上的恶所起的历史作用。历史对他来说是一个令人感到不愉快的可怕的领域。"② 不论是善或者恶，都是人自由选择的结果，人的特殊和崇高之处

---

① 恩格斯:《路德维希·费尔巴哈和德国古典哲学的终结》,《马克思恩格斯选集》第4卷，人民出版社，1966，第218页。
② 同上。

就在于他知道什么是善，什么是恶，具有鉴别善恶的能力。从这一点看，没有恶的存在，也就不会有对善的追求，人类正是通过对恶的认识、抑制和消除来实现道德进步的，恶促使人自我超越和完善。孟子强调、突出人性中的善，有积极意义，但他回避、忽视了人性中的恶，则有所不足，恩格斯所批评的费尔巴哈不敢正视恶的历史作用，同样也存在于孟子那里。其实孟子并非不知道欲望、恶的存在，他曾论及宣王"欲辟土地，朝秦楚，莅中国而抚四夷也"的"大欲"（《孟子·梁惠王上》1.7），宣王为了实现扩张疆土，臣服秦、楚，君临中原而安抚四夷的欲望，不惜杀戮无辜，四处开战，不就是赤裸裸的恶吗？孟子周游列国，启发君王以"不忍人之心"行"不忍人之政"（《孟子·公孙丑上》3.6），也是因为他看到了"争地以战，杀人盈野；争城以战，杀人盈城"（《孟子·离娄上》7.14）的暴行，以及"庖有肥肉，厩有肥马，民有饥色，野有饿莩"（《孟子·梁惠王上》1.4）的惨状。那么，这些暴行、杀戮难道没有人性的根源？仅仅可以用"陷溺其心"来解释吗？孟子出于游说君王的需要，没有由此进一步反省人性中的幽暗意识与恶，只是一味地突出、强调不忍人之心，其人性论不能不说是偏颇、不全面的。对人性的理解既然不全面，孟子为解决民生疾苦、政治危机而提出的仁政、王道说也就失去了内在根据，没有了可行性。因此，必须重新审视人性，在对人性的全面理解中寻求治国之道。从这一点看，荀子的性恶心善说就值得重视了。与孟子不同，荀子一方面认为"今人之性，生而有好利焉……生而有疾恶焉……生而有（又）耳目之欲有好声色焉"（《荀子·性恶》），人性好利、嫉妒憎恶，又好声色，顺其发展不加节制就会导致恶。但另一方面人又有心，心能思虑并知善、好善、行善，可以制作礼义法度，可以用礼义法度去限制人性中的恶，但主要是针对圣人而言。把政治寄托在君王的不忍人之心上是不可靠，也是不可行的，只能建立完善的制度，用制度对权力进行规范和约束，才能使政治走上正确的轨道。荀子的性恶心善说虽然也有不完善之处，但其揭示、说明了以"性"为代表的向下堕失的力量，和以"心"为代表的向上提升的力量，通过善恶的对立对人性做出考察，并落实在制度礼义的建构上，则无疑是较为合理和全面的。因此，如何将孟子的性善论与荀子的性恶心善论相结合，建构更为全面、完备的人性学说，就成为当前儒学研究中的重要课题。

第六讲

孟子

当今之世，舍我其谁

第六讲 当今之世，舍我其谁

孟子第二次到齐国，与宣王有一段融洽的时光，此时孟子的四端说已经形成，他决心用不忍人之心启发宣王，行仁政而称王天下。环顾当时各国，齐国最有条件实现仁政、王道理想，孟子对宣王抱有极大的期望。然而一个事件的发生，使孟子的愿望落了空，他与宣王的关系也急转直下。

一、燕王哙为什么要让国

公元前316年，燕王哙学习古代的尧舜，让国于燕相子之，自己反为臣下，结果引起一场内乱。宣王趁机出兵，很短的时间攻下燕都，强大的燕国竟因为禅让而一度亡国。大家知道，中国历史上曾实现过禅让，但主要是在尧舜时期，自从夏启破坏了禅让制度后，一直是实行世袭的。那么，为什么一千五百多年后的燕王哙突然要恢复这种古代的制度呢？关于此事的原委，我们以前的了解主要来自司马迁，太史公在《史记·燕召公世家》中说燕王哙是上了苏代、鹿毛寿的当，糊里糊涂让了国，结果给燕国带来一场灾难，自己的性命也搭了进去。苏代是著名纵横家苏秦的弟弟，而苏秦与子之是亲家，所以子之就请苏代帮忙，游说燕王哙让国给自己。当时苏代在齐国任职，正好出使燕国，就有意刺激燕王哙说："齐王一定不能称霸，他事必躬亲，连大臣都不信任。"

141

燕王哙听后，就把政事交给子之来管。作为回报，子之送给苏代很多金子。又一个叫鹿毛寿的人对燕王哙说："当年尧把天下让给许由，许由不接受，这样尧既有让天下之名，又没有失去天下。您不妨学习尧的做法，也让国给子之，子之一定不敢接受，这样您就有了与尧一样的名声了。"结果燕王哙被鹿毛寿忽悠，真把国让给了子之。太史公的说法可信吗？不可信！太史公说鹿毛寿只是劝燕王哙假装禅让，可是子之真的接受了国，如果燕王哙让国是不情愿的，他能答应吗？所以太史公的说法自相矛盾，是不可信的。

1998年郭店竹简公布，其中有一篇《唐虞之道》，极力称赞、宣扬禅让。开篇称："唐虞之道，禅而不传。尧舜之王，利天下而弗利也。"唐虞指唐尧、虞舜，他们都实行禅让而不传子。为什么要这么做呢？因为他们要有利于天下民众，而不把天下看作个人的私利。竹简上还有："不禅而能化民者，自生民未之有也。"不实行禅让而能把民众治理好，从有人类以来就不曾有过。如此肯定、赞扬禅让，在以往传世文献中很少见。一开始，我对《唐虞之道》并没有关注，但2002年《上海博物馆藏战国楚竹书》第二册公布，里面又有两篇讨论禅让的文献，这就引起了我的注意。其中一篇叫《容成氏》，是讲上古帝王传说的，起于容成氏等最古的帝王，止于武王伐商，由于第一简残缺，整理者估计上古的帝王约有二十一人。"三代以上，皆授贤不授子，天下艾安；三代以下，启攻益，汤伐桀，文、武图商，则禅让之道废而革命之说起。前后适成对比。"[1]竹简开篇称："[容成氏、……尊]卢

---

[1] 马承源主编：《上海博物馆藏战国楚竹书（二）》，上海古籍出版社，2002，第249页。

氏、赫胥氏、乔结氏、仓颉氏、轩辕氏、神农氏、樨丨氏、垆毕氏之有天下也,皆不授其子而授贤。其德酋清,而上爱下,而一其志,而寝其兵,而官其材。"古人常常借先王表达政治理想,《容成氏》提出尧以上约二十多位上古帝王,"皆不授其子而授贤",这样禅让就具有了更充分的历史根据。如果将《容成氏》的古史传说体系,与后来流传的炎黄古史传说体系作一个比较的话,不难发现二者的区别在于一个重禅让,一个重世袭。在炎黄古史传说体系中,只有尧、舜实行禅让,其余从黄帝到尧,都是传位于子孙,而不是传贤的。而《容成氏》则将上古实行禅让的帝王扩大到二十余位,这显然是以托古改制的形式来宣扬、肯定禅让的。还有一篇叫《子羔》,子羔是孔子弟子,姓高名柴,他个子比较矮,孔子对他评价也不高,认为他比较愚笨(见《史记·仲尼弟子列传》),所以人们对他不重视,但在上博简中却发现关于他的材料。子羔问孔子:禹、契、后稷,他们到底是"人子"——凡人所生的儿子,还是"天子"——天神之子?我们知道禹、契、后稷分别是夏人、商人、周人的始祖,他们有一个共同的特点,就是"知其母而不知其父"。所以子羔感到疑惑,问他们三人的父亲到底是谁呢?是因为"其父贱不足称也与"?是因为他们父亲地位卑贱而不被人们所知呢?还是因为他们是天神之子,他们的父亲不是凡人,而是天神?孔子肯定禹、契、后稷均为天神之子,并讲述了他们三位的降生神话。这里比较特殊的是禹,因为根据记载,禹为鲧所生,是知其父的。其实关于禹的出生有不同的传说,一种说法是鲧没有经过同意,偷了天神的息壤来人间堵塞洪水,天神知道后勃然大怒,把鲧杀死在羽山的郊外。鲧死后身体三年不化,剖开他的肚子,结果生出了禹,这个说法见《山海经》。还有一种说法,禹的母亲叫修己,有天外出,看到流星飞过,晚上做梦又有所感,吞了一颗神珠。不久怀孕,剖开背,生出了禹,这个说法见于《竹书纪年》等文献。《子羔》与后一种说法相近,说禹的母亲是有莘氏之女,有一次去祭天祈子,结果有感而孕,三年后剖开背生下禹。契的故事大家比较熟悉了,他的母亲叫简狄,是有娀氏之女,有一次与姐妹去洗澡,看到玄鸟下了一颗蛋,她误吞了蛋,结果怀孕生下了契。《诗经·商颂·玄鸟》"天命玄鸟,降而生商",说的就是这个事。《子羔》的说法与其大致相似,只是没有说洗澡,而是"游于央台之上",吃了鸟蛋,怀孕三年,剖开胸生下了契。后稷的母亲叫姜嫄,是有邰氏之女,有一次到郊外去,看到巨人的脚印,感到好奇,用脚去踩,结果感而怀孕,生下了后稷。姜嫄开始认为不吉利,把孩子抛弃到野外,结果牛马见了绕道走,飞鸟用羽毛给他取暖,姜嫄这才知道这孩子非同一般,抱回来精心抚养。由于后稷曾一度被抛弃,所以也叫弃。《子羔》的说法与其大致相似,说后稷之母"游于玄台之中",祈祷让自己怀上孩子,结果踩巨人脚印而生后稷。①以上是孔子所讲的禹、契、后稷出生的故事,但孔子的回答又引出了一个问题,既然禹、契、后稷都是天神之子,那么为什么他们反而做了凡人之子舜的臣子呢?因为根据记载,舜的父亲是瞽叟,是一个普通人,而禹、契、后稷都是舜的臣子。孔子解释说:古代存在一个"善与善相受也"的禅让时代,尧见舜贤,故让位于舜,这样舜就成了天子。"舜其可

---

① 参见廖名春:《上博简〈子羔〉篇感生神话试探》,《福建师范大学学报》2003年第6期。

谓受命之民矣。舜，人子也，而三天子事之。"舜可以说是接受了天命的人啊！舜虽然是凡人之子，可是却有三位天神之子侍奉他。"此篇主旨在说明一个人是否有资格君天下，应决定于他是否有贤德，而不应决定于出身是否高贵；跟《唐虞之道》一样，也是竭力鼓吹尚贤和禅让的。"[1]

《容成氏》《子羔》与《唐虞之道》的年代大致相同，都是在公元前300年之前，在同一时期能够发现三篇讨论禅让的文献，一定不是偶然的。经过研究，我写了《战国时期的禅让思潮与"大同""小康"说》一文，提出战国前期出现了一个宣传禅让的社会思潮，儒、墨、道、法各家都曾参与其中，极力论证、说明禅让的合理性和必要性，三篇关于禅让的竹简就是在这一背景下完成的，是禅让思潮的产物。其实不只是出土文献，传世文献中也有不少关于禅让的记载，只是以前没有引起人们注意而已。例如，据《战国策·秦策一》，秦孝公患病卧床不起，想把王位传给商鞅，商鞅辞谢而没有接受。孝公卒于公元前338年，比燕王哙让国还早二十多年。商鞅没有接受，是因为他反对禅让吗？不是的。商鞅说："尧舜君临天下，不是要把天下看作个人的私利，而是为天下人君临天下。选出贤能之人，把王位传授给他，不是要疏远父子而亲近外人，而是明白了治乱的道理。"（见《商君书·修权》）所以商鞅是赞成禅让的，只是没有勇气付诸实践而已，他自己也为此付出生命的代价。又据《吕氏春秋·审应览·不屈》，梁惠王曾对惠施说："古代享有国家的，都是贤德之

---

[1] 裘锡圭：《新出土先秦文献与古史传说》，载《北京大学中国古文献研究中心集刊》第4辑，北京大学出版社，2004。

人,我的才华实在不如先生,我愿意把王位让给您。"惠施本事很大,有书五车,是当时非常博学的人,虽是学者,却有政治才干,提倡合纵,做了魏国的相,他在才干与智力上均碾压志大才疏的梁惠王,所以让惠王产生了禅让的想法。惠施谢绝后,惠王又请求道:"假如我不做国君,把王位让给有贤德的人,这样就可以制止人们的争夺之心了,您一定要听我的。"可能惠王经历了一连串军事失败,地位受到挑战,想以禅让的方式平息宗室内部对他的质疑。惠施没有接受惠王的请求,是认为禅让有什么不妥吗?不是的。惠施说:"您是大国的国君,把国家让给别人是可以的。我只是一个平民,本来可以接受一个大国却谢绝了,不是更能制止人们的贪争之心吗?"可见惠施并不认为禅让有什么不对,只是他吃不准惠王是否真想禅让,所以不敢贸然答应。另外,据《战国策·魏策二》,魏国的犀首、著名的纵横家公孙衍也曾向张仪许诺,要游说襄王让国于他。可见,言说禅让是当时普遍的社会风气,这一风气自然也影响到当时的君王,燕王哙正是在这一风气的影响下,毅然采取了禅让的政治实践。当然,燕王哙能够让国,与他自身的性格、能力也是有一定关系的。燕王哙即位不久,就曾联合楚、韩、魏、赵四国攻打秦国,但却失败,这很可能让他对自己的能力产生怀疑。加之他行事低调,不像其他君主有很强的权力欲,燕国虽然也是大国,有地方千里,军队数十万,但燕王哙却保持俭朴的生活,他不沉湎女色,也不喜欢音乐,宫内不兴建深池高台,宫外不射箭打猎,还亲自拿着农具整治田地(见《韩非子·说疑》),这种性格使他能够放弃权力,进行大胆的政治改革。所以燕王哙让国并非如太史公所说,是偏听偏信的结果,而是受到战国禅让思潮的影响,有着多方面的动机和原因，除了苏代等人的鼓动之外，燕王哙更多考虑的恐怕还是想通过禅让选择一位贤明之君，使燕国在当时激烈的国际竞争中立于不败，甚至脱颖而出，称王天下，实在是"利天下而弗利"的高尚之举。然而政治改革是有风险的，尤其是触及根本制度的变革，仅有高尚的动机远远不够，还必须懂得权力的运作，既要坚守政道，还要有相应的治道，在确立政治改革的目标后，需要有一套实现政治目标的策略和方法，而后一方面恰恰是燕王哙所缺乏的。为了树立子之的威信，他将三百石以上官吏的印章全部收回，交给子之，然后把王位让给子之，自己反为臣下，燕国的一切政事都由子之决定。他的这一番操作，不仅燕国的官吏、百姓无法理解，也激起太子平的强烈反抗。政治改革难以成功，就在于它会触及一部分人的利益，燕王哙让国最大的受害者是太子，因此如何处理、协调好太子与子之的关系，实现权力的平稳过渡，是燕王哙让国成败的关键。但燕王哙的所作所为，不仅没能完成权力的转移，反而激化了矛盾，引发了一场内乱。太子平看到本来应该属于自己的王位，被父亲拱手送给了别人，自然是咽不下这口气，于是联络将军市被起兵讨伐，但此时子之已经登上王位，岂肯放弃得到的权力，结果双方陷入混战，为齐国武装入侵提供了机会。

二、只有天吏才可以讨伐燕国

宣王在出兵燕国前，曾派人私下请教孟子的意见。《孟子·公孙丑下》4.8章：

沈同以其私问曰:"燕可伐与?"

孟子曰:"可。子哙不得与人燕,子之不得受燕于子哙。有仕于此,而子悦之,不告于王而私与之吾子之禄爵;夫士也,亦无王命而私受之于子,则可乎?何以异于是?"

齐人伐燕。

沈同是齐国大夫,宣王知道孟子主张王道,反对霸道,所以不好意思问孟子对伐燕的态度,故请大夫私下来探问。没有想到孟子说可以,对伐燕持赞成的态度。那么,孟子为什么赞成伐燕呢?他不是一贯反对诸侯的兼并战争吗?这就涉及伐燕的理由。孟子说:"燕王哙不可以把燕国让给别人,子之不可以从燕王哙那里接受燕国。这就好比有一位士人,你对他有好感,不向国君禀告就私下把自己的俸禄、爵位让给他;这位士人也不经过国君同意,私下从你这里接受俸禄和爵位,这样可以吗?这与子哙让国于子之,有什么不同呢?"可见孟子赞成伐燕,是因为燕王哙违背了权力公有的原则,误把燕国当作自己的私有财产,不与大臣、民众商议,没有征得他们的同意,就把王位让给子之,结果给燕国民众带来一场人道灾难。据《史记·燕召公世家》,"因构难数月,死者数万,众人恫恐,百姓离志",燕王哙的让国造成燕国几个月的动乱,死亡的人有数万,民众非常恐惧,百姓离心离德。从民本的立场出发,出于仁道的考虑,孟子赞同出兵燕国,解救燕国民众。那么,孟子认为燕国应该是属于谁呢?属于天,属于燕国民众,这是孟子民本思想的一个重要内容,我们以后会专门讨论。《孟子·公孙丑下》4.8章记载了伐燕前与伐燕后的事,由于孟子赞同伐燕,使他受到人们的批评,这方面内容见4.8章的后半部分。得知孟子的态度后，宣王派孟子当年的老友匡章出兵伐燕，很快取得胜利，这时宣王的野心膨胀，想进一步吞并燕国。《孟子·梁惠王下》2.10章：

> 齐人伐燕，胜之。宣王问曰："或谓寡人勿取，或谓寡人取之。以万乘之国伐万乘之国，五旬而举之，人力不至于此。不取，必有天殃。取之，何如？"
>
> 孟子对曰："取之而燕民悦，则取之。古之人有行之者，武王是也。取之而燕民不悦，则勿取。古之人有行之者，文王是也。以万乘之国伐万乘之国，箪食壶浆以迎王师，岂有他哉？避水火也。如水益深，如火益热，亦运而已矣。"

战国时诸侯虽然互相攻伐，但一般都是夺取一些土地，很少有把一个国家吞并的。一是传统"兴灭国，继绝世"的观念还在发挥作用，战争多以"讨罪"的名义进行，而不以吞并其他国家为目的。二是诸侯间的均衡尚未被打破，一个国家若吞并别国，必然引来其他诸侯国的连锁反应。像宋攻克滕国，直接导致其被诸侯灭国。现在宣王动了歪心思，想吞并燕国，但又犹豫不决，于是就来请教孟子："有人劝我不要吞并燕国，有人劝我吞并。齐国、燕国实力相当，都是万乘之国。一个万乘之国攻打另一个万乘之国，五十天就攻了下来，光凭人力是做不到的，一定是有天意。如果不吞并，上天会降下灾祸。所以我想吞并燕国，您觉得怎么样呢？"宣王想要吞并燕国，故找出天意做借口。面对这一棘手的问题，孟子从他一贯的民本立场做出回答："吞并了,燕国百姓高兴,就吞并。古人有这么做的,那就是周武王。吞并了,燕国百姓不高兴,就不吞并。古人有这么做的,那就是周文王。如果一个万乘之国攻打另一个万乘之国,对方的百姓却用竹筐盛了饭、瓦壶装了酒迎接王者之师,难道有别的原因吗?不过是想逃避水深火热的生活罢了。如果水更深、火更热,他们就要转而盼望别人来拯救自己了。"可见在孟子看来,伐燕的目的只能有一个,就是拯救燕民于水火;是否吞并燕,只能以燕国民众的意愿为取舍,燕国百姓欢迎,便吞并;燕国百姓不欢迎,便不可吞并。所以孟子虽然同意伐燕,但与宣王的动机和目的是完全不同的。现代国际政治中有一个观念,叫人权高于主权。一个国家如果发生了严重的人道危机,如种族灭绝、武装入侵等,联合国是可以制裁、干预的,这个不算干涉国家主权,因为人权是高于主权的。1990年伊拉克入侵科威特,美英领导的多国部队发动海湾战争,重创伊拉克军队,解放科威特。1994年卢旺达种族大屠杀,联合国派出维和部队,事后还成立卢旺达问题国际刑事法庭,审判参与屠杀的高级政府官员和军人。孟子所论实际就是中国古代版的人权高于主权说,而且思想更为激进。打个不恰当的比喻,美国占领伊拉克,推翻萨达姆政权,可以不可以把伊拉克吞并了,变成美国的一个州呢?套用孟子的理论,如果伊拉克人民欢迎就可以,如果伊拉克人民不欢迎就不可以。可以不可以,取决于伊拉克人民的意愿,这是一种彻底的民本主义立场,是孟子看待国与国关系的一条重要原则。凡符合民众利益的,就是合理的;不符合民众利益的,就是不合理的。合理不合理,一切以民众的意愿为标准。当然,孟子所说的国与我们今天的国有所不同,孟子时代人们有一种天下观念,国是附属于天下的,国家主权意识没有今天这么明确和强烈。出现这种情况，主要是因为夏商周三代都出现过统一的中央王朝，国是中央王朝下的封国，其主权是不完整的。虽然战国时代周天子已经名存实亡，各诸侯国已经获得政治独立，不受周王室的控制，甚至开始称王，但大一统的观念已经潜存于人们的头脑中，所以人们主要关切的是天下而不是国，孟子的理想也是行仁政而称王天下。只不过孟子更关注民众的利益，认为"民为贵，社稷次之，君为轻"（《孟子·尽心下》14.14），与国家相比，民众是第一位的，正因为如此，他会认为只要燕国民众接受和愿意，齐国是可以将其吞并的。民众生活在燕国还是齐国并不重要，关键是他们能够躲避战乱的威胁，保全生命和财产，过上相对稳定的生活，毕竟对于民众而言，生命权和财产权才是最重要的。

孟子虽然并没有明确肯定可以吞并燕国，但他"取之而燕民悦，则取之"的主张却为宣王提供了借口和理由，因为燕民悦不悦实际是很模糊的，孟子的时代并没有表达民意的渠道，宣王完全可以打出民意的旗号行吞并之实，燕国百姓不是生灵涂炭吗？我乃王者之师，是来拯救你们的，我吞并燕国，是为了让你们脱离苦海。于是宣王下令吞并燕国，把燕国变为齐国的一部分。但这样一来，别的诸侯国不干了，齐国本来就是大国，现在把燕国吞并了，成为超级大国，对他们构成威胁，这是绝对不行的。于是赵、韩、中山三国共同商量伐齐救燕，而领头者就是大名鼎鼎的赵武灵王，宣王陷入被动之中，于是他又来请教孟子。《孟子·梁惠王下》2.11章：

齐人伐燕，取之。诸侯将谋救燕。宣王曰："诸侯多谋伐寡人者，何以待之？"

　　孟子对曰："……今燕虐其民，王往而征之，民以为将拯己于水火之中也，箪食壶浆以迎王师。若杀其父兄，系累其子弟，毁其宗庙，迁其重器，如之何其可也？天下固畏齐之强也，今又倍地而不行仁政，是动天下之兵也。王速出令，反其旄倪，止其重器，谋于燕众，置君而后去之，则犹可及止也。"

　　孟子这时已经知道了齐军在燕国的暴行，意识自己是太过理想了，有一种上当受骗的感觉，他本来幻想宣王能够行王者之师，拯救燕国民众于水火，可是齐军所到之处，杀戮燕人的父兄，囚禁他们的子弟，甚至毁坏燕国的宗庙，搬走其中的祭器，暴露了侵略者的凶残本性。齐国本来是大国，现在吞并了燕国，土地扩大一倍，不行仁政反而烧杀掳掠，引起燕国民众的反抗，内外交困，怎么能不陷入被动呢？所以当宣王问："诸侯都在谋划要来讨伐我，该怎么办呢？"孟子建议："大王赶快发布命令，释放燕国的老人孩子，停止搬运他们的祭器，同燕国百姓商议，选立一位国君然后撤兵，这样还来得及阻止各国出兵。"但宣王并没有听从孟子的建议，而是转而辅佐太子平，想以此来控制燕国。可是燕国百姓不堪齐军的掳掠，对太子平与齐国合作更是不满，原来支持太子的将军市被也反戈一击，与燕国民众转而攻打太子。加之秦国也加入救燕的队伍，结果齐军被打得大败。这时宣王想到孟子的建议，感到后悔、羞愧，《孟子·公孙丑下》4.9章："燕人畔。王曰：'吾甚惭于孟子。'"有个叫陈贾的马屁精却说，大王不必难过，让我去给孟子作些解释。他见到孟子问：

"孟轲,你说说周公是什么样的人?"孟子说:"古代的圣人啊。"陈贾又问:"周公当年派哥哥管叔监督殷人,管叔却带着殷人叛乱了,有这回事吧?"孟子说:"有啊。"陈贾心想,这下可把你问住了:"这么说来,圣人也会有过错了?"孟子听后,肺都要气炸了:"周公与管叔是亲兄弟,周公看错了哥哥,不是有情可原吗?"周代实行的宗法分封制,最看重血缘关系,所谓打虎亲兄弟,上阵父子兵,周公当然要信任自己的兄弟了,至于管叔后来被殷人蛊惑叛乱,这是周公始料未及的。"况且人非圣贤,孰能无过?古代的君子,有了过错就改正,现在的君子,有了过错却一味错下去。古代的君子,他的过错就像日食月食一样,百姓都看得见;等他改正了,百姓都仰望他。现在的君子,不但一味错下去,还要为错误来辩护。你这个马屁精,能滚多远就滚多远吧。"由于孟子曾经赞成伐燕,有人盯着不放,想把宣王失败的责任推给孟子。《孟子·公孙丑下》4.8章下半部分云:

或问曰:"劝齐伐燕,有诸?"

曰:"未也。沈同问,'燕可伐与?'吾应之曰,'可'。彼然而伐之也。彼如曰,'孰可以伐之?'则将应之曰,'为天吏,则可以伐之'。今有杀人者,或问之曰,'人可杀与?'则将应之曰,'可'。彼如曰,'孰可以杀之?'则将应之曰,'为士师,则可以杀之'。今以燕伐燕,何为劝之哉?"

有人问:"你是不是曾经劝说宣王讨伐燕国?"孟子当然知道对方的用意,回答说:"没有。"孟子这个回答对不对呢?对,也不对。孟子确实赞同过讨伐燕国,但他赞同伐燕的动机和目的与宣王完全不同，从这一点讲，他不认为自己赞同过伐燕。他说："沈同确实问过我：'燕国可以讨伐吗？'我回答说：'可以。'于是他们就去讨伐燕国了。可是当时他如果问：'谁可以去讨伐燕国？'我就会回答：'只有天吏才可以去讨伐。'这就好比有一个杀人犯，如果有人问：'这个人该杀吗？'我会回答说：'该杀。'他如果问：'谁可以去杀呢？'我会说：'只有治狱官才可以去杀。'如今齐国与燕国一样残暴、无道，我怎么会劝说一个与燕国一样无道的国家去讨伐燕国呢？"孟子有好辩之名，表面上看，他似乎凭借辩才为自己解了围，但一定程度上反映了他思想的局限和不足。当宣王问是否可以讨伐燕国时，大家恐怕都能想得到，宣王并不是想要拯救燕国民众，而是为了扩张领土，实现称霸的野心，燕民的疾苦根本不在他的考虑之内，相反要取得战争的胜利，必须以杀伐掳掠为手段。那么，孟子为什么就看不到这一点？反而幻想着宣王能够行王者之师，解民于倒悬，救民于水火，行仁政而称王天下呢？这说明孟子对人性的幽暗意识缺乏深刻的反省，对掌握权力者的人性过于乐观，因而对权力的本质缺乏清醒的认识和理解。出现这种情况，主要是因为从孔子开始，儒家便走上了一条通过出仕推行政治理想的道路，得君行道成为儒者的人生追求。得君行道的积极意义在于，将道置于君之上，用道去规范、引导权力。但同时又将行道的希望寄托在权力上，结果陷入自我矛盾之中。虽然孔孟荀等儒者对权力保持了一定的警惕，主张"天下有道则见，无道则隐"（《论语·泰伯》），"可以仕则仕，可以止则止"（《孟子·公孙丑上》3.2），"从道不从君"（《荀子·子道》），严守进退出处之道，但他们拒绝合作的只是不符合理想的君主，对权力本身他们并不怀疑，相反幻想能够有一位理想的君主出现，将儒家的道推行天下。对孟子而言，其信奉的道就是民本，实现民本的方法就是仁政、王道，而这一民本理想却要依靠君本社会中权力私有的君主来实现，显然是自相矛盾，根本不可能的。但儒者得君行道、通过出仕推行政治理想的人生选择，使他们对掌握权力的君主又不得不抱有种种幻想。孟子因为宣王对牛有不忍之心，便对其产生信心，进而相信他能吊民伐罪，将不忍人之心施于燕民身上，显然是简单、幼稚的。宣王有恻隐、不忍人之心，何尝没有疾恶、残暴之心？特别是在"当今争于力气"的刺激下，后者的表现恐怕远胜于前者。孟子之所以视而不见，只关注前者而忽略后者，主要还是出于游说君主、得君行道的需要。

不过宣王的糟糕表现，使孟子认识到，要想推行王道，吊民伐罪，仅仅依靠君王的不忍人之心是不够的，还必须有外在客观的法度与标准，于是他提出天吏，认为只有天吏才有资格讨伐燕国。那么，什么是天吏呢？《孟子·公孙丑上》3.5章："信能行此五者，则邻国之民仰之若父母矣。率其子弟，攻其父母，自生民以来未有能济者也。如此，则无敌于天下。无敌于天下者，天吏也。然而不王者，未之有也。"能够推行五项政策，就能够赢得民众的支持和拥护，无敌于天下，这样的人才可以称为天吏。宣王是否能称为天吏？是否具有讨伐燕国的资格？不在他偶尔恻隐之心的流露，不在他的宣称和主张什么，而在于他是否推行了五项政策，是否赢得了燕国民众的支持和拥护。孟子所说的五项政策，包括尊贤使能的用人政策、鼓励商业发展的经济政策、只稽查不征税的关卡政策、只助耕而不征税的农业政策、不征收劳役和住宅税的税收政策。这五项政策与不忍人之心不同，是一种外在的法度。推行这五项政策是无敌于天下、成为天吏的必要条件。所以一个君王是否真正推行仁政、王道，不能只看内在动机、不忍人之心，还要看其是否推行了合理的政策、法度。这对他以往过分强调扩充恻隐、不忍人之心，是一种补充和完善。孟子说："徒善不足以为政，徒法不能以自行。"（《孟子·离娄上》7.1）孟子所说的"善"是指行善的"心思"，也就是不忍人之心，"法"是指政策、法度。治理国家，既要有好的心愿，也要有相应的政策、法度。只有善心不足以治理好国家，只有法度不能够自己运行。所以应该善、法并重，将二者结合，这种观点是比较全面、完备的。只是孟子将法度归为先王之法，先王制作法度又来自他的不忍人之心，这实际等于是取消了法度的独立性，而将其化约到不忍人之心了。那么法度是如何产生的呢？法度的产生，一是为了防止因追求欲望的满足而导致的争夺、混乱，二是在社会成员间对利益进行合理的分配。从这一点看，荀子的思想更为深刻，触及到法度的本质。荀子说："人生而有欲，欲而不得，则不能无求；求而无度量分界，则不能不争；争则乱，乱则穷。先王恶其乱也，故制礼义以分之，以养人之欲，给人之求，……故礼者，养也。"（《荀子·礼论》）虽然荀子也认为礼义法度是先王的制作，但先王制作礼义是为了防止因追求欲望而导致的争夺、混乱，其动机是"恶其乱"，即喜欢秩序、厌恶混乱；先王制作礼义法度不是靠仁心——不忍人之心，而是靠智心，"圣人积思虑、习伪故，以生礼义而起法度"（《荀子·性恶》），圣人通过理性思考，制定了礼义和法度，对人们的利益进行分配，满足人们的欲望、欲求。虽然荀子将礼义看作圣王的制作，同样存在历史的局限，但他从欲望和理性解释礼义法度的产生，无疑更为合理。相较于孟子，荀子对礼义法度更为关注，论述也更为深入。既然孟子善、法并重，那么就有必要吸收、融合荀子礼义法度的思想，做进一步的完善和发展，统合孟荀，才能发展出新儒学。

三、我的时代还没有到来

经过伐燕一事之后，孟子与宣王的关系急转直下。前面提到，《孟子》一书中，孟子与宣王的对话共有十四章，其中七章是孟子劝说宣王行仁政，双方的态度和缓，气氛融洽，对话的时间应该是在伐燕之前。还有七章记载孟子对伐燕的态度，以及对宣王的批评，后者往往言辞激烈，致使"王顾左右而言他"，时间应该是在伐燕之后。《孟子·梁惠王下》2.6章：

> 孟子谓齐宣王曰："王之臣有托其妻子于其友而之楚游者，比其反也，则冻馁其妻子，则如之何？"
> 王曰："弃之。"
> 曰："士师不能治士，则如之何？"
> 王曰："已之。"
> 曰："四境之内不治，则如之何？"
> 王顾左右而言他。

孟子对齐宣王说："如果大王有一个臣子把自己的妻子儿女托付给朋友照顾，自己到楚国去旅游，等他回来时，发现妻儿却在受冻挨饿，那该怎么办呢？"宣王说："与他绝交！"孟子问："法官管不好他的下属,那该怎么办呢?"宣王说:"撤他的职!"孟子问:"一个国家治理不好,那该怎么办呢?"宣王说,嘻,今天天气不错啊!左右张望,转而谈论别的事情。还有一次,齐宣王问"汤放桀,武王伐纣,有诸"?孟子回答说:"于传有之。"文献上是这样记载的。宣王问:"臣弑其君可乎?"孟子回答:"贼仁者谓之贼,贼义者谓之残;残贼之人,谓之一夫。闻诛一夫纣矣,未闻弑君也。"(《孟子·梁惠王下》2.8)残害仁的人叫作贼,残害义的人叫作残,残贼之人叫作独夫。我只听说诛杀了独夫纣,没听说杀害国君。孟子甚至说:"君之视臣如手足,则臣视君如腹心;君之视臣如犬马,则臣视君如国人;君之视臣如土芥,则臣视君如寇雠。"(《孟子·离娄下》8.3)君主看待臣下如手足,臣下看待君主就如同腹心;君主看待臣下如犬马,臣下看待君主就如同路人;君主对待臣下如泥土、草芥,臣下看待君主就如同强盗、仇敌。有一次,齐宣王问孟子卿的职责。孟子说:大王询问什么卿呢?有贵戚之卿,有异姓之卿。贵戚之卿是与国君有血缘关系的卿大夫,他们与国君同宗同族,肩负着传递祖宗的基业的职责,"君有大过则谏,反复之而不听,则易位"。国君有了重大过错,就劝谏,反复劝谏还不听,就另立国君,宣王听后"勃然变乎色"。异姓之卿是与国君没有血缘关系的卿大夫,他们往往来自其他国家或者其他宗族,没有传承祖宗基业的职责,"君有过则谏,反复之而不听,则去",国君有过错,就要劝谏,反复劝谏而不听,就离去(《孟子·万章下》10.9)。

孟子在齐国属于异姓之卿,在伐燕问题上,他虽然一度持肯定的态度,但动机与目的与宣王不同。当发现齐军"以燕伐燕"的暴行后,他向宣王进谏,要求施行仁政,及时撤军。但宣王对孟子的进谏置若罔闻,根本听不进去,最终导致失败。伐燕失败后,一些无耻小人为了给宣王洗地,有意把责任推给孟子。在这种情况下,孟子只能辞官而去。《孟子·公孙丑下》4.10章:

> 孟子致为臣而归。王就见孟子,曰:"前日愿见而不可得,得侍同朝,甚喜;今又弃寡人而归,不识可以继此而得见乎?"
>
> 对曰:"不敢请耳,固所愿也。"
>
> 他日,王谓时子曰:"我欲中国而授孟子室,养弟子以万钟,使诸大夫国人皆有所矜式。子盍为我言之?"
>
> 时子因陈子而以告孟子,陈子以时子之言告孟子。
>
> 孟子曰:"然,夫时子恶知其不可也?如使予欲富,辞十万而受万,是为欲富乎?……"

孟子请求辞官而去,宣王听说后,虽然内心并不想挽留,但仍要假惺惺做出个姿态,他前来看望孟子说:"以前想见到您而没有机会,后来终于能同朝相处,我很高兴;现在您又要撇下我而去,不知以后还能不能相见?"孟子也客气道:"这个我不敢请求,但内心也是希望能够相见。"过了几天,可能觉得刚刚经历了伐燕的失败,又有大夫辞职而去,影响不太好,宣王又对一个叫时子的人说:"我想在都城中送给孟子一栋房子,用万钟粟米供养他的弟子,让各位大夫和国人都有个效法的榜样。你何不替我去说说呢?""盍"是何不的意思。时子去告诉孟子了吗?没有。时子又委托陈子转告孟子。这样实际的过程是:宣王告诉时子,时子告诉陈子,陈子告诉孟子,经过了四道转。从这里就可以知道，宣王实际是没有诚意的，如果真有诚意，即使做不到三顾茅庐，也应该亲自上门挽留才对。孟子对此也心知肚明，他说我来齐国并不是为了追求富贵，难道用一点利益、好处就可以留住我吗？可惜这样的道理时子是不明白的。但是当孟子真要离开齐国，却有所不舍。"孟子去齐，宿于昼"（《孟子·公孙丑下》4.11），昼位于齐国的边界，再往前走一步，就离开齐国了。但孟子却停在这里，不走了，连续待了三个晚上。一个叫尹士的齐国人对此非常不满，《孟子·公孙丑下》4.12章：

> 孟子去齐。尹士语人曰："不识王之不可以为汤武，则是不明也；识其不可然且至，则是干泽也。千里而见王，不遇故去，三宿而后出昼，是何濡滞也？士则兹不悦。"
>
> 高子以告。
>
> 曰："夫尹士恶知予哉？千里而见王，是予所欲也；不遇故去，岂予所欲哉？予不得已也。予三宿而出昼，于予心犹以为速，王庶几改之，王如改诸，则必反予。夫出昼，而王不予追也，予然后浩然有归志。予虽然，岂舍王哉？王由足用为善。王如用予，则岂徒齐民安，天下之民举安。王庶几改之！予日望之！予岂若是小丈夫然哉？谏于其君而不受，则怒，悻悻然见于其面，去则穷日之力而后宿哉！"
>
> 尹士闻之，曰："士诚小人也。"

尹士对人说："不知道齐王不可能成为商汤、周武，那是不明智；知道齐王不可能却还要来，那就是为了求取富贵。""干是求的意思，干泽，求取俸禄。"不远千里来见齐王，不相投和就离去，可是在昼住了三个晚上才走，为什么这样迟缓呢？我对此很不满。"尹士的疑问是，既然辞官而去，就应干脆利落，说走就走，为什么磨磨唧唧，这么不痛快呢？恐怕还是舍不得在齐国取得的高官厚禄吧？以后也有学者这样理解的，例如南宋初年的郑厚就说，"孟轲抱纵横之具，饰以仁义，行鬻于齐。齐王酬之以客卿，且曰：'我欲中国而授孟子室，养弟子以万钟。'轲意齐王不知价者，遂愚齐王，求极所索而后售"。认为孟子是想卖个更高的价钱，可是后来齐王悔悟，不愿抬价，孟子也觉得齐王出价已经不低，如果再不出售，恐怕没有机会。"迟迟吾行，三宿出昼，冀齐王呼己而还值。"指责孟子如同市井贩妇讨价还价，小儿向父母撒娇卖乖，[1]这当然是以小人之心度君子之腹了。

有人把尹士的话告诉了孟子。孟子说："尹士哪里能理解我呢？不远千里来见齐王，那是我愿意的；不相投合而离开，难道是我希望的吗？我是不得已啊。在昼住了三夜才离开，可我心里还是觉得太快了，心想齐王或许会改变主意，齐王如果改变主意，一定会召回我。可是一直等到离开了昼，齐王还没有来追我，这时我才毅然下定了回乡的决心。我虽然离开了，难道肯舍弃齐王吗？齐王还是可以行善的啊。""王由足用为善"，这句话很重要，"由"通"犹"。"足用"，足以。儒家的理想是得君行道、出仕以推行政治理想，故所依赖的权力就显得非常重要了。滕文公曾拜孟子为师，但滕国太小，不足以称王天下。魏国虽然称雄一时，但到了志大才疏的梁惠王这里，家底被折腾得差不多

---

[1] 余允文：《尊孟辨》引。

了，自己也成为诸侯嘲笑的对象。在孟子时代，最有可能统一天下的，一为东方齐国，一为西方秦国。孟子当然希望齐国统一天下，而绝不愿看到秦国实现大一统。复旦大学周振鹤先生曾经写过一篇《假如齐国统一了天下》的文章，指出齐文化与秦文化类型不同，秦文化有三个基本特征：中央集权、以农为本与文化专制，齐文化则有地方分权、农工商并重与文化多元的特点，如果齐国统一天下，齐文化得以推行，以后的中国历史可能会有很大的不同。①周教授的设想，其实也是孟子所希望的，孟子虽然对宣王有所不满，但仍希望借齐国之力推行仁政、王道，实现儒家的民本理想，而对秦国则绝不抱此种希望。首先，在文化方面，秦国推行文化专制政策，"以法为教""以吏为师"(《韩非子·五蠹》)，追求权力的绝对统一。对于国家的法令，士人、民众非议当然是犯禁，赞美同样也不允许。商鞅变法，行之十年，初现成效，一些曾经反对新法的人转而表示赞同，商鞅却称其为"乱化之民"，将其全部流放到边远之地。商鞅为什么这样做？就是因为赞同新法表示其仍有评判之心，这样也就存在着非议法令的可能，最好的统治乃是让民众绝对、无条件地服从。做到这一点，一是要"任其力不任其德"(《商君书·错法》)，一切以法为准绳，利用民众趋利避害的本性，通过爵禄和刑罚操控民众的意志，驱逐其进行农战。二是要推行愚民政策，"民不贵学则愚，愚则无外交，无外交则勉农而不偷……则国安不殆"(《商君书·垦令》)。民众不重视学习就愚笨，愚笨就安心农战而无非分之想，这样就国家安定没有危险。为了做到愚民，举凡礼乐、

---

①周振鹤：《假如齐国统一了天下》，《二十一世纪》1995年2期。

诗书、孝悌、诚信、仁义等有可能开启民智的精神文化都要一概禁绝，视为危害国家的害虫，商鞅变法时已经"燔《诗》《书》而明法令"(《韩非子·和氏》)，秦始皇焚书坑儒不过是将其推广到天下而已。与之不同，齐国实行多元的文化政策，不强求思想的统一，齐国设立稷下学宫，广聘天下贤士，稷下先生来自不同的学术学派，具有不同的价值观念和思想主张，他们自由讨论，相互辩驳，"不治而议论"，向国家建言建策。孟子遇到的两任国君，都具有开放、包容的心态，威王鼓励臣下、百姓向自己进谏，能够指出自己错误者给予奖赏；宣王喜好文学游说之士，在重大事件上经常征求孟子的意见。他们的礼贤下士、奖励学术，促成了齐国文化思想的繁荣，中国古代的百家争鸣主要是在齐国稷下学宫发生的。可以设想，如果是齐国统一中国，以其对文化的重视和包容，焚书坑儒根本就不会发生了。

其次，在经济方面，秦国有以农为本的传统，商鞅变法更是提出农战的政策，商鞅的"农战"不是指一般的农业生产，而是通过国家立法的形式，用暴力打断社会的正常运转，使所有从事商业、手工业、服务行业以及依附于贵族的人口，都转向农业生产，实现全民皆农，人人皆农，这就是商鞅变法所公布的"垦草令"基本精神。但是全面皆农，显然是违背经济规律的。随着财富的积累，必然会出现社会分工；粮食虽然是必需品，但超出了需求就成为多余之物，而必须转入流通，但"垦草令"恰恰规定"使商无得籴，农无得粜"(《商君书·垦草》)，商人不许买粮食，农民不能卖粮食。故商鞅的农战实际是以农备战，农必须落实、转化为战，商鞅分别称之为"抟力"和"杀力"。"夫圣人之治国也，能抟力，能杀力。"(《商君书·壹言》)"抟力"是聚积民众的力量，"杀力"是消耗民众的力量。"抟力"是积聚财物与粮食，为对外战争做准备；"杀力"则是将多余的财物、粮食消耗掉，换取军事上的胜利。前者是富国强兵，后者是扩张兼并。只"抟力"而不"杀力"，或"杀力"而不"抟力"，都会导致混乱和灭亡。因此，商鞅的农战实际是一种战时军事政策，只可以行之一时，而不可以行之久远。社会不可能永远处于战争状态，一旦胜负已定，战争结束，农战便难以为继了。但商鞅却误将这种战时军事政策当作了长久的治国之策，认为"国作壹一岁，十岁强；作壹十岁，百岁强；作壹百岁，千岁强。千岁强者王"（《商君书·农战》），专一于农战不仅可以行之一时，还可以行之久远，甚至百年、千年。这就为秦国后来的失败埋下了祸根，秦二世而亡，良有以也。与之不同，齐国地处山东半岛，三面临海，享有"鱼盐之利"，封国之初，姜太公就确立了"通商工之业，便鱼盐之利"（《史记·齐世家》）的经济政策，积极发展工商业，同时开展对外贸易，齐桓公时开辟了通往朝鲜半岛、日本的"东方海上丝绸之路"，形成与中原诸侯国大陆文明不同的海洋文明，是名副其实的"海王之国"。齐国重视工商业，对农业也没有忽视，齐国土地资源多样，既有适合鱼盐的濒海盐碱之地，也有利于农业耕作的膏壤千里，经过开发，农业得到长足的发展，出现"粟丘如山"的景象。在处理农业与商业的关系时，齐国不偏于一方，既重视农业的基础地位，也不忽视工商业促进流通、增加社会财富的作用，这与秦国重农抑商的政策形成鲜明对比。

还有，在政治方面，战国时期各国均向中央集权发展，中央集权的表现形式之一就是郡县制，国君不再把土地分封给大夫，而是设立郡县，郡守、县令由国君任命，通过他们牢牢控制地方，实现中央集权。其中秦的郡县制最为完善，权力也最为集中。七国之中，唯有齐国未曾实行郡县制，而采取了五都之制。五都包括国都以及与其平行的其他四都，地方行政权力分属于五都，而不尽集中于国都。不但行政权力分散，军权亦不集中，齐国有"五都之兵"，可见军权也是分散的。所以与其他各国纷纷设立郡县不同，齐国始终实行的是较为分权的都邑制。秦国统一天下以后，将郡县制推行于四海之内，此后中央集权是二千年一贯制而不改，不但不改，而且集权倾向愈演愈烈。地方主权几乎荡然无存，一举一动皆需听命于中央，毫无活力可言，遑论革新与改良，这种制度重在对社会的控制，不利于社会内部新因素的发展，更不可能实现向近代社会的转型。相反，齐国的五都制相当于有五个分散的政治和军事中心，这种多中心的格局有利于释放社会的活力，优于大一统的单极发展。

大家可能会有疑问，秦国"扫六合，一天下"，终止兼并战争，统一文字、度量衡，难道没有积极意义吗？当然有积极意义，但这是统一的必然结果，而不是秦制的专属。齐国统一天下，一样可以终止战乱，一样会统一文字、度量衡，只不过是统一到齐国的文字、度量衡而已，但对文化、经济的促进作用实际是一样的。相反，秦制中的种种弊端，如愚民政策、重农抑商、专制集权等，却因秦国的统一而被继承下来。虽然秦二世而亡，历代统治者也在不断反思秦政之失，但由于以上三个方面适应、满足了专制制度的需要，不仅没有被清除，反而被保留下来，只是在程度上做了调整，没有像秦制一样极端、苛刻罢了。所以历史是有很多拐点的，拐点一旦出现就会形成制度依赖，再想改变就非常困难,除非外部有新的因素出现。战国时期有两大历史拐点,一是由士人倡导、宣扬的禅让运动,二是各国诸侯间展开的统一天下运动。前者因为燕王哙的让国失败而终结,此后世袭制被不断强化,成为两千年专制社会不可动摇的政统。但我们不妨试想,假如燕王哙多一些政治智慧,平稳实现了权力转让,而子之又是一位有雄才大略的人物,经此禅让,燕国变得强大起来,甚至统一了天下,那么以后历史的发展恐怕会大有不同!世袭制也不会被视为天经地义的金科玉律,毕竟其缺陷是非常明显的。同样,假如齐国统一了天下,秦制的弊端是不是也有可能部分避免呢?孟子在世时,尚未看到秦国的统一,但他对秦制持否定态度则是肯定的。他主张对"辟草莱、任土地者"(《孟子·离娄上》7.14)处以刑罚,针对的就是秦国的农战政策。如果让孟子选择,他当然会希望齐国统一天下,孟子对宣王抱有幻想、充满期待,正可以从这一点去理解。"齐王如果任用我,岂止齐国的百姓能得到太平,天下的百姓都将得到太平。"孟子的期许或许有天真幼稚、不切实际之处,但他表示自己乃为天下计而非为个人计,则是真实的。孔子曾说:"齐一变,至于鲁;鲁一变,至于道。"(《论语·雍也》)希望齐国能接受鲁国的礼乐政治,借齐国之力实现王道。其实孟子也抱有同样的想法,宣王若能够接受儒家民本理想,实行仁政、王道,真乃天下百姓之福也。孟子的愿望没有实现,这是孟子的不幸,也是中国文化的不幸。其实历史上野蛮战胜文明的事件屡见不鲜,古代希腊有雅典、斯巴达,雅典实行城邦民主制度,工商业发达,航海技术先进,在民主制度的氛围下,重视文化教育,鼓励学术研究。希腊三贤中,苏格拉底、柏拉图均为雅典人,亚里士多德也长期生活在雅典,并建立自己的学院。此外，悲剧之父埃斯库罗斯、喜剧作家阿里斯托芬、著名几何学家欧几里得也都是雅典人，我们所说的希腊文化，其实大部分是由雅典所创造，是雅典对人类文化的贡献。斯巴达实行寡头政体，以农业立国，对内实行军事化管理，儿童生下来不健康的就扔掉，健康的才可以活下来，长到六、七岁便离开家庭，接受专门军事训练，培养集体意识和好勇斗狠的性格。除尚武精神外，其对人类文化的贡献乏善可陈。然而伯罗奔尼撒战争恰恰是尚武的斯巴达打败了崇文的雅典，希腊文明从此衰落。试想，如果是雅典战胜斯巴达，希腊是否会给人类贡献更为璀璨的文化创造呢？齐国与秦国，正如雅典与斯巴达，齐国文化繁荣，百家争鸣，秦国焚毁《诗》《书》，愚弄黔首。秦国战胜齐国，统一天下，使华夏文化遭受一大劫难。在特殊的战争时期，高度集权、军事化动员、愚民教育、崇尚武力可能会产生一定效果，但若将其固定为和平时期的御民之术，必然会对社会造成严重伤害。我是陕西人，是秦人的后代，但如果让我选择，我也希望齐国而不是秦国统一天下。从这个角度去看，对孟子就多了些理解。"齐王或许会改变主意！我天天盼望着他能改变！我难道是那种气量狭小的人吗？向君主进谏不被接受，就怒气冲冲，脸上露出不满的神色，离开时非要走得筋疲力尽，然后才肯休息！"有人将孟子的话转告尹士，尹士听后有所触动，说："我真是个小人啊。"

孟子于是毅然决然离开齐国，在路上与弟子充虞有一段对话，《孟子·公孙丑下》4.13章云：

孟子去齐，充虞路问曰："夫子若有不豫色然。前日虞闻诸夫子曰：'君子不怨天，不尤人。'"

曰："彼一时，此一时也。五百年必有王者兴，其间必有名世者。由周而来，七百有余岁矣。以其数，则过矣；以其时考之，则可矣。夫天未欲平治天下也，如欲平治天下，当今之世，舍我其谁也？吾何为不豫哉？"

充虞在路上问："老师好像不高兴的样子。以前我曾听老师说过：'君子不抱怨天，不责怪人。'"孟子答道："那时是那时，现在是现在。"孟子有一个想法，认为五百年必有王者兴起，其间必定有闻名于世的贤人出现。可是"从周朝以来，已经七百多年了。从时间上说，已经超过了；以时势而论，也该有圣贤出现了。可是我的主张为什么行不通呢？我只能说，上天大概还不想让天下得到平治，如果想让天下得到平治，当今之世，除了我还会有谁呢？我有什么不愉快呢？"孟子就是带着这样一种坚定的信念，告别了当时的政治舞台，回到了自己的故里，教授子弟，著书立说，编写我们今天看到的《孟子》一书。

每当读到这一章时，我都特别有感触，当一个人带着理想进入社会时，他往往是坚定、自信的。可是当理想遭到挫败，看不到希望的时候，依然能保持坚定的信念，我想，除了孟子恐怕没有别人了。那么，孟子的信念来自哪里呢？来自孟子坚信：政治必须要符合人性，符合人性的政治才是最有前途的政治，仁政、王道较之暴政、霸道是符合人性的，是符合历史发展的，所以最终一定会实现。现在无法实现，只能说我的时代还没有到来，若到来，必定是仁政、王道的时代。我们今天读《孟子》，脑海里会有一个鲜活的孟子形象：一个坚定的理想主义者。而在当时人们的眼里，孟子则是"迂远而阔于事情"，他是迂阔、不切实际的。所以理想与现实是有反差的，当你坚守理想的时候，你很难被人们理解。固然，我们可以说孟子对人性的复杂性缺乏反省，对历史的看法也未免过于乐观，但孟子至少有一点是对的，那就是真正的理想是需要坚守的。在坚守一百多年后，孟子的思想已在士人中广为流传，成为其批判暴政，为民请命的精神动力；而在坚守了一千多年后，孟子的思想终于成为社会的指导思想，《孟子》一书也由子书上升为经书。至少在人们的观念中，王道战胜了霸道，仁政战胜了暴政。即便有残暴的君王如朱元璋之流想借助权力挑战孟子的地位，最终也难逃失败的命运。所以理想在于坚守，只要它符合人性，符合天道，顺应了历史的发展，即使暂时无法实现也不必怨天尤人，如果天下要得到平治，当今之世，舍我其谁！两千年前孟子所坚守的仁政、王道，像一座灯塔为人们指引了前进的方向。今天在仁政、王道之外，我们又有了民主、法治的理想。虽然百年来国人追求民主、法治的道路坎坷曲折，但想想孟子，想想孟子的坚守，我们就不应过分悲观。的确，我们应拿出孟子"当今之世，舍我其谁也"的气魄，去坚守我们这个时代的理想。只要我们坚守，我们的理想就一定会实现。

第七讲 孟子性善之谜

第七讲 孟子性善之谜

之前我们讲到，研读《孟子》要抓住两个线索：一个是时间线索，一个是思想线索。前面四讲我们主要从时间线索梳理了孟子的生平活动，今天我们则要进入思想线索，讲解孟子的性善论。

一、思想线索与形式系统

性善论是孟子非常重要的思想，古人推崇孟子，认为孟子提出性善论，"功不在禹下"。为什么呢？因为大禹治理的是自然界的洪水，而孟子治理的是人心的洪水，所以孟子的性善论对于中国人来讲，是非常重要的。但是我们要注意，《孟子》七篇中并没有一篇是专门讨论性善的，孟子关于性善的论述，分散在《孟子》七篇之中。所以我们今天讨论孟子性善论，就要把《孟子》一书中关于性善的论述按照思想的线索串起来，然后对孟子的性善论进行分析和梳理，做出理论的总结和说明。为什么会出现这种情况呢？这就涉及冯友兰先生讲的，中国古代哲学缺乏形式的系统，但是有实质的系统。形式的系统讲究的是逻辑论证，但中国古人不擅长这些，其擅长的是直觉思维，所以他们的著作更多是表达对生命的感悟，对生活的体验。我们读《孟子》，包括《论语》都会有这种感受，一篇与一篇之间，一篇中各个章节之间，有没有内在的逻辑联系呢？大部分是没有的。中国哲学史上也很少有首尾连贯、精心撰写的哲学著作，古人所谓的哲学著作大多是哲学家本人或其门人后学，将其平时的言论、书札编纂而成，虽然道理足以自立，但关于此道理的论证多失于简单、零碎。所以在逻辑思维、逻辑论证方面，我们这个民族是先天不足的。但是没有形式的系统，不等于没有实质的系统，我们读《论语》，一开始会觉得也是没有系统的，《论语》记载了孔子很多言论，涉及很多内容，但彼此的关系是松散的，甚至相关的内容被记录在不同的篇章里，让人感觉编纂有些不合理。但是孔子说了，"吾道一以贯之"（《论语·里仁》）。我开始读《论语》时，体会不深；但是等我读到十遍、二十遍之后，我的确感到夫子之道是"一以贯之"的，夫子是有思想体系的，这就是实质的系统。孔子如此，孟子也如此，他们内心是清楚的，是有一套想法的，只是没有一种系统、逻辑、体系化的表达，而是根据不同弟子，面对不同的境遇，随处指点，因材施教，所以给人零散的感觉。因此我们今天研读经典，一个很重要的任务就是帮助古人建构形式的系统。古人只有实质的系统，没有形式的系统，但我们今天读书、学习，除了熟记古人的言论外，还要有一种形式化、理论化的表达，甚至可以说，只有当对古人的思想做出这种形式化的表达后，才算是有了真正的理解。那么如何建构形式化的系统呢？当然首先要掌握、理解古人实质化的系统。而要理解实质化的系统，就要反复阅读经典，深入其中，搞清其思想的内在结构和内在理路，然后运用我们的逻辑思维和理论训练，讲出一套形式化的思想系统来。大家可能会问，这样讲出的思想，到底是古人的，还是我们自己的？会不会把我们自己的思想渗透进去了

第七讲 孟子性善之谜

呢？当然会有这种可能，这就要求我们：一是对经典要非常熟悉，越熟悉越贴近古人的思想。二是要有方法上的自觉，我们所要理解的是古人的思想，虽然个人的生活体验、思想信念会渗透到理解过程中去，但还是要对二者做出自觉的区分。

现在我们进入孟子的性善论。关于孟子的性善论，学者的理解是有分歧的，甚至有人表示过质疑。因为从直觉上看，人性是不是善的？本身就是有疑问的。我有一个朋友，在清华大学教书，也研究孟子。有一次他对我说："我最怕讲孟子性善论了。每次备课前，我把自己说服了，可是到了课堂，学生们一提问，最后我也动摇了。"我在清华大学做过几次讲座，发现清华的学生思想活跃，敢于质疑、提问，这是非常好的。孟子性善论在理解上容易产生分歧，与孟子的表达有一定关系。前面我们说了，《孟子》七篇中并没有集中讲性善的章节，关于性善的论述非常零散，没有形式的系统，学者依据的材料不同，自然容易做出不同的解读。关于孟子性善论，比较流行的是《三字经》的说法"人之初，性本善"，认为所谓性善乃是指人的本初、初始状态，人生下来时性是善的，只是后天受到习染，因而会变得不善了。《三字经》的说法可能来自东汉王充，王充在《论衡·本性篇》中说："孟子作《性善》之篇，以为'人性皆善，及其不善，物乱之也'。""人性皆善"是一个直言判断，是说人性的内容及其表现都是善的，这显然与我们对人性的观察不符，这种观点在经验世界是不成立的。为了解决这一问题，宋代理学家提出一种新的思路，他们将性分为天理之性与气质之性，前者是形而上、超越的，后者是形而下、经验的，所谓性善是针对天理之性而言，至于气质之性则是有善有恶的，这样孟子所说的性善就是一个形而上的概念，不能从经验事实中去理解。到了当代，关于孟子性善论的争论仍一直不断，比较有影响的是台湾学者提出的"人性向善论"，这种观点注意到孟子所说的善性是指善端，而善端有一个成长、发展的过程，故认为孟子不是主张性本善，而是性向善。但也有学者对此提出质疑，如果说性向善，就等于承认善不是在性之中，而是在性之外了，这实际是孟子批判的"义外"说，与孟子自己主张的"义内"正好相反。于是又有学者认为，与其说孟子是性向善，不如说是性善向，即性中有善，善规定了性的发展方向。凡此种种，不一而足。由于围绕孟子性善论存在种种争论、分歧，有学者提出孟子性善论实际是一个谜，可以称为孟子性善之谜。

二、孟子之前人们对性的理解

我认为要真正理解孟子性善论，解开孟子性善之谜，就应回到孟子思想本身，根据其关于性善的相关论述，掌握其实质系统，同时建构形式的系统，以孟解孟，用孟子的内在理路来理解孟子性善论。做到这一点，首先要注意到，孟子提出性善论，不仅与以往的人性观点有所不同，其论性方式较之之前也是一种超越。《孟子·告子上》11.6章，记载了孟子与弟子公都子之间的一段对话：

> 公都子曰："告子曰：'性无善无不善也。'或曰：'性可以为善，可以为不善。是故文武兴，则民好善；幽厉兴，则民好暴。'或曰：'有性善，有性不善。是故以尧为君而有

第七讲 孟子性善之谜

象；以瞽瞍为父而有舜；以纣为兄之子，且以为君，而有微子启、王子比干。'今曰'性善'，然则彼皆非与？"

公都子列举了孟子之前三种不同的人性主张，分别是：告子的"性无善无不善"说，无名氏的"性可以为善，可以为不善"说，以及"有性善，有性不善"说。告子认为"食色，性也"，人性是指食色，而食色本身无所谓善恶。如果说是恶，那你不吃饭、不结婚可以吗？如果是说善，好像没有哪个民族把食色作为人生最高目的，也没有哪种伦理鼓励人们尽情地追求食色吧！告子对于人性还有一个比喻，"性犹湍水也，决诸东方则东流，决诸西方则西流。人性之无分于善不善也，犹水之无分于东西也"。（同上）性好比是流动的水，"决"是动词，挖掘的意思，农民浇灌土地，挖个水渠把水引过来，往东方引就往东方流，往西方引就往西方流。人性就好比是流水，可以为善，也可以为恶，关键是如何引导，所以人性无所谓善恶就好比水无所谓东西。第二种观点着眼于人性与环境的关系，认为当有文王、武王这样的明君出现时，人们就会为善。相反，当幽王、厉王这样的暴君出现时，人们就会为恶，做出残暴之事。所以人性是由环境决定的，可以为善，也可以为不善。第三种观点注意到人性的善恶不完全是环境的产物，还有个体间的差别，例如，即使有尧这样的明君，依然会有象这样的坏人；即使有瞽瞍这样糊涂的父亲，依然会有舜这样的孝子。舜和象出自一个家庭之中，但一个是圣人，一个是恶人，所以只能说有的人性善，有的人性不善。我们注意一下，以上三种观点虽然结论不同，但讨论人性的方式则是一致的，它们都是把性看作一客观对象，对其进行概括和归纳，类似今天的科学研究方法，只是因为观察的角度和考察的对象不同，故其结论也有所不同。从内涵来看，人性指人所具有之性；从外延来看，人性包括了古往今来所有人之性，想要对其做出完全的归纳是不可能的，而不完全归纳则必然会出现分歧。可是当我们讨论人性问题时，大家自觉不自觉还是会用这种不完全归纳的方法。大家如何看待人性善恶？如果你人生比较顺利，遇到的多是好人，没有经历过坎坷，你可能会说：我相信人性是善的。可是如果你人生比较曲折，受到过身边人的伤害，尤其是你信赖的人的伤害，那你可能会说：人心险恶，人性是恶啊！这就好比有女同志说：世界上的男人没有一个好东西！其实她不可能接触到世界上所有的男人，只是不幸碰到几个渣男。这都是从有限的归纳，从外部的观察来判断人性的。

对于这种讨论人性的方式，孟子并不一概反对。他说："富岁，子弟多赖；凶岁，子弟多暴。"（《孟子·告子上》11.7）收成好的时候，年轻人都很懒惰，因为有吃的了。"赖"通"懒"，也有学者说当训为善。那就是年轻人都很友善。而收成不好的时候，年轻人都很残暴，因为没吃的了。孟子的这个说法就是承认人性之善恶与环境是有密切关系的，环境的好坏，会影响到人性的善恶。只不过孟子是一般性的描述，而不是明确的学术主张。孟子也承认对一般民众来说，"无恒产，因无恒心。苟无恒心，放辟邪侈，无不为已"（《孟子·梁惠王上》1.7）。"因"是则的意思。老百姓没有固定的财产，那么他就没有固定的志向。如果没有固定的志向，什么坏事情都可以做出来了。这说明物质财产对于一般民众的道德表现有着重要的影响。但是，以上讨论人性的方式，只是对人性作一种外在的描述和概括，不足以突出人的道德主体，无法确立人生的信念和目标，不能给人以精神的方向和指导，更不能安顿生命，满足人的终极关怀。难道我们认识到人性会受到环境的影响，便根据环境的好坏而选择做君子或小人吗？难道要众人皆昏吾亦昏？举世皆浊吾亦浊？恰恰相反，古往今来，人们推崇的是举世皆浊我独清，众人皆醉我独醒，唯有此，才能显现出人的价值与尊严。所以孟子论性，不取以上思路，而是另辟蹊径，提出他对于善和性的独特理解。

三、孟子性善论是以善为性论

孟子以前，善作为一个名词，往往是指善人、善事、善行等等，而善人、善事、善行之所以被称为"善"，是因为其符合社会、民众的一般认识。我们可以将这种善定义为"人与人之间适当关系之实现"，它显然反映的是社会、习俗的外在标准。孟子之前人们谈论人性善恶，就是采用这种外在标准，符合这一标准者即为善，不符合这一标准者为不善。《孟子》书中虽然也保留了善的这种用法，但孟子论性善却不是这种意义的善。关于善，孟子有两个规定和说明，第一个是：

> 可欲之谓善，有诸己之谓信，充实之谓美，充实而有光辉之谓大，大而化之之谓圣，圣而不可知之之谓神。(《孟子·尽心下》14.25)

这里说到善、信、美、大、圣、神，我们只讨论第一句"可欲之谓善"。什么是"可欲"？它是孟子特有的概念，指可欲求、可追求的。因此，要了解什么是"可欲之谓善"，首先要了解孟子认为什么是可欲求、可追求的？对此，孟子有明确的说明：

> 孟子曰："求则得之，舍则失之，是求有益于得也，求之在我者也；求之有道，得之有命，是求无益于得也，求之在外者也。"（《孟子·尽心上》13.3）

孟子区分了两种"求"："求之在我者"与"求之在外者"。前者是可以由我控制、决定的，得与不得，完全取决于我，所以是可求的；后者则不是可以由我控制、掌握的，得与不得，要受到"道"和"命"的限制，所以是不可求的。那么什么是"可求"，什么是"不可求"的呢？孟子对此也有说明：

> 口之于味也，目之于色也，耳之于声也，鼻之于臭也，四肢之于安佚也，性也，有命焉，君子不谓性也。仁之于父子也，义之于君臣也，礼之于宾主也，知之于贤者也，圣人之于天道也，命也，有性焉，君子不谓命也。（《孟子·尽心下》14.24）

我们嘴巴想吃好吃的，眼睛想看美女、帅哥，耳朵想听流行音乐，鼻子想闻好闻的，四肢贪图安逸，这些声色欲望、感性欲求，虽然也是性，是生而具有的，但能否实现，有命的限定。你想吃好的，但是口袋没有钱，就吃不起。你喜欢别人，可是别人不一定喜欢你，所以人生最大的遗憾，就是心里想着自己喜欢的人，却跟不那么喜欢的人走进洞房。你想躺平，放松一下，可是房贷、车贷等着还，压力山大，那还是起来工作吧。这就是"有命焉"，有命运的限定，所以君子——有更高道德追求的人，不将其看作性。注意，孟子并没有说"人不谓性也"，而只是说"君子不谓性也"。大家思考一下，二者有什么差别？与此不同，父子之间做到仁，君臣之间做到义，宾主之间做到礼，等等，虽然一定程度上也会受到命的限定，例如家庭、环境对个人的影响等，但由于人有意志自由，成为君子还是小人，完全取决于自己，这个是不能被命限定的。孟子说："舜发于畎亩之中，傅说举于版筑之间，胶鬲举于鱼盐之中。"（《孟子·告子下》12.15）古往今来，多少人出生贫贱，身处逆境，但通过努力一样成了圣人。"天将降大任于是人也，必先苦其心志，劳其筋骨，饿其体肤，空乏其身行，拂乱其所为，所以动心忍性，曾益其所不能。"（同上）那些成就丰功伟业者，往往都要经历坎坷和苦难，这就是命，但是"有性焉"，因为人有意志自由，成为什么样的人，是由自己决定的，所以君子不将其看作命，而是看作性。

由此可见，孟子认为，声色欲望、耳目之欲，能否实现不是我们可以控制的，因而是不可欲、不可求的。比如你想要500万，那么你怎么得到500万呢？去抢银行？那不行，不符合道，是违法行为；去买彩票，这是可以的，可是有命啊！能不能中奖，不是你能控制和掌握的。而仁、义、礼、智或恻隐、羞恶、辞让、是非之心，能否实现完全取决于我们自己，是"可欲"、可求的，因而是善的。故"可欲之谓善"实际是说，不受外在条件的限制，能充分体现人的意志自由，完全可以由自己欲求、控制、掌握的即是善。这种善当然只存在于道德实践的领域，具体讲，也就是人生而所具的恻隐、羞恶、辞让、是非之心或仁义礼

智是善。孟子关于善的第二个说明是:

> 乃若其情,则可以为善矣,乃所谓善也。(《孟子·告子上》11.6)

"乃若",至于的意思。由于下文提到恻隐、羞恶、辞让、是非之心,故"其"是指四端之心而言。"情",不是指情感,而是情实,实际情况的意思。上文出现两个善,前一个善是名词,指具体的善行,如看到小孩子要掉到井里,必生"怵惕恻隐之心",而援之以手;看到长者会产生恭敬之心,向其行礼。后一个善是形容词,是对前一个善的评价和判断。故上文是说,至于恻隐、羞恶、辞让、是非之心的实情,可以表现为具体的善行,就可以说是善的。我有内在善的禀赋,但表现不出来,这个不能说是善,只有当其可能表现为善的行为时,才可以说是善的。可以看到,孟子对于善的两个规定是密切相关的,"可欲之谓善"是就内在的禀赋而言,是说内在的恻隐、羞恶、辞让、是非之心或仁义礼智是"可欲""可求"的,因而是善的。"乃若其情,则可以为善矣,乃所谓善也"则是就功能、作用言,是说内在的恻隐、羞恶、辞让、是非之心,能够表现出具体的善行,就是善的。但是孟子只强调"可以",认为只要"可以为善",就算是善;假如因为种种原因而没有表现出善,仍不影响内在禀赋本身仍为善。这里,"可以"是"能"的意思,表示一种能力。所以,"可欲之谓善"是对善的本质规定,对于孟子而言,善首先是指"可欲""可求",也就是不受任何外在条件的限制,完全可以由我控制、掌握,能真正体现人的意志自由,实际就是对

第七讲　孟子性善之谜

恻隐、羞恶、辞让、是非之心或仁义礼智内在道德禀赋的欲求。"乃若其情，则可以为善矣，乃所谓善也"则是对善的补充性规定，是说"可欲""可求"的恻隐、羞恶、辞让、是非之心"可以为善"，能够表现出具体的善行，就是善。但恻隐、羞恶、辞让、是非之心只是"可以为善"的必要条件，而非充分条件。故孟子实际是以内在道德品质、道德禀赋为善，这种道德禀赋即是"心"。"心"可以表现为具体的善行，因而是善。孟子的善可定义为：己之道德禀赋及己与他人适当关系的实现。它反映的是主体自主、自觉的内在标准，与孟子之前表达外在标准的善显然有着根本的区别。

　　孟子对善的理解与前人有所不同，对性的看法也有不一致的地方。孟子之前，人们往往把性看作客观对象，对其作经验性的概括和描述。孟子论性则不然，他实际将性做了事实与价值的区分。前引《孟子·尽心下》14.24一段文字中，孟子亦承认"口之于味""目之于色""耳之于声""鼻之于臭""四肢之于安佚"事实上也是一种性，但又认为君子不应将其看作性。这里前一个"性也"，是一个事实判断，表明"口之于味"等感性欲望，事实上也是性；后面的"不谓性也"，则是一个价值判断，认为君子不应将其看作性。孟子又提出，仁义礼智的实现，虽然一定程度上也要受到命的限制，但"有性焉，君子不谓命也"。这里的"不谓命也"，同样是一种价值判断。也就是说，在事实层面，孟子认为人的性至少包括两个方面，感性欲望和仁义礼智。但在价值层面，孟子则强调应该把后者而不是前者，把仁义礼智而不是感性欲望看作性。所谓"君子不谓性也""君子不谓命也"，就是指此而言。这样看来，孟子性善论实际可以理解为以善为性论，这是我对孟子人性论的理解和概括，与前面提到的性本善、性向善、性善向论都有所不同。因为把善看作性，人性必然就是善的了，二者是同义反复，实际是一个意思。理解孟子性善论的难点，不在于人性为什么是善的？而在于第一人是否有善性？第二为什么要把善性看作性，而不把其他部分看作性？只要回答了这两个问题，性善论就可以成立了。孟子提出性善论，实际也是从这一思路展开论述的。

四、人有善性的证明

孟子性善论既然是以善为性论，那么他首先要说明人有善性。对于这个问题，他主要从两个方面进行了论证。首先，孟子承继了"天命之谓性"的传统，将善性溯源于形上、超越的层面，认为是天的赋予。孟子曾引《诗》曰："天生蒸民，有物有则。民之秉彝，好是懿德。"（《孟子·告子上》11.6）这首《诗》的本意不是讲性善，但孟子既引用此《诗》说明性善，自然就不应从《诗》的本意去理解，而应从孟子的引用意去理解。按照孟子的理解，以上四句是说，天降生众民，赋予其善性，有一事必有一事之法则；民既然秉持其善性，必喜好这美德。故在孟子看来，善性是来自天，是天的赋予。孟子又说："仁义礼智，非由外铄我也，我固有之也。"（同上）认为仁义礼智不是通过学习后天获得的，而是"固有之"，本来即有的，实际也就是上天赋予的。孟子还说："心之官则思，思则得之，不思则不得也。此天之所与我者。"（同上11.15）我们心里头有什么呢？有仁、义、礼、智，我们只要思，反求诸己，就可以体会得到，孟子认为这都是上天的赋予。孟子的时代，人们认为天是具有道德属性的，所谓"诚者，天之道也"，而人的性又是天的赋予，即"天命之谓性"（《礼记·中庸》），这样人人便生而具有善性了。不过今天人们眼里的天，往往是自然之天，是牛顿物理学意义上的天，与孟子时代人们的看法不太一样了，故对于天赋予人善性会感到不好理解。但是我们要注意，孟子强调天赋予人善性是一个超越的命题，而不是知识的命题；其所反映的是理性的事实，而不是经验的事实。而且孟子在溯源于天，肯定善有形上、超越的源头之后，又强调人有善性亦有事实的根据，可以在经验世界中得到肯定和证明。

> 孟子曰："人皆有不忍人之心。……所以谓人皆有不忍人之心者：今人乍见孺子将入于井，皆有怵惕恻隐之心；非所以内交于孺子之父母也，非所以要誉于乡党朋友也，非恶其声而然也。由是观之，无恻隐之心，非人也；无羞恶之心，非人也；无辞让之心，非人也；无是非之心，非人也。"（《孟子·公孙丑上》3.6）

"不忍人之心"就是同情心，不忍心看到别人受苦受难的心。"今"是假如、如果的意思，假如人们突然看到小孩子要掉到井里去，都会有"怵惕恻隐之心"。我讲到这里时，经常会加一句"援之以手"，但孟子没有讲，他只是说会有惊恐同情之心。孟子不讲，可能是为了防止有人抬杠，在某些情况下，有人看到小孩要掉到井里，不一定会援之以手，但内心一定会有波动，会有惊恐同情的心理活动，孟子认为这就足以证明内在善性的存在。需要说明的是，以上文字常被看作孟子对人性善的证明，是不正确的。人性是善的是对人性的全称判断，是说人性的全部内容及表现都是善的，这显然是不能靠有限的举例来证明的，若要举人性可以为善之例来证明性善，同样也可以举人性可以为不善之例来证明性恶，你举雷锋助人为乐证明人性为善，别人也可以举小偷偷人财物证明人性为恶；你举梁山伯与祝英台对爱情忠贞不渝证明人性为善，别人也可以举潘金莲与西门庆勾搭成奸、毒害亲夫证明人性为恶，这样的举例可以是无限的，你正面举99个例子，我反面也可以举100个例子，对于证明人性是善的实际没有任何意义。其实，孟子以上论述只是要证明"人皆有不忍人之心"，也就是人皆有善性，而人皆有善性与人性是善的虽有联系，但所指显然是不同的。人皆有善性是说人性中皆有善的品质和禀赋，皆有为善的能力，但不排除人性中还有其他的内容，所以即使为不善，也不能否认善性的存在。人皆有善性当然也不可以通过有限的举例来证明，但由于它近乎一种事实，实际上是任何人都难以否认的，孟子只需要举出"今人乍见孺子将入于井"这一特殊示例，就可以说明人确有本心、良心或善性的存在。大凡一个人的善行无非有两种可能，一是发自于内，是本心、良心的呈现；二是来源于外，是为了达到某种世俗、现实的目的。前者是真正的善，由这种具体的善行可以反推它一定有内在的根源、根据，也就是善性存在；后者虽符合人们对善的一般理解，但道德力量却大打折扣，不属于孟子所理解的善。孟子所说的人"皆有怵惕恻隐之心"，是在"乍见孺子将入于井"，也就是在没有任何目的、没有任何预期的心理状态下突然发生的，它显然是发自于内，而不是来源于外；是发自"不忍人之心"、内在善性，而不是出于外在世俗目的，不是为了讨好孩子的父母，不是为了邀取乡党的美誉，也不是讨厌孩子的哭哭啼啼。所以，从"怵惕恻隐之心"的显露，最足以说明人确有"不忍人之心"也就是内在善性的存在。孟子只需要通过这一"启发性的示例"，将此点明、显现出来即可，故孟子上文所举，乃是一项"示例"，而不是一个例证。而孟子举出此例，其用意在于使每个人都可以置身其中，设身处地，反省到自己亦必生"怵惕恻隐之心"，并援之以手，更进一步反省到自己以往的生活中亦有过众多类似的经历，从而洞见到内在善性的存在。的确，任何人在其生活中都会有本心、良心的呈现，这恐怕是谁也否定不了的。既然否定不了，那就应该承认，人确实皆有善性存在。假如有人抬杠，非要找出一个人来，此人从小到大，没有同情心、羞耻心、是非心、恭敬心，只做坏事，不做好事，那孟子怎么办？孟子的回答是："非人也。"此人已不是严格意义上的人了，可能存在心理疾病，故不在讨论的范围之内。

除了"乍见孺子将入于井"外，孟子还讲了"古人葬其亲"的故事，同样是"示例"：

> 盖上世尝有不葬其亲者，其亲死，则举而委之于壑。他日过之，狐狸食之，蝇蚋姑嘬之。其颡有泚，睨而不视。夫泚也，非为人泚，中心达于面目。盖归，反虆梩而掩之。掩之诚是也，则孝子仁人之掩其亲，亦必有道矣。（《孟子·滕文公上》5.5）

这一故事不必有事实的根据，其目的在于通过这一"示例"，

185

说明羞恶之心也就是善性的存在。上古的时候，父母死了，人们不去掩埋，而是直接扔到山沟里。过了几天，有人从山沟路过，看到父母的尸体被狐狸吃，被蚊蝇叮。"颡"是额头，"泚"是冷汗。头上冒出冷汗，侧过头去，不忍直视。头上的冷汗，不是流给别人看的，而是"中心达于面目"，是内在的羞恶之心在面容上的显现。于是赶紧回家拿来铲子，把亲人掩埋了。孟子以此说明，儒家主张为父母行丧礼，是有内在的人性根据，同时表明人确有内在的善性存在。

人之善性可以在特殊情景中呈现、流露，于此可以说明善性的存在。但在孟子看来，最能体现人的价值与尊严，最能反映人之特殊性的，莫过于人可以为了价值理想，为了善而牺牲自我。故"生死关头的抉择""生死关头的醒悟"，也是孟子说明人皆有善性的重要"示例"。孟子曰：

> 鱼，我所欲也，熊掌亦我所欲也；二者不可得兼，舍鱼而取熊掌者也。生亦我所欲也，义亦我所欲也；二者不可得兼，舍生而取义者也。生亦我所欲，所欲有甚于生者，故不为苟得也；死亦我所恶，所恶有甚于死者，故患有所不辟也。(《孟子·告子上》11.10)

"得兼"就是"兼得"。生命是每个人所渴求的，死亡是每个人所厌恶的，但是在生死交关的一刻，为什么会有人挺身而出，"杀身成仁，舍生取义"？这不正足以说明，人性中还有比自然本能、生理欲望更高的追求，也就是对仁义的追求，所以抵死也要维护人性的理想与尊严。而且"舍生取义"，"非独贤者有是心也，人皆有之，贤者能无丧耳"。不是只有具有一定社会地位的贤人君子才会想到舍生取义，每个人都会有这种想法，因为内在的善性与地位、身份、财富没有必然联系，它是上天的赋予，如果从后天的社会地位去理解，那就讲不通了。所以即便一个穷困潦倒的路人，即将倒毙的乞丐，如果对他没有起码的尊重，"呼尔而与之"，"蹴尔而与之"，喝叱着施舍给他，用脚踩踏后施舍给他，则"行道之人弗受"，"乞人不屑也"（同上）。路人不会接受，乞丐也会不屑一顾。可见，羞恶之心以及对尊严的渴求，是人皆有之，只是保存的程度有所不同而已。这除了说明仁义礼智"我固有之"外，恐怕再找不到其他合适的理由了。

所以孟子一方面从形上的层面肯定了善性的存在，认为"此天之所与我者"，是上天赋予我的；另一方面又强调，上天赋予我的善性是可以在经验世界具体呈现的。形上的预设保证了善性的普遍性，经验世界的呈现则证明了善性的真实性，二者相结合，说明了人皆有善性的合理性与有效性。故孟子"此天之所与我者"或天赋予人善性虽是一个超越的命题，但并不是没有事实的根据，并不是不可以在经验世界得到检验与证明。

孟子

第八讲

为什么说『孟子道性善』『功不在禹下』

第八讲 为什么说"孟子道性善""功不在禹下"

上一讲我们讲到孟子的性善论,认为孟子性善论实际是以善为性论,孟子性善论的核心不在人性为什么是善的,而在于:一、人是否有善性?二、为什么要把善性看作真正的性?关于人有善性,孟子主要从形上和经验两个层面做了论证。今天我们要讨论另一个问题,孟子认为人有善性,或者上天赋予人善性,究竟是一种什么样的形态?这一点很重要,大家以后学习宋明理学,宋明理学家对人性的理解与早期儒学有很大的不同,他们把性区分为天理之性与气质习性,做了形上、形下的区分,认为孟子所说的善性是一个形而上的概念,指天理之性,而不是气质之性。但是在孟子那里,并没有对性做这种区分,性既可以指"口之于味""目之于色"的感性欲望,也可以指四端之心或者仁义礼智,二者虽有不同,但并不是形上、形下的关系。孟子讲性善,实际是就四端之心或者仁义礼智而言,所以学术界认为,孟子是即心言性,是根据心来理解性。而要理解孟子的心与性,就要注意几个概念,一个是四端,一个是四德,还有一个是"才",尤其要重视才这个概念。四端指恻隐之心、羞恶之心、辞让之心和是非之心,也称四端之心。四德指仁、义、礼、智。孟子用才兼指四端与四德,但是在理学家那里,才是形而下的,是指气质之性,而孟子的才恰恰指的是善性,这个差别是很大的,说明理学家的看法并不符合孟子的想法。孟子主张性善,认为上天赋予我们善性，有了善性，我们便有了行善的内在动力，有可能成为一个好人，甚至成圣成贤。但是孟子肯定人有善性后，还面临一个问题，为什么现实中会有很多坏人呢？为什么有些人没有行善，反而作恶呢？为什么有些人比禽兽还要残暴、凶恶呢？而且纵观历史，这种现象并不少见。

大家听说过小悦悦事件吧？小悦悦本名王悦，是一名2岁的小女孩。2011年10月13日，王悦在广东省佛山市五金城先后被两辆车碾压，7分钟内，有18位路人经过，但都视而不见，漠然离去。直到最后一名捡垃圾的阿姨路过，才把她救起。但为时已晚，虽经医院抢救，小悦悦还是离开了人世。这一过程被路边的监控记录下来，经报道后引起激烈讨论，人们不禁要问，那18位路人难道没有恻隐之心吗？难道上天没有赋予他们善性？如果孟子在世，他该如何回答这一问题呢？

一、上天赋予人什么样的善性

我认为孟子是思考过这个问题的，孟子生活的战国时代，"争地以战，杀人盈野；争城以战，杀人盈城"（《孟子·离娄上》7.14），孟子对人的恶行是有所观察的，他既然提出性善论，当然要对这些问题做出回应。孟子认为上天虽然赋予我们善性，但上天赋予的善性只是一种端，端是发端、开端的意思。上天只是赋予我们善的种子、善的根苗，而要将上天赋予的善的种子、根苗培养壮大，还需要我们后天的努力，需要"扩而充之"，这就涉及四端与四德关系的问题。在《孟子》一书中，关于四端与四德有两种表达方法，分别见于《孟子·告子上》11.6与《孟子·公孙丑下》3.6，为了讨论方便，我们分别将其引用于下：

"恻隐之心，人皆有之；羞恶之心，人皆有之；恭敬之心，人皆有之；是非之心，人皆有之。恻隐之心，仁也；羞恶之心，义也；恭敬之心，礼也；是非之心，智也。仁义礼智，非由外铄我也，我固有之也，弗思耳矣！……《诗》曰：'天生蒸民，有物有则。民之秉彝，好是懿德。'"（《孟子·告子上》11.6）

"今人乍见孺子将入于井，皆有怵惕恻隐之心。……由是观之，无恻隐之心，非人也；无羞恶之心，非人也；无辞让之心，非人也；无是非之心，非人也。恻隐之心，仁之端也；羞恶之心，义之端也；辞让之心，礼之端也；是非之心，智之端也。人之有是四端也，犹其有四体也。……凡有四端于我者，知皆扩而充之矣。若火之始然，泉之始达。苟能充之，足以保四海；苟不充之，不足以事父母。"（《孟子·公孙丑上》3.6）

在《孟子·告子上》中，孟子认为恻隐、羞恶、恭敬、是非四端之心或四端就是仁义礼智四德，二者是一种等同关系。在《孟子·公孙丑上》中，孟子则认为恻隐、羞恶、辞让、是非四端只是仁义礼智四德的端，二者不能直接等同。那么，哪种说法更符合孟子的思想呢？关于这一问题，学术界是有不同看法的。比如复旦大学的杨泽波教授认为，"端为初生、开始义。孟子认为恻隐、羞恶、辞让、是非，分别为仁义礼智的初生、开始，而

191

不是仁义礼智的最终完成，因此需要扩而充之，不断发展""《公孙丑上》第六章即四端的说法和孟子的一贯思想一致，比较准确地反映了孟子的思想，而《告子上》第六章行文有省略，即'恻隐之心，仁也'只是'恻隐之心，仁之端也'的省略"。并认为孟子性善论是'心有善端可以且应该为善论'，而不是'性善完成论'"。①李明辉教授则不同意将"端"解释为开端，他认为端是端倪、端绪的意思，上天赋予了我们仁义礼智也就是良知，良知的表现就是端，所以四端是指良知的表现、呈现。良知当恻隐则恻隐，当羞恶则羞恶，当辞让则辞让，当是非则是非，所以端是本心的表现，仁义礼智表现为四端，而不是相反。李明辉教授也找出文本上的根据，他引用孟子"仁义礼智，非由外铄我也，我固有之也"（《孟子·告子上》11.6），孟子并没有说恻隐、羞恶、辞让、是非之心"我固有之"，而是说仁义礼智"我固有之"，所以说恻隐之心只是仁的发端，是不符合孟子本意的。因为发端有未完足之意，这样就使孟子的性善论落空了。②大家思考一下，杨、李两位教授的差别在什么地方？杨泽波认为孟子性善论不是性本善、性善完成论，而是"心有善端可以为善论"；而李明辉则认为孟子性善论就是性本善，性本质上是善的，而且是具足、完备的。我认为两位教授各执一词，可能都有偏差。孟子对于四端与四德有两种表达，一定是有意为之，而不是无心之失，只有用这两种表达才可以把他关于性善的思想表达清楚，不能认为孟子是掉了字或表达不准确。

---

① 杨泽波：《孟子性善论研究》，中国社会科学出版社，1995，第43—46页。

② 李明辉：《儒家与康德》，台湾经联出版社，1990，第78—79页。

第八讲 为什么说"孟子道性善""功不在禹下"

我们注意一下,《孟子·告子上》与《孟子·公孙丑上》的两段表达针对的是不同的语境,不仅不矛盾,而且是互补的。《孟子·告子上》是就形上、先天的层面而言,是从本体、本质上说的,孟子说"仁义礼智,非由外铄我也,我固有之",就是强调仁义礼智有超越的来源。而从超越的层面看,从本体上看,恻隐、羞恶、辞让、是非之心与仁、义、礼、智是一致、等同的,因为二者的差别是量上的,而不是质上的。《孟子·公孙丑上》则是就形下、经验的层面而言,是从作用、表现上说的,说的是"乍见孺子将入于井,皆有怵惕恻隐之心",这里的"怵惕恻隐之心"是作用、表现。"无恻隐之心",指没有恻隐之心的流露、表现,"无羞恶之心""无辞让之心""无是非之心"也是这个意思。而恻隐之心的表现显然不能等同于仁本身,只能是"仁之端","端"是开端、发端之意,所以还需要"扩而充之""若火之始然,泉之始达"。虽然星星之火可以燎原,涓涓之流可以汇成大江大河,但四端类似星星之火、涓涓之流,要成为燎原之火、大江大河,还需要一个发展的过程。

为了说明这一点,我们可以举一个例子,比如窗户外的这棵树,十年前与十年后是不是同一颗树呢?这要看是从哪一个角度来讲,从树的本体或者基因的角度看,十年前与十年后的树当然是一棵树,没有谁会否定这一点。但是从作用、表现来看,十年前与十年后树的差别又很大,十年前只是一棵小树,十年后已经长成大树,二者不能简单等同。所以从理论上讲,从形上、本体的角度讲,小树与大树是同一棵树,二者是一致的。但是从事实上讲,从形下、经验的层面讲,二者又有差别,不能简单等同。同样的道理,《孟子·告子上》强调的是天的赋予,是就"我固有之"讲的，天赋予人的四端理论上是可以成长为四德的，就像小树理论上是可以成长为大树一样。《孟子·公孙丑上》则是讲"乍见孺子将入于井"，讲的是具体的事例，而善性的具体流露和表现，只是一个开端，不能等同于完整的善，还需要"扩而充之"，进一步发展，就像小树需要培养成大树一样。虽然小树理论上可以成长为大树，但是理论上的可能性不等于现实中的必然性，如果没有阳光、雨露，没有护理、培养，小树也可能会死掉。所以孟子关于四端与四德的论述，实际上涉及两个层面，在形上、本体的层面，他肯定恻隐、羞恶、恭敬、是非之心与仁义礼智是一致的；在形下、经验的层面，他则强调恻隐、羞恶、辞让、是非之心只是仁义礼智的端，端是开端的意思。形上、本体层面的一致性，保证了形下、经验层面的可能性，也就是说只有首先肯定"恻隐之心，仁也"，才可以说"恻隐之心，仁之端也"。就好比首先要肯定小树完全有可能长成大树，才可以说小树是大树的起始、开端。我们说种瓜得瓜，种豆得豆，就是这个道理，因为有理之必然，如果种瓜不得瓜，种豆不得豆，那就出现问题了。所以孟子的两个表述实际上是相互配合，互相补充的，是针对两个不同的层面说的，只是中国古代哲人对形上与形下、本体与经验没有做严格的区分，二者只有逻辑、认识的意义，不是说把一个事物分成了两个不同的方面。这点与西方哲学是有所不同的，有学者说一部西方哲学史就是柏拉图的注脚。为什么呢？因为柏拉图提出理念论，奠定了西方本质主义的思维方式，现实世界是虚幻不实的，现实世界背后的理念世界则是真实永恒的。这张桌子再坚固，50、100年后肯定不存在了，或者已经腐朽，或者当作劈柴烧掉了，但是桌子的理念则会永远存在。

第八讲　为什么说"孟子道性善""功不在禹下"

山川河流、日月星辰都有毁灭的时候，唯有理念的世界是真实永恒的。这是一种二分的思维方式，将世界以及世界中的存在物都分为形上、形下两个层面，中国古代哲人虽然也涉及形上、形下的问题，但不是将二者截然分开，而是联系在一起。所以孟子讨论四端与四德，虽然也对其做了形上、形下的区分，但不是说孟子将心或者性分成了形上、形下两个层面，最多只能说，孟子的心包含了这两个层面的内容，而孟子强调，这两个层面实际是一个整体，所以他用"才"加以表示。

在《孟子》一书中，才有两种用法，一是指才能或有才能的人，如"其为人也小有才"（《孟子·尽心下》14.29），"尊贤育才"（《孟子·告子下》12.7）。这是才的一般用法，不是一个哲学概念。二是指先天的禀赋，这是孟子的特殊用法，是一个专门的哲学概念。孟子用这种意义的才表示上天赋予人的善性，也就是恻隐、羞恶、辞让、是非四端之心。所以我们对孟子的才做出分析，了解它的特点、特征，也就可以理解孟子的心或者性了。我们来看下面这段材料：

> 孟子曰："富岁，子弟多赖；凶岁，子弟多暴，非天之降才尔殊也，其所以陷溺其心者然也。今夫麰麦，播种而耰之，其地同，树之时又同，浡然而生，至于日至之时，皆熟矣。虽有不同，则地有肥硗，雨露之养、人事之不齐也。故凡同类者，举相似也，何独至于人而疑之？圣人，与我同类者。……故曰，口之于味也，有同耆焉；耳之于声也，有同听焉；目之于色也，有同美焉。至于心，独无所同然乎？心之所同然者何也？谓理也，义也，圣人先得我心

195

之所同然耳。"(《孟子·告子上》11.7)

"非天之降才尔殊也"的"才"是指先天的禀赋,具体而言,是指人所具有的四端之心。孟子认为上天给每个人都降下了才,给了每个人善的种子、善的根苗,这一点是没有差别的。但是为什么在不同的环境下,人们的表现会有不同的呢?为什么有好人、坏人的差别呢?人们一般会认为,既然上天赋予了每个人善性,那么现实中的每个人都应该是好人,就不应该有坏人了。但孟子不是这样认为的,这就涉及才的问题,涉及对心或者善性的理解。孟子说"富岁,子弟多赖;凶岁,子弟多暴",他承认现实中每个人的表现是不同的,但他不认为上天降下的才、赋予人的善性有什么不同,"非天之降才尔殊也"。虽然上天赋予了每个人善的种子、善的根苗,也就是才,但是才或者四端之心不一定都能发挥作用,相反会被某些东西遮蔽、伤害,人不好的行为就是四端之心被遮蔽、伤害的结果,"其所以陷溺其心者然也"。为了说明这一点,孟子举了一个麰麦也就是大麦的例子。"今夫麰麦,播种而耰之,其地同,树之时又同,浡然而生,至于日至之时,皆熟矣。"我们在同一个时间,同一块土地,把大麦播种下去,到了农历夏至的时候,麦子成熟了,是不是每颗麦穗都会长得一样呢?不一定。在农村生活过的人都知道,同一块土地的麦穗并不完全一样,有的饱满充实,有的干瘪瘦小,有的甚至没有成熟就死掉了,为什么呢?"虽有不同,则地有肥硗,雨露之养、人事之不齐也。"不外乎是土地状况不同,有的肥沃,有的贫瘠。降下的雨水也有差别,地势低一点的,积蓄的雨水就多;地势高一点的,雨水积蓄得少,麦穗得到的滋养也就不一样。另外,人

第八讲 为什么说"孟子道性善""功不在禹下"

工的护养也有不同,农民到田里去锄地,开始的时候很用心,锄得很认真,但是到了中午,太阳升起来,肚子饿了,匆忙锄两下就回去吃饭了。所以虽然是同一块田地,得到的护理却不一样,田地锄得认真的,麦子就长得好;没有认真打理的,长得就差,但这不能说种下的麦粒、种子有什么不同。"故凡同类者,举相似也,何独至于人而疑之?"同类的事物都会有相似的特征,孟子没有说相同,只是说相似,因为个体之间总是会有差别的,但不能否定它们有共同的特征。"何独至于人而疑之?圣人,与我同类者。"为什么唯独对于人却要怀疑呢?现实中有圣人,也有普通人,圣人与普通人也是同类,有相同的本性。这种相同的本性是指什么呢?当然就是才,就是上天赋予的善性了。圣人与普通人的表现虽有不同,但是在都具有善性或者才上则是一致的,圣人不过是充分发展、实现了天所赋予的才,也就是善性罢了。我们普通人虽然没有达到圣人的境界,但并不等于说我们没有善性,没有才,只是我们没有像圣人一样好好地呵护、养护,使其得到充分发展而已。所以不能认为上天只赋予了圣人才,而没有赋予我们才,上天赋予了每个人善的种子、善的根苗,赋予了每个人才。至于善的种子、善的根苗能否开花结果,长大成材,则取决于个人的努力和培养了。

孟子还用了一个类比,说明我们每个人都有善性、才。孟子说,我们的嘴巴对于美味,有相同的嗜好——好吃的东西大家都爱吃;耳朵对于音乐,有相同的爱好——好听的音乐大家都欣赏;眼睛对于容貌,有相同的美感——帅哥、美女人人都喜欢。至于心,难道就没有"同然",没有相同之处吗?当然是有的。心的相同之处是什么呢?孟子认为就是理,就是义,圣人不过是

197

真正掌握了我们内心的相同之处罢了。孟子所说的内心相同之处就是指善性，指才，孟子由感官的"同嗜""同听""同好"推论出心也有"同然"。孟子还注意到一点，虽然我们对于食物有相同的嗜好，但对美味的理解则是不同的。孟子说："口之于味，有同耆也，易牙先得我口之所耆者也。如使口之于味也，其性与人殊，若犬马之与我不同类也，则天下何耆皆从易牙之于味也？至于味，天下期于易牙，是天下之口相似也。"（同上）孟子所说的"同耆"实际包括两方面的内容，首先是相同的口味，由于人是同类，所以都喜欢吃粮食，而不会吃稗草。"其性与人殊"，应作"其性人与人殊"，掉了一个"人"字，如果对于美味，人与人彼此不同，就好像与犬马不是同类一样，那就没有共同的标准，就会出现混乱了。其次是烹调的美味，由于人有相同的口味，所以都喜欢吃易牙烹调的食物，以易牙烹调的食物为美味。美味虽然是建立在相同的口味之上，但二者还是有差别的，相同的口味是每个人都具有的，但美味只有易牙才能烹调出来。由此类推，孟子所说的"心之所同然"也可以分为两个层次，一是人所具有的善性、才，二是意识到自己具有善性、才，并对其呵护、培养，使其得到充分实现和发展，前者是人人都具有的，后者理论上虽然每个人也可以做得到，但往往是由少数圣人率先实现的。所以孟子说的"理也，义也"，就是善性、才得以实现和发展之理，是生长之理，过程之理。虽然每个人都具有上天所赋予的善性、才，但并不是每个人都可以自觉意识到，并使其得到实现和发展，这就解释了人为何都具有善性，但每个人的表现却有所不同。孟子还有一段论述，也讨论到这一问题，尤其说明人为什么会为恶？

第八讲 为什么说"孟子道性善""功不在禹下"

孟子曰:"牛山之木尝美矣,以其郊于大国也,斧斤伐之,可以为美乎?是其日夜之所息,雨露之所润,非无萌蘖之生焉,牛羊又从而牧之,是以若彼濯濯也。人见其濯濯也,以为未尝有材焉,此岂山之性也哉?虽存乎人者,岂无仁义之心哉?其所以放其良心者,亦犹斧斤之于木也,旦旦而伐之,可以为美乎?……人见其禽兽也,而以为未尝有才焉者,是岂人之情也哉?故苟得其养,无物不长;苟失其养,无物不消。孔子曰:'操则存,舍则亡;出入无时,莫知其乡。'惟心之谓与?"(同上11.8)

牛山是齐国首都临淄郊外的一座山,临淄在今天山东淄博市。据学者研究,战国时期北方比较潮湿温暖,所以山上长满了树木,郁郁葱葱。但是由于牛山处于大国的郊外,临淄城里的百姓每天生火做饭,拿着斧子上山砍伐木材,久而久之,树木就被砍伐光了,不再郁郁葱葱。但这并不等于说牛山不曾生长过树木,其实牛山的树木每天夜里都在生长,在雨露的滋养下,并非没有新枝嫩芽长出来,但是到了早上,放牧的人来了,牛羊又将好不容易长出来的嫩芽啃食掉,结果牛山就变得光秃秃的。"人见其濯濯也,以为未尝有材焉。此岂山之性也哉?"人们看到牛山光秃秃的,就认为牛山不曾生长过树木,这难道是山的本性吗?山的本性是什么呢?就是可以生长树木,而且可以长得很茂盛。孟子举牛山的例子,是类比人,认为人有善性却不做善事,与牛山的情况类似。"虽存乎人者,岂无仁义之心哉?"在人的身上,难道就没有仁义之心吗?"虽"通"唯",是语首助词,无意,不能作虽然讲。难道上天没有赋予他们善性吗?当然是有的,但

199

是为什么在有些人身上体现不出来呢?"其所以放其良心者,亦犹斧斤之于木也。"这是因为他们丧失了良心,就好比牛山的树木被斧头砍掉一样。"旦旦而伐之,可以为美乎?"每天被不断地砍伐,还可能有好的表现吗?不是有形的斧头,而是无形的斧头将他的良心、善性砍掉了。"人见其禽兽也,而以为未尝有才焉者,是岂人之情也哉?"人们看到他的行为像禽兽一样,就认为他不曾有才,没有善性,这难道是人的真实情况吗?当然不是,这里的"情"是情实的意思,不是指情感。"故苟得其养,无物不长;苟失其养,无物不消。"上天是赋予了人才、善性的,但是任何事物,如果得到养护,就可以成长;如果不去养护,就可能死亡。所以上天虽然赋予人善性,给予人善的种子,善的根苗,但还有个培养的问题,认真培养的可以成为圣人,不去培养,反而不断戕害的,连禽兽都不如。

可以看到,孟子是用才来说明心或者性的,那么搞清了才的性质和特点,也就好理解孟子的心或者性了。《说文解字》说:"才,草木之初也。从丨,上贯一。将生枝叶也。一,地也。"根据段玉裁的注释,才字上面的一横指地面,一横下面的部分指根茎、根须,上面的部分指根芽,所以才的本意是"草木之初",也就是初生之幼苗。仔细分析,它又包括两个方面,一是形式,用我们今天的话说,就是基因,二是质料。幼苗具有草木之形式,也就是生之理,所以有成长为草木的可能。但此形式又存在于材质之中,是通过质料的生长、发展来实现、完成的,故才是有形式的质料,是形式与质料的统一。以粱麦为例,粱麦之幼苗也就是才,具有粱麦之形式,所以可以生长为粱麦而不是其他植物,但粱麦之才并不仅仅是形式,是理,同时还是质料,其质料在生长过程中，由于"地有肥硗，雨露之养、人事之不齐"，又会表现出不同的特征。所以，如果把才看作事物"类"的规定性的话，那么，才之形式的一面决定了该事物属于同一类，具有相同的属性；才之质料的一面又允许个体间存在一定的差别，所以说"凡同类者，举相似也"，同类事物只是相似，不是绝对的一致。同时，由于才具有质料的一面，一旦不加以培养，就会流失、死亡。而才一旦死亡，其中形式的部分也就不存在了。

草木之初为才，人之初生之质亦为才，孟子以"才"论"心"，所以孟子的心也具有形式与质料，也就是理性与情感两方面的内容。孟子所说的心大致有三方面涵义，一是指日常经验心，指心的意识活动及意志、意愿等，如"于心终不忘"（《孟子·滕文公上》5.2），"必先苦其心志"（《孟子·告子下》12.15）等等，这是心的一般用法，不是一个哲学概念，孟子的才不是指这种意义的心。二是指恻隐、羞恶、是非、恭敬之心，主要是情感心，但包含理性的形式。三是指仁义之心、道德本心，主要是理性心，但又具有情感的内容。孟子的才主要是指第二种心，即四端之心，但与第三种心即道德本心、仁义之心也存在密切联系，因为后者是从前者发展而来的。所以孟子虽然肯定道德本心的存在，但其所谓道德本心并非只是形上的先验心，同时还是形而下的情感心、经验心，道德理性不能脱离情感经验而存在。孟子的道德本心、仁义之心实际体现在由四端到四德，由恻隐、羞恶、恭敬、是非之心到仁、义、礼、智的发展之中，表现为由情及理的活动与过程。其中，恻隐、羞恶、恭敬、是非之心是情，是道德情感，但又具有理性形式，故有发展为仁、义、礼、智的可能；仁、义、礼、智是理，是道德理性，但又以道德情感为基础。谈论孟子的道德本心，不能离开从四端到四德的发展过程，正如谈论什么是树，不能离开其具体的生长过程一样，孟子的道德本心，只有从四端到四德的扩充、发展过程中才能得到理解和说明。明白了这一点，有关孟子性善论的种种争议便可迎刃而解了。学者主张孟子是心有善端论，或性善完成论，主要是着眼孟子心的未完足义，还需要一个扩充、培养的过程。这种说法有一定的合理性，但自觉不自觉地忽略了孟子的四端之心，虽然是道德情感，但同时具有理性形式，具有发展为仁义礼智四德的全部可能，正如小树具有成为参天大树的可能一样。所以对于孟子的四端之心，我们可以说具有未完成义，不好说有未完足义。未完成是就其质料、情感而言，而不是指形式。还有学者认为孟子是性本善论，只强调孟子心形式的一面，把孟子的心看作形而上的本体心，忽略了心经验、情感的一面，是不全面的。还有学者主张孟子是性向善论，那就更不能成立了。因为孟子明确肯定善是内在的，内在于我们的心，不是性向外在的善去发展，而是内在的善有一个发展、成长的过程。

二、为什么要以善为性

　　孟子在肯定了人有善性，并说明了这种善性只是善的种子、善的根苗，还需要后天的培养后，接着孟子要说明为什么要把善性看作真正的性。对此，孟子主要从"人禽之辨""性命之分""大体小体之别"三个方面做了论证。先看"人禽之辨"：

　　　　孟子曰："人之所以异于禽兽者几希；庶民去之，君子存之。舜明于庶物，察于人伦，由仁义行，非行仁义也。"
（《孟子·离娄下》8.19）

孟子曰："舜居深山之中，与木石居，与鹿豕游，其所以异于深山之野人者几希；及其闻一善言，见一善行，若决江河，沛然莫之能御也。"（《孟子·尽心上》13.16）

"几"，微也；"希"，少也。"几希"，一点点。孟子认为人不同于禽兽的地方只有一点点，反过来说，人同于禽兽的地方有很多。所以理解人性只能从人不同于禽兽的地方入手，而不能把人与禽兽相同的部分也看作性，最多只能看作兽性。现实中，谁都不愿被骂为禽兽，不愿意被等同为禽兽，不相信你骂一句禽兽，看看别人是什么反应？他一定会回复：你才是禽兽！这最清楚不过地表明，人具有不同于、高于禽兽的特性，这些特性才是人之为人之所在，才显现出人之为人的价值与尊严。所以，如果不是把"性"看作对生命活动、生理现象的客观描述，而是看作一个凸显人的主体性、能动性，确立人的价值与尊严的概念，那么，当然应该以人之不同于禽兽的特性，也就是四端之心、仁义礼智为性，而不应以人与禽兽都具有的自然本能、生理欲望为性。

再说"性命之分"。这方面，孟子继承了前人天人之分的思想，并做了进一步发展，从外在限定与内在自由的角度论证了人当以善性为性，而不应以生理欲望及对富贵显达的欲求为性。郭店竹简《穷达以时》的出土，帮我们了解到孟子之前的天人之分思想。竹简说："有天有人，天人有分。察天人之分，而知所行矣。"（第1—2简）影响世间穷达祸福的，不仅有人的因素，而且有天的作用，天人各有其分。天人之分就是说天人各有其职分、作用、范围，互不相同。在竹简看来，穷达祸福取决于时运，非人力所能控制、掌握，是"可遇而不可求"，这些都属于天不属于人；而一个人的德行如何则取决于自己，与天无关，所以积极行善，完善德行才是人的职分所在，是人应该努力追求的目标。明白了这种天人之分，就不应汲汲于现实的际遇，而应该"敦于反己"，只关心属于自己职分的德行，尽人事以待天命。孟子受到这种天人之分思想的影响，并将其发展为性命之分。前面讲到，孟子认为"口之于味也""目之于色也"的感性欲望，虽然也属于性，但是与"仁之于父子也，义之于君臣也"的内在道德禀赋有着根本的区别。仁义礼智内在于性，由于人有意志自由，"求则得之，舍则失之"，能否实现完全取决于自己，与命运无关，所以是"求在我者也"。而感官欲望以及对富贵显达的追求，虽然也属于性，但"求之有道，得之有命"，能否实现取决于命，所以是"求在外者也"。仁义礼智体现了人的意志自由，不受外在条件的限制，故应看作真在的"性"；感官欲望、富贵显达，能否实现不能由我控制、掌握，所以只能看作"命"。孟子通过这种"性命之分"，也就是内在自由与外在限定的区分，说明人当以仁义礼智也就是善性为性，而不应以感官欲望为性。

还有"大体小体之别"。孟子的弟子公都子曾经问：同样是人，为什么有的人成为有德的大人，有的人成为无德的小人？孟子认为，这是因为人有"大体""小体"的区别，"从其大体为大人，从其小体为小人"。并分析了为什么有人会从其大体，有人会从其小体：

第八讲 为什么说"孟子道性善""功不在禹下"

> 耳目之官不思,而蔽于物。物交物,则引之而已矣。心之官则思,思则得之,不思则不得也。此天之所与我者。先立乎其大者,则其小者不能夺也。此为大人而已矣。(《孟子·告子上》11.15)

"小体"指"耳目之官","大体"指"心",二者具有不同的性质与作用。耳目之官不能"思",也就是不具有自主性,只能以外物为对象,以外物的作用为作用。"物交物,则引之而已矣。"前一个"物"指耳目之官,后一个"物"指外物,我们的耳目之官与外物一接触,就被它牵走了,比如看到一笔金钱,结识一位美女,有些人就把持不住,腐化堕落了,这就是因为他们"从其小体",而没有"从其大体",被外物操控了。古人主张"物物而不物于物",就是要控制外物,而不要被外物所控制。怎么做到这一点呢?那就要靠心了。"心之官则思,思则得之,不思则不得也。"心之器官则不同,它具有反思的能力。这里的"心之官"是指经验心,不是孟子的四端之心,但这个"心之官"中包含有四端之心,用《管子》的话说,就是"心以藏心,心之中又有心焉"。所以对孟子的心要做具体分析,同样都是在说心,但不同语境下具体所指是不同的。前面说过,孟子的心包含三层涵义,一是经验心,指心之器官;二是四端之心,指四端、才;三是仁义之心或者道德本心,指四德,是四端之心的扩充、实现、完成。"心之官"主要是第一层含义,其与五官不同,可以"思",此"思"为反思,为逆觉体证,所以"心之官"一方面会受到外物的干扰、引诱——注意,受到引诱的是"心之官",经验心,而不是四端之心或者仁义之心,另一方面又可以通过"思",反求诸己,发现"天之所与我"的四端之心,具有自主性、能动性。所以这里有一个选择的问题,"心之官"既可能选择屈从外物,随波逐流,也可以选择听从心——指道德本心的召唤,"物物而不物于物"。而要成为一个大人、君子,当然要听从心的召唤了。"先立乎其大者,则其小者不能夺也。此为大人而已矣。"首先将心中大的方面确立起来,扩充其中的四端以及仁义,那么小体、耳目之欲就不会扰乱、影响它了,这样便成为有德的大人。既然"大体""心之官"能"思",具有自主性,其所具有的四端以及仁义来自天的赋予,反映了人的内在本质;"小体""耳目之官"不能"思",不具有自主性,其所产生的耳目之欲来自外物的作用,不能反映人的自由意志,那么,自然应当将心之官所具有的仁义也就是善性看作性,而不应将耳目之官所产生的耳目之欲看作性。

三、以善为性的价值与意义

孟子以善为性,虽然是一种价值选择、价值判断,但并非没有事实为依据,并非没有充分的理由与根据。孟子以善为性,也并非只是出于自我论证的需要,而是具有重要的思想意义。因为孟子"道性善",本身就不是要对性做客观的描述,而在于将性看作人之为人之所在,通过对性的反省、自觉,确立人生信念,安顿精神生命,实现终极关怀。故孟子又从"天爵""人爵"、人格平等、人生之乐、"尽心""知性""知天"等几个方面,进一步说明性善对人之存在的价值与意义。

(一)"天爵""人爵"。人生在世,其价值、意义何在?除了

第八讲 为什么说"孟子道性善""功不在禹下"

财富、权势、地位这些世俗的价值外,还有没有一种更为根本、更能体现人之为人的价值存在?孟子通过"天爵""人爵"对此做了回答:

> 孟子曰:"有天爵者,有人爵者。仁义忠信,乐善不倦,此天爵也。公卿大夫,此人爵也。古之人修其天爵,而人爵从之。今之人修其天爵,以要人爵;既得人爵,而弃其天爵,则惑之甚者也,终亦必亡而已矣。"(同上11.16)

"人爵"指"公卿大夫",即现实中的权势、地位;"天爵"指"仁义忠信,乐善不倦",即内在的善性和对此善性的自觉、喜好。天爵的"天"有二义,一是尊贵,二是指"此天之所与我也"。故天爵具有超越的来源,高于现实的人爵。古人将天爵置于人爵之上,"修其天爵,而人爵从之",体现了天爵高于人爵的价值秩序;而今人则颠倒了天爵、人爵的关系,"修其天爵,以要人爵","要"通"邀",修养天爵,是为了获取人爵,获取了人爵,便抛弃天爵,违背了天爵高于人爵的价值原则。所以在孟子看来,人的价值、意义不只在于权势、地位,还在于善性、德性。如果用人爵衡量人的价值,我们很多人就没有存在感了,没有存在的意义了。如果用金钱衡量人的价值,在富商大贾面前,我们活着还有什么意义?如果用权力衡量人的价值,在高官显贵面前,我们会显得微不足道。人爵只有少数人可以获得,而天爵则是人人都具有的,是天对我们每一个人的赋予,这就保证了每个人都有与生俱来的价值与尊严,都有实现其价值与尊严的可能,从而确立起人生的信念与方向。"孟子曰:'欲贵者,人之同心也。人人有贵于己者,弗思耳矣。'"(同上11.17)现实中,每个人都想获得尊贵,都希望得到社会和他人的尊重与认可,但往往忽略了自己本来就具有比生命还尊贵的善性,忘记了人的价值、意义首先是在于善性、德性。如果试图通过追求权势、地位获得尊贵,更有甚者,为了人爵放弃天爵,其结果只能是适得其反。"夫仁,天之尊爵也,人之安宅也。"(《孟子·公孙丑上》3.7)仁是天赋予我们的尊贵爵位,是人居住于其中的安宅。在一个公正、合理的社会中,人爵服从于天爵,只要我们尊崇仁义,扩充、培养我们的善性,堂堂正正做个人来,自然便会获得相应的社会地位,赢得他人的尊重。所以我们想要改变自己的处境,实现自我的价值,就应当反求诸己,从"修其天爵"、培养自己的善性做起,同时维护天爵—人爵的价值秩序。所以在孟子那里,性善不仅是人生的信念与方向,同时还是社会公正的基础。

孟子的天爵主要是指人的德性,而没有涉及才能,这当然有一定的道理。我们今天讲德才兼备,首先突出的也是德,将德排在才之前,一个人有才而无德,他的才就是负面的,对社会是有危害的,这也是孟子担心和不能接受的。但只讲德不讲才毕竟是不全面的,孟子认为一个人天爵完满,就应该获得相应的人爵,虽然并非完全没有可能,古代"举孝廉"一定程度上就是根据的这一原则。但一个社会的正义原则,是应该考虑德、才两个方面的,根据德性、贡献进行利益分配,在市场经济中,更要以等价交换为原则。孟子的天爵—人爵如何成为社会的正义原则,还需要做进一步的诠释和发展。

(二)人格平等。在现实中,人与人是不平等的,这便是人爵得以产生的原因所在;但在不平等的现实面前,人们一直没有放弃对平等的向往与追求，所以古往今来许多思想家对平等做出深入思考与理论探讨。在儒家内部，首先对平等问题做出思考的就是孟子，而孟子肯定人格平等，就是建立在"性善"的基础之上。

  成覸谓齐景公曰："彼，丈夫也；我，丈夫也，吾何畏彼哉！"颜渊曰："舜何人也，予何人也，有为者亦若是！"（《孟子·滕文公上》5.1）

  成覸是齐国的武士，他对齐景公说：你是大丈夫，我也是大丈夫，我为什么要惧怕你呢？这显然是从天爵而不是人爵说的，从人爵看，齐景公是君，成覸是臣，二人的地位是不平等的；但从天爵看，我们的人格则是平等的。颜回说，舜是什么样的人？我是什么样的人？一个人想有所作为，就应该成为舜那样的人。这有无可能呢？当然是可能的。

  曹交问曰："人皆可以为尧舜，有诸？"
  孟子曰："然。"（《孟子·告子下》12.2）

  有一个叫曹交的人问，人都可以成为尧舜吗？孟子回答：当然可以。为什么？就是因为人有善性，有天爵，尧舜不仅在于其拥有人爵，更是在于他们守护住了天爵。尧舜是天子，不是每个人都可以成为天子，所以"人皆可以为尧舜"不是针对人爵，而只能是对天爵而言。

  "尧舜与人同耳。"（《孟子·离娄下》8.32）

尧舜为什么与人相同呢？就是因为上天赋予每个人善性，赐予其天爵，使每个人都具有人之为人的价值与尊严。从这一点讲，尧舜与人是相同的。尧舜之为尧舜，就在于他们充分扩充、实现其善性，虽然现实中普通人不一定做到了与尧舜相同，但只要努力就是可能的。从这一点讲，人与尧舜也是相同的。所以，不论是在本源性还是可能性上，"尧舜与人同耳"。

孟子曰："说大人，则藐之，勿视其巍巍然。堂高数仞，榱题数尺，我得志，弗为也。食前方丈，侍妾数百人，我得志，弗为也。般乐饮酒，驱骋田猎，后车千乘，我得志，弗为也。在彼者，皆我所不为也；在我者，皆古之制也，吾何畏彼哉？"（《孟子·尽心下》14.34）

见到达官贵人，藐视他，不要被他的气势吓到。他们没有什么了不起，不过房子大一点，装饰豪华一点；吃得好一点，排场阔气一点；饮酒打猎，纵欲享乐罢了。但是我有了条件，不追求这些。"在彼者，皆我所不为也；在我者，皆古之制也，吾何畏彼哉？"他所拥有的，不是我追求的；我所追求的，符合古代制度，符合人类理想，我为什么要畏惧他呢？孟子这种基于天爵的人格平等思想对中华民族尤其是士人阶层产生了深远影响，成为中华文化最独特、最有价值的内容。

由于孟子将善性看作人的价值与意义之所在，而善性又是天平等地赋予我们每一个人的，只要扩充、培养我们的善性，"人皆可以为尧舜"，这样便从根本上保障了人与人之间平等的可能。虽然"夫物之不齐，物之情也"（《孟子·滕文公上》5.4），人与人之间存在能力、才智的差别，存在着财富、地位甚至是阶级的不平等，但在人格上又是绝对平等的。现实中的达官贵人往往以堂屋之高、饮食之美、饮酒纵欲、驰骋田猎之乐炫耀于世，以显示他们的特殊与尊贵，然而这些"皆我所不为也"，不是我所追求的；我所追求的是充分实现自己的善性，是成为尧舜那样的圣人。我的所作所为符合古代的理想之制，符合天爵高于人爵的价值秩序，所以即使面对在财富、地位上优于我的达官显贵，我也无所畏惧，依然可以获得一种平等感。孟子的人格平等，是一种内在平等，一种精神上的平等，不同于法律、制度上的外在平等，近代以来的法律面前人人平等，但它可以转化为追求外在平等的精神动力，可以为法律、制度上的平等提供精神、信仰上的支持。

（三）人生之乐。以善为性论不仅保障了人格的平等，还获得了人生之乐。这是孟子向我们揭示的人性中的最神奇、最奥妙之处。

> 孟子曰："乐（yuè）之实，乐（lè）斯二者（指仁、义），乐则生矣；生则恶可已也，恶可已，则不知足之蹈之，手之舞之。"（《孟子·离娄上》7.27）

> 孟子曰："反身而诚，乐莫大焉。"（《孟子·尽心上》13.4）

> 君子所性，仁义礼智根于心，其生色也睟然，见于面，盎于背，施于四体，四体不言而喻。（《孟子·尽心上》13.21）

人们都有这样的经验,当我们积极行善的时候,总能感到一种"乐",这种"乐"油然而生,情不自禁,"不知足之蹈之,手之舞之"。这最能说明善才是我们真正的性,虽然成为君子、善人还需经过后天的努力,但成为君子、善人是符合我们本性的,是我们扩充、实现善性的结果,用孟子的比喻,是"顺杞柳之性而以为桮棬",相反,为恶则会戕害人性,使人感到不自然、快乐,成为小人、恶人只能是"戕贼杞柳而后以为桮棬"的结果。这样的例子在现实生活中比比皆是,如一个人做坏事,内心会扭曲,人格无法得到健康发展。现代心理学也证明,当人积极行善,处在友善的环境中,往往有利于生理、心理的健康发展,相反,若处在猜疑、敌视的环境中,则会出现心理失调、发育缓慢等不良后果。这些都说明,人生之乐、人生的价值意义只有在扩充、实现我们的善性中才能获得、实现,而一味追求食色欲望并由此而为恶是不符合人性的,也不可能得到真正的人生之乐。对于统治者而言,教化和治理的主要任务不是强迫人们服从规范和教条,而是让人们"尽性",尽情地发展、实现自己的善性;不是用严刑峻法威吓民众,而是"制民之产",在提供基本生活物质保障的基础上,使每一个个体尽可能地充分实现自己的性,这一点在今天仍具有重要的现实意义。

(四)"尽心、知性、知天"。人生活在世界中,不仅面对人与人的关系,同时还面临人与超越者——天的关系,存在着"天道性命相贯通"的问题,后者涉及人生信仰、终极关怀等一系列问题,对人之存在具有更为根本的意义,孟子"道性善"亦包含对这些问题的理解与思考。孟子曰:"尽其心者,知其性也,知其性,则知天矣。存其心,养其性,所以事天也。"(《孟子·尽心上》13.1）在孟子那里，天虽然是超越者，同时又内在于人之中，赋予我们心与性。所以扩充我们的心，实现我们的性，便可理解天，理解天的意志所在。同样，保存我们的心，养护我们的性，便是在侍奉天，是在尽我们的"天职"。这样，扩充、完成我们的善性便不仅仅是一种伦理活动，同时还是对超越者——天的回应，这种回应又反过来塑造了人们的日常生活，赋予我们存在的终极意义，使我们在"上下与天地同流"的精神活动中，感受到自身的价值与尊严，意识到自己的职责与使命，产生出"富贵不能淫，贫贱不能移，威武不能屈"（《孟子·滕文公下》6.2）的坚定信念。所以孟子"道性善"虽然是一种人性论，但同时还关涉到与超越者——天的关系，是在天人关系的维度下展开的，可以说，孟子通过肯定性善保证了天与人的内在联系，使人与天的沟通、交流成为可能，从而为解决人生信仰，实现终极关怀提供了一个独特的进路，其性善论又具有宗教性的功能与作用。

以上所论，便是孟子"道性善"的基本内容，包括了孟子对人性的内容与作用、人的价值与意义、人的终极关怀等一系列问题的思考。人们之所以对孟子性善论感到不好理解，并产生种种误解，其中一个原因便是没有从孟子自身的理路出发，没有用孟子的思维方式来思考问题，而是将后人的思维带入其中。例如，很多学者将"孟子道性善"理解为"孟子认为人性是善的"，实际上《孟子》一书中只说"孟子道性善""言性善"，而"道性善""言性善"是宣传、言说关于性善的一种学说、理论，是不能直接等同于"人性是善的"。"人性是善的"是一个命题，是对人性的直言判断，而"性善"则是孟子对人性的独特理解，是基于孟子特殊生活经历的一种体验与智慧，是一种意味深长、富有启发意义的道理。理解孟子性善论,固然要重视孟子提出的种种理由与根据,更为重要的则是要对孟子"道性善"的深刻意蕴有一种"觉悟",而这种深刻意蕴绝不是"人性是善的"这样一个命题所能表达得了的。如果一定要用命题表述的话,孟子"道性善"也应表述为:人皆有善性;人应当以此善性为性;人的价值、意义即在于其充分扩充、实现自己的性。

所以孟子"道性善"并非提出一种人性假说或理论预设,而是发现了人性中的一个基本"真理",即"恻隐之心,人皆有之;羞恶之心,人皆有之……",也就是人皆有善性,并进一步指出只有扩充、实现自己的善性,才能获得人的价值与尊严,才能获得人格平等,才能获得人生之乐,才能实现"尽心、知性、知天"的终极关怀,从而确立起人生的目标与方向,为中国人提供了基本的生活"样式",在思想史上产生了深远影响。故唐宋以来,不断有学者称赞孟子"道性善""功不在禹下",认为"求观圣人之道,必自孟子始""孟氏醇乎其醇也"。从这些对孟子的称赞来看,当时的学者显然尚能理解孟子"道性善"的真实意蕴,及其在道德、政治实践中的现实意义。现代学者由于不是从孟子自身的理路出发,不能体会孟子"道性善"的真实意图,结果将孟子性善论看作难解之谜,陷入琐碎的概念之争。而要揭开孟子性善之谜,了解孟子"道性善"的真实意蕴,就必须"回到孟子去",从孟子的内在理路出发,体会孟子倡导性善的良苦用心和真实意图,这样才能够对孟子性善论做出正确解读。

孟子

第九讲 我善养吾浩然之气

上一讲我们讲了孟子的性善论，这一讲我们要讲"浩然之气"。在孟子那里，浩然之气与性善论是联系在一起的，学习了性善论，再来看浩然之气就容易理解了。孟子关于浩然之气的文字见于《孟子·公孙丑上》3.2章，因为谈了"养气"与"知言"两个问题，学术史上一般称为"知言养气"章。这一章文字比较长，内容非常重要，由于涉及气的问题，所以比较费解。除了"浩然之气"外，《孟子》一书还谈到"夜气""平旦之气"，都涉及到气。要把这些概念讲清楚，除了对孟子思想要有整体把握外，对古代气论也要有所认识和了解。所以本讲虽然主要讨论"浩然之气"，但也涉及对古代哲学核心概念——气的分析和梳理。

一、何谓不动心

我们来看"知言养气"章，本章一开始提出了"不动心"的问题。

> 公孙丑问曰："夫子加齐之卿相，得行道焉，虽由此霸王不异矣。如此，则动心否乎？"
>
> 孟子曰："否。我四十不动心。"（《孟子·公孙丑上》3.2）

第九讲　我善养吾浩然之气

孟子的弟子公孙丑问："老师，您做了齐国的卿相，可以推行自己的理想，即使实现王道也不足为怪。那么，您是否会动心呢？""虽由此霸王不异矣"一句中的"霸王"，是偏义复词，偏向王，实际指王道，而不是指霸道和王道。从公孙丑的问话可知，本章的对话应该发生在孟子第二次到齐国时，孟子一生分别在齐威王、齐宣王时两次来到齐国，他做卿相是在齐宣王时。孟子回答："不会的，我四十岁就已经做到了不动心。"需要说明的是，孟子这里说的"心"指经验心，而不是四端之心或者道德本心。之前我们对孟子的"心"作过分析，认为孟子说的"心"既可以指经验心，也可以指四端之心以及道德本心。经验心的特点是既可以反求诸己，发现内在的道德意识，良知、仁义，也可以被外物左右，随波逐流，向外用力。孟子说自己做到了"不动心"，当然不是说他的良心、本心不发挥作用了，而是说他的"心之官"不受外物扰动，不会喜怒形于色了。

大家想一下，公孙丑为什么提出不动心的问题呢？因为在儒家看来，不动心代表了一种精神、心灵的成熟状态，做到了不动心也就是达到了心灵的自觉、自主。相反，若是没有做到不动心，就表示你的精神、心灵还处在不成熟的状态。因为不动的是经验心，而非道德本心，经验心不受外物扰动，不受情绪左右，内在的道德本心就开始发挥作用了。为什么有人能够"泰山崩于前而色不变""举世非之而不加沮"？就是因为他的经验心不再随世沉浮，而是以内在的道德本心作价值判断。经验心是不能自做主宰的，用孟子的话说，是"物交物则引之而已矣"（《孟子·告子上》11.5），容易受外物的控制和左右。道德本心则不同，它能够自做主宰，一旦确立则不受外物的干扰。所谓"不动心"，就是要经验心摆脱外物的干扰，回到内在的道德本心。所以凡欲成就伟大事业者，都要追求不动心。孔子在回顾自己的生命历程时，曾说"四十而不惑"（《论语·为政》），不惑也就是不动心。孔子"四十而不惑"，孟子"四十不动心"，至圣、亚圣具有相似的生命经历。那么，什么最容易扰乱人的心绪，使人感到困惑呢？显然是欲行道于天下而不得，身处穷困而不被理解。这里的"不惑"与"不动心"主要是人生论的，而不是知识论的。孔子认为自己不再困惑，孟子认为自己不动心，表明他们可能已认识到，道之推行与否以及个人的遭遇如何，均不是个人所能控制的。对于自己来说，只要完善德行，做一个有德的君子便可以无愧于心。郭店竹简《穷达以时》说："有天有人，天人有分。察天人之分，而知所行矣。"这里的天是命运天，指我们无法控制的外部力量，或是出人意料的某种机遇或巧合等，古人往往把这些内容称作天。竹简认为，影响我们事业成就及个人穷达祸福的因素有很多，有些是我们可以控制的，这属于人的范围；有些是我们无法掌握的，这只能归于天，所谓"谋事在人，成事在天"。"察天人之分"就是要明白哪些是属于天的范围，是我们不可以掌握的？哪些是属于人的范围，是我们可以控制的？这样便知道哪些该为，哪些不该为，知道该如何行为了。有了这样一种认识，我们就不会过分在意个人的现实际遇，而应"敦于反己"，只关注属于自己职分的德行，尽人事以待天命。胜固可喜，败亦无妨，只要我们真诚地面对生活，树立起人生的信念和理想，只要尽力了，即使一时不被世人所理解，甚至穷困潦倒，也能够从容面对，而不会感到困惑了。所以，孔子的不惑、孟子的不动心实际是包含了一个"天人之分"的思想，需要认真体会。

曰:"若是,则夫子过孟贲远矣。"

曰:"是不难,告子先我不动心。"(《孟子·公孙丑上》3.2)

公孙丑说:"这样的话,老师您就超过了孟贲很远了。"孟贲是当时的一名勇士,公孙丑为什么要拿勇士作对比呢?因为勇士面对强敌,临危不惧,同样是做到了不动心,二者有相似之处,故公孙丑拿来作一个类比。孟子说:"这并不难,告子先于我做到了不动心。"孟子在这里伏了一笔,他实际是说"不动心"有两种,一种是告子的,一种是自己的。告子是战国时期的一位著名学者,他的身份较为复杂,一般认为他是齐国的稷下学者,年龄长于孟子,孟子曾与他就"仁内义外""生之谓性""人性善恶"等问题展开过讨论。今本《孟子》中有《告子》一章,记载了二人的对话。孟子虽然提出有两种"不动心",但并没有马上作出说明,而是把这一问题留在了后面。

二、养勇的方法

曰:"不动心有道乎?"

曰:"有。北宫黝之养勇也:不肤挠,不目逃;思以一毫挫于人,若挞之于市朝;不受于褐宽博,亦不受于万乘之君;视刺万乘之君,若刺褐夫,无严诸侯;恶声至,必反之。孟施舍之所养勇也,曰:'视不胜犹胜也。量敌而后进,虑胜而后会(会面,交锋),是畏三军者也。舍岂能为必胜哉,能无惧而已矣!'孟施舍似曾子,北宫黝似子夏;夫二

乱世的抗争——讲给大家的《孟子》

子之勇,未知其孰贤;然而孟施舍守约也。"(同上)

公孙丑接着问:"做到不动心,有方法吗?"这里的"道"是方法的意思。孟子回答:"当然有了。"但是孟子并没有讲不动心的方法,而是话锋一转,讲了北宫黝和孟施舍是如何培养勇气的。北宫黝、孟施舍是两位勇士,他们培养勇气,同样要做到不动心,所以孟子以他们为例来说明不动心的方法。中国古代哲人不擅长抽象思维,更喜欢变抽象为具体,用具体的事例说明抽象的道理。孔子说:"我欲载之空言,不如见之于行事之深切著明也。"(《史记·太史公自序》)与其抽象地讲道理,不如举出事例更形象、具体。表面上看,孟子似乎是跑题了,别人问如何做到不动心?你却讲勇士如何培养勇气!这二者有什么关系?当然有关系。只是这是一种类比的关系,是一种具体的思维方式,与西方哲人擅长的抽象思维有所不同。我们看西方哲学家的著作,往往感到抽象、晦涩,就与不同的思维、表达方式有关。孟子接着讲:"北宫黝之养勇也:不肤挠,不目逃。""挠",退却的意思,拿针刺我的皮肤,我不退却;拿针扎我的眼睛,我不躲闪,北宫黝用这种方法培养他的勇气。"思以一毫挫于人,若挞之于市朝。"受到一点点委屈,就好像是在集市上被人痛打一样。"不受于褐宽博,亦不受于万乘之君。""褐宽博"是粗布做的宽大衣服,这里指穿粗布衣服的人,也就是地位卑贱的人。我不受卑贱之人的羞辱,也不受万乘之君的委屈。地位低的人冒犯我,我不能忍受;地位高的人侮辱我,我同样不能接受。"视刺万乘之君,若刺褐夫,无严诸侯;恶声至,必反之。"在他眼里,刺杀一位国君与刺杀一个普通人没有什么区别。对于诸侯国君,他根本无

220

所畏惧。受到辱骂，一定反击。与之不同，孟施舍培养勇气的方法是，"视不胜犹胜也。量敌而后进，虑胜而后会，是畏三军者也。"一般人遇到敌人，如果敌强我弱，往往就会撤退。但孟施舍不是这样，对于不能战胜的敌人，也看得如同能够战胜一样。在他看来，如果考察了敌人的力量，然后才决定进攻；考虑了胜负，然后才决定交战，这样在气势上已经输给对方了。"舍岂能为必胜哉，能无惧而已矣！"我孟施舍难道一定能战胜对方吗？不一定，但是他能做到无所畏惧。所以孟施舍培养勇气的方法，重点在于培养起无惧之心，要求在精神、气势上要压倒对方。

　　介绍完北宫黝、孟施舍培养勇气的方法后，孟子评论说："孟施舍似曾子，北宫黝似子夏。"孟子这个说法很有意思，他为什么要作这个类比呢？这当然与孟施舍、北宫黝培养勇气的方法有关。根据孟子的介绍，北宫黝是在每一件事、每一个人面前都要做到无所畏惧，靠点点滴滴的积累，靠不断的磨炼培养起内心的勇气；孟施舍则有所不同，他更看重的是内在的无惧之心，只要培养起了无惧之心，在每一件事上、每一个人面前自然就做到了无所畏惧。孟子认为，孟施舍、北宫黝培养勇气的方法与曾子、子夏的为学方法相似，故用二者作一类比。我们知道，孔子去世后，孔门后学开始分化，出现了"儒分为八"（《韩非子·显学》），但从思想倾向看，主要可以分为"主内派"与"主外派"，而曾子、子夏分别为主内派与主外派的代表。曾子说："吾日三省吾身：为人谋不忠乎？与朋友交不信乎？传不习乎？"（《论语·学而》）通过对行为的检讨与反省，达到内心的自觉，其特点是向内下工夫。与之不同，子夏则把眼光投向外部世界，十分注重学习。他认为"虽小道必有可观"（《论语·子张》），主张从

"洒扫应对进退"（同上）等小事做起，逐渐累积知识，培养德行。曾子与子夏在为学方法上，一个反求诸己，一个求之于外，这与孟施舍、北宫黝培养勇气的方法是相似的。前面说过，孟子是用培养勇气说明不动心，论证儒家的修身方法，现在他用孟施舍、北宫黝类比曾子、子夏，这样就回到了主题上。孟子说："夫二子之勇，未知其孰贤，然而孟施舍守约也。"两个人培养勇气的方法，我不知道谁更好一点，但是孟施舍抓住了根本。孟子这样评价，当然与其思想立场有关，学术界一般认为，孟子与曾子在思想上具有渊源关系，都属于儒学内部的主内派，而与子夏代表的主外派有一定的距离。

但不管是北宫黝还是孟施舍，他们培养的都是血气之勇，而非道义之勇；是小勇，而非大勇。儒家重视勇，孔子提出智、仁、勇"三达德"，其中一个德即是勇，但儒家推崇的是大勇、道义之勇，而非小勇、血气之勇，勇需要结合仁、智来理解。"仁者必有勇，勇者不必有仁。"（《论语·宪问》）由仁而来的勇，才是真正的勇。女本柔弱，为母则刚。女性本来很柔弱，但一旦做了母亲，为了保护子女，她又会变得无比勇敢。历史上许多仁人志士为了维护道义，坚守真理，杀身成仁，舍生取义，即使牺牲生命，也在所不惜，这些都是大勇，是道义之勇，是儒家推崇的勇。相反，一言不合，拔刀相向，这是匹夫之勇，是小勇。所以建立在仁之上的勇，才是真正的勇，是道义之勇、大勇；相反，背离了仁，一味鲁莽勇敢，只能是匹夫之勇，是血气之勇、小勇。那么如何培养大勇呢？孟子说：

> 昔者曾子谓子襄曰："子好勇乎？吾尝闻大勇于夫子

矣：自反而不缩，虽褐宽博，吾不惴焉。自反而缩，虽千万人吾往矣。"孟施舍之守气，又不如曾子之守约也。(《孟子·公孙丑上》3.2)

根据孟子的说法，上面这段话是孔子告诉曾子的，曾子又告诉弟子子襄，子襄又告诉他人，然后间接传到了孟子这里，被孟子记录下来。那么上面这段话到底应该看作谁的言论呢？是孔子呢，还是孟子？按照孟子的说法，应该是孔子或者曾子。但我们一般将其归为孟子，认为反映的是孟子的思想。这涉及先秦典籍中"子曰"的问题，比较复杂。我们认为先秦典籍中的"子曰"，不一定都要归为孔子，而是要作具体分析。孟子认为，真正的大勇应该是："自反而不缩，虽褐宽博，吾不惴焉。自反而缩，虽千万人吾往矣。""自反"是反求诸己，"缩"是直的意思。反求内心，发现自己理亏，真理不在我这里，即使面对一个地位卑贱的人，我也不会恐吓他。但是反过来，发现自己是有道理的，真理在我这里，那么即使面对千军万马，我也勇往直前。所以真正的大勇是来自内心的正义感，是为了维护道义和真理，而不是一时的冲动。"孟施舍之守气，又不如曾子之守约也。"孟施舍的养气，又不及曾子抓住了根本。孟施舍虽然较之北宫黝略胜一筹，但他所养的仍是血气之勇，而不是道义之勇。与之不同，曾子所培养的勇是建立在道义之上，是大勇、道义之勇，远远高于孟施舍、北宫黝的匹夫之勇、血气之勇。

曰："敢问夫子之不动心，与告子之不动心，可得闻与？"

"告子曰：'不得于言，勿求于心；不得于心，勿求于

气。'不得于心，勿求于气，可；不得于言，勿求于心，不可。"（同上）

公孙丑问，老师您的不动心和告子的不动心有什么不同呢？前面说过，孟子提出有两种不动心，告子的和自己的，但没有展开论述，现在公孙丑把这个问题又提了出来，于是孟子引述了告子的观点，并作了评论。告子的观点是："不得于言，勿求于心；不得于心，勿求于气。"孟子认为后一句"不得于心，勿求于气"，是可以成立的；但前一句"不得于言，勿求于心"，则不能接受。告子的话比较费解，如果只是阅读文字，可能不明白他想要表达什么。但是如果我们换一种表达方式，就容易理解了。在古汉语中，"不得……，勿……"，往往可以表述为"得……，则……"，故第一句"不得于言，勿求于心"，可以表述为："得于言，则求于心。"这里的"言"不是一般的言论，而是规范性的语言，指思想、学说。先秦典籍中的"言"不都是指言论，如《老子》二十三章说"希言自然"，"言"是指政令，此句是说：少发号施令，符合自然。如果把"言"理解为言论，认为少说话符合自然，那就是望文生义，曲解《老子》了。孟子说："杨朱、墨翟之言盈天下，天下之言，不归杨则归墨"（《孟子·滕文公下》6.9）。这里的"言"指教义、学说，"杨朱、墨翟之言"即杨朱、墨翟的学说。"得于言，则求于心"是说，当你听说了一种教义、学说，就应该让心服从于它。孟子认为是不可取的，虽然这样也可以做到不动心，却是放弃了个人的思考和判断的结果，是把自己无条件地交给了某种教义、学说，成为教义、学说的俘虏。例如"9·11"恐怖分子，当他们驾驶劫持的飞机撞向世贸大楼的时候，表面上看，他们也是大义凛然，无所畏惧，做到了不动心。但是他们没有想过，他们所谓反抗霸权的"正义"之举，杀害的却是无辜的平民，完全突破了现代文明的道德底线，不具有任何的正义性。那么他们为什么会这样做呢？就是因为他们"得于言，则求于心"，被歪理学说洗了脑，成为可耻的恐怖分子。同样的，第二句"不得于心，勿求于气"，可以表述为："得于心，则求于气。""得于心"是经过心的判断，经过理性的分析，认为某一主张、学说是正确的，是应该接受的，那么这时就可以"求于气"，用气来维护我"得于心"的主张、学说了。那么，孟子这里所说的"气"具体指何呢？这个问题比较复杂，要说明这个问题，就首先要对"气"这一概念作出分析、梳理。

三、什么是气

气是中国古代哲学的一个非常重要的概念，其外延十分广泛，几乎无所不包，中国古代哲人似乎是用气来表达世界的统一性的。李泽厚先生曾经说：气"亦身亦心，亦人亦天，亦物质亦精神。既非灵魂（soul）、理性（reason）、意志（will）、形式（form），又非物质（matter）、质料（material）、经验（experience）、空气（air）。但又兼二者而有之。它既是'天地之气'，又是与人间相关联的'仁气''义气'等等（见马王堆《佚书》《礼记·乡饮酒义》等）。总之，它既与自然、天地相关，又与人际、人情联系。它既属伦理（'是气也，集义所生'），又属自然（呼吸吐纳之气）。其根本特征是无处不在而又流动不居"。①这个判断和描述是有道理的。古代哲人言气，往往与生命活动相关，人活着最明显的特征就是可以呼吸、喘气，就是有一口气；一旦没有了气，生命就结束了。古人说的气不仅指生理活动，也指人的精神活动，如我们称赞一个人有骨气、气节，说一个人一身正气，很有气魄，父母教育子女"人活着就是要争口气"，骂不肖子孙是"不争气"，这里的气已不是生理之气，而是精神之气了。同时，古人认为人的生命是上天赋予的，人的生命之气实际来自天地之气，这样天地万物包括人都统一在气之中了。古人言气不作分析，所以显得含混模糊，笼而统之，什么都可以归为气，但实际上什么也没讲清楚。我们今天则不能这样，需要对气作出分析。大体而言，我们可以把气分为物质之气与精神之气。物质之气也称元气，古人认为天地是源于气，"清阳者薄靡而为天，重浊者凝滞而为地"（《淮南子·天文训》），气精华的部分向上升形成天，混浊的部分往下降形成地。所以世界的物质基础就是气，是元气。但是气也有精神的一面，人的精神活动也属于气，精神之气包括血气、情气和德气。血气主要针对人的生理欲望而言，情气指人的自然情感活动，如郭店竹简《性自命出》所说的"喜怒哀悲之气"，德气则指人的道德情感活动，如马王堆帛书《五行》篇提到的仁气、义气、礼气。所以在古人看来，人的德性也是一种气。另外，古人把鬼神、魂魄也看作气，可以称为神灵之气。《礼记》中《祭义》《祭统》《祭法》《郊特牲》等篇谈鬼神祭祀，也是用气来说明鬼神、魂魄的，这当然是一种特殊的

---

① 李泽厚：《己卯五说》，中国电影出版社，1999，第69页。

第九讲　我善养吾浩然之气

气了。对于这种气，我们暂不作讨论，主要把气分为物质之气和精神之气。

有同学可能会问，用精神、物质二分法来分析具有中国哲学特色的气概念，是否合适呢？其实，古人虽然没有将物质、精神严格区分开来，而是用气贯通其中，但这并不等于说他们没有意识到精神、物质的差别，不是说气在物质、精神领域中是完全一样的。从这一点讲，当然可以根据今天的观念对气作出进一步的分析，以便于人们的认识和理解。同样地，古人虽然将精神活动笼统称为气，但也是有所分疏的，有血气、情气、德气的不同说法。因此根据古人的理解和表述，用分析的方法对含混模糊的气作出剖析、说明，是必要也是可行的。由于与孟子相关的主要是精神之气，所以我们主要讨论血气、情气与德气。

从文献记载来看，古人较早用来解释、说明生命活动的是血气一词。据《国语·鲁语上》，鲁文公二年（前625），鲁国大夫夏父弗忌担任负责祭祀的宗伯一职，将鲁僖公的享祀之位升到闵公之上，这是一种违礼的行为，所以鲁大夫展禽诅咒其一定会有灾殃。旁边的侍者问：灾殃会在哪里呢？展禽回答："未可知也。若血气强固，将寿宠得没。虽寿而没，不为无殃。"据学者考证，这是血气一词首次见于史籍。展禽虽然相信夏父弗忌的违礼之举必定会引来灾殃，但又认为人的健康、寿命实际是由血气决定的，这是认识上的一个飞跃。这里的血气主要指人以及动物自然生命的内在基础与动力。又据《左传·襄公二十一年》（前552），楚国国君任命薳子冯为令尹，薳子冯假借生病不愿接受，国君派医生前去探望，回来答复说："瘠则甚矣，而血气未动。"一个人尽管很瘦，但只要"血气未动"，就不会危及生命，这依然是用血气来说明人的生命活动。人活着就会有各种生理欲望及生理冲动，在古人看来，这也是由血气造成的。《左传·昭公十年》（前532）记晏婴言："凡有血气，皆有争心，故利不可强，思义为愈。"《国语·周语中》记晋大夫随会言："夫戎狄冒没轻儳，贪而不让。其血气不治，若禽兽焉。"说明当时人们认为，听任血气的流露，就会有"争心"，所以要求用义来治理，并以能否治血气为人与禽兽的区别。不过古人所谓的治血气，并不是要否定血气，而是要使血气在人身体内合理、自然地流动。郭店竹简《唐虞之道》说："禹治水，益治火，后稷治土，足民养生。夫唯顺乎肌肤血气之情，养性命之正。"这里的"顺乎肌肤血气之情"，最能反映古人对于血气的认识和理解。所以如学者指出的，古人认为生命在于身体内血气的运动。如果劳逸结合，生活有节制，人体内的血气就会和顺通畅；反之，人体内的血气就壅聚堵塞，这样就会产生疾病。[①]所以古人又有"导血气"的说法，如《管子·中匡》借管仲之口说："道（导）血气以求长年、长心、长德。此为身也。"读到这里，大家是不是觉得中国文化发展出气功是有原因的？导血气就是后来的气功啊！其目的不仅是为了长寿，同时还要培养心，培养德。《管子·内业》也说："气道（导）乃生。"这一思想以后成为中医和养生实践的理论基础，在历史上产生了深远影响。那么，血气从哪儿来的？当然是从食物来的。《左传·昭公九年》（前533）记载了这样一件事，晋国有大臣去世，国君却在忌日饮酒奏乐，一名叫屠蒯的厨

[①] 李存山：《中国气论探源与发微》，中国社会科学出版社，1990，第47页。

师请求给国君斟酒,说乐师不告知国君今天不应该饮酒奏乐,宠臣不提醒国君行为不当,均是失职,但是失职的责任在我。接着屠蒯讲了这样一段话:"味以行气,气以实志,志以定言,言以出令。"食物(五味)可以补充身体内的气,气影响到人的意志,而意志决定人的言辞,言辞又表达为政令。所以今天的事情责任在我,是我饭没有做好,造成了两位臣下失职。屠蒯的说法可能反映了当时人们的观念,认为饮食会影响血气,而血气又会影响意志,即"饮食—血气—意志"。以前我读《论语·乡党》篇,对孔子的饮食习惯感到不理解。孔子说"食不厌精,脍不厌细",粮食舂得越精越好,肉片切得越细越好。"失饪不食,不时不食,割不正不食,不得其酱不食。"(《论语·乡党》)煮坏的食物不吃,不到吃饭时间不吃,肉片没有切正不吃,没有合适调味品不吃。要知道孔子虽然出身贵族,但家境已中落,他一生席不暇暖,颠沛流离,生活条件并不好,难道他对祖上的贵族生活念念不忘,所以要摆个谱?现在我理解了,孔子实际是受到了当时"气以实志"思想的影响。《大戴礼记·四代》记载孔子的话:"食为味,味为气,气为志,发志为言,发言定名,名以出信,信载义而行之。""味为气,气为志"就是屠蒯所说的"味以行气,气以实志",二者是一个意思,说明孔子也承认食物、血气会对人的意志产生重要影响。所以孔子对于饮食十分注意,"肉虽多,不使胜食气;惟酒无量,不及乱"(同上)。肉可以多吃,但不要使身体感到不舒服。喝酒不做限制,要尽性,只要不喝醉就好。孔子之所以如此重视饮食,就是因为食物会影响血气,而血气会影响意志,进而影响人的行为。承认食物、血气对意志的影响,有合理的一面。但过分夸大这种影响,便会取消意志的自主性，发展为道家一派顺应自然，反对以心使气的思想——《老子·五十五章》："心使气曰强。"而这恰恰是孔子反对和不能接受的。孔子在思想史上的地位，不在于他延续了"气以实志"的传统思想，而在于他突出了人的理智活动，对血气进行调控和治理。"孔子曰：君子有三戒：少之时，血气未定，戒之在色；及其壮也，血气方刚，戒之在斗；及其老也，血气既衰，戒之在得。"（《论语·季氏》）这里的"三戒"即是要对血气进行适当的节制、干预，使其活动、表现与人生修养结合起来，是一种治血气的思想。

除了血气外，古人认为，喜怒哀乐也是一种气。郭店竹简《性自命出》说："喜怒哀悲之气，性也。及其见于外，则物取之也。"这种气主要指情感活动的基础和动力，可称为情气。竹简《语丛一》说："凡有血气者，皆有喜有怒，有慎有庄。"说明血气与情气既存在联系，又有层次的差别。血气主要与生理欲望联系在一起，情气则更多地与喜怒哀乐等自然情感相联系。喜怒哀悲的内在状态是气，其表现出来就是情了。另外，仁、义、礼等道德情感也是一种气，如马王堆帛书《五行》篇所说的仁气、义气、礼气，可称为德气。上博简《民之父母》说："德气塞于四海。"此句《礼记·孔子闲居》作："志气塞乎天地。"说明德气亦可称志气，这可能是因为人的道德活动往往与意志有关，故德气、志气可以互称。

从以上分析来看，气是一个非常宽泛的概念，既可以指血气、情气，也可以指德气或志气，具体所指要根据语境作出分析。在古人看来，生理欲望、情感情绪以及道德意志有相通的一面，故都称为气；但又有不同的特质，故用血气、德气等名称加以表述。搞清了气的特点和内涵，我们再来看"不得于心，勿求于气"的"气"具体何指？这里的气是来自于心，应是指意志、意念的活动。当我们的心理解、明白了一个道理，便会产生坚定的意志、意念，无所畏惧的勇气。所以当"得于心"而"求于气"时，此气不是血气、情气，而是德气。但是当"不得于心"时，却"求之于气"，那就是意气用事，是鼓动血气。告子主张"得于心，则求于气"，有合理的一面，故孟子认为是可以接受的。但告子主张"义外"，把义看作外在的，而不是内在的，他的"得于心"是不彻底的。这个问题我们下面再讨论。孟子接着说：

> 夫志，气之帅也；气，体之充也。夫志至焉，气次焉。故曰："持其志，无暴其气。"（《孟子·公孙丑上》3.2）

意志，是气的统帅。意志能驾驭、引导气。气，充实着我们的身体。我们的生命是靠气维持的，没有了气，我们的生命也就结束了。这里的气具体何指？我认为是血气和情气，它们构成我们自然生命的基础和动力。血气、情气与意志相对，既受意志的控制，也可以作用于意志。所以孟子说，要把持住意志，而不要滥用血气。

> "既曰：'志至焉，气次焉。'又曰：'持其志，无暴其气'者，何也？"曰："志壹则动气，气壹则动志也。今有蹶者、趋者，是气也，而反动其心。"（同上）

公孙丑问，既然我们的意志到了哪里，血气也就跟到那里，意志可以统帅血气，那么说"持其志"不就可以了吗？为什么还要强调"无暴其气"？岂不是多此一举？孟子说，意志专一时可以影响到气，此气指血气，而血气专一时也能扰动意志。意志与血气是相互影响的，意志固然会影响到血气，而血气反过来也会影响到意志。比如专注于学习时会感觉不到饥饿，而太过饥饿也会影响到学习。"今"是假如的意思，不是指现在。"蹶"是跌倒，"趋"是快跑。假如有人跌倒、快跑，这就是因为血气、情气反过来扰动了他们的心。孟子所说的"心"对应的是"志"，"反动其心"也可以说是"反动其志"，意志是心的功能或者作用。所以，养气应该从两个方面入手：一方面是"持其志"，也就是"持其心"了，发挥本心、良心的作用。另一方面是"无暴其气"，不要滥用血气、情气。用《大学》的话说，前者是诚其意，后者是正其心。正心就是情绪管理，说得通俗点，就是不要被情绪左右，不要随意发泄你的情绪。一个人有没有修养，就在于能否管理好你的情绪，这是儒家修身的一个重要内容。所以对于孟子所讲的"气"，是需要分殊的，否则不容易理解，而且会产生分歧、争议。

四、养浩然之气

孟子解释了志与气的关系后，公孙丑接着问到了浩然之气。

"敢问夫子恶乎长？"

曰："我知言，我善养吾浩然之气。"

"敢问何谓浩然之气？"

第九讲 我善养吾浩然之气

曰:"难言也。其为气也,至大至刚;以直养而无害,则塞于天地之间。其为气也,配义与道;无是,馁矣。是集义所生者,非义袭而取之也。行有不慊于心,则馁矣。我故曰:'告子未尝知义。'以其外之也。必有事焉,而勿正,心勿忘,勿助长也。无若宋人然。宋人有闵其苗之不长而揠之者;芒芒然归,谓其人曰:'今日病矣,予助苗长矣。'其子趋而往视之,苗则槁矣。天下之不助苗长者寡矣。以为无益而舍之者,不耘苗者也。助之长者,揠苗者也,非徒无益,而又害之。"(同上)

公孙丑问:"老师您擅长哪一方面呢?"孟子回答:"我善于分析别人的言辞,我善于培养我的浩然之气。"孟子说到知言与浩然之气,但公孙丑首先问:"什么是浩然之气?"孟子回答:"难言也。"很难说啊!为什么?因为浩然之气不是外在的对象,而是内在的心理体验、生命感受,外在的对象大家看得到,这个往往容易表达,可是内在的心理体验、生命感受,表达起来就不容易。我体验到了,你没有,我怎么跟你说呢?说了你也不理解,所以难言也。虽然难言,但还是要说,否则别人永远不理解。"其为气也,至大至刚;以直养而无害,则塞于天地之间。"浩然之气是最伟大、最刚强的,用正直之心去培养它,而不加伤害,就会充满天地之间。"其为气也,配义与道;无是,馁矣。"浩然之气是有道德属性的,具有义和道。一旦失去道义的话,就会气馁。所以浩然之气不是一般的气,不是血气、情气,而应该是德气。那么它是怎么产生的呢?下面一句很关键:"是集义所生者,非义袭而取之也。行有不慊于心,则馁矣。""集义"的"义"是内在之义，是内心的正义感，"集"是集聚；"义袭"的"义"是外在之义，是外在的教条、学说，"袭"是袭击的意思，我们被袭击，一定是来自外部，而不可能来自内部，义袭是外在的义袭击、占取了我们的心。这一句是说，浩然之气是我内心的正义感集聚而产生的，不是外在的教条、学说俘虏了我们的内心取得的。所以只要做了一件有愧于心的事，这种气就会软弱无力。我们常说理直气壮，同样，理亏则会气馁。战国时期，学者曾围绕义内、义外展开争论，孟子主张义内，告子主张义外，这是二人的分歧所在。"我故曰：'告子未尝知义。'以其外之也。"孟子为什么认为告子不懂得义呢？就是因为告子把义看作外在的，虽然也能做到不动心，但这是"义袭而取之"的结果，是被外在的教义、学说俘虏了思想，其所产生的只能是血气，暴戾之气，而不是浩然之气。浩然之气是在强烈道德感支配下出现的一种至大至刚的豪迈无比的精神状态，是德气而非血气、情气。需要说明的是，由于孟子在本章提到"气，体之充"，又说到浩然之气，所以学者常常将二者联系起来，认为浩然之气是由"体之充"的气转化而来，是通过理性的凝聚以逐渐作用、渗透于气，使气日趋于伦理化，由自然存在上升为道德存在。[1]这种说法混淆了德气与血气、情气的不同来源，是不能成立的。浩然之气并非由血气、情气转化而来，而是由我们内心固有的道义、正义所产生。

---

[1] 持这种观点的学者很多，如徐复观：《孟子知言养气章试释》，载徐复观著：《中国思想史论集》，台湾学生书局，1983。黄俊杰：《孟学思想史论》第一卷第二章《孟子思想中的生命观》，东大图书公司，1991。李明辉：《〈孟子〉知言养气章的义理结构》，载李明辉主编：《孟子思想的哲学探讨》，"中央"研究院文哲研究所筹备处，1995。

在儒家那里，除了血气、情气外，还承认德气的存在，浩然之气就是一种德气，由于它与意志活动有关，也可以称为志气。

那么如何培养浩然之气呢？孟子说："必有事焉，而勿正，心勿忘，勿助长也。""必有事"的"事"是动词，作为的意思，对于浩然之气要有所作为，要有意去培养，而不能听之任之。"勿正"的"正"比较费解，不知大家有没有这样的体会，我们读经典，有一些字，只能根据上下语境去理解，仅仅查字典，是找不到合适说法的。当然大多数情况下我们还是要利用工具书，但是有些微妙的地方，涉及哲学、思想的地方，仅仅靠工具书是不行的，你把字典翻烂了，也未必能找到合适的说法。"正"是什么意思呢？朱熹解释为预期，符合上下文意，所以被后人所接受。但是"正"作预期讲，文献上没有旁证，是朱熹根据语境作的推断。所以我们阅读古籍的时候，要灵活一点，可以学习朱熹的做法。孟子认为，对于浩然之气要用心培养，但又不能抱有预期，抱有目的，想着赶紧把浩然之气培养起来，那就不对了。浩然之气的培养要循序渐进，是自然而然的过程，"腹有诗书气自华"，当你积累到一定程度，内在的浩然之气自然会在容貌上表现出来，自然会改变气质。如果你是出于羡慕别人的气质，想着要赶紧改变气质，那就有预期、目的，不自然了。所以对于浩然之气，我们内心既不能忘了培养，也不能过于急切，更不能拔苗助长。于是孟子讲了著名的拔苗助长的故事，对于这个故事，大家可能很熟悉，但不一定知道是出于《孟子》，尤其不知道是用来说明浩然之气的。有一个宋国人，老是担心苗长得不好，于是跑到田里把苗都拔一拔。劳累了一天，回到家里说，我今天累坏了，我拔苗助长了。儿子一听，赶忙跑到田里看，结果苗都枯死了。"天下之不助苗长者寡矣。以为无益而舍之者，不耘苗者也。"天下不帮助禾苗生长的人太少了，这是比喻，真正拔苗助长的人不一定有，但做出拔苗助长之事的人却不少。与之相反，有些人认为养护没有作用，干脆就放弃了，不为苗施肥、除草。"助之长者，揠苗者也，非徒无益，而又害之。"两者相较，拔苗助长危害更大。不去养护，苗多少可以长一些，而拔苗助长不仅没有益处，反而会害死所有的苗。

拔苗助长的主角是宋人，孟子教导人们"无若宋人然"。战国诸子经常喜欢讽刺两个国家的人，一个是宋国，一个是杞国，宋国除拔苗助长外，还有守株待兔，杞国则有杞人忧天。为什么战国时人喜欢拿宋国人和杞国人开涮呢？这是因为他们分别是商人、夏人的后代。周朝建立后，对前朝的子民不是赶尽杀绝，而是分封前面三个王朝的后代，给以王侯名号，称为三恪。宋人、杞人虽然保留了封国，但毕竟是亡国之民，地位不高，所以当时的知识分子往往把他们当作嘲讽、批评的对象。孟子这里是以宋人拔苗助长为例，说明培养浩然之气不能急于求成，否则反而会适得其反。

千百年来，孟子的浩然之气脍炙人口，影响极大，是孟子对中华文化的一个重要贡献。冯友兰先生说："浩然之气这四个字到现在还是一个常用的词汇，这是中国文化中的一个词汇。懂得了这个词汇，才可以懂得中国文化和中华民族的精神。"[1]李泽厚先生说："这是两千年来始终激励人心、传颂不绝的伟词名句。它似乎是中华民族特别是知识分子的人格理想。很明显，这种理

---

[1] 冯友兰：《中国哲学史新编》，《三松堂全集》第8卷，第331页。

想的道德人格并不是宗教性的精神，而是具有审美性灼灼光华的感性现实品格；它不是上帝的'忠诚的仆人'，而勿宁是道德意志的独立自足的主体。"[1]说到孟子的浩然正气，就不能不提到文天祥的《正气歌》。文天祥（1236—1283）是南宋末年政治家、文学家，抗元名臣，民族英雄。宋理宗宝祐四年（1256），二十一岁的文天祥中进士第一，成为状元，后升为右丞相兼枢密使。祥兴元年（1278），元兵进犯，文天祥率兵奋勇抵抗，兵败后被俘，掳至大都，囚禁在兵马司土牢中。文天祥在《正气歌》的"序"中说："余囚北庭，坐一土室，室广八尺，深可四寻。单扉低小，白间短窄，污下而幽暗。"我被关在北庭，住在一间土室中，屋子只有方圆八尺，离地面有四寻之深。屋子只有一个狭小的窗户，白天只有极短的时间能照进阳光，屋子里污秽而幽暗。住在这样恶劣的环境中，加之又是夏天，屋内产生了各种污浊之气，有雨水汇聚成的水气，有土屋蒸发出的土气，有阳光射入形成的日气，有烧火做饭传入的火气，剩饭、陈米形成的米气，人群混杂，汗水、污垢产生的人气，厕所、尸体、死老鼠发出的秽气。文天祥说：这几种气混杂在一起，受到侵染的，没有不生病的，然而我本来身体就孱弱，生活在这种环境中已经有两年了，却没有染上任何疾病。为什么呢？就是因为他学习孟子养浩然之气，用浩然之气抵御牢笼中的污浊之气。"彼气有七，吾气有一，以一敌七，吾何患焉！况浩然者，乃天地之正气也，作《正气歌》一首。"其文云：

---

[1] 李泽厚：《中国古代思想史论》，人民出版社，1986，第48页。

乱世的抗争——讲给大家的《孟子》

> 天地有正气，杂然赋流形。
> 下则为河岳，上则为日星。
> 于人曰浩然，沛乎塞苍冥。
> 皇路当清夷，含和吐明庭。
> 时穷节乃见，一一垂丹青。[1]

　　意思是说，天地之间有一种正气，赋予各种事物不同的形态。落在地下形成高山、大河，升在天上构成日月、星辰。在人身上表现为浩然之气，充满天地寰宇。值得注意的是，文天祥所说的正气与孟子的浩然之气有所不同，孟子的浩然之气是"集义所生"，是内在的义不断凝聚产生，并充塞于天地之间。这显然夸大了个人意志，是用主观之气吞没客观存在。文天祥所说的正气则是外在的客观之气，浩然之气来自外在的正气，经过人的作用，又可以充塞天地寰宇。文天祥的说法更合理，也符合中国哲学的基本精神，是对孟子思想的改造和发展。由于正气需要通过人表现出来，所以当政治清明时，便体现为朝廷上的祥和之气，"皇路"，指国家的局势。"清夷"，清平、太平之意。"明庭"，指朝廷。在时运危难时，则表现为仁人志士的气节，其英雄伟绩被一一书写在史书上。文天祥列举了中国历史上许多可歌可泣的人物，如不怕杀头、秉笔直书的齐太史；坚贞不屈，誓死不降，在匈奴牧羊十九载的苏武；被俘后大喝"蜀中只有断头将军，而无投降将军"的三国名将严颜；率部渡江北伐、中流击楫、发誓收

---

[1] 文天祥撰，熊飞等点校：《文天祥全集》，江西人民出版社，1987，第601页。

复中原的东晋名将祖逖;被割去舌头,满口鲜血,声音含糊不清,仍大声痛骂安禄山的唐朝名臣颜杲卿等,说明浩然之气长存于天地之间。

元朝皇帝忽必烈佩服文天祥的气节,爱慕他的才能,希望他能投降元朝,许诺说:"只要你能像对宋朝一样对待大元,就立即封你为中书宰相。"文天祥说:"我乃大宋状元宰相,宋亡,我惟可死,不可生。"忽必烈又说:"如果你不想做宰相,也可以做枢密。"文天祥慷慨答曰:"除了一死,别无选择。"[1]忽必烈于是将文天祥的妻子欧阳氏和两个女儿柳娘、环娘罚没为奴,让女儿柳娘给文天祥写信,表示只要他愿意投降,家人马上可以恢复自由,他也可享受荣华富贵。文天祥得知亲人的处境,心如刀绞,但他不愿因妻子、女儿丧失气节。他在写给自己妹妹的信中说:"收柳女信,痛割肠胃。人谁无妻儿骨肉之情?但今日事到这里,于义当死,乃是命也。奈何奈何!"[2]文天祥面对元统治者的软硬兼施、恩威并用,毫不动摇,誓死不降,在狱中写下了千古不朽的《正气歌》,表现了他大义凛然的民族气节。行刑之日,文天祥慷慨赴难,且歌且行。到刑场后,他向南方深深跪拜,回头对吏卒说:"吾事毕矣。"文天祥杀身成仁,从容就义,时年仅四十七岁。文天祥死后,人们在他身上发现衣带诗。诗曰:"孔曰成仁,孟曰取义,惟其义尽,所以仁至。读圣贤书,所学何

---

[1] 参见徐自明撰,王瑞来校补:《宋宰辅编年录校补》,中华书局,1986,第1823—1824页。

[2] 文天祥撰,熊飞等点校:《文天祥全集》,江西人民出版社,1987,第719页。

事。而今而后,庶几无愧。"[1]文天祥用人格和生命实践了他"人生自古谁无死,留取丹心照汗青"(《过零丁洋》)的誓言,而激励他的精神动力,就是儒家的仁义,是孟子的浩然之气。文天祥在狱中写下流传千古的《正气歌》,就充分说明了这一点。不仅文天祥如此,诗中所列举的人物,无一不是受到浩然之气的激励和影响。《正气歌》说:

> 是气所磅礴,凛烈万古存。
> 当其贯日月,生死安足论?
> 地维赖以立,天柱赖以尊。
> 三纲实系命,道义为之根。

"磅礴"是充塞之意,"凛冽"指严肃忠烈,令人敬畏。在文天祥看来,齐太史、汉苏武、蜀严颜、晋祖逖等人,之所以不畏强权,视死如归,就是因为他们身上充满了浩然之气,因而其人格令人感动敬佩,其精神万古长存。当他们的浩然之气贯通天地日月时,便获得生命的永恒,生死也就不足为论了。维系大地的绳子靠其得以确立,支撑上天的柱子靠其得以奠定。"尊",通"奠"。虽然山川、日月是由客观的正气所形成,但天地秩序则是由人的浩然之气所建构。人间伦理秩序更是如此,三纲靠其得以维系,道义靠其才有根本。文天祥把伦理秩序理解为三纲,是其历史局限,但他认为浩然之气是道义的根本,则是正确的。

---

[1] 脱脱等撰:《宋史》第36册《文天祥列传》,中华书局,1985,第12540页。

《正气歌》中所列举的历代先贤、仁人志士,或忠于自己的职业操守,面对强权临危不惧,或坚守大义,对国家赤胆忠心,或抗击强暴,誓死不屈,表现出崇高的人格和精神气节。他们用生命实践表明,只有认识到自己行为的正义性,"仰不愧于天,俯不怍于人"(《孟子·尽心上》13.20),才能"理直气壮",立于天地之间而无所畏惧,表现出敢于压倒一切敌人和困难的勇气。同时,只有在心中培养出至大至刚的浩然之气,才能心底无私,见天地之宽、日月之明;才能光明磊落,胸怀坦荡,坚毅刚直;才能在任何诱惑、困难、压力面前不动心,做到"富贵不能淫,贫贱不能移、威武不能屈"(《孟子·滕文公下》6.2)。孟子的浩然之气、文天祥的天地正气,表达的正是这样一种道德人格、精神气节,它既是对古代先贤道德生命实践的概括、总结,又影响了以后无数的志士仁人。这样,浩然之气就超出了一个学术范畴,而成为人们心中的钢铁长城。几千年来,正是这股"塞于天地之间"的浩然正气,托起了中华民族不屈不挠的奋斗精神。正是这种至大至刚的浩然之气,孕育了中华民族不屈不挠的大无畏精神。孟子"我善养吾浩然之气"成为我们的文化瑰宝,也是返本开新,进行文化重建的重要精神资源。

第十讲 孟子

知言与赞美孔子

第十讲　知言与赞美孔子

《孟子·公孙丑上》3.2章主要包括两个主题：一是知言，一是养气，所以又称为"知言养气"章。上一讲主要讲了养气，这一讲准备讨论知言。不过在讲知言前，我们先要分析、说明《孟子》中的两个概念："平旦之气"和"夜气"。这两个概念虽然在《孟子》书中只出现过一两次，但比较费解，也比较神秘，是阅读、理解《孟子》的难点，需要作出分析、说明。

一、孟子的夜气究竟何意

"平旦之气"与"夜气"见于《孟子·告子上》11.8"牛山之木"章，我们讨论孟子性善论时，曾经引用过该章，但略去了平旦之气、夜气的内容，现在放在这里讨论一下。孟子认为，牛山的树木曾经长得很茂盛，因为人们不断砍伐，久而久之，就变得光秃秃的。但不能因此认为牛山没有长过树木，这不是山的本性，山的本性就是可以长出树木。人的情况与此类似，孟子说：

> 虽存乎人者，岂无仁义之心哉？其所以放其良心者，亦犹斧斤之于木也，旦旦而伐之，可以为美乎？其日夜之所息，平旦之气，其好恶与人相近也者几希，则其旦昼之所为，有梏亡之矣。梏之反覆，则其夜气不足以存；夜气不

243

足以存，则其违禽兽不远矣。人见其禽兽也，而以为未尝有才焉者，是岂人之情也哉？故苟得其养，无物不长；苟失其养，无物不消。

此段难懂，就在于"平旦之气"与"夜气"。从字面上看，平旦之气是人们在早晨所产生的气，夜气是夜晚所产生的气。但这是什么气呢？古人论气有两种形式，一是从性质、内容上论述气，如上一讲说到的血气、情气、德气，二是从状态、表现上论述气，如浩然之气就是德气的表现，是对德气状态的描述；另外还有从一天不同时间的状态和表现论述气，如《孙子兵法·军争》云："三军可夺气，将军可夺心。是故朝气锐，昼气惰，暮气归。善用兵者，避其锐气，击其惰归，此治气者也。"这里的气主要是指血气、情气，指人的气势、气概、精神状态。"朝气"是早晨所产生的气，一日之计在于晨，休息了一晚上，早晨人的精神状态是"锐"。我们说朝气蓬勃，就是表示气势旺盛，有一往无前的气概。"昼气"是中午所产生的气，这里的昼指中午，农耕民族有个特点，喜欢睡午觉，所以到了中午的时候，人的精神状是"惰"，想要睡觉了。"暮气"是傍晚所产生的气，劳累了一天，到了晚上的时候，人的精神状态是"归"，想回家了。有学者训"归"为衰竭，也通。朝气、昼气、暮气，本意是早晨、中午、晚上所产生的气，但引申到作战上，就是指初战之气、再战之气、衰竭之气，两者都可通。《孙子兵法·军争》的这段材料表明，古人认为一天早、中、晚人的精神状态变化很大，是不一样的。了解了这一点，再来看上面的文字就容易理解了。

孟子认为，人是有仁义之心的，这是孟子性善论的一个重

第十讲 知言与赞美孔子

要内容。人们之所以丧失了良心，没有表现出来，与斧头砍伐牛山的树木一样，不是没有，而是被戕害掉了。这里的"仁义之心"与"良心"是同一个意思，都是指道德本心。需要解释的是下面几句："其日夜之所息，平旦之气，其好恶与人相近也者几希。""日夜"是偏义词，偏在夜，指夜里，而不是一天一夜。"息"是滋生、生长之意。孟子论牛山之木时，也说到"是其日夜之所息"，是说夜里树木长出萌芽，但到了白天却被牛羊吃掉了，这里则是说仁义之心或良心在夜晚的生长。孟子认为，人的仁义之心、良心也是在不断生长，平旦之气就是仁义之心在清晨的状态和表现，是一种德气，可理解为仁气。所以这里的平旦之气与《孙子兵法·军争》的朝气有所不同，虽然都是指早晨所产生的气，指人清晨的精神状态，但《孙子兵法·军争》的朝气是就血气、情气而言，而平旦之气则是指良心、仁义之心的活动。经过夜里的生长，到早晨的时候，平旦之气也就是仁气有了一定的积累，其表现就是"其好恶与人相近也者几希"，这句中的"人"可能有阙文，应作"圣人"或"贤人"，或至少应该这样理解，而不能理解为一般的人。"几希"是一点点的意思。孟子是说，早晨的时候，由于我们生长出了平旦之气或者说仁气，好恶与圣人相近的就有了那么一点点，意为有了良心或仁义之心的流露。如果说我们的好恶与他人相近的有了一点点，就不通了。有学者注意到这一点，将"几希"解释为不远，认为此句是说其好恶几乎人人差不多，一样不通。因为好恶差不多并不表示其一定是善，也有可能是恶。在儒家这里，好恶是一个中性概念，可善可恶，孔子说："唯仁者能好人，能恶人。"（《论语·里仁》）具有了仁德，其好恶的表现得当，才有可能是善。反之，若不

245

具有仁德，其好恶的表现也有可能是恶。所以"与人相近也者几希"的人只能是圣人或贤人，孟子用"几希"说明人的特点，有两种情况：一是"人之异于禽兽者几希"，讲人不同于禽兽的地方，是人之为人之所在。二是"与（圣）人相近也者几希"，是讲与圣人相同之处。前者是以禽兽为标准，是低标准；后者是以圣人为标准，是高标准。但表达的意思是一样的，都是说人有良心、仁义之心，有善端。可见此段费解，除了平旦之气、夜气之外，还涉及文字表达的问题。我们学习经典，阅读古籍，要有文字训诂的能力，要有文献学的知识，这样才能深入典籍之中，理解古人，与古人形成对话。"则其旦昼之所为，有梏亡之矣"，"则"是然而的意思。"有"通"又"，不能理解为有没有的有。虽然早晨我们已生长出平旦之气，然而白天的所作所为，又将其扰乱、伤害了。"梏之反覆，则其夜气不足以存；夜气不足以存，则其违禽兽不远矣"，反复地扰乱，那么夜气就不能够保存住，而夜气不能够保持住，就离禽兽不远了。从这一句看，夜气与平旦之气是密切相关的，都是就仁义之心而言，都是一种仁气，指人之为人之所在。没有了夜气，人就与禽兽没有区别了。只不过夜气是仁义之心在夜晚的表现，平旦之气是在早晨的表现，但就二者都是德气或者仁气而言，则是一致的。所以孟子实际是将一天分为白天和晚上两个阶段，认为在夜晚，人的良心、仁义之心容易得到呈现，适宜德气——包括夜气和平旦之气的生长、培养，而到了白天，人的所作所为又会扰乱了德气，使人失去了仁义之心。为什么会这样呢？徐复观先生对此有过一个分析、说明："孟子又在《告子上》的'牛山之木尝美矣'一章中提出'平旦之气''夜气'，以为此是人的善端最易显露的时候，

第十讲　知言与赞美孔子

也是当一个人的生理处于完全休息状态，欲望因尚未与物相接而未被引起的时候；此时的心，也是摆脱了欲望的裹挟而成为心的直接独立的活动，这才是心自己的活动；这在孟子便谓之'本心'。"①袁保新教授也说："人心为何会陷溺？从前引章句中，我们发现，与'其旦昼之所为，有（又）梏亡之矣'有密切的关系。在此，所谓'旦昼之所为'，应是指人与外在世界的频繁接触与交际而言。换言之，在人与世界的频繁接触中，外在世界也以各式各样的声色之美、财货之富，耸动着我们的欲望，使我们在频频向外索讨的盲目追逐中，渐渐背叛了本心良知的召唤。"②所以我们人既有血气、情气，也有德气；有生理欲望，也有良知、善端，但在一天中，其活动和表现是不一样的，白天人们为生计奔波，忙忙碌碌，纷纷扰扰，陷入各种事物之中，面对的是外部世界的各种诱惑，"五色令人目盲，五音令人耳聋，五味令人口爽，驰骋畋猎令人心发狂，难得之货令人行妨"（《老子》第十二章）。所以白天所滋生的更多是血气、情气，"是气也，而反动其心"（《孟子·公孙丑上》3.2），这种血气、情气反过来扰乱了我们的本心、良心，将其遮蔽、陷溺，使善端无法显露出来。但是到了晚上，情况则有所不同，忙碌了一天，人们暂时摆脱了物欲的裹挟，不再有名利的搅扰，这时我们的本心、良心就容易呈现出来，所滋生的是德气、仁气。夜深人静时所滋生的，孟子称为夜气；早晨起来，神清气爽，这时滋生的，孟子称为平旦之气。不论是夜气还是平旦之气，都是本心、良心的活动，是由其滋生

---

① 徐复观：《中国人性论史·先秦卷》，上海三联书店，2001，第151页。
② 袁保新：《孟子三辨之学的历史省察与现代诠释》，台湾文津出版社，1992，第70页。

的德气，保存住夜气，实际也就是保存住我们的本心、良心；而保存不住夜气，等于失去了本心、良心，就离禽兽不远了。"人见其禽兽也"几句，讲孟子性善论时讨论过，这里就不重复了。

夜气、平旦之气只在"牛山之木"章出现过，不是孟子的核心概念，后来影响也不大，但弄清夜气、平旦之气的内涵，对理解孟子的气论尤其是浩然之气，有一定的帮助，所以我们专门作些讨论。夜气、平旦之气之所以没有产生影响，后来学者也较少提及，除了比较费解外，主要是因为孟子没有将其上升为一种修养方法，而只是作为描述气之活动的概念。孟子提出夜气、平旦之气，主要是为了说明人确有良心、仁义之心的存在，白天由于外界的干扰、影响，我们或许体会不深。但到了夜晚，我们回到本心，从滋生的夜气以及清晨所滋生的平旦之气中，就可以真切感受到良心、仁义之心的存在。孟子的修养方法主要是养浩然之气，浩然之气较之夜气、平旦之气更为重要，更能反映孟子思想的特质，在后世也产生了更大的影响。而养浩然之气不存在白天与夜晚的差别，相反白天的养气或许更为重要。不过我们也可以对孟子的夜气重新作出诠释，不是根据字面含义将其理解为夜晚的气，而是看作心灵的本真状态，看作回归本心、良心的精神状态，这样夜气就与浩然之气统一了。我们不仅要养浩然之气，同时也要养夜气。由于白天我们处在与外部世界的交往之中，为生计奔波、追名逐利乃至趋炎附势，处于一种非本真的状态，这时所产生的血气、情气可称为昼气。夜气、昼气分别指心灵本真与非本真的状态，而不一定要限定到时间上。养浩然之气是唤醒本心、良心，坚守内心的正义，维护人格的尊严和独立，获得精神上的崇高感、自豪感。养夜气则是回归本心，回到真实的自我，抗拒非本真的昼气对本心、善端的侵蚀。只不过浩然之气是从积极的方面说，表达的是对道义的坚守和进取；夜气则是从消极方面说，强调的是要与世俗保持一定的距离。而不论是积极、消极，都是要坚守内心的理想、正义，无论是面对名利的诱惑、贫穷的磨难，还是权力的胁迫，都不为所动，"富贵不能淫，贫贱不能移，威武不能屈"（《孟子·滕文公下》6.2），做到不动心。以往读《孟子》，人们往往只关注浩然之气，对夜气则注意不够，这当然有孟子自身的原因，所以有必要对其重新作出诠释，使其成为儒家养气的一个重要内容。

古今中外，凡有所成就者，都要经历立志、养气的过程，与世俗保持一定的距离，这样的例子很多。大家知道，齐白石是著名画家，一代国画大师。但他出身贫寒，早年在家学木工，十九岁外出打工，二十七岁才正式学画。由于天分出众，很快在家乡湖南有了一定的名气。五十岁时齐白石只身来到北京，暂住朋友家，靠卖画为生，成为名副其实的北漂。但是齐白石的画在京城并不受欢迎，别人一张画能卖4个银元，他只能卖2个，而且愿意买他画的人不多。齐白石就这样在京城挣扎、漂泊，为了卖出更多的画糊口，他不得不迎合市场需求，模仿当时的画风。五十六岁时齐白石与小他十三岁的画家陈师曾相识，二人一见如故，成为莫逆之交。陈师曾原名陈衡恪，是国学大师陈寅恪的哥哥，他曾留学日本，回国后任教于北京多所高校，在绘画上有独到的见解和造诣。陈师曾赞叹齐白石的天赋之高，但也看到他的问题所在，他在齐白石的《借山图》中题道："画吾自画自合古，何必低首求同群。"鼓励齐白石不要迎合他人，敢于创新，发挥个性，走出一条自己的路。齐白石听从陈师曾的劝告，决心闭关十年，潜心绘画，改变自己的画风。他撰文立志道："余作画数十年，未称己意。从此决定大变，不欲人知，即饿死京华，公等勿怜，乃余或可自问快心时也。"①于是齐白石闭门谢客，将全部精力投入到绘画之中，有人请他为慈禧太后画像，也被他婉拒。这样从五十六到六十六岁，经过十年的沉潜，齐白石从思想到绘画都发生巨大变化，终于开创出新的绘画风格。他自述心路历程："扫除凡格总难能，十载关门始变更。老把精神苦抛掷，功夫深浅自心明。"②今天出不了大师，某种程度上就是因为我们丢掉了立志、养气的功夫。很多学者最好的一本著作，竟然是他的博士论文，之后再也无法超越了。为什么呢？就是忙于各种琐碎的日常事务，被世俗裹挟而去，学术反而被放到了一边。齐白石立志闭关时，已经五十多岁，在很多人看来，此时的人生恐怕已经盖棺论定，很难有所作为了，但齐白石却耐住了寂寞，经过十年沉潜，终于成为一代大师。支撑齐白石的就是他即使饿死京城也不要人怜悯的浩然之气，以及沉浸于绘画以此为乐的淡泊之气，后一种气也可以称为夜气，靠这两种气，齐白石终于完成了他的"衰年变法"——晚年改变绘画方法。儒家强调积极入世，有其积极意义，但在入世的同时，也应与世俗保持一定的距离。孟子提出浩然之气，就是要用心中的正义感培养起大无畏的精神，用独立人格和精神气节去抗拒外在强权的压迫。孟子还有夜气的概念，但没有充分展开，若重新对其作出诠释，用夜气表示回归自我的本真状态，回归本心、良心的精神状态，与沉溺世俗

---

① 齐白石：《齐白石自传·乙未日记》，江苏文艺出版社，2012，第178页。

② 齐白石：《齐白石诗集》，广西师范大学出版社，2009，第197页。

的非本真状态,丧失本心、良心的精神状态相对,既符合孟子思想的内在逻辑,也是对孟子思想的丰富和发展。

二、孟子的知言为什么没有产生影响

现在我们讨论知言的问题,在《孟子·公孙丑上》3.2章,孟子称"我知言,我善养吾浩然之气",但他先讲了浩然之气,故等他讲完后,公孙丑接着问:"何谓知言?"什么是知言呢?孟子回答:

> 诐辞知其所蔽,淫辞知其所陷,邪辞知其所离,遁辞知其所穷。生于其心,害于其政;发于其政,害于其事。圣人复起,必从吾言矣。

孟子列出四种言辞,知言就是针对这四种言辞而言,所以知言的言不是指一般的语言,而是与"不得于言,勿求于心"的言一样,指思想主张,而且是错误的思想主张。其中"诐辞"是偏颇之辞,"诐"是偏颇、邪僻之意。为什么会有偏颇之辞呢?就是因为人们看问题不全面,只看到一个方面,更重要的方面却遮蔽住了,视而不见。现在有了网络,大家在社交软件上交流,经常可以看到这种偏颇之辞,其特点是好走极端,攻其一点,不及其余,喜欢语不惊人死不休,看似高深莫测,其实认识存在严重的局限。对于这种言辞,要知道其局限所在。"蔽"是遮蔽的意思。"淫辞"是夸大之辞,一分说成十分,是人性的弱点,其动机或者是自我吹嘘,希望引起他人的关注;或者是夸大事实,达到欺骗的目的。对于这种言辞,要知道其过失所在。"陷"是过失、缺陷的意思。"邪辞",不合正道之辞,也就是异端邪说。孟子曾批评杨朱、墨翟,认为"杨氏为我,是无君也;墨氏兼爱,是无父也。无父无君,是禽兽也"(《孟子·滕文公下》6.9)。在孟子看来,为我、兼爱就属于邪辞。对于这种言辞,要知道其为何偏离了正道。"离"是偏离、背离的意思。"遁辞",躲闪之辞,一个人讲了假话,或没有道理,说话躲躲闪闪。对于这种言辞,要知道其理屈词穷的地方。所以孟子的知言,就是要辨别各种错误、不实的言论。"偏颇的言辞,知道它片面的地方;浮夸的言辞,知道它失实的地方;邪僻的言辞,知道它背离正道的地方;躲闪的言辞,知道它理屈词穷的地方。"那么这四种言辞是怎么产生出来的呢?孟子说"生于其心",是从心中产生出来的。但这是什么心呢?我们知道孟子是心学的先驱,以后的陆王心学就是从孟子发展而来。所以说到孟子的心,人们就会想到是良心、道德本心,但若说四种错误的言辞是从道德本心产生出来的,显然是自相矛盾。其实孟子所说的心,不仅指道德本心,也指经验心。在《孟子·告子上》11.8"牛山之木"章中,孟子引"孔子曰:'操则存,舍则亡;出入无时,莫知其乡。'惟心之谓与",这里的心就不同于该章前面提到的良心、仁义之心,而是一种经验心,其特点是"操则存,舍则亡",谁去操?谁去舍?自然就是孟子所说的心去操、去舍。操什么?舍什么呢?所操、所舍就是前文提到的良心、仁义之心,所以孟子的心实际包含了两层:一层是经验心,另一层是经验心中所包含的本心、良心。当经验心主动去操持本心、良心时,本心、良心就得以保存,并通过经验心表现出来,"存"是就本心、良心而言;而当经验心

第十讲 知言与赞美孔子

不去操持而是舍弃本心、良心时,本心、良心也就消亡了,"亡"同样是就本心、良心而言。借用《管子·内业》的话,孟子的心是"心以藏心,心之中又有心焉",前一个"心"是经验心,后一个所藏、所有的"心"指道德本心。"出入无时,莫知其乡","出入"是就心的表现而言,"乡"通"向"。所以经验心是出入无定时,不知其方向,不具有自主选择的能力,可以表现,也可以不表现;可以向善,也可以向恶。"生于其心"的心显然就是这种经验心,经验心的一个功能是认知,故这句的心偏于认知的方面,由于认知的局限和错误,便产生了诐辞、淫辞、邪辞、遁辞等四种言辞。这些错误的主张一旦产生出来,就会"害于其政",对政治产生危害,这里的"其"当然是就执政者而言,不是指一般的人。"发于其政,害于其事",在政治中表现出来,就会危害具体事务。所以孟子认为,由于我们的经验心的局限,会产生各种错误的主张,如果一个人是执政者的话,这种错误的主张就会对政治产生不可估量的危害。孟子认为这是颠扑不破的真理,"圣人复起,必从吾言矣",今后有圣人出现,必定会赞成我的言论。之前我们讲过孟子的性善论,认为实际是以善为性论,这里所谓善就是指良心、善端,谁以善为性呢?当然就是经验心了。由于孟子的心有两层,"心之中又有心焉",故孟子性善论强调的是,经验心当操持、保持住内在的本心、良心,而不应舍弃本心、良心,被耳目五官所产生的欲望所左右。因此孟子所谓性善主要针对的是本心、良心,而不是经验心。就经验心而言,倒毋宁说是可善、可恶的。经验心不去操持本心、良心,或者由于认识的局限,形成错误的主张言论,都可以导致恶。

　　孟子感到自负的是,自己可以做到知言,可以辨别四种言辞的错误所在。那么孟子是如何做到知言的呢？他没有讲，没有提出一套分析错误言辞的理论方法，没有告诉弟子如何去知言，这就留下很大的遗憾。我们不怀疑孟子由于天赋异禀，有特殊的才能，的确能做到知言，可是如果没有总结出一套分析错误言辞的方法，孟子就不能把自己的心得、经验传授给弟子，教导他人也做到知言。出现这种情况，主要是因为孟子过分重视良知、良能，强调心的直觉能力，而一定程度上忽略了经验认知的作用。孟子说："人之所不学而能者，其良能也；所不虑而知者，其良知也。"（《孟子·尽心上》13.15）此句中的"其"不是代词，而是副词，是乃的意思。"其良能也"，乃良能也。孟子认为人有不虑而知、不学而能的良知、良能，但辨别错误的言辞仅仅靠良知、良能是不够的，还要靠经验观察、逻辑分析，而这恰恰是孟子所缺乏的。所以孟子的知言只是开出了一个口头支票，最多表明他对辨别错误言论的重视，而对如何知言却没有留下相应的思想遗产。这也就是为什么《孟子》"知言养气"章，养气产生很大影响，而知言却较少被人提及。在儒家内部，重视经验之知，重视逻辑分析的是荀子一派。荀子写过《正名篇》，就是讨论概念、判断与推理等问题，指出错误的言论主要是由于"以名乱名""以实乱名"和"以名乱实"三种情况所造成，而要清除错误的言论就要坚持"名以指实"的原则。荀子所说的"名"含义比较宽泛，既指概念，也指判断，涉及形式逻辑中概念、判断、推理三个基本要素的前两个。荀子较之孟子提出更为详尽的辨别错误言论的理论和方法，孟子的知言需要结合荀子的正名才可以得到深入的理解。孟子说："是非之心，智也。"（《孟子·告子上》11.6）孟子的智乃良知，是先天之知，是人生而所具的四端之一。荀子则说:"是是、非非谓之知。"(《荀子·修身》)荀子的智则是征知,是经验之知,"心有征知,……征知必将待天官之当薄其类然后可也"(《荀子·正名》)。荀子把心称为天君,把五官称为天官,所以征知就是在感官经验的基础上,对感觉印象进行分析、辨别和验证,"是之则受,非之则辞"(《荀子·解蔽》),对是非善恶作出选择和判断。但与良知不同,征知需要经过后天学习的过程,关于是非善恶的认识也是在后天形成的。知言、辨别错误的言论,一是要作价值判断,要有正确的价值观,从价值的角度指出错误言论的问题所在,这往往需要良知的作用;二是要作事实判断,指出错误言论的不合事实之处,同时分析其逻辑上的谬误,征知在这方面更能发挥作用。所以要做到知言,不仅要有良知,更要发展征知,需要将二者结合起来。我近些年提出统合孟荀,其中一个内容就是要将孟子的良知与荀子的征知结合起来,发展出儒学更为完善的认识论和知言方法。

三、"自生民以来,未有盛于孔子也"

孟子讲了如何养气,又自称可以做到知言,公孙丑的崇拜感油然而生,认为老师已经是圣人了。但孟子认为孔子才是真正的圣人,而且是自有人类以来最伟大的圣人,故"知言养气"章的最后一段,转向赞美孔子。公孙丑说:

> "宰我、子贡善为说辞,冉牛、闵子、颜渊善言德行。孔子兼之,曰:'我于辞命,则不能也。'然则夫子既圣矣乎?"

曰："恶！是何言也！昔者子贡问于孔子曰：'夫子圣矣乎？'孔子曰：'圣则吾不能，我学不厌而教不倦也。'子贡曰：'学不厌，智也；教不倦，仁也。仁且智，夫子既圣矣。'夫圣，孔子不居，是何言也？"

"昔者窃闻之，子夏、子游、子张皆有圣人之一体，冉牛、闵子、颜渊则具体而微。敢问所安？"

曰："姑舍是。"（《孟子·公孙丑上》3.2）

我们阅读经典，有时会感到文字不连贯，比较费解，这或者是内容有缺漏，或者是思维有跳跃，遇到这种情况，要根据上下文适当增补文字，上文就有这种问题。公孙丑说："宰我、子贡善于言辞，冉伯牛、闵子骞、颜回长于德行。孔子兼而有之，却谦虚地说：'我对于辞令，不擅长啊。'（而您能够做到知言），那么，先生已经是位圣人了吧？"这里需要加一句，否则会感到突兀。孔子教授弟子分德行、言语、政事、文学四科，其中比较重要的是德行、言语，德行是儒者立身之本，言语指长于应对辞令，善于处理外交。上文的"说辞"就是指言语，在孔子时代，是从政的基本素养。这里的文学，不是 literature，而是六艺之学，是关于《诗》《书》《礼》《乐》《易》《春秋》的学问。孟子善养浩然之气，属于德行；又能做到知言，属于言语。孟子在德行、言语两科皆深造自得，有所成就，故在公孙丑看来，应该就是圣人了，这是以德行、言语杰出者为圣人。对于弟子的圣人之誉，孟子并不接受，"夫圣，孔子不居，是何言也"，圣人，孔子尚且不敢自居，（你却称我是圣人），这是什么话呀？这里同样需要加一句。那么孟子是否承认孔子是圣人呢？当然是圣人。只不过他引用子贡的话，以仁且智，具有仁德与智德者为圣人。公孙丑继续问："我以前曾听说，子夏、子游、子张都有圣人的某一方面，冉伯牛、闵子骞、颜回则具备了圣人的全体，只是略逊一筹。请问您是属于哪一种情况呢？"公孙丑说的圣人就是指孔子，与孔子相比，孔门弟子都差了那么一点点，所以都还不能算是圣人。但自己的老师显然已经超过孔门弟子了，故在公孙丑看来，应该算是圣人了。但这种提问方式是不礼貌的，弟子不能对老师评头论足，即使是赞美也是不合适的。故孟子说："故舍是。"暂且不谈这个，把话题岔开了。"舍"，放下的意思。公孙丑接着问：

曰："伯夷、伊尹何如？"

曰："不同道。非其君不事，非其民不使；治则进，乱则退，伯夷也。何事非君，何使非民；治亦进，乱亦进，伊尹也。可以仕则仕，可以止则止，可以久则久，可以速则速，孔子也。皆古圣人也，吾未能有行焉。乃所愿，则学孔子也。"

"伯夷、伊尹于孔子，若是班乎？"

曰："否。自有生民以来，未有孔子也。"（同上）

公孙丑提到的伯夷、叔齐，是古代贤臣的代表。伯夷是商末孤竹国君的长子，但孤竹君偏爱第三子叔齐，想把王位传给小儿子，但叔齐不接受，与哥哥伯夷一起逃走。后来武王伐纣，他们前去拦阻；武王灭商后，他们不食周粟，采薇而歌，饿死在首阳山上。伯夷、叔齐反对武王伐纣，与孟子的思想并不一致。但他们让国而逃、不食周粟的高风亮节，则得到孟子的赞赏和肯定。孟子说："闻伯夷之风者，顽夫廉，懦夫有立志。"（《孟子·万章下》10.1）听到伯夷的风范，贪婪的人会变得廉洁，懦弱的人会立定志向。伊尹是商汤的丞相，出身低微，本来只是商汤夫人陪嫁的厨子，后来因为饭做得好而受到重用。孟子虽不同意此说，但也承认伊尹只是民间普通的耕种者。伊尹虽然出自底层，却逆袭成功，辅佐商汤剿灭夏朝，建立商朝，自己也名扬天下。值得注意的是，公孙丑问："伯夷、伊尹如何？"孟子回答的却是他们对于出仕的态度。人是多面体，当问到一个人如何时，是可以从不同方面回答的，如这个人很好，强调的是品德；这个人很有能力，重视的是才能；这个人很富有，突出的是财富。伯夷、伊尹也有很多可以称道的地方，但孟子不谈论其他方面，而答以出仕之道，说明他真正关注是出仕的问题。在孟子看来，伯夷、伊尹虽然对于出仕有不同的原则，但都是值得赞赏和肯定的，"不同道"指不同的出仕之道。伯夷的出仕之道是，不认可的君主不侍奉，不认可的百姓不使唤。天下太平就出仕，天下昏乱就隐居。伯夷洁身自好，原则性很强，对于合作的君主和民众都有很高的要求。伊尹的出仕之道则相反，任何君主都可侍奉，任何百姓都可使唤。天下太平就出仕，天下昏乱也出仕。伊尹似乎没有原则，过于灵活，什么君主、民众都可以合作。当然，伊尹并非没有原则，而是有更大的抱负，他以先知、先觉者自居，认为可以启发、唤醒未知、未觉者，所以对君主、民众就不能有太多要求了。虽然伯夷、伊尹都有可取之处，但他们走了两个极端，因而无法与孔子相比。孔子的出仕之道是，该出仕就出仕，该辞职就辞职，该长久就长久，该短暂就

第十讲　知言与赞美孔子

短暂，真正做到原则性与灵活性的统一，符合中道。虽然他们都是古代的圣人，自己还做不到他们那样，但孟子真正欣赏的是孔子，"乃所愿，则学孔子"，至于我的愿望，就是向孔子学习。所以当公孙丑问："伯夷、伊尹与孔子，可以相提并论吗？"孟子断然回答："不能。自有人类以来，没有人比得上孔子。""未有孔子也"当作"未有如孔子也"，缺"如"字，否则不合语法，下文即作"未有盛于孔子"。读过《孟子》的人都知道，孟子一生最崇拜的就是孔子，声称自有人类以来没有人超得过孔子，但可能会忽略孟子是在什么意义上作出这种判断，得出这种结论的。从本章内容来看，孟子对孔子的赞赏和崇拜，首先体现在出仕上，认为孔子为士人开辟了一条通过出仕参与政治的道路，并身体力行，坚守出仕之道，为后人树立了榜样，因此孔子最伟大，最值得人们学习和敬仰。前面我们讲过，春秋末年，社会阶层出现流动，士由于处于上下交汇之所，成为最具有开放性的阶层，下层民众经过学习努力也可以称为士。同时由于权力下移，礼乐征伐"自大夫出"（《论语·季氏》），甚至"陪臣执国命"（同上），那些掌握了各个诸侯国权力的大夫、陪臣，为了巩固统治，扩大自己的力量，把权力向下层士人开放，吸引其参与政治管理。孔子正是在这一背景下，顺应历史的潮流，一方面创办私学，为下层民众接受教育并上升到士阶层打开了一条通道。另一方面又提出"士志于道"（《论语·里仁》），主张"学而优则仕"（《论语·子张》），走了一条通过出仕推行政治理想的道路，用今天的话说，就是进入体制以改变体制。孔子也意识到权力的异化，你想依靠权力推行政治理想，权力为了自身的利益也会改造、利用你，孔子对权力不是没有警惕的。他提出"天下有道则见，无道则隐"

（《论语·泰伯》），就是表示与权力的合作是有条件的。面对权力的诱惑，孔子也曾犹豫、动摇过，他在卫国时为了获得出仕的机会，曾拜见了作风不好的南子；季氏家臣公山弗扰以费叛，赵简子家臣佛肸以中牟叛，召唤孔子，孔子一度想前往。孔子为什么想接受这些乱臣贼子的召唤呢？因为孔子太希望获得权力以实现自己的政治理想，他感叹"如有用我者，吾其为东周乎"（《论语·阳货》），如果能有任用我的人，我将治理好东周啊！"吾岂匏瓜也哉？焉能系而不食"（同上），我难道是一个匏瓜吗？哪能挂在那里，不希望有人来采食呀！但孔子还是坚守住了，没有违背"危邦不入，乱邦不居"（《论语·泰伯》）的出仕原则，为后人树立了进退出处的榜样。所以孟子崇拜孔子，首先是认可孔子确立的通过出仕推行政治理想的道路，孟子一生如孔子一样，周游列国，游说诸侯，选择的仍是孔子开辟的道路。其次是赞赏孔子坚守出仕之道，通过进退出处的选择，在权力面前保持思想与人格的独立，而不是屈从、依附于权力。大家学习孟子，你们认为《孟子》一书中谈论最多的内容是什么呢？是民本？是仁政？是性善？都不是，是士人的出仕之道。所以孟子关注、焦虑的是政治问题，是士人如何出仕的问题，而他崇拜、赞赏孔子也主要在于这些问题。孔子既为士人开辟了一条通过出仕推行政治理想的道路，又坚守进退出处之道以保持思想与人格的独立，正是在这个意义上，孟子称"自生民以来，未有（如）孔子也"。但是如我们之前分析的，得君行道、通过出仕推行政治理想是存在严重局限的，是一条走不通的道路。由于把实现道、理想的希望寄托在权力上，必然会受制于权力。在专制制度下，权力有自身的逻辑，不会因为依附于其上的儒生的理想而改变。面对不受约束的权力，儒者即便坚守住了进退出处之道，最多只能独善其身，而难以做到兼善天下，两千年儒家无所作为，根本原因就在这里。那么，孟子是否意识到君行道的局限呢？我认为是有的，就在下面这段文字。

曰："然则有同与？"
曰："有。得百里之地而君之，皆能以朝诸侯，有天下；行一不义，杀一不辜而得天下，皆不为也，是则同。"（《孟子·公孙丑上》3.2）

公孙丑问："伯夷、伊尹、孔子是否有相同的地方？"孟子回答："当然有了。如果让他们得到方圆百里的土地成为一国之君，都可以使诸侯来朝，天下归附；如果行一不义、杀一无辜，即使得到天下，他们都不会去做。这是他们相同的地方。"这段文字以往学者多有忽略，却是孟子思想中最隐秘的内容，对以后儒学的发展产生深远影响。孟子的说法有没有根据呢？孔子得到百里之地，就可以称王天下？根据《论语》等材料来看，孔子似乎并没有这样的想法，虽然他自负地声称"苟有用我者，期月而已可也，三年有成"（《论语·子路》）。"如有用我者，吾其为东周乎"（《论语·阳货》）。但前提是"苟有用我者""如有用我者"，是有条件的，是得君行道。而且孟子评论的不只是孔子，还包括伯夷、伊尹，他们同样没有得百里之地而称王天下。所以孟子的回答不必看作客观的判断，而应是其所寄寓的理想。寄寓什么理想呢？得百里之地而称王天下，已不是得君行道，而是为君行道；不是借助、依附权力，而是直接夺取、掌握权力；不是通过出仕推行政治理想,而是通过革命推行政治理想,实际是提出了儒家更高的政治纲领。而实现这一最高纲领,又必须奉行绝对理想主义的政治原则,行一不义、杀一无辜,即使得到天下,也不会去做。在最高纲领与理想原则之间,是存在巨大张力的。孟子提出最高纲领,显然是意识到得君行道的局限,希望通过为君行道而超越之。但绝对理想主义的政治原则,又使这一最高纲领只能成为理想,而无法真正实现。因为得百里之地而称王天下,不是靠武力征伐使诸侯来朝,而是靠人间正义、精神信念使天下归附,到目前为止,这一理想尚未在人间实现过。不过孟子这一说法产生出一种观念,即认为孔子可以称王,而且最应该称王。不过不是掌握政治权力的王,而是掌管文化、教育的王,评判人间正义的王,也就是素王——有其德而无其位的王。《孟子》一书并没有出现"素王"一词,但"素王"的观念却应是来自孟子,是孟子对孔子的重新诠释。《孟子·离娄下》8.21章记孟子曰:

> 王者之迹熄而《诗》亡,《诗》亡然后《春秋》作。晋之《乘》,楚之《梼杌》,鲁之《春秋》,一也。其事则齐桓、晋文,其文则史。孔子曰:"其义则丘窃取之矣。"

"迹"当为迒之误,《说文解字》:"迒,古之遒人,以木铎记诗言。"据记载,古代设有采诗的专官,叫遒人或行人。每年孟春,他们摇动木铎,将天子的政令传达到全国各地。同时采集民间诗歌,献之朝廷,"王者所以观风俗,知得失,自考正也"(《汉书·艺文志》)。然而降至东周,王道衰微,诸侯骄纵,"王者之迹熄而《诗》亡","诗亡"并非说《诗》三百散亡,而是说采诗制度被破坏，实际指礼崩乐坏，王道政治终结。自此以后，政治中心由天子降至诸侯，记载齐桓、晋文霸业的史书纷纷出现，此即"《春秋》作"也。这里的《春秋》是西周末期至东周各诸侯国编年体史书的通称，如墨子称"吾见百国《春秋》"。[①]因其为编年体，"以二始（指春、秋）举四时，记万事之名"，故称春秋，是广义的概念。下文鲁之《春秋》，与晋国的史书《乘》、楚国史书《梼杌》并列，指鲁国的史书《春秋》，是狭义的概念。《春秋》还有一层含义，指孔子所作的《春秋》，也是狭义的概念，孟子真正重视的是这一含义的《春秋》。因为在孟子看来，诸侯所修之《春秋》并不具有合理性，不能反映人间的正义，因为修史不只是对历史事实的简单记录，还应包括对历史的评价和批判。根据王道理想，只有有德的天子才有资格撰修《春秋》，才有资格对诸侯的"邪说暴行"作出评判——此所谓"《春秋》，天子之事也"（《孟子·滕文公下》6.9）。然而东周以降，周天子衰微不振，已不能担此大任，故孔子以布衣之身，行天子之权，对鲁《春秋》进行重新编订，将"春秋大义"灌注其中，通过隐约的笔法对历史事件、人物进行褒贬，致使"乱臣贼子惧"。这样《春秋》便不再是一部普通的史书，而是体现王道政治理想的大法，孔子作《春秋》也就可以与大禹、周公的功业并列，孔子与大禹、周公一样，都是古代的圣人了。由于孟子认为孔子的王道理想主要体现在《春秋》中，以后《春秋》公羊学主要发展了儒家的素王观念，而公羊学的素王说明显受到孟子

[①] 此为《墨子》佚文，参见孙诒让撰，孙启治点校：《墨子间诂》，中华书局，2001，第656页。

的影响和启发。公孙丑接着问：

> 曰:"敢问其所以异?"
> 曰:"宰我、子贡、有若,智足以知圣人,汙不至阿其所好。宰我曰:'以予观于夫子,贤于尧舜远矣。'子贡曰:'见其礼而知其政,闻其乐而知其德。由百世之后,等百世之王,莫之能违也。自生民以来,未有夫子也。'有若曰:"岂惟民哉! 麒麟之于走兽,凤凰之于飞鸟,太山之于丘垤,河海之于行潦,类也;圣人之于民,亦类也。出于其类,拔乎其萃。自生民以来,未有盛于孔子也。'"(《孟子·公孙丑上》3.2)

由于前文公孙丑曾问到孔子、伯夷、伊尹是否有相同的地方,孟子作了肯定的回答,但他真正欣赏、崇拜的是孔子。所以当公孙丑问:"请问他们不同的地方?"孟子引孔子弟子的话,对孔子作了高度肯定和赞美。"宰我、子贡、有若的智慧足以了解圣人,虽然地位低下,但不会对喜欢的人加以吹捧。""汙"是卑下之意。孟子下面分别引用宰我、子贡、有若的话,故首先说明他们三人虽然地位不高,但不会夸大其词,不会因为喜欢自己的老师而随意吹捧。宰我怎么评价孔子?"宰我说,以我对先生的观察,先生远远超过了尧舜。"这在当时可谓是石破天惊,尧舜是天子,有德有位,而孔子只是布衣,他如何能超过尧舜呢? 显然孔子超过尧舜不在其位,而在其德,在于他开辟的为君行道,通过文化、道德的力量影响现实政治的道路。得君行道,孔子只是臣,只能依附于权力;为君行道,孔子则是王,在文化精神上获得独立。从这一点看,自下而上用文化、道德影响政治的新王孔子,当然超过了自上而下进行统治的先王尧舜。这在子贡对孔子的评价中看得更为清楚:"见到一个国家的礼俗,就可以了解这个国家的政治;听到一个国家的音乐,就可以了解这个国家的德行;一百代之后评价这一百代的君王,也无法违背孔子的主张。自有人类以来,没有谁比得上孔子。"为什么子贡给予孔子这么高的评价呢?就是因为孔子提出新的政治观,政治的根基在德行,德行的根基在文化。上文的礼乐代表文化,用文化塑造德行,用德行影响政治。三代以上,礼乐与刑政合一,礼就是政,政就是礼,故有所谓周公制礼之说。春秋以降,随着礼崩乐坏,礼与政开始分离,"春秋时犹尊礼重信,而七国则绝不言礼与信矣"。①这里的"七国"指战国,所谓战国七雄。七雄以攻伐为贤,此即其所谓政也。但与此同时,孔子在民间开始了一场复礼运动,"孔子以《诗》《书》礼乐教,弟子盖三千焉,身通六艺者七十有二人"(《史记·孔子世家》)。通过礼乐教化,美化风俗,涵养德行,进而去影响政治,因此也可以说,孔子还开辟了一条觉民行道的道路。得君行道、为君行道与觉民行道,三者有机地统一在孔子的思想中。只有从这个意义上,才可以理解有若对孔子的评价:"难道只有人类存在差别吗!麒麟之于走兽,凤凰之于飞鸟,泰山之于土丘,河海之于水沟,都属于同类;圣人之于百姓,也属于同类。圣人高出了同类,超出了群辈。自有人类以来,没有人比孔子更伟大。"这里有一个问题,孟子所引用的孔门弟子的话,真是出乎他们之口吗?我表示怀疑,因为在孔门弟

---

① 顾炎武:《日知录》,岳麓书社,1994,第467页。

子编订的《论语》中,并没有看到对孔子如此高的评价,也未见有微言大义的阐发。所以我更倾向将其看作孟子借孔门弟子之口,对孔子的重新塑造和阐发,是孟子心目中的孔子,也是孟子对孔子精神的继承、弘扬和发展。

第十一讲 孟子
从『民主』到民本

乱世的抗争——讲给大家的《孟子》

这一讲我们讨论孟子的民本思想。大家知道，中国古代有民本的思想传统，战国时孟子将民本发展到一个高峰，下一个思想高峰是明清之际的黄宗羲，黄宗羲写过《孟子师说》，他的思想也受到孟子的影响。所以讨论民本，孟子是一个重点，是绕不过去的话题。不过说到民本，又是一个颇有争议的话题，学术界存在两种对立的看法。一种是把民本思想抬得很高，认为"'民本'问题是中国政治学理论的'元问题'，是中国早期国家机器草创时要考虑的头等大事"。[1]按照这种说法，民本很早就出现了，是中国古代政治哲学的基础问题。另一种观点则对民本提出质疑，他们的理由是主张民本的统治者以及思想家并不否定君本，他们是在君本的前提下谈民本，民本归根结底还是服务于君本的，是君本下的民本。这种看法等于否定了民本的独立存在，民本只是统治手段，而不是价值信仰。前些年中国人民大学国学院成立，学术界围绕如何看待儒学发生了一场争论，有学者撰文指出，历史上除少数极端愚蠢的君王外，一般都认可民本思想，甚至连隋炀帝都宣称："民为国本，本固邦宁。"表示："非天下以奉一人，乃一人以主天下。"科举考试中也常以民贵君轻为

---

[1] 宁镇疆：《清华简〈厚父〉"天降下民"句的观念源流与豳公盨铭文再释——兼说先秦"民本"思想的起源问题》，《出土文献》2015年第2期。

内容,朝堂之上、著述之中援引民贵君轻的事例更是常见。所以认为儒家反抗王权、批判专制是不成立的,相反,儒家倡导的民贵君轻、以民为本在历史上起到了维护专制统治的作用。[①]这位教授列出的现象值得注意,结论则有些偏颇,但要作出反驳却不容易。当时美国加州大学(圣塔巴巴拉校区)的陈启云教授正好在国内访问,他写了一篇文章作出回应。他说对于这位教授列出的上述现象,"正常的想法应该推断出这是由于'民为贵'如同'2+2=4'一样,具有不可否认的真理价值,因此即使是君王也不能不承认和赞同这'至理名言'"。但这位教授"却认定这是由于'民贵君轻'的想法对'王权专制'有利,因而只是推行'专制王权'的工具。在某种程度下,这种看法也还可以成立,正如'2+2=4'的数理是人们生活上不能没有的计算工具,因此也是君权运作不能没有的工具,所以也是君王们推行文教的重要内涵。但'2+2=4'除了是'工具'之外,本身应该还有一些人们不能不承认的真理内涵——否定了'2+2=4',比'指鹿为马'更为荒唐可怕。人们由于君主也承认和宣教'2+2=4'的算法和'民为本''民为贵'的理念或理想,便把'2+2=4'的数理和'民本''民贵'的理想贬为'王权主义'的基础和'专制君主'的犬马或附庸,因而否定其本身的价值,这更可怕"。[②]陈启云教授的反驳很精彩,但"民为贵"恐怕比"2+2=4"要更复杂,所以如何看待、理解民本,尤其是它与君本是什么关系?在历史上起到什么作用?就是一个需要认真思考的问题。我现在的看法

[①] 梁涛、顾家宁编:《国学问题争鸣集(1900—2010)》,广西师范大学出版社,2010,第135—136页。
[②] 同上,第150—151页。

是，中国古代政治的"元问题"或基础问题不是民本，而是"民主"，我说的"民主"不是近代以来人们常说的democracy，而是"天惟时求民主"(《尚书·多方》)，上天时时要为民众寻求一个主人。民本是从"民主"中分化出来的，讨论民本，首先要理解中国古代的"民主"思想。

一、"民主"：做民之主与为民做主

从古代典籍来看，"民主"才是中国古代政治的"元问题"。最近公布的清华简《厚父》中说道："古天降下民，设万邦，作之君，作之师，惟曰其助上帝乱下民。""乱"是治的意思。古人认为民众是由上帝或上天所生，天在降生民众的同时，为他们设立君主，设立师长，以便帮助上帝治理民众。这就是一种典型的"民主"思想，民众没有自治的能力，需要一个主人；主人是由上帝选择的，目的是帮助上帝治理民众。"民主"一词虽然在现有文献中出现较晚，见于属于周初的《尚书·多方》篇，但"民主"的观念则渊源甚早，应该是随中央王权的出现而出现的。我们知道，夏代以前中国是邦国联盟时代，尧舜是天下的盟主，其对邦国支配能力有限，还不是真正意义上的"民主"。到了夏商周才出现统一的中央王权，这时中央王权之下虽然存在大量邦国、方国，但王朝对邦国的控制力明显增强，邦国在政治上不再具有独立主权，经济上要向朝廷纳贡，军事上要随王出征或接受王的调遣。三代之王成为名副其实的天下共主，对邦国国君具有调遣、支配甚至生杀予夺的权力，只不过邦国国君与王尚没有建立起直接的隶属关系,具有相对的独立性而已。[①]随着中央王权的确立,"王权神授"的观念随之出现,以说明王权的正当性与合法性,所谓"民主"观念应该就是在这一背景下产生的。

据《大戴礼记·五帝德》,夏朝的建立者禹"为神主,为民父母"。《史记·夏本纪》亦称"禹为山川神主"。什么是"神主"呢?"奉祭祀故为神之主。"(《左传杜林合注》卷二十七)所以神主就是主持祭祀神的人,代表神权或巫的力量;"为民父母"则表示君主如父母一样是民众的主人,代表了治权或君的统治。需要注意的是,世界上很多民族神权与君权是分开的,掌握神权的是特殊的祭司阶层,但在中国,神权与君权很早就结合在一起,这也是出现"民主"的一个重要原因。大禹既具有神权,是大巫,又掌握治权,是治理万民的君主,因而也就是神所选定的"民主"。其中,神权是治权的合法性根据,而治权乃神权在政治领域的具体表现。因此,"民主"实际是一种君权神授说,是神或上帝为民众选立主人,同时赋予其教育、治理以及保护、养育民众的权力和义务,并根据其表现决定天命的授予甚至转移。你做得好,上帝授予你天命,让你成为"民主";做得不好,上帝就会革去你的天命,这就是"革命",让别人代替你成为"民主"。怎么才算做得好呢?主要包括两个方面:一是治理、教导好民众;二是保护、养育好民众。儒家经常把君主、执政者称为"民之父母",怎样才算是合格的父母呢?首先是要教育、管教好子女,其次还要保护、养育好子女。同样的道理,一个合格的"民

[①] 王震中:《中国王权的诞生——兼论王权与夏商西周复合制国家结构之关系》,《中国社会科学》2016年第6期。

主"就是既要治民、教民,又要保民、养民。前者是做民之主,我是你的主人,所以要管教你,教育你;后者是为民做主,因为我是你的主人,所以要保护你,养育你,别人欺负了你,不行,我要为你出头。做民之主是君本,而为民做主则蕴含了民本的因素,后世的民本说实际是从"民主"说中分化出来的。虽然作为一种宗教观念或意识形态,"民主"说贯穿了夏商周三代的宗教、政治实践,但其内涵又是发展变化的,呈现为从强调治民、教民到重视保民、养民,从提倡刑罚到主张"明德慎罚"的变化。

前面提到禹"为神主,为民父母",就是一种"民主"思想。那么夏朝的"民主"有什么特点呢?清华简《厚父》提供了重要的资料。《厚父》记载一位周王——学者推测应该是周武王——与夏人后裔厚父的对话。周人得到天命、成为"民主"后,对于前朝的后裔不是赶尽杀绝,而是封夏人的后裔于杞国,封殷人的后裔于宋国。这位厚父,应该就是周初杞国的国君。周朝建立后,在政治上采取兼容、开放的态度,积极总结、借鉴夏人、殷人的治国经验。《尚书·召公》称:"我不可不监于有夏,亦不可不监于有殷。"我们不可以不借鉴夏朝的经验,也不可以不借鉴殷朝的经验。"监于有殷",就是武王访箕子,记载于《尚书·洪范》篇;"监于有夏",武王问厚父,就是《厚父》记载的内容。武王问:我听说大禹治理水土有功,上帝赐给他民众,建立了夏朝。以后夏朝的国君,敬畏上帝的命令,勤于政事,不敢享乐,因而能够长久地保住天命。如果后王——指夏桀,也能够遵从大禹等先王的法度,就可永久保有国家了吧?显然武王是从周人的观念出发,认为夏人失去天命在于失德。厚父说:上帝为民众设立君主,是为了帮助自己治理民众。但是到了夏桀这里,却遗忘了上帝的命令，不用先王孔甲的刑罚，于是上天不加宽赦，中断了夏人的天命，亡了夏人的国。显然在厚父看来，夏人丢掉天命不在失德，而在失刑，如果能像他们的先王孔甲那样，对民众采用刑罚的话，就不会丢掉天命了。孔甲在后人的记载中，是一位滥用刑罚的暴君，但厚父却称他是夏朝三位贤明的先王之一。厚父还说：民众既可能心存敬畏，遵从道德，也可能不讲诚信，无所畏忌，这都是官吏教化的结果。[①] 从厚父的回答来看，他强调的是教民、治民，这应该是夏人"民主"思想的一个重要特点。当然，由于厚父长期生活在商人的统治之下，他的观念中可能也包含了商人的思想，受到了后者的影响。

商人的"民主"思想也强调教民、治民，这在《尚书·洪范》篇中有所反映。《洪范》记殷人箕子向武王进献的"洪范九畴"中，核心一项就是"皇极"，"皇"指君，"极"是标准。"皇极"就是要"惟皇作极"，一切以君王的意志为最高准则，要求"无偏无陂，遵王之义；无有作好，遵王之道"。君王的准则，具有绝对的神圣性和权威性。只有君王才能赏赐人幸福，只有君王才能惩罚人，只有君王才能享受美食。如果臣下拥有了这些权力，就会危及王室，倾覆国家。所以箕子主张君王要做民之主，要绝对支配民，而不可听从于民。"天子作民父母，以为天下王。"箕子还把民众比作星星，把君臣比作日月。古人认为天上的星星往往会影响到刮风、下雨，如"箕星好风，毕星好雨"，箕星容易引起刮风，毕星容易引起下雨，所以当月亮经过箕星时就会多风，经

[①] 参梁涛：《清华简〈厚父〉与中国古代"民主"说》，《哲学研究》2018年第11期。

过毕星时就会多雨。庶民如同天上的星星,他们好恶无常,不可取法。日月的运行有其自身的规律,决定四季的变化。如果月亮失常,跟随了星星,就会引起风或雨。所以箕子实际是强调:"人君政教失常,从民所欲,则致国乱。"(《尚书正义》卷十二)"比喻君臣政教失常,顺从民欲,就要招致大乱,谆谆告诫统治者要加强其统治体制而不可听从人民的愿望。"[1]如果将殷人"从民所欲,则致国乱"与周人"民之所欲,天必从之"(《左传》引《尚书·泰誓》)的观念作一比较,不难发现二者的差别与对立。晁福林先生说:"箕子献'洪范'九畴,着力提倡王权,事实上并未脱开商人观念的影响,是商人整体意识形态的反映。""箕子所献九畴大法的核心是要武王成为作威、作福、玉食之君王,这一主张是为专制王权张目""与此后周人'敬天保民'之民本观念相迥异",[2]是符合事实的。当然,说殷人强调教民、治民,不是说他们就不讲保民、养民,殷王盘庚曾说"重我民""施实德于民"(《尚书·盘庚》)。只是相比较而言,他们更重视的是前一方面。

周人的"民主"思想发生了较大变化,由强调教民、治民转向重视保民、养民,这一变化与殷周之际的宗教变革存在密切关系。说到殷周之际,大家可能会想到王国维的著名论断:"中国政治与文化之变革,莫剧于殷周之际。"[3]那么殷周之际发生了

---

[1] 刘起釪:《尚书校释译论》第3册,中华书局,2005,第1194页。
[2] 晁福林:《说彝伦——殷周之际社会秩序的重构》,《历史研究》2009年第4期。
[3] 王国维:《殷周制度论》,《观堂集林(外二种)》,河北教育出版社,2003,第231页。

什么变革呢？发生了一场宗教的变革，具体讲，是周人天命信仰对殷人上帝信仰的克服和取代，其基本精神则是"德"的自觉和"民"的发现。从目前的资料来看，殷人尚处于自然宗教阶段，虽然出现了频繁的祭祀活动和整全的神灵系统，但人们所信奉的神灵不具有伦理的品格，虽然"全能"，但非"全善"，既可以降福，也可以作祟。面对顽固暴躁、变化莫测的神灵，人们只能通过祈祷、献祭等手段来哄诱、安抚它们。与之不同，周人则进入伦理宗教阶段，神灵具有了鲜明的伦理品格，它们关注人间的正义和善，所降祸福不是根据祭品的多少，而是根据人行为的善恶。周人反复强调，"天佑下民"（《尚书·泰誓》），天保佑民众；"天矜于民"（同上），天同情民众；"天亦哀于四方民"（《尚书·召诰》），天也哀痛四方民众的不幸；呼吁对于黎民百姓要"若保赤子"（《尚书·康诰》），要像保护小孩子那样保护民众。周人重视民，也重视德，在周人看来，德首先是天子、国君对民施以恩惠、恩泽的行为。只有勤勉为民者才算是有德，才能获得上天的眷顾。同样，获得天命之后，也要以德来和悦民众，延续天命。周人如此重视民、突出德，与民在武王伐纣、周人克殷中所起的作用是密切相关的。据《史记·周本纪》："帝纣闻武王来，亦发兵七十万人距武王。……纣师虽众，皆无战之心，心欲武王亟入。纣师皆倒兵以战，以开（迎接）武王。武王驰之，纣兵皆崩畔纣。纣走，反入登于鹿台之上，蒙衣其殊玉，自燔于火而死。"民心的背离、殷众的临阵倒戈让看似强大的殷王国瞬间土崩瓦解，使"小邦周"得以一举战胜了"大邑商"，这不能不深深震撼了武王、周公等人的心灵，在这一过程中，一种新的观念产生了："天视自我民视，天听自我民听。民之所欲，天必从之。"(《孟子·万章上》引《尚书·泰誓》)天用什么看?天用老百姓的眼睛看;天用什么听?天用老百姓的耳朵听。民众想要的,上天一定会满足他。"天聪明自我民聪明,天明畏自我民明畏。"(《尚书·皋陶谟》)"聪"是听,指听取意见;"明"是明察,指明察是非。"明畏",犹言赏罚。"明畏"的"明"指明察其善,"畏"通威,刑罚之意,指惩罚其恶。天怎么听取意见、观察是非呢?根据民众的意愿听取意见、明察是非。天怎么赏善罚恶呢?根据民众的意愿赏善罚恶。这样周人就从天命的高度对民和民意作出肯定,将民意与天命结合在一起,形成了华夏文化特有的"民意论"的天命信仰。"在这样一种类似泛神论结构的民意论中,殷商以前不可捉摸的皇天上帝的意志,被由人间社会投射去的人民意志所型塑,上天的意志不再是喜怒无常的,而被认为有了明确的伦理内涵,成了民意的终极支持者和最高代表。"[1]这种产生于公元前十一世纪的宗教观念,即使从世界文化史的角度看,也是十分独特的。秦汉以后,随着大一统专制王权的形成,"屈民而伸君"成为常态,民的地位一落千丈。但不应忘记,在重视民意上,我们在世界范围内曾经是一度领先的。所以历史的发展就是这样,原来领先的可能会落后,落后的奋起直追,也有可能后来居上。由于宗教观念的变化,周人的"民主"说更重视保民、养民,而将教民、治民放在次要的位置,用当时的话说,就是"敬德保民""明德慎罚"。据学者研究,商代盛行人牲制度,杀俘虏、奴隶用于祭祀,殷墟发现的有关人牲的甲骨共

---

[1] 陈来:《古代宗教与伦理——儒家思想的根源》,生活·读书·新知三联书店,1996,第184页。

有1350片，涉及卜辞有1992条。从盘庚迁殷到商纣亡国，共用人牲13052人。另外还有1145条卜辞说到人牲，但未记人数。如果一条都以一人计算，全部被杀祭祀者至少有14197人。[①]这是仅就甲骨的记载而言，实际存在而没有被记载的人牲数量应当更多，乘以十倍恐怕都不止。但到了西周时期，基本不存在大规模杀祭俘虏的现象，重大祀典虽然还用人牲，但数量不多。[②]民终于摆脱了像牛羊一样被随意宰杀的命运，这与周人"民主"思想的变化当然存在密切关系。

二、春秋时期民本思想的出现

从上面的分析来看，周人的政治理念依然是"民主"说，而"民主"从根本上讲是君本。目前所见可靠的西周文献中，尚没有出现民本的概念，相反多是"民主"的说法，《尚书·五子之歌》中有"民惟邦本，本固邦宁"，但《五子之歌》是古文尚书，出于后人之手，还不能视为西周的思想。但不可否认的是，周人的"民主"说中蕴含了丰富的爱民、保民、养民的思想。到了春秋时期，这些思想进一步发展，就出现了民本思想。《左传·桓公六年》记随国大夫季梁曰：

夫民，神之主也，是以圣王先成民而后致力于神。

[①] 胡厚宣：《中国奴隶社会的人殉和人祭（下篇）》，《文物》1974年第8期。
[②] 黄展岳：《中国古代的人牲人殉问题》，《考古》1987年第2期。

"夫民，神之主也"是"夫君，神之主"的反命题。由于古代政治的合法性来自天命、神权，掌握了祭祀权，垄断了与神意的沟通，也就掌握了现实的统治权，故"夫君，神之主"属于君本，是以天命、神权的形式肯定了君的神圣性。而季梁则扭转了传统的认识，认为民才是真正的主祭祀者。民众怎么主持祭祀呢？当然不是要求他们实际去主持祭祀，而是说只有民众的福祉、德行才会得到神的关注。如果民各有异心，则"鬼神乏主"，就等于没有人主持祭祀了，自然也得不到神的降福。所以"夫民，神之主"属于民本，是以天命、神权的形式肯定了民在国家的优先地位。又《左传·文公十三年》记邾文公就迁都于绎一事进行占卜，结果出现"利于民而不利于君"的情况，当时邾文公已在位五十一年，年事已高，经不起迁都之劳，所以身边的人都劝他不要迁都，如不迁都寿命还可延长。但是邾文公却说：

苟利于民，孤之利也。天生民而树之君，以利之也。民既利矣，孤必与焉。

上天生下民众，为他们设立一个君主，不是压迫、欺压他们的，而是要给他们带来利益的，用我们今天的话说，是为人民服务的。老百姓得到利益，君主也就等于得到利益了。迁都不久，邾文公因为劳累过度去世了。这段材料我们以前引用过，当国君的利益与民众的利益发生冲突时，邾文公依然选择了后者，认为国君的利益是从属于民众利益的，民众既然得利，君主自然也有利，这当然是一种民本思想。民本并不是要否定君主的存在，而是认为民与君相比，在国家中处于更为重要的地位。"本"

是根本、基础的意思，民本主张民众是国家的基础、根本，君本则是认为君主才是国家的基础、根本。春秋时期的思想家明确提出了"以民为本"的主张，《晏子春秋·内篇》："卑而不失尊，曲而不失正者，以民为本也。苟持民矣，安有遗道；苟遗民矣，安有正行焉。"身份卑微却不失尊严，人生曲折却不放弃正道，是因为以民众为根本啊。只要得到民众的拥护，就不会失去道；如果忘记了民众，就不会有正确的行为。这里的"以民为本"已不限于治道，而是具有了人生价值的内涵。《晏子春秋》主要记录春秋齐国大夫晏婴的言论，但学者一般认为，其书非一人一时之作，学派性质比较复杂。上个世纪七十年代，山东临沂银雀山汉墓中出土了竹简本《晏子春秋》，学者认为此书在战国时已经有多种版本流行，反映了齐国晏婴学派的观点。

不过春秋时期，民本主要是一种思想观念，君本则是现实制度，故当时更多的思想家是试图将民本与君本协调、统一在一起。《左传·襄公十四年》记师旷对晋悼公说：

> 天生民而立之君，使司牧之，勿使失性。

师旷认为"天生民而立之君"，职责是"司牧之"，管理他们，这不同于邾文公的"以利之"，给他们带来利益，强调的是教民、治民，而不是保民、养民，主要继承的是厚父、箕子的思想。他说："夫君，神之主而民之望也。"（同上）这实际仍是一种君本思想。不过师旷生活在民本思想得到发展的春秋时代，不能不受其影响，不能不考虑对君权的约束，这样他又试图立足于民本来限制君本。

> 天之爱民甚矣，岂其使一人肆于民上，以从其淫，而弃天地之性？必不然矣。(同上)

上天疼爱民众，难道他会允许国君一人骑在老百姓头上作威作福，放纵淫欲，违背天地之性吗？天地之性是什么？就是爱民，就是要求国君疼爱民众，所以上天当然是不允许国君残害民众的。在同一段话中，师旷将"天生民而立之君，使司牧之"和"天之爱民甚矣"两个分别具有君本、民本倾向的命题联系在一起，反映了其思想调和、折中的特点。之所以出现这种情况，主要是因为民本是孕育于"民主"说之中，是从后者发展出来的，故往往与君本纠缠在一起。很多人是在治道而不是政道上谈论民本，是在君本的前提下讲民本，民本无法上升为国家最高的价值、政治原则，即使有一些闪光的民本思想和举措，也无法突破现实中的以君为本。这样实际上是二本，政道上是君本，治道上是民本，而无法真正做到一本——以民为本。要想突破"民主"的束缚，真正做到以民为本，就需要从权力私有走向权力公有，从"君权神授"走向"君权民授"。战国时的儒者某种程度上已经认识到这一点，《礼记·礼运》说：

> 大道之行也，天下为公，选贤与能，讲信修睦……是谓大同。

"公"通"共"，共有的意思。故"天下为公"是说天下是公共的，"天下非一人之天下也，天下之天下也"(《吕氏春秋·孟春纪·贵公》)，指权力公有。如何实现权力公有呢？"选贤与能",把最有才能、德性的人选拔出来,让他们替民众管理天下,这就是理想的大同之世。大同社会虽有君、民的区分,但其关系不同于权力私有的小康之世。《礼记·礼运》说:

> 君者所明也,非明人者也。君者所养也,非养人者也。君者所事也,非事人者也。故君明人则有过,养人则不足,事人则失位。故百姓则君以自治也,养君以自安也,事君以自显也。

明,动词,教导、明白之意。国君是需要被教导、明白的,而不是去教导使别人明白的。不是国君教导民众,而是国君需要听取民众的意见和臣下的教导,这与"民主"说强调教民、治民有根本的不同。同样,国君是被民众养活的,而不是国君养活了民众,这与师旷所说国君"养民如子""民奉其君""敬之如神明,畏之如雷霆"也有根本的不同。凡主张君本者,无不认为是国君养活了民众;而主张民本者,则认为是民众养活了国君。君养活民,还是民养活君,是区分君本与民本的一个重要标准。国君的身份不同于民众,是专门的管理者,是政治领袖,因此民众应该服从、侍奉君,而不应让君服从、侍奉民,这是从治道上讲,指管理上的统属关系,而不是政道上的国之根本。君、民的这种关系决定了,如果国君去教导民众,就会产生过错;去养活民众,就会财物不足;去服从民众,就会失去君位。而民众效法国君,是为了达到自治;奉养国君,是为了生活安定;侍奉国君,是为了显得尊贵。因此,民为主而君为客,民虽然奉养、侍奉君,但不是君的奴仆,国君应虚心纳谏,听从民众的意见、建议。我们之前讲过，战国时期曾出现一个宣扬禅让的社会思潮，并发生燕王哙让国事件，《礼运》篇是在这一背景下创作完成的。[①]其对君、民关系的理解，显然属于民本而不是君本。因此，民本虽不否定君主，但需要以天下为公为条件，由于权力公有，通过选贤与能，以民为本才能真正得以实现。相反，在天下为家、权力私有的条件下，民本就会变质、异化，成为君本下的以民为本，实际是君本，是君本下对民众的种种恩泽和施惠。

三、"民为贵，社稷次之，君为轻"

春秋战国时期，民本思想已经出现，思想家从不同角度对其作了探讨，在这一背景下，孟子将民本思想发展到一个高峰，提出了"民为贵，社稷次之，君为轻"。

> 孟子曰："民为贵，社稷次之，君为轻。是故得乎丘民而为天子，得乎天子为诸侯，得乎诸侯为大夫。诸侯危社稷，则变置。牺牲既成，粢盛既洁，祭祀以时，然而旱干水溢，则变置社稷。"（《孟子·尽心下》14.14）

孟子突出了民的地位，将其放在国家、君主之上，认为"民为贵"。"贵"是贵重、尊贵之意，相当于今天所说"最为重要""最有价值"。以上是说，人民与社稷和君主相比是最为重要、最有

[①] 参梁涛：《郭店竹简与思孟学派》，中国人民大学出版社，2008，第158—183页。

价值的,或者说,人民是国家的基础、根本,是国家的价值主体。注意,我这里说的是价值主体,不是政治主体。这既是从国家治理的重要程度来讲的,也是对人民国家主体资格的肯定;既是一个事实判断:"水能载舟,亦能覆舟"(《荀子·哀公》),也是一个价值判断,民众才是国家的根本,是最有价值、最重要的。从权力的授予来看,得到诸侯的拥护就能做大夫,得到天子的拥护就能做诸侯,那么得到谁的拥护就可以做天子呢?"得乎丘民而为天子",得到百姓的拥护就能做天子。所以当国君危及到社稷,也就是土神、谷神,就改立他人——孟子认为,国君与官吏一样,是可以撤换的。同样的,我供奉的祭品丰盛,又按时祭祀,但神灵不保佑我,仍有干旱水涝,就改立社稷。我可以另外寻找土地,重新建立国家,供奉新的土神、谷神。爱因斯坦有句名言:"国家是为人而设立的,而人不是为国家而生存。"与孟子表达的是同一个思想,都是认为"民为贵",只不过爱因斯坦将"民"具体到了个体的"人"。孟子从长期的历史经验中认识到,民心的向背往往决定着政权的得失兴衰,认为得民心者得天下,民心对于国家政权是最为重要的。

> 孟子曰:"桀纣之失天下也,失其民也;失其民者,失其心也。得天下有道:得其民,斯得天下矣。得其民有道:得其心,斯得民矣。得其心有道:所欲与之聚之,所恶勿施尔也。民之归仁也,犹水之就下,兽之走圹也。"(《孟子·离娄上》7.9)

桀纣为什么会失去天下呢?因为失去了民众的拥护;为什

么会失去民众的拥护呢？因为失去了民心。注意，这里的民心如何理解？是孟子所说的良心、本心吗？是指民众的道德觉悟吗？当然不是！孟子从不对民众唱高调，道德觉悟主要是对士人说的。这里的民心就是指民众的欲求、欲望，这在下文可以看得很清楚。所以获得天下有办法，得到人民的拥护，便可以获得天下；得到人民的拥护有办法，赢得了民心，便可以得到人民的拥护；赢得民心有办法，"所欲与之聚之，所恶勿施尔也"，他们想要的，为他们积聚起来；他们厌恶的，不强加给他们。民众想要什么呢？当然是生活安定，丰衣足食。厌恶什么呢？当然是朝不保夕，食不果腹。所以很明显，这里的民心是经验心，而不是道德本心，只不过它不是某一个人的心，而是多数民众的心，是民众的共同愿望。满足了民众的共同愿望，民众归附仁者，就像水往低处流，野兽向旷野跑。

需要说明的是，孟子的"民贵"说，不仅是对政权来源的认识和理解，也是对政权合法性的思考，认为人民的利益构成国家权力的基础，人民的生命、财产是最为珍贵、最为重要的，是设立国家、君主的唯一理由与根据，君主应尽职尽责保障人民的生命与财产，否则便不具有合法性。我们之前讲到，孟子到平陆，看到百姓流离失所，迫使平陆大夫孔距心与齐威王不得不承认："此则寡人之罪也。"（《孟子·公孙丑下》4.4）为什么他们承认是自己的过错呢？就是因为"天之立君以为民也"，国君具有保护、救济民众的职责，是春秋以来普遍流行的观念，连齐威王也不得不认可。既然国家、君主的设立是为了民，是为了民众的需要，那么，"民贵君轻"自然便是合理的了。"民贵"说的前一个方面，是对历史经验的总结，可称为"民心"说，主要针是对君主、统治者而言；后一个方面，则是在长期历史发展中形成的人道主义思想，是一种价值理念和信仰，是孟子抨击暴政的精神根源和动力，也是孟子民本思想中最核心、最有价值的部分。孟子"民贵"说的提出，具有深刻的历史背景。战国时期，诸侯连年混战，给社会生产造成极大破坏，也给人民带来沉重的灾难。统治阶级为满足穷奢极欲，想尽一切办法聚敛财物，广大民众却弃尸沟壑，挣扎在死亡线上。面对"庖有肥肉，厩有肥马，民有饥色，野有饿莩"（《孟子·梁惠王上》1.4）的不合理现状，孟子喊出了"民为贵"，指出人民的生命、财产是最为珍贵的，君主、社稷的设立都是为了民，并告诫统治者应保民、养民、富民，只有得民心，才能得天下。

由于"民为贵"，人民是国家的价值主体，人民的好恶决定政治的具体内容，"所欲与之聚之，所恶勿施尔也"（《孟子·离娄上》7.9）。君主在治理国家的过程中，应注意考察民意，以官吏的任免而言，其进其退，都不能仅仅听取少数人的一面之词，而应以人民的意志、意愿为根据。孟子说：

> 国君进贤，如不得已，将使卑逾尊，疏逾戚，可不慎与？左右皆曰贤，未可也；诸大夫皆曰贤，未可也；国人皆曰贤，然后察之；见贤焉，然后用之。左右皆曰不可，勿听；诸大夫皆曰不可，勿听；国人皆曰不可，然后察之；见不可焉，然后去之。左右皆曰可杀，勿听；诸大夫皆曰可杀，勿听；国人皆曰可杀，然后察之；见可杀焉，然后杀之。故曰：'国人杀之也。'如此，然后可以为民父母。（《孟子·梁惠王下》2.7）

国君选拔、罢免、惩罚等决策,需要听取三方面的意见:一是"左右",我最熟悉、最了解的人,在我身边工作或为我服务的人;二是"诸大夫",朝廷中的官吏;三是"国人"。三者之中,国人的意见最为重要。以选拔官吏为例,"国君进用贤才,如果不得已,将会使卑者超越尊者,疏者超越亲者,能不慎重吗"?提拔一个干部,不仅要看品德、能力,还要考虑到资历、威望等多方面因素,否则会引起他人不满,产生不必要的矛盾。所以既要任用贤才,又不能对上下秩序形成冲击,这是领导的艺术,需要慎重。"左右亲信都说某人贤能,还不可以;各位大夫都说某人贤能,还不可以;国人都说某人贤能,然后去考察,发现他确实贤能,然后任用他。"同样的,罢免一个人,杀掉一个人,都要听取各方意见,尤其要重视国人的意见。甚至对别国的讨伐,也要征得别国民众的同意。当问及齐国是否应攻取燕国时,孟子提出:"取之而燕民悦,则取之,取之而燕民不悦,则勿取。"(同上2.10)将燕国民众是否同意作为出兵讨伐的唯一的根据。更进一步,君主自身的统治,也应当得到民众的认可。虽然孟子并不认为君主的权力直接来自于民,而是保留了"君权天授"的形式,但他的思想中已明显包含了对君主统治合法性的思考,认为唯有民众的接受和认可,君主的统治才具有合法的形式。换言之,民众的认可和接受,构成了判断、衡量君主统治合法性的重要根据。孟子对君、民关系的这种理解,显然已超出了君应重视、关心民这一类简单的规定,而是包含了对人民国家主体资格的肯定。孟子以尧舜禅让为例,对此作了说明。

万章曰:"尧以天下与舜,有诸?"

孟子曰："否。天子不能以天下与人。"(《孟子·万章上》9.5）

尧舜禅让是儒家的成说，《尚书》第一篇《尧典》就是讲尧舜禅让。但是当万章问及尧舜禅让时，孟子却回答："没有此事。"这该如何理解呢？这里可能有两个原因：一是孟子与万章的对话是在燕王哙让国失败之后，此时孟子对禅让的态度发生变化，不再宣扬禅让了，故作了否定的回答。二是孟子虽然不主张禅让，但仍坚持天下为公的理念，想对尧舜禅让作出重新解读，所以他反对尧舜禅让的理由是："天子不能把天下授予人。"如果说天下是天子个人的天下，尧当然可以把天下让给舜，但是天下是天下人的天下，不是尧个人的天下，这样你就不能随意把天下转让给别人了。就像我讲课时使用的电脑，它不是我的，是中国人民大学的，我上课时可以使用它，有使用权，但没有所有权，我能随便把电脑送给人吗？我说这位同学，你下课可以把这台电脑拿走。我有这个权力吗？当然没有。所以孟子不是否认尧把权力转让给舜这件事，而是要追问尧把权力转让给舜的理由、理据是什么？

"然则舜有天下也，孰与之？"
曰："天与之。"
"天与之者，谆谆然命之乎？"
曰："否。天不言，以行与事示之而已矣。"（同上）

万章感到不理解，如果尧没有禅让天下，那么舜的天子之位是谁给他的呢?孟子说:"上天给他的。"万章更不理解了,上天怎么能给舜天下呢?是上天趴在舜的耳边说:舜,我把天下授予你吗?孟子说:"当然不是了。天是不说话的,它是通过行为和事情表达自己的意见。"

曰:"以行与事示之者,如之何?"

曰:"天子能荐人于天,不能使天与之天下,诸侯能荐人于天子,不能使天子与之诸侯;大夫能荐人于诸侯,不能使诸侯与之大夫。昔者尧荐舜于天而天受之,暴之于民而民受之。故曰:'天不言,以行与事示之而已矣。'"

曰:"敢问:'荐之于天而天受之,暴之于民而民受之,'如何?"

曰:"使之主祭而百神享之,是天受之;使之主事而事治,百姓安之,是民受之也。天与之,人与之。故曰:'天子不能以天下与人。'"(同上)

万章还是不理解:"用行动和事情来表示,又是怎么回事呢?"孟子说:"天子可以向天推荐人,但不能强迫天把天下授予人。"你是一个单位的领导,快要退休了,你可以向上级推荐合适的人,但不能直接任命他。所以下级要听命于上级,大夫要听命于诸侯,诸侯要听命于天子,这个道理大家都懂。可是天子已经是最高的了,他听命于谁呢?听命于天。天子之上还有更高的天,而天又是听从民的。"从前,尧把舜推荐给天,天接受了;把舜介绍给百姓,百姓接受了。所以说,天不说话,只是用行动和事情来表示罢了。"万章终于有点明白了,他问:"尧把舜推荐给天,天接受了他;把舜介绍给百姓,百姓接受了他,这是怎么回事呢?"孟子说:"尧叫舜主持祭祀,百神都来享用,这就表示天接受了他;尧叫舜主持政事,政事治理得很好,百姓很满意,这就说明百姓接受了他。是天授予了舜天下,是百姓授予了舜天下,所以说,天子不能把天下授予人。"孟子强调,天子之位既是来自天,也是来自民,是"天与之""人与之",认为"天子不能以天下与人",表明天下并非天子个人的私有物,天子不过是受天与民委托的管理者,只具有管理、行政权,而不具有对天下的所有权。正因为如此,孟子肯定了汤武革命的合理性,不把君位看作绝对的,如果君主不能保民,不能行仁政,便可易位,甚至诛之、杀之。

齐宣王问曰:"汤放桀,武王伐纣,有诸?"孟子对曰:"于传有之。"曰:"臣弑其君可乎?"曰:"贼仁者谓之贼,贼义者谓之残;残贼之人,谓之一夫。闻诛一夫纣矣。未闻弑君也。"(《孟子·梁惠王下》2.8)

齐宣王问:"商汤流放夏桀,武王讨伐商纣,有这回事吗?"孟子回答:"文献上有这样的记载。""传"是古书、文献的意思。齐宣王问:"臣子杀害他的君主,可以吗?"孟子说:"残害仁的人叫作贼,残害义的人叫作残,残贼之人叫作独夫。我只听说诛杀了独夫纣,没听说杀害国君。"同样,孟子也反对臣对于君一味顺从,认为"以顺为正者,妾妇之道也"(《孟子·滕文公下》6.2)。以顺从为正确,那是小媳妇的做人原则。他向齐宣王进言道:"君之视臣如手足,则臣视君如腹心;君之视臣如犬马,则臣视君如国人；君之视臣如土芥，则臣视君如寇雠。"（《孟子·离娄下》8.3）君主把臣视为手足，臣下就把君主视为腹心；君主把臣下视同犬马，臣下就把君主视同路人；君主把臣下视如泥土、草芥，臣下就把君主就如同强盗、仇敌。臣下在政治上也不是完全依附于君主，孟子把卿分为贵戚之卿与异姓之卿，对于贵戚之卿来说，"君有大过则谏，反复之而不听，则易位"。国君有了重大过错，就劝谏，反复劝谏还不听，就另立国君。为什么可以另立国君呢？就是因为民众、社稷比君主更重要。对于"异姓之卿"来说，"君有过则谏，反复之而不听，则去"（《孟子·万章下》10.9）。国君有过错，就要劝谏，反复劝谏而不听，就离去。君子、士人应更关注的是人民的利益与福祉，应"乐道忘势"，直言进谏，为民请命。孟子的这些主张，显然来自其"民贵君轻"的价值理想与信念。

孟子的"民贵君轻"说将古代的民本思想发展到一个高峰，代表了当时的最高成就，不过其思想中仍具有一些时代的烙印和局限。首先，如前面所说，战国思想家已经认识到，要想真正实现以民为本，必须要以天下为公、权力公有为条件，天下为公、选贤与能、以民为本，三位一体，相辅相成。天下为公是政治原则，选贤与能是制度设计，以民为本是价值目的。只有选贤与能、实行禅让，才能保证天下为公、权力公有。相反，如果是打天下、坐天下、实行世袭，那就是家天下，是权力私有了。只有天下为公、权力公有，民贵君轻、以民为本才能得到落实和实现。而如果是天下为家、权力私有，必然是君贵民轻，不可能是民贵君轻，这时民本只能是缓和矛盾的统治手段，失去了实际意义。但是在经历了燕王哙让国失败后，孟子对选贤与能、实行禅让持保留态度,认为"唐、虞禅,夏后、殷、周继,其义一也"(《孟子·万章上》9.6),唐尧、虞舜实行禅让,夏、商、周实行世袭,其中的道理是一样的。不再强调禅让与世袭的差别,不再要求天子、国君也要选贤与能,实行禅让。《礼运》中分别被视为"大同""小康"政治原则的选贤与世袭,却被孟子说成是"其义一也",这不能不说是一种退步。由于孟子不再坚持选贤与能、实行禅让,天子即位之后,除非残暴"若桀、纣者",否则也不会被轻易废弃。而一般的人想要成为天子,"德必若舜、禹,而又有天子荐之者"(同上),才有可能。权力公有无法实现,民贵君轻就成为道德说辞而失去了制度保障。孟子放弃禅让是在特定历史背景下的抉择,具有某种无奈甚至必然,但对民本思想则产生了消极的影响,使得民本无法突破君本的束缚和限制。孟子的思想或许可以概括为政道上的民本,治道上的君本。至于政道与治道如何统一,则是孟子没有解决的问题。

其次,孟子虽然认为天子的权力是"天与之""人与之",承认民众的意愿是权力合法性的重要根据,但是民众没有表达自己意愿的渠道,其意志要靠统治者对天意的敬畏、体会,以及对民众的同情、怜悯来实现,天子的权力主要是"天与之",这是一种君权天授的思想,是一种神权政治,与近代主权在民的思想有着相当的距离。与之相应,孟子虽然认为国家行政措施应以人民意愿为根据,人民的利益构成君主权力的基础,但并不主张人民直接参与政治活动,并未赋予人民监督、节制和罢免君主、官员的权利,孟子所关注的主要是人民的生命权、财产权以及受教育权,而非政治参与权。诚如梁启超所言:"孟子仅言'保民',言'救民',言'民之父母',而未尝言民自为治,近世所谓 of the people（民享）、for the people（民有）、by the people（民治）之三原则，孟子仅发明of与for之二义，而未能发明by义。"① 在孟子那里，民众只是国家的价值主体，而非政治主体。

还有，孟子肯定和承认政治上的不平等，虽然认为"民为贵"，但又主张"劳心者治人，劳力者治于人"（《孟子·滕文公上》5.4），用经济学上的劳动分工去论证政治学上社会等级的合理性，这实际是一种古典精英政治思想。按照这样的规定，"治人"或政治管理就成了少数"劳心者"的特权，而广大的"劳力者"则只能"治于人"，没有基本的政治权利。而现代民主政治的基本原则之一，便是肯定每一个合乎法定要求的社会成员都具有宪法赋予的政治权利，它的前提，是承认每一个社会成员都具有平等的政治地位。孟子的民本说仍是以士人的情怀，从统治者的角度要求其关心民、爱护民，而不是站在民众的立场为其争取政治权利，这与近代民主思想显然有所不同。民本与民主的差别在哪里？二者是什么关系？我们下一讲再讨论。

---

① 梁启超：《老孔墨以后学派概观》，见《饮冰室合集》第8册，中华书局，1989，第37页。

第十二讲 孟子：从民本到民主

乱世的抗争——讲给大家的《孟子》

上一讲我们讨论了民本,认为民本是从古代"民主"说中发展出来的,"民主"才是中国古代政治思想的母题。这一讲我们要讨论民本与民主的关系,不过这里所说的民主不是上一讲的"天惟时求民主"(《尚书·多方》),不是上天要给民众选择一个主人,而是五四以来人们所说的德先生,也就是英文中的democracy。就在孟子游说诸侯,宣讲民本的时候,远在地中海的一些古希腊城邦却在实践民主,中西政治思想走上了两条不同的道路。近代以来,由于我们接受了民主的观念,国人的政治理想不再是民本而是民主,社会主义核心价值观中有民主而没有民本。所以研究儒学,讨论孟子的民本,马上会遇到一个问题:民本与民主是什么关系?这个问题非常不好回答。因为民主有一个发展过程,经历了古今之变,古典民主与近代民主有很大的不同。笼统地谈民本与民主的关系,会失之浮泛。另外,民本是一种观念,现实中与其相对应的是君主制;而民主虽然也是一种观念,但主要是指一种政治制度,所以讨论民本与民主的关系,要作出限定,否则会出现错位,把不同时期的内容以及制度与观念混同在一起。孟子宣讲民本是在战国时期,希腊的民主制度形成于公元前六至四世纪,二者时间大致相当。希腊的民主虽然是一种制度,但也反映了一定的政治观念,所以我们可以考察民主制度背后的观念,将其与孟子的民本进行对比,说明二者的联系和差别。

第十二讲 从民本到民主

一、孟子宣讲民本时，雅典人在实践民主

　　古希腊不是一个国家的概念，而是一个地区的称谓，包括希腊半岛、爱琴海和爱奥尼亚海上群岛、土耳其西南沿岸、意大利东部和西西里岛部分地区。学习过希腊哲学就会知道，希腊最早的哲学家泰勒斯并不出生于希腊半岛，而是生活于米利都，在今天土耳其的小亚细亚半岛。另一位著名的哲学家毕达哥拉斯虽出生于希腊半岛，但由于主要是在南意大利传播思想学术，故他创立的学派称为南意大利学派。两位哲学家虽然生活在不同的国家，但都属于古希腊。当时在古希腊这片区域里，存在着数以百计的大大小小的城邦国家，这与春秋战国时代的中国有些近似，但也有不同之处。春秋战国时期的中国也存在很多国家，如齐、楚、燕、卫、秦，春秋时期的晋国，战国时期的韩、赵、魏等，这点与古希腊相近。但这些国家之上还有一个周天子，是一个统一的王朝国家，尽管此时已经衰落，这点与古希腊又有很大不同。古希腊虽然也出现过迈锡尼的"万民之王"，但影响与规模不能和周王朝相比，而且很快衰落下去了，此后直到马其顿崛起之前，一直处于城邦分治的状态，没有出现统一的国家。这些独立的城邦国家，实行着不同的政治制度，有君主制、贵族制，也有民主制。据记载，早在公元前575—前550年之间，游吟诗人荷马曾定居的希俄斯岛（Chios）就出现了公民议会，这是古希腊第一个采取民主政体的国家。当然，最有影响力的民主国家还要算是雅典，学术界一般认为，公元前508年的克里斯提尼改革，标志着雅典民主制度的建立，到公元前323年，雅典城邦被

马其顿击败，民主政体宣告结束，前后存在了一百八十多年。

那么，什么是民主呢？民主在英文中是democracy，它来自希腊文，不过希腊文不好拼写，我们就用英文来讨论。Democracy就是demo（复数是demos）加cracy，其中demos指人民或公民，cracy指某种公共权威或统治，所以democracy就是统治归于人民或人民主权，指全体人民平等地、无差别地参与国家决策和国家管理，这是民主最原始、最基本的含义。需要注意的是，希腊的demos与孟子"民为贵"的民不是一个概念，孟子所说的民是指民众、人民，凡生活在国野之中，属于被统治阶级，从事体力劳动的人都属于民。古希腊的demos则是指公民，而不是一般的民众，尤其不是孟子所说的作为"治于人者"的民。从这个意义上说，民主是公民的民主，而不是所有人的民主。亚里士多德在《政治学》中将公民定义为"有权参加议事和审判职能的人"，[1]所以一个人必须具备两种权利才能叫公民：一是他有权利参与国家治理，有权被选为国家的官员，是"治人者"，而不只是"治于人者"；二是作为陪审员有权利参加司法审判，审判他人有罪还是无罪。有这两种权利的人才算是公民。在雅典，只有年满20岁的男子才有资格成为公民，当然年龄并不是唯一的限制，如果你是外邦人或者奴隶，同样不能成为公民。伯里克利时期的法律就规定，只有父母都是雅典公民的人才能成为雅典公民。除了公民之外，雅典城邦还有奴隶、外邦人、妇女、未成年人，他们没有上面提到的两种权利，因而都不是公民。据学者推算，在不同时期，雅典公民的数量大致在3万到6万之间，而同

---

[1] 亚里士多德著，吴寿彭译：《政治学》，商务印书馆，2017，第116页。

时期雅典的总人口估计在30万至50万之间。在雅典全盛时期，享有充分权利的公民总数约有4万人，他们的妻儿约有5万人，此外还有4万左右外邦人，以及35万左右奴隶。所以公民人数在整个人口里面的比例是比较小的，大概只有十分之一左右。[①]虽然较之君主制、贵族制，民主制称得上是多数人的统治，但从人口总数而言，雅典民主制又绝对是少数人的统治。

雅典的民主体制，有三个重要机构：一是公民大会，是国家的最高权力机构，一切国家大事都由其审议、决定。二是五百人的议事会，是公民大会的附属机构，负责为大会准备提案并主持大会。公民大会休会期间，还负责日常行政事务。第三个是民众法庭，负责司法审判，高级公职人员的任职资格，也由其审定。除了以上三个机构外，还有其他军事、行政机构，如十将军委员会，但这三个机构是最重要的，构成雅典民主体制的基本骨架。其中公民大会是国家最高权力机构，所有的国家大事，如战争、条约、外交、财政、法律、流放，以及宗教、喜庆等事务，均需在公民大会进行讨论，作出决议。而所有合法公民均有权参加大会，就国家事务发表意见，阐明自己的主张，并参与辩论和表决，雅典人把这一权利称为"平等的发言权"。为了召开公民大会，需要准备一个巨大的会场，于是雅典人在雅典卫城西侧修建了著名的普尼克斯（Pnyx）会场，会场中心是一个巨大岩石构成的半圆形演讲台，岩石两旁各有台阶通往讲台，讲台的位置与高度可以确保每一个参加集会的公民与台上的演讲者相互对视。根据考古发掘，会场经过了不断扩建，最多时可以容纳8000人，

[①] 王绍光：《民主四讲》，生活·读书·新知三联书店，2008，第4页。

也有说是14800人。在雅典，公民大会每9天召开一次，一年举行40多次。会议4天前，五百人议事会制订好会议议程，并将所要讨论的议题通知雅典城的公民。到了会议这一天，雅典公民从四面八方来到普尼克斯会场，七嘴八舌、叽叽喳喳对国家事务发表意见，并最后投票作出表决。由于雅典公民有自己的工作，需要养家糊口，不可能每次会议都来参加，而公民大会又非常重要，所以法律规定至少要有6000人来开会，才算合法，会议的决议需要获得6000票，方可通过。

五百人议事会是雅典民主政治的另一个重要机构，它是公民大会的常设机构，负责公民大会的日常工作。任何雅典公民都有权通过五百人议事会向公民大会提出建议与议案，五百人议事会审查公民提交的议案后，制订会议议程，召集并主持公民大会进行讨论。在公民大会休会时，五百人议事会是最高权力的代表，负责监督行政官员落实大会决议的情况。作为公民大会的常设机构，除节日和不吉利的日子外，议事会每天都要召开会议，雅典每年大约有75天节日和15天不吉利的日子，这样一年中275天都在开会。五百人议事会的成员来自雅典的十个部落，每个部落推50个人，加在一起正好是500人，这些议员不是选举出来的，而是通过抽签选出来的。只要是年满30岁的公民都可以自愿成为候选人，靠抽签成为议员。抽签的方式是在罐子里放入相应数量的白豆和黑豆，摸到白豆者即可成为议员。今天西方议员的地位很高，但放在古代雅典一点不稀奇，只要手气好，年满30岁的公民都有可能成为议员。不过雅典的议员的任期只有一年，不得连任，每个公民一生最多只可以担任两次议员，以便让尽可能多的人有机会参与国家管理。而且议员是没有报酬的，纯粹是尽义务，后来有了一点报酬，但数量很少，只是象征性的补贴。为了避免机构臃肿，五百人议事会又以部落为单位分为了十组五十人团，轮流执掌雅典政务。十组五十人团执政的次序由抽签决定，每组执政的时间为36天，当政的五十人团每天抽签选出一人担任主席，掌管国库钥匙，负责应对突发事件，主持该日的五百人会议。如果这天举行公民大会，还要负责主持公民大会。主席的任期只有一天一夜，不得延长，而且一个公民一生中只能担任一次。只要是雅典公民，都有很大的机会成为主席。像苏格拉底就担任过五百人会议主席，他担任主席这一天，发生了一个重要事件，当时雅典海军战胜了斯巴达舰队，但指挥海战的10位将军却因为没有及时打捞阵亡将士尸体受到了审判，多数人认为这些将军应该被处死。苏格拉底则力排众议，坚决投出了反对票。

雅典民主政治的另一个重要机构是民众法庭，负责司法审判，其特点也是一切由公民多数说了算，强调公民的参与和公正性。如果有人被指控犯了法，民众法庭随机选出一定数量的公民组成陪审团，负责审理案件并作出裁决。陪审团的人数通常是500人，成员来自不同社会阶层，他们既是陪审员，也是审判员，根据多数票进行断案。对于雅典的民众法庭，人们的印象往往不好，原因是它曾以渎神和腐化年轻人的罪名，处死了著名哲学家苏格拉底。其实苏格拉底之死是有特殊原因的，当时雅典远征叙拉古——今天的意大利西西里岛，结果全军覆没，雅典的国力受到重大打击，从此一蹶不振。指挥这次远征的将领之一亚西比德是苏格拉底的学生，在一次战役中，苏格拉底曾经冒着生命危险救过亚西比德的命。因为爱慕苏格拉底的智慧，亚西比德也曾追求过苏格拉底。俩人感情甚笃，是同性恋关系——同性恋在古希腊是非常流行的，柏拉图在《会饮篇》中对俩人的关系有过描述。出征叙拉古前夕，雅典城的赫尔墨斯神像被毁，有人指控是亚西比德所为，要对其进行审判。亚西比德担心被陷害，结果临阵脱逃，投奔了雅典的死敌——斯巴达，这直接导致了远征叙拉古的惨败。虽然雅典民众法庭迁怒于苏格拉底，作了错误的判决，但不能因为一个案件就否定了民众法庭的积极意义。雅典司法制度鼓励民众参与，主张法律面前人人平等，对人类政治文明而言具有重要意义，其陪审团制度对后世也产生了深远影响。但是雅典没有专业的律师和法官，而一般民众容易受到情绪的影响，作出错误的判决也就难免了。

从以上内容来看，雅典的民主首先是一种制度安排，以保证公民能够直接参与国家的统治、治理，这与民本有很大的不同。民本主要是一种政治理念，认为民众是国家的价值主体，是设立国家的唯一理由，统治者需要维护民众的利益，否则便不具有合法性。用荀子的话说："天之生民，非为君也；天之立君，以为民也。"（《荀子·大略》）但这只是一种主张和愿望，并没有落实到制度上，现实中实行的是君主制，民众没有实际的政治权利，即使君主胡作非为，民众也无可奈何。战国时期一些儒家学者意识到民本与君主制的矛盾，提出了"天下为公"的"大同"理想，反对世袭，主张选贤与能，实行禅让，但就制度而言，依然是君主制，是一个人的统治。既然是比较民主与民本，就不能拿民主制度与民本所依附的君主制度作比较，这种比较没有意义，只能是追问民主制度背后的政治理念是什么，拿民主的理念与民本相比较。关于雅典民主的政治理念，古希腊哲人肯定的并不多，相反多是反思和批评，这个我们后面再讨论。对雅典民主精神作出概括和礼赞的主要是雅典首席将军伯利克里，他在著名的"阵亡将士国葬礼上的言说"中自豪地宣称：

> 我们的制度之所以被称为民主政治，因为政权是在全体公民手中，而不是在少数人手中。解决私人争执的时候，每个人在法律面前都是平等的；当一个人负担公职优先于他人的时候，所考虑的不是某一个特殊阶级的成员，而是他们的真正才能。任何人，只要他能够对国家有所贡献，绝对不会因为贫穷而在政治上湮没无闻。正因为我们的政治生活是自由而公开的，我们彼此间的日常生活也是这样的。……在我们私人生活中，我们是自由和宽恕的；但是在公共的事务中，我们遵守法律，因为这种法律使我们心悦诚服。[①]

从伯利克里的演讲词可知，雅典民主的核心理念是主权在民，法律至上。这里的民当然是指公民，不具有公民权的外邦人、奴隶、妇女等，是不包括在内的。理解雅典民主，公民权是一个非常重要的概念。孟子讲"民为贵"，主要是一个价值信念，民在实际生活中并没有任何政治权利，一点也不贵，反而很卑贱；伯利克里讲"政权在全体公民手中"，则是实实在在落实在公民权利上。由于雅典实行直接民主，所有公民都享有充分的

[①] 修昔底德著，谢德风译：《伯罗奔尼撒战争史》，商务印书馆，1960，第130页。

民主权利，凡20岁以上的男性公民都有权参加公民大会，享有平等的立法权、选举权和监督权。在公民大会上，公民对城邦大事的议案可以自由发言或展开辩论，最后投票作出决议。公民大会作出的决议具有法律效力，而且不可随意更改，所有官员必须依法行事，一旦触犯法律，就要受到惩处。伯利克里在首席将军任上就曾被控渎职，受到审判，并被处以罚金。在雅典，拥有最高权力的不是国王、执政官，而是公民大会，这在古代社会是非常罕见的。雅典民主的另一个理念是治权平等，轮番为治。雅典人非常重视平等，公民不受出身、阶级的影响，均有机会担任公职，管理国家事务。为了保障公平，采取了轮流任职的方式，五百人议事会、公民法庭成员均由抽签选举产生。公民担任公职后，任期只有一年；已任过公职者，在其他公民尚未任职前不得连续任职。这就为公民创造了广泛的参政机会，避免了因长期任职形成权力集中的流弊。但是管理者要有德性和才能，要有民众威望，而抽签选举、轮流坐庄的参政方式，使素质低下的人也获得同等的参政权，这是一种实质平等，而不是形式平等，其追求的是治权平等，而不仅仅是法权平等。雅典民主的政治理念还有其他特点，但核心就是主权在民，治权平等。

  民主制度是雅典民众长期追求、奋斗的结果，也是他们对人类政治文明的巨大贡献。民主制度激发了雅典公民的爱国热情和政治责任感，铸就了雅典人渴求知识、乐于探究的民族性格，宽松的民主氛围释放了巨大的创造力，使古代雅典在众多文化领域取得了辉煌成就，民主政治给文化发展创造了自由的氛围，使雅典人在文化方面达到了古典世界的最高水平。希腊的文化名人，如历史学家修昔底德和色诺芬、雕刻艺术家米隆和狄菲亚斯、悲剧作家埃斯库罗斯、索福克里斯、幼里披底斯和喜剧作家阿里斯托芬、哲学家苏格拉底和柏拉图均出自雅典，历史学家希罗多德和哲学家亚里士多德虽非雅典人，但他们长期生活于雅典，其文化成就也是根植于雅典这块沃土之上。其他城邦的文化巨子，也大多在雅典居留、访问过，受到雅典文化的影响。如果没有雅典，灿烂的古希腊文化必然会黯然失色。从这一方面看，对雅典民主怎样肯定和赞赏都不为过。但是另一方面我们也应该看到，雅典民主制也存在着明显的局限和不足，所以历史上对于雅典民主制度一直是存在着质疑和批评。近代以前，人们一直认为民主是一个坏东西，而不是好东西。我是八十年代进入大学的，当时国家转向改革开放，思想界的主题又回到了五四时期的科学、民主，所以我们那一代大学生对民主特别关注。而说到民主，其源头就是希腊雅典，所以有一段时间，我对希腊产生了浓厚兴趣，读了很多这方面的书籍，抱着一种探索的心态，想去了解西方民主是怎么回事。可是学了希腊哲学史后，我却感到疑惑了，当时最杰出的哲学家，被称为希腊三贤的苏格拉底、柏拉图、亚里士多德，竟然都对雅典民主持批评态度，政治立场竟然都是"反动"的！苏格拉底不用说，他就是被民主制度判处死刑的。他在世时，对民主也多有批评之词。在民主制下，民意是重要的立法根据，但苏格拉底却对民意很不以为然。他曾劝说一位雅典人，作决定时不应该受民意的左右，因为民众大多是无知的，他们的意见不值得采纳。苏格拉底认为治国不能靠民意，而是要靠有专门政治知识的人，他质问道：人们在建筑问题上会咨询建筑师，在造船问题上会咨询造船师，可是涉及国家的统治这么严肃的问题时，为什么站起来提建议的却是建筑师、鞋匠、商人、船主呢？而且不考虑他们是富裕还是贫穷，也无论他们出身高贵还是低贱。①在他看来，"用抽签的办法来选举国家的领导人是非常愚蠢的，没有人愿意用抽签的办法来雇用一个舵手，或建筑师，或吹笛子的人，或任何其他行业的人，而在这些事情上如果做错的话，其危害是要比在管理国务方面轻得多的"。②

　　苏格拉底的学生柏拉图目睹了老师被雅典法庭所害，开始反思雅典民主制度的弊端，写下了著名的《理想国》，提出只有哲学家才能充当统治者，这就是哲学王，而普通民众没有能力也不适合管理国家。柏拉图认为，一个理想社会应当由治国者、武士、劳动者三个阶级构成，分别代表智慧、勇敢和欲望三种德性。如果这三个阶级各司其职，各安其位，整个国家就达到和谐，实现了正义。柏拉图还提出，每个人在出生时就已被注入不同的元素，形成金人、银人、铜人不同的等级，金人善于用脑，充满理性，适宜做治国者；银人善于用身体，勇敢好动，适宜做武士；铜人善于用双腿，充满感情与欲望，适宜做劳动者。柏拉图这个说法，与雅典民主精神是格格不入的，反而与孔子的"唯上智与下愚不移"（《论语·阳货》），以及孟子的"劳心者治人，劳力者治于人"（《孟子·滕文公上》5.4）有相近之处。

　　亚里士多德广泛研究希腊各城邦的政体，提出了六种政体，君主制、贵族制、共和制、僭主制、寡头制以及民主制。他的分类有两个标准：一是统治者的数量，即统治者是一个人、少数人，还是多数人；二是统治者的目的，他是为了公众利益还是私

---

① 柏拉图著，王晓朝译：《理想国》，《柏拉图全集》第1卷，人民出版社，2002，第440页。
② 色诺芬著，吴永泉译：《回忆苏格拉底》，商务印书馆，1984，第8页。

人利益。按照这两个标准，亚里士多德认为正常的政体有三种，即君主制、贵族制以及共和制，它们分别是一个人的统治、少数人的统治以及多数人的统治，但都是为了公共利益。如果不是为了公共利益而是为了私人利益或某个阶级的利益，就会出现三种变异政体，即君主制变异为僭主制，贵族制变异为寡头制，共和制变异为民主制。从这个分类来看，亚里士多德显然不认为民主制是好的政体。在亚里士多德看来，一个城邦通常由三个部分组成：富人、穷人和介于两者之间的中间阶层，类似我们今天说的中产阶级。富人追求财富，穷人渴望自由，一个城邦如果完全由穷人和富人组成，必然会因为利益的不同产生对立，无法形成组成政治团体必要的友爱之情；如果富人或穷人一方占据了城邦最高统治权，则必然会相互为敌，势同水火，造成城邦的分裂。因此城邦应该以中产阶级为基础，中产阶级能兼容自由与财富，比贫人或富人的统治更为优良，"唯有以中产阶级为基础才能组成最好的政体"，[①]以中产阶级为基础建立的政体，亚里士多德称之为共和政体，也是他心目中好的政体。至于民主政体，在亚里士多德看来，实际是穷人压迫富人的政体，属于变异的政体，称为平民政体可能更合适。亚里士多德把城邦居民划分为六个阶层：农民、工匠、商人、武士、法官和祭司。在这六个阶层中，真正享有完满权利的应该只是最后三个阶层，这三个阶层不事生产，具有德性，构成城邦的公民主体。至于农民、工匠、商人等，最好不参加国家的治理。可见亚里士多德对民主制的态度是比较矛盾的，一方面他不反对民主制下自由人轮番为治的原则，另一方

---

① 亚里士多德著，吴寿彭译：《政治学》，第209页。

面又倾向精英治国,他所心仪的实际是贵族制、民主制的混合政体。①

亚里士多德政体分类:

目的＼人数	一人统治	少数人统治	多数人统治
为了公众利益	君主制	贵族制	共和制
为了私人利益	僭主制	寡头制	民主制

从苏格拉底等人的批评来看,他们主要反对的是雅典民主政治中不分贤愚贵贱,一味追求治权平等,甚至通过抽签选拔公职人员的做法。他们对雅典民主政治的批评,不能简单理解为反动、倒退,更不能视为政治不正确,而应看作对雅典民主制度固有缺陷的反思和批判。写出《伯罗奔尼撒战争史》、对雅典军事失败作出深入考察的著名史学家修昔底德认为,普通民众缺少政治智慧和判断能力,只能接受拥有智慧的精英人物的领导。而雅典民主制度恰恰没有为精英、领袖留下位置,结果导致雅典与斯巴达争霸的失败。衡之以历史,修氏的说法是可以成立的。由于重视和追求治权平等,雅典民主逐渐形成了直接民主、轮番为治、抽签选举、少数服从多数的基本原则。这些原则取消了贵族的特权,打开了普通民众参与政治的大门,固然有其积极意义。但由于忽视了人与人之间智慧才能的差别,也存在局限和弱

---

① 聂敏里:《西方思想的起源——古希腊哲学史论》,中国人民大学出版社,2017,第192页。

点，最明显的是不利于领袖人物的出现。需要说明的是，雅典人的平等乃实质平等，而非形式平等，是治权平等，而非法权平等。形式平等或法权平等只是肯定法律面前人人平等，承认每个人有相同的政治权利，而不保证其都能在政治实践中获得相同的机会和职位，实质平等则相反，它不仅肯定每个人有权利参与国家治理，还要保证其获得相同的职位和机会，所以实质平等也是一种治权平等。为了做到治权平等，雅典民主回避、忽视智慧才能的因素，只要中签，便可为官。为了让更多的人有担任官职的机会，只好缩短任职期限，期满便要卸任，不得连任，其看重的是公平，而不是政绩。官员既不由政绩、才能决定其进退，就不能形成完善的选拔、晋升机制，更难有领袖人物的产生。至于一切事物都要到公民大会讨论决定，这在和平时期或许可以，但对于战争这样的重大事件也要靠全体公民投票决定，就完全不合适了。战争往往关系到一个国家的生死存亡，战争的形势又瞬息万变，难免使民众神经紧张，情绪受到战局变化的影响。加之民众对军事问题并不了解，容易受领袖人物的蛊惑煽动，因此很难作出明智的决定。[①]雅典民主制的这种缺点在伯罗奔尼撒战争中暴露无遗，雅典最终的失败，民主制难辞其咎。所以民众是不能排斥领袖的，相反需要领袖的指导，能够将杰出领袖与负责任公民结合在一起的，才是好的制度，这在伯利克里身上得到集中体现。伯利克里是雅典最伟大的政治家之一，在他执政时期，雅典民主政治达到极盛，这一时期也被称为伯利克里时期。雅典的最高权力单位是公民大会，公民大会主席任期只有一天，且不得连

[①] 刘文泰：《平民领袖与雅典民主》，《南都学刊》1991年第2期。

任,这种制度本是不可能产生政治领袖的。但雅典负责军事的十将军委员会虽然也由选举产生,但可以连任,而且不享受公职津贴,这就使十将军只能由家庭殷实且具有一定才能和威望的人担任,伯利克里正是利用这一制度脱颖而出,连续十五年担任首席将军,掌握了国家的政权,成为雅典的第一公民。修昔底德曾评论说,伯利克里"能够尊重人民的自由,同时又能够控制他们。是他领导他们,而不是他们领导他,……当他看见他们过于自信的时候,他会使他们感觉到自己的危险,当他们没有真正的理由而丧失勇气的时候,他会恢复他们的自信心。所以虽然雅典在名义上是民主政治,实际上权力正逐渐落入第一公民手中"。[1] 正是在伯利克里的领导下,雅典民主制取得辉煌成就,并在伯罗奔尼撒战争第一阶段取得了对斯巴达的胜利。但是伯利克里的政治地位,不是由制度决定的,而是靠个人的威望和影响力取得的,这就具有很大的不稳定性。公元前430年,雅典发生了严重的瘟疫,一时城内病魔肆虐,尸体横陈,伯利克里的儿子也不幸染病身亡。下葬时,伯利克里不听旁人的劝阻,拥抱了儿子的尸体,结果也被传染,第二年去世。伯利克里死后,雅典政坛陷入群龙无首的状态,当时雅典有三位政治领袖:克里翁、亚西比德和尼西阿斯。但是他们都没有伯利克里的威望和影响力,政治观点也彼此不同,克里翁、亚西比德属于激进派,主张对斯巴达开战,尼西阿斯则属于温和派,为了取得领导权,他们只能一味地讨好民众,而雅典民众在他们的蛊惑下,越来越失去理智,作出一系列错误决定。修昔底德分析伯利克里之后的雅典政治说:

---

[1] 修昔底德著,谢德风译:《伯罗奔尼撒战争史》上册,第170页。

"他的继承人，彼此都是平等的，而每个人都想要居于首要的地位，所以他们采取笼络群众的手段，结果使他们丧失了对公众事务的领导权。"[1] 在这种情况下，雅典走向失败就是必然的了。所以雅典的民主制度并不完善，存在种种缺陷，如果说雅典民主制度中主权在民、崇尚法律的理念有其合理性的话，那么治权平等、轮番而治的观念则存在较多问题，按照这种观念，只能是实行直接民主，难以产生好的政治领袖，领袖与民众之间难以达到平衡。而真正好的民主应该是有领导的民主，是领袖与民众相结合的民主。这在治权平等、轮番而治的观念下是很难实现的。古代社会，受教育的人口较少，民众素质参差不齐，而优秀人物往往是出自财产富足、生活闲暇、受过良好教育的贵族家庭。由于雅典民主制度过分追求治权平等，不仅没有为这些人保留适当的位置，使其政治、军事才能得以发挥，反而将其视为民主制度的威胁，千方百计加以限制，乃至于驱逐、流放，著名的陶片放逐法就是为此设计的。这种民主制度当然不是完美的，从今天的眼光看，虽不至于称为是坏东西，但至少不能算是好东西。苏格拉底、柏拉图、亚里士多德等人，对其作出反思和批评就不奇怪了。需要说明的是，苏氏等人对雅典民主的批评，主要集中在治权平等、轮番为治上，对于主权在民，实行法治，他们则是赞同和认可的——柏拉图提出哲学王虽有人治的倾向，但在后来的《法律篇》中他还是主张法治的，只是他们没有对主权与治权作出明确区分而已。那么，我们不妨设想，假如孟子知道了雅典的民主制，他会作何反应？对于治权平等，毫无疑问，他与

---

[1] 修昔底德著，谢德风译：《伯罗奔尼撒战争史》上册，第150—151页。

希腊三贤一样会表示反对,但对于主权在民,实行法治,他会接受吗?

二、为什么孟子讲民本,希腊却出现民主

在回答这个问题前,我们先讨论另一个问题,为什么民主制出现在希腊,而不是中国?为什么孟子是在君主制下讲民本,而雅典人则建立起民主制?对此,亚里士多德认为:"野蛮民族比希腊民族为富于奴性;亚洲蛮族又比欧洲蛮族为富于奴性,所以他们常常忍受专制统治而不起来叛乱。"[1]也就是说东方民族实行君主制,是因为他们富有奴性,甘愿被君主统治。这个说法当然是不成立的,已有学者作了反驳。[2]因为希腊早期也出现过神授王权,实行过君主制,雅典城邦民主制乃是在特殊环境下演变发展的结果。读过荷马史诗都知道,古代希腊境内曾存在大大小小的王,称为巴赛勒斯(Basileus)。他们或是某一地区的王,如伊塔卡岛的巴赛勒斯奥德修斯——荷马史诗《奥德赛》的主角,或是统辖全希腊各地诸巴赛勒斯的大王,如亚该亚人的"万民之王"阿伽门农——荷马史诗《伊利亚特》中率领希腊联军攻打特洛伊的统帅。如果说荷马史诗只是传说,那么考古发现也证实古希腊确曾存在过一个王政时代。从十九世纪七八十年代开始,随着德国考古学家谢里曼、英国考古学家伊文思的发掘,希腊早期国家克里特、迈锡尼的情况逐渐被人们所认识。根据考古发

---

[1] 亚里士多德著,吴寿彭译:《政治学》,第162页。
[2] 参见顾准:《希腊城邦制度研究》,《顾准文集》,贵州人民出版社,1994,第86—96页。

现，大约公元前两千年，克里特岛产生了希腊最早一批国家，其中较著名的有克诺索斯和法埃斯特，这些国家已达到很高的文明程度，出现了作为文明标志的文字、铜器和城市。社会分工也很发达，有多种手工业，各种陶器制作得十分精美。公元前十五世纪，克里特文明衰落下去，文明中心转移到希腊半岛的迈锡尼，按照传统说法，迈锡尼是亚该亚人建立的，代表性建筑为宫殿、城堡、竖井和圆顶墓，到公元前十二世纪，多利安人南下，迈锡尼文明诸城被毁，希腊社会重新返回氏族社会，故人们称这一时期为黑暗时代。那么克里特、迈锡尼实行的是什么制度呢？应该是君主制。因为从考古发现来看，不论是克里特还是迈锡尼，其王宫均规模宏大，结构复杂，如克里特的克诺索斯王宫由围绕中央庭院的多层楼房建筑群组成，面积达两万平方米，王宫内房屋、厅堂众多，总数达一千五百间以上。王宫布置不求对称，结构错落复杂，使人难觅究竟，因此希腊神话中称之为"迷宫"。王宫内还有大量壁画，堪称古代杰作。迈锡尼王宫位于卫城中心的制高点，有大厅、后厅、走廊、侧室、浴室等建筑。卫城有巨石垒成的城墙，其正门为著名的狮子门。基于以上特点，学者一般认为，克里特"社会政治的许多方面都类似古代东方王国……否则，便难以解释那些大建筑物，多种手工业，奢侈品以及雅致的玩艺从何而来"。① 克里特还拥有强大的海军，一度成为海上霸主，势力影响到爱琴诸岛和希腊半岛。至于亚该亚人建立的迈锡尼诸城邦，同样实行君主制，每个城邦都有王，即巴赛勒斯。

---

① 塞尔格耶：《古希腊史》，转引自顾准《希腊城邦制度研究》，《顾准文集》，第89页。

关于巴赛勒斯，亚里士多德称，他们"具有（三项）统治的权力：战时为统帅，祭时为主祭，遇有法律上的争端也由他们做最后的判决"。[1]这与中国古代的王是十分接近的。在众多的巴赛勒斯之上，有一个他们拥戴的共主，例如来自迈锡尼的"万民之王"阿伽门农，"这个迈锡尼王国，有点像周王朝的'王畿千里'，即一个对诸侯具有最高王权的中心王朝直接统辖的地区，其他王侯对它有某种程度的臣属义务"。[2]有趣的是，阿伽门农的共主地位来自于他拥有的王杖，该王杖据传说是由赫斐斯塔斯神制作，由珀罗普斯（古希腊国王）传给阿伽门农的父亲阿特里阿斯一裔，然后传给了阿伽门农，这自然使我们联想到中国古代天命所系的九鼎。所以古代希腊也是存在过神授王权的，这点与中国古代相似，其民主制是后来发展的结果，亚里士多德说东方人富有奴性，因而选择了君主制，是不能成立的。

既然希腊也存在过君主制，为什么后来又发展出民主制，而中国却只有君主制一种形式呢？关于这个问题，我认为侯外庐先生关于中西文明不同发展路径的说法是值得重视和参考的。侯先生指出，"如果我们用'家族、私有、国家'三项来做文明路径的指标，那末，'古典的古代'（指古希腊罗马）是从家族到私产再到国家，国家代替了家族。'亚细亚的古代'（指古代中国）是由家族到国家，国家混合在家族里面，叫做'社稷'"。[3]侯先生所说的"家族"是指父权家族，"私有"指个体私有制。在西

---

[1] 亚里士多德著，吴寿彭译：《政治学》，第163页。
[2] 顾准：《希腊城邦制度研究》，《顾准文集》，第95页。
[3] 侯外庐、赵纪彬、杜国庠：《中国思想通史》第1卷，人民出版社，1957，第11页。

方，由于私有制的发展，父权家族被瓦解，让位于小家庭，在此基础上建立起城邦国家。与之不同，中国古代国家则是在父权家族的基础上直接建立起来的。中西文明的路径不同，其政治制度也表现出不同的特征。侯先生所说的父权家族，是指以父家长为核心的家庭组织形式，它是早期氏族组织长期发展演变的结果，一般由父家长与若干代子女组成。这时虽然也出现了私有制——父家长私有制，但不同于个体私有制，不仅没有瓦解父权家族，反而强化了父家长的统治。由于父家长占有了家族财产，在家族内部取得了支配一切的权力，不仅拥有财产权，还拥有司法审判权、宗教祭祀权，甚至对子女和奴隶、仆役的生杀之权。关于父权家族，恩格斯将其概括为："一是把非自由人包括在家庭以内，二是父权。"并说"它以缩影的形式包含了一切后来在社会及其国家中广泛发展起来的对立"。[1]因此，父权家族的出现，是人类文明发展史上的一件大事，它标志着在社会生活的一切制度上，在人与土地和人与人的关系上的革命。

父权家族虽然由血缘维系，但也需要占有一定的土地，当家族繁衍发展到一定规模，父家长便会让家族中的一位成年男子离开家族的居住地，去开辟新的领地。成年子女离开时一般会带领一定的人口，这或是为了减少人口的压力，或是为了开垦土地的需要，或是为了戍守边防。新分化出的家族与原属的家族具有隶属关系，必须对大宗表示恭顺，其政治地位相应也要低一

---

[1] 恩格斯：《家庭、私有制与国家的起源》，《马克思恩格斯选集》第4卷，人民出版社，1966，第49—50页。

等。同时他们又具有血缘联系,具有相同的祖先和姓氏,属于同一个宗族。这种分化过程还会不断重复,从而形成第三、第四支系。这样随着家族的不断繁衍、分化,在家族的基础上形成更高一级的宗族,在宗族的基础上又形成更高一级的氏族。当原来分属不同地区的氏族,随着不断扩张发生接触,便会发生激烈的冲突,形成超越氏族和宗族之上的部落联盟,早期氏族国家由此产生。这种建立在父权家族基础之上的早期氏族国家都是君主制的,因为君权来自父权,家庭内有一个专断的父亲,国家内必然有一个专权的君王,中西文明在起点上是相同的。在古代中国,国乃是家的扩大,"父"字甲骨文作 ,为手持权杖之形,表示他在家庭内具有绝对的权威和支配力。官尹的"尹"字,甲骨文作 ,似手执笔之形,"它是在父权家长制的基础上发展起来的,比一般的'父'握有更大的权力"。"国君的'君'字,从'尹'从'口',表示他是众尹之上地位最尊的'发号'者。这清楚地表明中国的早期国家组织,是以父权家长制家庭为基础而发展起来的。国家即父权大家庭的扩大。"① 在希腊语中,巴赛勒斯与父亲也是同一个字,"指的不是父性的特征,而是权力、威信与尊贵"。② 亚里士多德认为,"君王(即巴赛勒斯)正是家长和村长的发展"。③ 这与中国古代国家是非常相似的。所以中西政治制度的差异,不在起点上,而在后来的发展。公元前十二世纪,多

---

① 朱绍侯、齐涛、王育济主编:《中国古代史》上册,福建人民出版社,2010,第32页。

② 库朗热:《古代城邦:古希腊罗马祭祀、权力和政治研究》,华东师范大学出版社,2005,第79页。

③ 亚里士多德著,吴寿彭译:《政治学》,第6页。

第十二讲　从民本到民主

里安人南下后,亚该亚人所建的迈锡尼诸城邦被毁灭,希腊社会出现了暂时、局部的倒退,古希腊进入黑暗时代(公元前十二到前八世纪)。但至迟从公元前十世纪开始,希腊半岛阿提卡地区又出现了一些城邦,希腊社会又经历了氏族解体和国家产生的过程。我们讨论的雅典民主制,主要是从古风时代(公元前七到前六世纪)逐步发展起来,并在古典时代(公元前五到前四世纪)达到极盛。在此之前的克里特和迈锡尼,古希腊还存在过一个氏族国家阶段,"家族—国家"的文明路径也适合希腊。侯外庐先生是马克思主义学者,曾翻译过《资本论》,他研究古希腊主要根据的是恩格斯的《家庭、私有制和国家的起源》,而恩格斯写作这本书时,谢里曼的考古挖掘刚刚开始,所以还不了解克里特、迈锡尼的情况,将古希腊国家的产生下推到公元前七世纪。侯先生所说的"家族—私产—国家",主要是指这一阶段,认为其与中国"家族—国家"的文明路径有所不同,而这也是理解雅典民主制的关键。

我们前面说过,父权家族阶段,土地财产归家长所有,形成了家长所有制。在此基础上,则会出现贵族或国家所有制。最典型的是周代"普天之下,莫非王土;率土之滨,莫非王臣"(《诗经·小雅·北山》),土地名义上归周天子所有,周天子不可能管理所有的土地,便以分封的形式将其分给各级贵族,形成贵族的多级占有。希腊早期与此类似,由于实行父权制,所有权不是个人的,而是全家的。每家只有一个主人,就是拥有家族财产使用权的父亲。"父亲不只是一个强有力的保护者,能使人服从他,他还是一位教主,一位家火的继承者,一位祖先的继续者。"①而且根据雅典的法律，父亲有卖儿子的权利。因为父亲是支配全家产业的主人，而儿子可以被视为是他的财产。在这种父权所有制下，自然不可能有个体私有制的存在。据学者研究，迈锡尼时代的经济结构以王宫为中心，形成所谓的"宫廷经济"，不论是贵族还平民，其对土地的占有都同一定的义务联系在一起，是一种"有条件占有"。这与以后希腊时代的土地制度有很大不同，而与周代分封制下的土地制度有某种相似之处。到了黑暗时代，随着迈锡尼中央集权的崩溃，贵族分享了王宫的权力，控制了绝大部分的土地。在荷马史诗中，土地往往归巴赛勒斯或贵族所有，贵族家庭控制着大部分土地。②但是到了公元前七至前六世纪的古风时代，土地私有制逐渐确立起来，希腊城邦国家是建立在私有制的基础之上的，这就是侯先生所说的"家族—私产—国家"。需要说明的是，个体私有制与家长私有制不同，家长私有制没有瓦解反而强化了家族组织，个体私有制则与家族组织不相容，个体私有制一旦出现，基于血缘的家族组织便逐渐解体，人们在地缘的基础上建起新的国家组织。这种新建立的国家组织，一开始可能还会延续着君主制，但由于父权已经被瓦解，由私有制带来的平等意识开始产生，故君主制逐渐过渡到贵族制，又发展到民主制，这是古希腊政治制度演变的基本趋势。可见，民主制的产生，私有制对父权家族的破坏和瓦解是关键。由于君主制来自父权制，是一种家长政治，在父权—君主制下，只会产生"为民父母"（《孟子·梁惠王上》1.4）的民本思想，而不会出现多数

---

① 库朗热：《古代城邦：古希腊罗马祭祀、权力和政治研究》，第78页。
② 参见黄洋：《古希腊土地私有制的确立与城邦制度的形成》，《复旦大学学报》1995年第1期。

第十二讲　从民本到民主

人统治的民主（democracy）。只有瓦解了父权家族，否定了家长政治，才有产生民主政治的可能。这就是侯先生所揭示的西方"家族—私产—国家"路径，不同于中国"家族—国家"路径的地方。

　　古希腊私有制的出现，与海外殖民、工商业活跃密切相关，三种因素相互作用，共同瓦解了父权家族和氏族组织，为民主制的建立创造了条件。与中国大河大江的内陆型文明不同，希腊半岛以山地为主，山峦起伏，地形崎岖，没有大的平原，也没有可供农业灌溉和商贸交通的大河，是一种典型的海洋文明。据统计，希腊半岛山地占80%，耕地不到20%。不仅耕地稀少，而且土壤贫瘠，不利于农业生产。著名历史学家希罗多德称希腊"一生下来就是由贫穷哺育的"。[1]雅典所在的阿提卡地区，自然环境尤为恶劣，据学者研究，公元前五世纪，雅典收成最好的年份，粮食产量仅能达到需求量的四分之一，不足的部分要靠贸易从外部获得。[2]为了生存发展，古希腊人很早就将目光投向海洋。所幸的是，希腊半岛有着得天独厚的航海条件，半岛三面环海，海岸线曲折漫长，长达一万多公里，形成许多天然海港。爱琴海上岛屿星罗棋布，多达483个，而且彼此距离不远，天气晴朗时肉眼可望，这等于为航海技术尚不发达的古代航海者提供了固定的航标，同时也可以为航海者补给淡水和食物，大大降低了航海的风险。而且地中海是被欧、非、亚大陆包围的内海，是"陆地中间之海"。与波涛汹涌的大西洋相比，可谓是风平浪静，用橹桨就很容易渡过平静的水域。由于具有如此便利的条件，早在公

---

[1] 希罗多德著，王以铸译：《历史》下册，商务印书馆，1959，第398页。
[2] 尚烨：《古希腊地理环境与其文化特色》，《内蒙古师范大学学报》2002年第5期。

元前八世纪初,希腊人便开始了大规模的海外殖民,到公元前七世纪中期,以米利都为首的小亚西亚城邦,又掀起第二次海外殖民高潮,一直到公元前六世纪,希腊的海外殖民前后经历了三个世纪,史称"大殖民时代"。殖民的目的,或是为了减少人口的压力,或是为了商业贸易。海外殖民的一个重要结果,便是破坏了氏族组织,促使私有制的出现,为民主制的产生准备了条件。汤因比曾分析说:"越海迁徙的一个独特现象是不同种族的大融合,因为社会组织中首先要抛弃的便是原始的血缘群体。一艘船的载人量有限,而如果数条船为了安全而一起前往异乡,就很可能要同时拉上不同地方的人——这与陆上迁徙的一般方式恰成对比,进行陆上迁徙的整个部族可以把妻子儿女和家具全装上牛车,大队人马以蜗牛速度在大地上缓缓前行。"①海上移民与陆地移民有很大的不同,中国古代也有移民,如商人先王盘庚迁都殷(今河南安阳),周人先祖公刘率部落从邰(今陕西武功)迁至豳(今陕西旬邑),古公亶父自豳迁于岐山(今陕西岐山)等,但陆地移民是整族迁徙,不仅将氏族组织保留下来,而且在迁移中强化了家长或族长的权威,故盘庚、公刘、古公亶父均为商、周历史上声名显赫的君王或族长。海上移民则不同,早期希腊的船只比较小,不可能将氏族整体迁移,只能是少数人结伴前行,这样家族的血缘组织被打碎。到了殖民地,按照习惯,来自不同家族的成员都会分到一块土地,这块土地属于殖民者个人,而不是他所属的家族,这样土地私有制出现了。人们不是基于血缘,而是

---

①阿诺德·汤因比著,郭小凌等译:《历史研究》,上海人民出版社,2005,第108页。

第十二讲　从民本到民主

地缘的基础上重新建立国家制度。汤因比说："在民族大迁徙中，跨海迁徙的苦难还产生了另一个积极成果，它不是文学的，而是政治的。这种新的政治不再以血缘为基础，而以契约为基础。"[1]汤氏称新的国家制度是以契约为基础，可能加入了现代观念，但新建立的殖民城邦不再是以血缘、等级为纽带，而是自由人在平等基础上的联合，则是可以肯定的。殖民者在航海中形成的同舟共济的合作关系，在登上陆地后被保存下来，以共同应对可能遇到的敌人。久而久之，伙伴关系便超过父子兄弟的情感。当来自不同氏族、不具有血缘关系的人们，在一个陌生的土地上重新建立城邦时，尽管旧时的记忆还会发挥一定作用，但已不可能完全照搬以前的家长制，只能根据平等的伙伴关系重新建立城邦制度。所以希腊民主政治最初是发源于殖民城邦，后来又传播到希腊本土母邦，这足以说明海外移民对民主制度的形成产生了巨大影响。

海外移民也推动了海外贸易的发展，前面说过，希腊半岛山多地少，土壤贫瘠，不利于农业生产，但希腊的山岭却蕴藏着丰富的矿产，有大理石、白银、陶土等。山区和丘陵适宜种植葡萄和橄榄，地中海式气候夏季炎热干燥，冬季温和多雨，虽不利于农业生产却为葡萄、橄榄提供了适宜的生长环境，这就为手工业创造了优越的条件。聪慧的希腊人因地制宜，通过葡萄、橄榄的加工以及大理石、陶器的制作，创造了丰富的贸易产品，形成了古代较为独特的商业文明。需要说明的是，商品经济的特点是公平交易，等价交换，其所建立的是一种横向秩序，与父权制下的纵向等级秩序有所不同。商品交换要求买卖双方必须在平等、

---

[1] 阿诺德·汤因比著，郭小凌等译：《历史研究》，第109页。

公平、自由的基础上进行，这样长期的商品贸易培养出希腊人平等、自由的观念，并渗透到政治生活中去。马克思说："平等和自由不仅在以交换价值为基础的交换中受到尊重，而且交换价值的交换是一切平等和自由产生的现实基础。"①也就是说，只有在商品交换中平等和自由才会受到尊重，也只有在商品交换中平等和自由才会得以产生。这种平等、自由的观念正是希腊民主政治得以产生的一个思想前提，也是民主政治的灵魂所在。工商业的发展还在贵族和平民两个传统阶层之外，产生了工商贵族阶层，他们与平民阶层一起成为推动民主政治的重要力量。

海外移民、工商业发展只是为民主制度的产生提供了条件，民主制度的形成则是平民与贵族长期斗争的结果。由于私有制的出现，导致了贫富分化，产生了平民与贵族两大阶层。当时贵族把持着国家政权，重要的职务均由贵族垄断，平民政治上无权无势，经济上则处于受剥削、压迫的地位。由于所有的土地都控制在少数人手里，平民只能租种贵族的土地，如果无力支付地租，他们以及他们的子女都会失去自由。德拉古立法赋予贵族夺取平民土地的权力，可以将负债者及其妻儿卖为奴隶，平民的处境急剧恶化，阿提卡的田地上到处都插着抵押土地的债牌。失去土地的平民不得不卖妻鬻子，渡过难关；甚至卖身为奴，被贩往海外；或者按高额的比例耕种贵族的土地，缴纳六分之五（或说六分之一）的租税，成为六一汉。贵族的压迫，激起了平民的不满，阶级矛盾空前激化，革命一触即发。在这种情况下，公元前

---

① 马克思，恩格斯著：《马克思恩格斯全集》第46卷（上），中共中央马克思恩格斯列宁斯大林著作编译局编译，人民出版社，1979，第197页。

第十二讲 从民本到民主

594年，梭伦以雅典"执政兼仲裁"的身份，推行了一系列具有宪政意义的经济、政治和社会改革，开启了向民主政治的转变，史称"梭伦改革"。在经济方面，梭伦颁布"解负令"，废除雅典公民以人身作抵押的一切债务，禁止再以人身作抵押借债，禁止把欠债的平民变为奴隶。因无力还债而已被卖到异邦为奴的人，由国家出钱赎回，同时废除"六一汉"制度。政治方面，首先，恢复公民大会，使其成为最高权力机关，决定一切城邦大事以及行政官的选举。公民大会虽然作为氏族社会的遗留，很早就存在，但在梭伦改革前，并没有实际权力，也很少召开。即使召开，也不是所有的平民都能参加。据西方学者考证，公民大会的希腊原文意为"被叫出门的人"，只有被贵族喊到名字的人，才有资格出席公民大会。未被告知出席者，不允许也没有资格出席公民大会。这样公民大会只是贵族操控的工具，不具有反映民意的实际意义。[①]梭伦则规定，所有雅典公民，不论贫富，都有权参加公民大会，具有相同的表决权。其次，设立了新的政府机关——四百人会议，类似公民会议的常设机构，由雅典的四个部落各选一百人组成。梭伦将雅典公民按财产分为四个等级，四个等级都可参加公民大会，但只有前三个富有的等级可以入选四百人会议，只有第一等级可以担任最高的官职。另外，还设立了陪审法庭，每个公民都可被选为陪审员，参与案件的审理，陪审法庭成为雅典的最高司法机关。可以看到，经过梭伦改革，雅典民主制度的框架已基本成型，为民主制的进一步发展打下了基础，所以也有学者认为雅典民主制度实际是完成于梭伦之手。此外，梭伦还

[①] 参见晏绍祥：《梭伦与平民》，《华中师范大学学报》1994年第3期。

颁布了一系列有利于工商业发展的政策,包括限制粮食出口,扩大橄榄油输出;奖励外地工匠移民雅典,提倡公民学习手工业技术,一个家庭至少有一个孩子需要学习一门手艺;改革度量衡,铸造雅典新币;承认私有财产可以自由继承,消除家长制的残余等。

梭伦改革是平民对贵族的一次胜利,"解负令"颁布后,平民的债务一笔勾销,解除了沦为奴隶的危险,贵族借出去的债务收不回来,也无法用高额地租剥削平民,其利益虽然受到伤害,却避免了革命的发生,防止了平民在劫富济贫的名义下对其财产的剥夺,从这一点看,对贵族也是有利的。故梭伦改革实际是贵族与平民妥协的结果,梭伦出身贵族,在改革中虽然照顾了平民的利益,但并没有站在平民的立场打压贵族。在平民与贵族的斗争中,他不讨好任何一方,而是坚守中道,在二者之间折中、调和。他虽然恢复了公民大会,赋予其很高的权利,但同时又保留了主要由贵族组成的战神山议事会,使二者保持平衡。而当平民提出重新分配土地时,梭伦视为非分之想,坚决予以拒绝,他痛恨贵族的为富不仁,但也警惕平民的贪得无厌,力求使二者各得其所,相互妥协。他在诗中写道:"自由不可太多,强迫也不应过分……所以我拿着一只大盾,保护两方,不让任何一方不公正地占据优势。"[1] 由于梭伦是按财产而不是门第划分等级,他真正依靠的是中间阶层,即殷实的工商业者。

梭伦改革虽然确立了雅典民主政治的基本框架,但梭伦确立的按财产划分公民等级、不同等级公民享有不同政治权利的原则,对穷苦平民来说仍是巨大限制,雅典重要的官职被第一等级

---

[1] 亚里士多德:《雅典政治》,生活·读书·新知三联书店,1957,第14页。

第十二讲　从民本到民主

的贵族把持，第四等级的平民却没有出任官员的权利，平民与贵族的矛盾依然存在。故公元前508年，克里斯提尼在民众的支持下，再次进行改革，史称克里斯提尼改革。首先，将雅典重新划分为十个地区部落，以取代原来的四个血缘部落。鉴于世家贵族存在利用血缘关系操控城邦政治的情况，克里斯提尼将阿提卡地区划分为三个大区：城市区，沿岸区和内陆区。每一个部落包含一个城市区、一个沿海区以及一个内陆区，称为三一区，由于三个地区相互散落，并不处在一起，这样就削弱了贵族的力量，限制了其对国家政治的干预。设置基层组织村社，称为德谟，形成部落—三一区—德谟的行政区划。居民按德谟进行公民登记和选举，德谟成为雅典国家的基层单位。克利斯提尼这一改革的目的，"是削弱血缘家族观念，强化公民身份意识，将社会和政治生活的焦点从血缘转移到地域，从强调胞族和氏族转移到强调德谟……有助于城邦政治共同体国家职能的集中化，及政治参与的平等化"。[1]同时还具有"重新划分选区"的作用，由于选区是按地域划分的，以血缘为纽带的贵族力量被彻底打破。同一血缘部落的成员被分散在不同选区，一向控制这些成员的氏族贵族，也就无从跨越选区来左右选举了。[2]其次，设立的五百人会议，由十个部落各选五十人组成，取代梭伦时由四个血缘部落各选一百人组成的四百人会议。五百人议事会起着雅典政府的职能，其成员由抽签产生，所有公民不论贫富，都有资格当选。这就打破了贵族对高级职务的垄断，雅典政治向"民主"的方向又大大迈

---

[1] 李永斌：《〈雅典政治〉所载克里斯提尼的部落制改革再思考》，《历史教学》2022年第12期。

[2] 吴于廑：《古代的希腊和罗马》，中国青年出版社，1957，第29页。

进一步。我们前面介绍雅典民主制度时，提到的五百人议事会，就是这个时期确立的。此外，成立十将军委员会，由十个地域部落各选举一名将军组成，掌握军事、外交和部分财政权，将军也要接受公民大会的监督。设立陶片放逐法，驱逐可能威胁雅典民主制度的政治人物，贵族势力被进一步削弱。

克利斯提尼改革之后不久，希波战争爆发，面对外敌的入侵，雅典的内部矛盾暂时缓解，同仇敌忾、保家卫国成为雅典民众的共同目标。由于雅典与波斯对抗的主要是海军，而绝大部分水手都来自下层平民，随着萨拉米斯海战的胜利，以前被视为一无是处的下层平民，现在成为决定城邦命运的重要力量。公元前462年，埃菲亚尔泰斯在希波战争期间再次推行改革，他剥夺了战神山议事会的绝大部分权利，将其移交给公民大会、五百人议事会和陪审法庭，贵族在政治上已难有所作为。贵族议事会是雅典最古老的一个议事机构，在雅典国家建立之初即已存在，因为设立在战神阿雷奥圣山上，故也称战神山议事会。埃菲亚尔泰斯改革之前，贵族议事会在司法、行政、立法、财政等方面拥有重要的权力，但这些权力并非来自人民正式授予，而是来自宗教和传统，并获得了人民的普遍敬畏，认为其具有来自于神灵的神秘力量。①经过这次改革，雅典政治中非民主的成分完全被清除，雅典民主政治发展到极致，所有公民都被充分包括在人民之内，人民控制了政府和政治。从梭伦、克里斯提尼到埃菲亚尔泰斯，雅典政治制度的确是越来越"民主"了，但民主化的同时也

---

① 周洪祥、梁金玉：《雅典民主政治中的贵族议事会》，《宜宾学院学报》2005年第5期。

打破了贵族与平民之间的平衡，背离了梭伦所确立的中道原则，雅典政治的民主化实际也就是政治的平民化。但如我们前面分析的，真正好的民主是有领导的民主，是精英与大众达到平衡的民主。在古代，精英往往来自贵族阶层，只有这个阶层不必为了生计整日奔波忙碌，有充分的时间和精力从事政治、文化的创造活动，雅典的政治领袖多出自贵族家庭就说明了这一点。所以贵族的智慧和经验，对于民主政治的良性发展，是十分必要的。当波斯大军压境，雅典面临生死存亡之时，贵族议事会就发挥了重要的作用，使雅典得以转危为安，最终赢得战争的胜利。民主政治的精髓应该是妥协、和解、平衡，平衡就意味着没有一方占有绝对优势，无法产生一个压倒一切的社会力量。但治权平等、轮番为治的原则一旦确立，雅典民主必然会向着这个方向发展，任何阻碍这一发展的力量和机构，要么进行改革以适应之，要么从历史舞台上消失。如果说梭伦、克里斯提尼的改革还属于温和民主的话，那么埃菲亚尔泰斯的改革则属于激进民主，其追求的已不只是主权在民，法律至上，而是所有公民特别是下层公民，必须真正掌握国家权力，将治权平等、轮番为治推到了极致。这种激进民主打破了贵族与平民、精英与大众之间的平衡，政治领袖只有不断取悦民众才能获得必要的支持，在释放平民阶层政治积极性、为雅典带来繁荣的同时，也为其以后的失败埋下隐患。

三、主权在民，治权在贤

中国古代由于走了与西方不同的"家族—国家"的发展路径，私有制不发达，父权家族没有被瓦解掉，反而不断被强化，国家建立在家族的基础上，这种家国同构的政治形式不可能脱离家长制的范式，其政治制度只能是君主制的。中国古代虽然也存在类似希腊的平民阶层，称为国人，但没有出现争取公民权的斗争。中国古代的政治斗争主要是在统治者内部进行的，是大宗与小宗为争夺统治权的斗争。这种斗争不存在妥协、退让的可能，一开始可能只是争霸，后来则发展到兼并，最终则是"定于一"，秦汉大一统的中央王权由此建立。与古希腊由君主制到贵族制再到民主制的一般发展趋势不同，中国虽然很早就出现了君主制，但发展尚不充分，君权要受到贵族的制约和分割，实际是君主—贵族制。春秋时期，随着君权的衰落，出现世卿政治，类似贵族制。但到了战国时期，胜出的贵族纷纷采取了集权措施，开始向专制王权发展，直到大一统的秦帝国建立，走了从君主—贵族制到不完整的贵族制再到君主集权制的道路。在中国历史上，始终没有出现像希腊那样的平民阶层，也没有出现过由平等、自由人组成的政体团体，因而也就不可能有民主制度的建立。

中国古代虽没有出现平民阶层，却产生了一个独特的士人阶层，从孔子开始，又赋予了这一阶层新的使命与人生理想，那就是：超越个人的私利去关注国家、民众普遍利益的家国情怀，坚守和维护社会基本价值的责任担当，为弱势群体发声、为民请命的道德勇气，乃至"杀身成仁，舍生取义"的牺牲精神。对于君，他们是"师"也是"臣"；对于民，他们则是其利益的代言人，是维护其利益的"民之父母"。在君与民之间，他们不因为受雇于前者，便无条件地向其俯首效忠，而是自觉地以民众利益代言人自居。在"君"之上，他们还安置了更高的"道"，以道为人间的价值原则和政治理想，而自视为道的维护者和实践者。

第十二讲　从民本到民主

孔子主张"以道事君，不可则止"(《论语·先进》)，要求"勿欺也，而犯之"(《宪问》)；孟子要求大人能做到"格君心之非""一正君而国定矣"(《孟子·离娄上》)；荀子则提出"从道不从君"(《荀子·子道》)，均体现出"以仕行道"的价值取向。所以中国古代虽然没有产生出民主，却从夏、商、周三代的"民主"说中分化出民本思想，经孟子等儒家学者的弘扬、提倡，成为统治者也不得不认可的思想，并在历史上时隐时现，发挥着作用。

明确了这一点，我们再来看前面的问题：如果孟子知道了雅典的民主制，他的态度会如何？会接受其主权在民、法律至上的观念吗？为了回答这个问题，我想引入傅伟勋先生的"创造的诠释学"，因为孟子并不了解也不可能了解雅典的民主制，上面的问题是我们假设的，回答这样的问题不能靠文献考证，只能是诠释，是我们站在孟子的立场帮他回答这一问题。傅伟勋将诠释分为五个层次，分别是：实谓、意谓、蕴谓、当谓、创谓。傅先生的分法有点复杂，我们将其合并、压缩为意谓、蕴谓和创谓，把实谓合并到意谓，把当谓合并到创谓。这样，意谓就是指"原思想家实际说了什么"以及"想要表达什么"；蕴谓是指"原思想家可能要说什么"或者"原思想家所说的可能蕴涵是什么"；创谓是指"原思想家应当说什么"或者"创造的诠释学者应当为原思想家说出什么"以及"为了解决原思想家未能完成的思想课题，创造的诠释学者现在必须践行什么"。傅先生称这种诠释方式为"创造的诠释学"。[1]

---

[1] 傅伟勋：《从创造的诠释学到大乘佛学》，台湾东大图书公司，1990，第10页。

从意谓来看，孟子只说到民本，说到"民为贵"，没有说到民主，更没有涉及主权在民的问题。但是从蕴谓和创谓来看，孟子的"民为贵"又蕴含了主权在民的思想，或者至少是应该接受这样的思想。首先，孟子主张权力公有，认为国家、天下并非天子、君主的私有物，他曾以尧舜禅让为例，说明天子之位是"天与之，人与之"（《孟子·万章上》9.5），这里"天与之"是形式，"人与之"则是实质，所以天子之位实际是人民授予的，天子不过是受天与民委托的管理者，只具有管理、行政权，而不具有对天下的所有权。那么，天下的所有权归谁呢？当然是归于民，这实际就蕴含着主权在民的思想。其次，孟子极重视民心、民意，他曾引《尚书·泰誓》："天视自我民视，天听自我民听。"（《孟子·万章上》9.5）用天命的形式肯定了民意的重要性。又认为得民心者得天下，"得其民，斯得天下矣""得其心，斯得民矣"（《孟子·离娄上》7.9）。既然民心、民意如此重要，自然就应该设计出相应的制度，使民心、民意能够得以表达。所以孟子如果知道了雅典的公民大会制度，自然应该是赞同、接受的，而不会反对。孟子没有提出相应的制度设计，实际是囿于所处政治环境的思想局限。梁启超说："我先民极知民意之当尊重，惟民意如何而始能实现，则始终未尝当作一问题以从事研究。故执政若违反民意，除却到恶贯满盈群起革命外，在平时更无相当的制裁之法。此吾国政治思想中之最大缺点也。"[①] 这种缺点同样存在于孟子这里。还有，孟子主张国家的重要事务，如官吏的任免，要听取各方的意见，尤其是国人的意见。这与雅典民主制度下，官员

---

① 梁启超：《先秦政治思想史》，东方出版社，1996，第39页。

要接受民众的监督、审查,也有相近之处。综合以上几点,从创谓的观点讲,我们认为孟子是可以也应该会接受主权在民的观念的。西方诠释学中有一种观点,我们研读经典,不只是要证明古人已经具有或明确表达了某种思想,而是要证明他的思想有朝此方向发展的可能性和合理性。我想这个方法同样适用于孟子,孟子生活于战国君主制的环境中,他提出"民为贵",民只是国家的价值主体,而不是政治主体。但如果他知道人类在君主制外,还有民主制,他一定会接受这种制度及其背后的政治理念,因为只有在肯定主权在民的民主制度中,"民为贵"的理念才可能真正实现,否则只是一种宣教,没有实际意义,孟子的思想具有向这个方向发展的可能性和合理性。至于法律至上,我想孟子也是可以接受的。孟子十分重视法律、法度的作用。他说:"徒善不足以为政,徒法不能以自行。"(《孟子·离娄上》7.1)为政不仅要有内在的善,还要有外在的法。不过孟子所说的法主要是指"先王之法",是先王制定的法律。先王制定法律是来自其不忍人之心,来自其对民众的同情、怜悯,而不是来自民意。孟子的思想具有人治的倾向。不过孟子既然十分重视民心、民意,他的思想也存在向法治发展的可能,会赞同先王根据民众的意愿制定法律的。所以我认为,对于主权在民,法律至上,孟子是可以接受的,而且也是应该接受的。

至于雅典民主制度的治权平等,轮番为治,我认为孟子是不会接受的,在这方面,他与苏格拉底、柏拉图等人的看法可能更为接近。孟子在滕国时,曾与农家的陈相就国家治理进行过辩论。陈相主张贤君应该"与民并耕而食,饔飧(做饭)而治",不能脱离体力劳动,否则就是伤害民众,这是一种平均思想,追求的是绝对的平等。孟子则认为，社会存在分工的不同，"或劳心，或劳力。劳心者治人，劳力者治于人；治于人者食人，治人者食于人。天下之通义也"（《孟子·滕文公上》5.4）。"劳心者"指脑力劳动者，在当时主要指士人阶层；"劳力者"指体力劳动者，包括农民、手工业者、商人等。孟子主张应该让劳心者来治理国家，而劳力者则是被治理的对象，他们提供赋税，养活作为管理者的劳心者，这与柏拉图的思想有相近之处。孟子的时代，受教育的人很少，百分之一恐怕都不到，劳心者属于社会的精英阶层，而治理国家需要品德和才能，自然应该由他们来负责。当然，劳心、劳力不是绝对的，治理国家的根本还是要有品德和才能。孟子说："舜发于畎亩之中，傅说举于版筑之间，胶鬲举于鱼盐之中。"（《孟子·告子下》12.15）舜、傅说、胶鬲都是劳力者，但他们却被选拔、任用，成为了圣君、贤相。所以要治理好国家，就需要发现、选拔贤能之人，让他们担任官职。所以孟子反复强调"尊贤使能，俊杰在位"（《孟子·公孙丑上》3.5），"贵德而尊士，贤者在位，能者在职"（同上3.4），在位、在职的应该是贤者、能者，是有德的俊杰之士。对于雅典人不分贤愚，不论才能，一概靠抽签轮流坐庄的做法，他自然是不能接受的。在孟子看来，有资格治理国家的应该是贤者，孟子的政治理念可以概括为：主权在民，治权在贤。其中主权在民，只是蕴含在孟子的思想中，尚没有明确表达出来，但我们可以通过中西文明互鉴、民本与民主的对话，将孟子"应当说"的内容或者"未能完成的思想课题"讲出来，在"民为贵"的基础上进一步肯定主权在民。治权在贤是孟子的明确主张，但在没有肯定主权在民的情况下，它又会否定普通民众的政治权利，导致人们在政治上的不平等。我们上一讲说了，这是不符合现代政治的基本原则的。所以从创谓的角度，对孟子的民本思想作调适性发展，将孟子及儒家的政治思想概括为主权在民、治权在贤，不仅是合理的，也为儒学的未来发展开辟了新的路径。

民本与民主是古代中国人与希腊人对人类政治文明的贡献，均有其合理价值，但也存在自身的局限。中国古代民本思想，虽然到孟子这里达到了一个高峰，但由于孟子生活的时代，有士的自觉，却没有经历民的自觉，"就文化全体而论，究竟缺少了个体自觉的一阶段。而就政治思想而论，则缺少了治于人者的自觉的一阶段"。[1]民没有成为独立的政治力量，无法在政治舞台上表达自己的意见、主张，统治权完全掌握在国君的手中，这就造成了儒家政治思想，一是缺乏政治上的平等观念，二是缺乏普遍的权利思想。与希腊雅典对比，就不难看出这一点。所以孟子讲民本，还是在君主制下讲民本，是从民的立场出发，要求统治者以民为本，"以不忍人之心，行不忍人之政"（《孟子·公孙丑上》3.6），但因政治的主体未立，政治的发动力完全在朝廷而不在社会，孟子等儒者"总是居于统治者的地位来为被统治者想办法，总是居于统治者的地位以求解决政治问题，而很少以被统治者的地位去规定统治者的政治行动，很少站在被统治者的地位来谋解决政治问题"。[2]这与西方有很大的不同，雅典的民主制度是平民阶层争取政治权利的结果，是与贵族斗争的结果，而不是统治者对其的施舍。民本与民主的追求不同，结果也不同。所以孔孟

---

[1]徐复观：《儒家政治思想的构造及其转进》，《学术与政治之间》，九州出版社，2014，第56页。

[2]同上，第53页。

等儒者，虽然怀抱"士志于道"的政治理想，试图通过"仕以行道"改变"滔滔者天下皆是"的无道现实，但由于没有可以依靠的社会力量，无法对君权形成抗衡、制约，他们只能成为民的利益的代言人，而没能成为民众的政治代表。他们对君主的批判，也只限于精神和道义方面，而无法对其形成制度、权力的制衡。从道德角度来看，"其德是一种被覆之德，是一种风行草上之德。而人民始终处于一种消极被动的地位：尽管以民为本，而终不能跳出一步，达到以民为主"。[1]正因为如此，孟子等儒者所讲的民本，是"他本"而不是"自本"，是"民惟邦本"，是君以民为本，而没有思考民以何为本，没有考虑到民自己的本。民以什么为本呢？有学者说民应以权利为本，我认为是很有道理的。"唯有享有权利，才能拥有尊严并有力量。唯有民众享有政治权利，才能真正当自己的家，做国家的主，有效地抵抗他人对自己的侵辱。"[2]所以我们今天讲民本，不能停留在统治者之所本，还要问民之所本。要深究的，不是统治者以何为本，而是民以何为本。"这里的本，不是统治者政基永固、长治久安之本，而是民众自立自强、幸福安宁之本。"[3]这样，通过借鉴民主制度中的公民权利思想，讲民之本而非君之本，讲自本而非他本，古老的民本说便可以焕发出新的思想活力。

---

[1]徐复观：《儒家政治思想的构造及其转进》，《学术与政治之间》，九州出版社，2014，第53页。
[2]夏勇：《中国民权哲学》，生活·读书·新知三联书店，2004，第51页。
[3]同上。

第十三讲 孟子 井田与仁政

乱世的抗争——讲给大家的《孟子》

前面两讲，我们分别讲了孟子的民本以及民本与民主的关系，这一讲我们要讨论孟子另一个重要思想：仁政。孟子一生崇拜孔子，称"乃所愿，则学孔子"（《孟子·公孙丑上》3.2）。孔子对中华文化的一大贡献是提出了仁，并将其运用到治国理政中，主张"为政以德"（《论语·为政》），要求对民众"富之""教之"（《论语·子路》）。孟子则将孔子的仁发展为仁政，完成了一次思想的飞跃。仁政，是孟子为战国乱世开出的一副药方，孟子"民为贵"的政治理念主要是通过仁政来落实、实现的。

一、井田制：一个误读的仁政方案

说到孟子的仁政，就不能不提到中国历史上影响深远的井田制，由于孟子仁政的核心是"制民之产"，而《孟子》一书又提到"井地"，故后世注家、学者便认为古代存在着一种井田制，孟子所论正是这一制度。由于儒家视三代为理想社会，这样井田制便具有了特殊的光环，成为古代圣王的理想之制。所以每当社会出现危机，民生凋敝，儒生就会把眼光投向孟子的井田制，从中寻找救世之策，形成西汉的限田说、王莽的王田制、西晋的占田制和北魏隋唐的均田制等不同方案，到了宋、明、清，还有儒家学者尝试推行井田制，足见其影响之深远。在传统社会，恢复

第十三讲　井田与仁政

井田制始终是士人挥之不去的社会理想。到了近代，孙中山提出三民主义，仍将井田制看作其民生主义的思想来源，认为"平均地权者，即井田之遗意也"。[1]当社会主义思想从西方传入中国时，国人也是用井田制去附会、理解，如较早接触到社会主义思想的留日学生曾译文称："西国学者，悯贫富之不等，而为佣工者，往往受资本家之压制，遂有倡均贫富、制恒产之说者，谓之社会主义……中国古世有井田之法，即所谓社会主义。"[2]社会主义在中国的传播，井田制起到了接引的作用。上个世纪二十年代，胡适等学者对古代存在井田制提出质疑，引发"井田制有无"的讨论，[3]此后肯定派与否定派争论不休，一直延续至今，成为学术史上一大公案。但不论是肯定还是否定，多数学者都不怀疑孟子曾提到过古代的井田制，只不过前者认为孟子所说反映了一定的历史事实，是研究古代井田制的重要材料，后者则认为孟子的井田制是一种托古改制，理想的成分多于史事的投射，历史上不曾实行过孟子式的井田制。另有学者注意到，孟子只谈到"井地"，没有论及井田，井地是孟子为滕国设计的土地方案，[4]但其与孟子的仁政理想是什么关系？仍是个需要探讨的问题。既

---

[1] 孙中山：《三民主义》，《孙中山全集》第5卷，中华书局，1985，第193页。

[2] 孙建昌：《近代中国人为何用井田制解读社会主义》，《学习时报》2019年1月14日。

[3] 朱执信、胡汉民、廖仲恺、胡适等著：《井田制有无之研究》，上海华通书局，1930。

[4] 齐思和：《孟子井田说辨》，《燕京学报》1948年第35期，收入齐思和：《中国史探研》，河北教育出版社，2000，第321—348页。赖建诚：《井田辨：诸说辩驳》，台湾学生书局，2012，第13—24页。

然井田制的观念最早见于《孟子》，后世关于井田制的讨论也主要是因为孟子而起，那么要破解井田之谜，就要回到《孟子》，看看孟子是如何论述所谓井田制的。

孟子游说诸侯，主要就是为了宣讲仁政。但孟子的仁政思想是逐步完善、发展起来的，由于游说对象不同，言说的重点也有所不同，不一定都涉及土地制度问题。孟子最早游说的是邹穆公，当时发生了"邹与鲁哄"的事件，邹国的官员被打死三十多人，邹国的百姓却在一旁见死不救，于是孟子劝穆公行仁政以化解官员与民众间的积怨与矛盾，但对仁政的具体内容却没提及。后孟子到宋国，建议征收十一税，"去关市之征"（《孟子·滕文公下》6.8），同样未涉及井田的问题。孟子在宋国时，遇到还是王子的滕文公，"孟子道性善，言必称尧舜"（《孟子·滕文公上》5.1），深深打动了滕王子。不久滕定公去世，滕文公继位，于是拜孟子为师，协助自己推行仁政，后世所认为的孟子井田，就是出现在这一时期。《孟子·滕文公上》5.3章："滕文公问为国。孟子曰：'民事不可缓也。'"文公问如何治理国家，孟子认为百姓的事情不可延缓，于是提出了著名的"恒产"说，认为首先要解决民众的土地财产问题。

> 民之为道也，有恒产者有恒心，无恒产者无恒心。苟无恒心，放辟邪侈，无不为已。及陷于罪，然后从而刑之，是罔民也。焉有仁人在位，罔民而可为也？（《孟子·滕文公上》5.3）

"民之为道"指民众的特点。民众与士人不同，士人是精英阶层，应该超越个人的私利关注国家、天下的普遍利益，"无恒产而有恒心者，惟士为能"（《孟子·梁惠王上》1.7）。对于百姓而言，有"恒产"方可有"恒心"；如果没有"恒心"，就会放荡邪侈，无所不为。所以根据百姓的特点，实行仁政就要首先给予民众"恒产"。不过孟子虽然主张应给予民众"恒产"，但并没有提出具体方案，而是转而谈到税收问题，主张"取于民有制"，向百姓征收赋税要有一定的制度，征税的标准应该是十分之一，根据是夏、商、周都征收什一税。孟子说：

> 夏后氏五十而贡，殷人七十而助，周人百亩而彻，其实皆什一也。彻者，彻也；助者，藉也。龙子曰："治地莫善于助，莫不善于贡。"贡者，校数岁之中以为常。乐岁，粒米狼戾，多取之而不为虐，则寡取之；凶年，粪其田而不足，则必取盈焉。……夫世禄，滕固行之矣。《诗》云："雨我公田，遂及我私。"惟助为有公田。由此观之，虽周亦助也。（《孟子·滕文公上》5.3）

夏朝以五十亩为单位采用贡法，商朝以七十亩为单位采用助法，周朝以一百亩为单位采用彻法，其税率都是十分之一。孟子引龙子的说法，认为三种税法之中最好的是助法，最不好的是贡法。贡法是实物税，比较若干年的收成，取平均数作为定额。丰年，多收不为过，荒年，粮食不够吃，却都按定额征取，所以是不好的税法。助法是劳役税，又称藉法，藉是借，指借民力耕种公田。故助法一般要有公田，与农夫占有的私田相对。这样荒年虽然收成减少，但不会按定额征收，避免了贡法伤民的情

337

况,是一种较好的制度。彻法也是实物税,但是按比例征收,而不是像贡法按定额征收。东汉赵岐注:"耕百亩者,彻取十亩以为赋。"(《孟子正义》上)农夫耕种一百亩土地,抽取其中十亩的收成作为赋税。"彻"为彻取、抽取之意。不过由于孟子又说到"虽周亦助也",认为周朝也行助法,结果使学者误以为彻也包括助法。朱熹注:"彻,通也,均也",认为彻是并行贡法和助法,"乡遂用贡法","都鄙用助法"(《四书章句集注》)。当代学者也多采取这种说法,认为彻法是贡、助兼行的"双轨制"。①这种说法是不正确的。孟子所谓"虽周亦助也",是说周人在彻法之外,同时兼行助法。彻法就是彻法,并不包括助法。《论语·颜渊》:"哀公问于有若曰:'年饥,用不足,如之何?'有若对曰:'盍彻乎!'曰:'二,吾犹不足,如之何其彻也?'对曰:'百姓足,君孰与不足?百姓不足,君孰与足?'"哀公取十分之二的税仍嫌不足,故拒绝行彻法,彻指彻取什一税,这是彻的基本义,孟子对彻的理解应不出此义。只不过孟子认为助是较好的税法,而助法需要有公田,故引《诗》说明周朝也行助法,但并不是说彻法包括助法。搞清了彻法与助法的关系,再来看孟子所谓的井田制就容易理解了。

孟子说明"取于民有制"后,接着提出"设为庠、序、学、校以教之","学则三代共之,皆所以明人伦也"(《孟子·滕文公上》5.3),将教化作为仁政的一个重要内容,这对理解孟子的井田制同样非常重要。最后孟子引《诗》"周虽旧邦,其命维新",鼓励文公以文王为榜样,努力行仁政,"亦以新子之国",使你的

---

① 金景芳:《井田制的发生和发展》,《历史研究》1965年第4期。

国家气象一新。受到孟子的激励，不久文公又派人来询问。

> 使毕战问井地。
> 孟子曰："子之君将行仁政，选择而使子，子必勉之！夫仁政，必自经界始。经界不正，井地不钧，谷禄不平，是故暴君污吏必慢其经界。经界既正，分田制禄可坐而定也。"（同上）

《孟子》一书并没有提到"井田"，只在本章两次说到"井地"，但后世注家却释"井地"为"井田"，由此引出所谓井田制的问题来。如赵岐注曰："毕战，滕臣也。问古井田之法。时诸侯各去典籍，人自为政，故井田之道不明也。"（《孟子正义》上）朱熹亦说："文公因孟子之言，而使毕战主为井地之事，故又使之来问其详也。井地，即井田也。"（《四书章句集注》）这些说法均为猜测之词，是不能成立的。前文孟子只谈到夏、商、周三代的税法，并没有涉及井田制的问题，文公何以会想到要问"古井田之法"呢？如果说税法是土地制度的一个重要内容，由税法必然要问及土地制度，也是讲不通的。因为孟子所说的三代税法各不相同，夏朝实行贡法，商朝实行助法，周朝则兼行彻法与助法，三代并不存在统一的税法，因而也不存在统一的土地制度，文公若问的是"古井田之法"，那么他问的是夏、商、周哪个朝代的呢？根据孟子的看法，助法最好，贡法最差，彻法处于助法、贡法之间，为次一等的税法，兼行彻法、助法应略同于或优于彻法。从税法上看，则"古井田之法"应该是指商代划分公田、私田，实行助法的土地制度。但从下文来看，孟子恰恰是主张兼行助法和彻法,所以释"井地"为"井田"是不成立的,文公的"井地"之问并非指"古井田之法"。

按,"井地"应是一个动宾词组,井是动词,指划分田界,形成方形或长方形的面积,地指土地。由于平原地区土地广袤,一块块带有田界的方形或长方形的土地彼此相连,便形成井字形状。井的这种用法在典籍中常见,如《左传·襄公二十五年》:"蒍掩书土、田,度山林,鸠薮泽,辨京陵,……牧隰皋,井衍沃,量入修赋。"楚司马蒍掩登记土、田上的收获,其中"度山林""鸠薮泽""辨京陵"均是动宾结构,"度""鸠""辨"是动词,"井衍沃"亦应如此,"井"是划分田界,"衍沃"是平坦肥沃之地,"井衍沃"即在衍沃之地划分田界,形成井字形。又如《周礼·地官司徒·小司徒》:"乃经土地,而井牧其田野。"这里的"井""牧"均是动词,井是划分田界,牧是治理,"井牧其田野"即划分、治理田野。"井地"的用法应该与"井衍沃""井牧其田野"相同,指给土地划分田界,以便授予农民土地。前文孟子已向文公陈述了恒产的必要性,当时土地所有权在国家手里,农民有无恒产主要取决于国君的态度,故孟子只是提出恒产,没有进一步论及如何分配土地的问题。现在文公"使毕战问井地",表示他想规划、分配土地,给农民以恒产,推行孟子的仁政理想,所以孟子马上激动地说:"子之君将行仁政,选择而使子,子必勉之!"您的国君打算施行仁政,选择了你来执行,你一定要努力啊!相反,如果文公是问"古井田之法",孟子的反应就难以理解了,前文孟子既未提到井田,也没有将其与仁政联系在一起,何以会认为文公要行仁政呢?"井地"是划分田界,授予农夫土地,而孟子推行仁政首先就是要"制民之产",故孟子说

"夫仁政，必自经界始"。"经界"就是"井地"，二者内涵是一致的，都是划分田界，授予农民土地。"经界"，赵岐释为疆界，认为"经"与"界"同义。朱熹则释为治理田界，认为"经"是动词。朱说是。"夫仁政，必自经界始"一句，"经界"只能是动宾结构，否则缺谓语。其实赵岐也是这样理解的，他注此句："经亦界也。必先正其经界，勿侵邻国，乃可均井田。"（《孟子正义》上）赵岐把"经"释为"界"，结果发现少一动词，于是加一"正"字，作"正其经界"。只是赵岐没有现代人的语法观念，对此缺乏自觉而已。当然，经界也可以做名词，因为治理后的田界亦可称经界。井地亦如此，划分田界后的土地也可称井地。由于这个原因，井成为表示土地面积的概念，一井为九百亩。"经界不正，井地不钧，谷禄不平"一句中，经界、井地即用作名词，已由动宾短语转化为动宾式复合词，但经界、井地的内涵仍存在联系，经界指土地的界限，井地指界限内的土地。孟子认为，划分的田界不公正，分配的土地就不平均，农夫所收的谷物与君子的俸禄就不公平。"谷禄"的对象有所不同，谷侧重农夫，禄针对的是君子。由于经界关涉到分配的公平，故暴君污吏必然会破坏经界，"慢"通"漫"，指浸坏。相反，"经界既正，分田制禄可坐而定也"。"分田"是分给农夫田，"制禄"是颁给君子禄，二者是联系在一起的。从"分田"一词看，井地显然就是指划分田界、分配土地，这也是孟子仁政的核心内容。孟子强调了经界的重要性后，接着谈到如何在滕国分配土地，由此可知井地与所谓古代井田制根本没有关系。

夫滕，壤地褊小，将为君子焉，将为野人焉。无君子，莫治野人；无野人，莫养君子。请野九一而助，国中什一使自赋。卿以下必有圭田，圭田五十亩，余夫二十五亩。死徙无出乡，乡田同井，出入相友，守望相助，疾病相扶持，则百姓亲睦。方里而井，井九百亩，其中为公田。八家皆私百亩，同养公田，公事毕，然后敢治私事，所以别野人也。此其大略也，若夫润泽之，则在君与子矣。（同上）

这段文字非常重要，后人就是根据这段文字中的论述去理解三代的井田制，然而这种理解是错误的。因为如果文公是问"古井田之法"，那么孟子自当直接告知。然而孟子先是赞叹文公要行仁政，接着强调经界的重要性，现在又说到"夫滕，壤地褊小"，而偏偏不谈及古代井田制的情况，这不是很奇怪吗？说明文公根本不是问"古井田之法"，而是问如何规划、分配滕国的土地，实现孟子的恒产理想。在孟子游说的诸侯中，滕文公是唯一被孟子打动，愿意实现其仁政主张的君主，而孟子前文提出的"恒产""取于民有制""明人伦"的仁政三原则中，核心就是"恒产"，受到孟子激励的文公打算规划、分配土地，将老师的教诲付诸实践，不是很正常吗？以往学者论及井田制，只注意上文"方里而井，井九百亩"一段，认为孟子是描述古代井田制，或认为孟子是在托古改制，却忽略了孟子根本不是讨论古代的井田制，而是为滕国制定土地分配方案。如果摒弃成见，仔细阅读上文，孟子到底是说"古井田之法"，还是滕国"井地"之法，是不难搞清楚的。

在上文中，孟子首先分析了滕国的国情，指出滕国土地狭小。"今滕，绝长补短，将五十里也"（《孟子·滕文公上》5.1），滕国仅方圆五十里，是鲁国的附庸国，因此文公可规划、分配的土地有限，而且不可能包括已耕种的田地，只能是野外尚未开垦的土地。文公所问"井地"的地，学者直接释为田，恐怕未必准确。《孟子》一书中"地"字出现54次，一般是指土地，如"地方百里而可以王"（《孟子·梁惠王上》1.5）"海内之地，方千里者九，齐集有其一"（同上1.7）。"此所谓率土地而食人肉"（《孟子·离娄上》7.14）。这里的地都不限于田地，主要指土地或疆域。此外还有一些特殊用法，如"若无罪而就死地"（《孟子·梁惠王上》1.7），"天时不如地利"（《孟子·公孙丑下》4.1）等。以上用法占了52次，只有两例似指田地，一例是"今夫麰麦，播种而耰之，其地同"，但这里的"地"实际指土壤，即下文所说"虽有不同，则地有肥硗"。另外一例即前文孟子引龙子曰："治地莫善于助。"这可能是因为土地经过开垦后就成为田地，故加一"治"字，作"治地"。相反，《孟子》一书中"田"字出现33次，除用作田猎之外，均指田地，如"百亩之田，勿夺其时"（《孟子·梁惠王上》1.7），"竭力耕田"（《孟子·万章上》9.1），"易其田畴"（《孟子·尽心上》13.23），"人病舍其田而芸人之田"（《孟子·尽心下》14.32），还有两例"田野"连用，"田野不辟，货财不聚"（《孟子·离娄上》7.1），"土地辟，田野治"（《孟子·告子下》12.7），但这里的"田野"是偏义词，主要指野，因为野开辟后可以成为田，故称田野。从《孟子》田、地的不同用法来看，"井地"的地不是指田，而是指未开垦的土地，具体讲应该是处于滕国乡野的土地。文公知道滕国不像其他国家，有大片土地可供分配，故主要是问如何规划、分配乡野的土地，而孟子的回答也主要侧重于野。

接着,孟子说到君子与野人的问题。"将为君子焉,将为野人焉","将",副词,应当之意。"为",有也。滕国虽然狭小,应当有君子,应当有小人。"无君子,莫治野人;无野人,莫养君子。"以往学者囿于"古井田之法"的成见,往往释君子为居于国中、需要承担军事义务的国人,野人为居于野外、不承担军事义务的人,未扣住具体语境,不够准确。其实这里的君子、野人分别指劳心与劳力者,孟子在滕国时,曾与农家许行的门徒陈相就"劳心者治人,劳力者治于人"展开辩论,认为"治于人者食人,治人者食于人,天下之通义也"(《孟子·滕文公上》5.4)。君子即劳心者,他们伴随体力劳动与脑力劳动的分工而出现,不事耕作,主要负责对民众的教化与治理,孟子主要用其指代儒家理想的士人阶层。对于这种君子的社会价值与作用,孟子曾作过积极辩护。

公孙丑曰:"《诗》曰:'不素餐兮。'君子之不耕而食,何也?"

孟子曰:"君子居是国也,其君用之,则安富尊荣;其子弟从之,则孝悌忠信。'不素餐兮',孰大于是?"(《孟子·尽心上》13.32)

公孙丑说:"《诗经》中说:'不白吃饭啊。'可是君子不耕种也吃饭,为什么呢?"孟子说:"君子居住在一个国家,国君任用他,就能带来安定富足,尊贵荣耀;学生们跟随他,就会变得孝悌友爱,忠诚守信。'不白吃饭啊',还有比这功劳更大的吗?"可见孟子所谓的君子,主要指参与政治、从事教化的士人。他们虽"不耕而食",但就社会分工而言,显然又是合理的,对于国家治理与人伦教化有着重要贡献。至于野人,自然是指体力劳动者,尤其是指居于野的体力劳动者。古代有国、野之分,国指国都与四郊,野指四郊之外的农业区。《国语·齐语》韦昭注曰:"国,郊以内也。"说明国是包括郊区的。到了战国时,国、野的对立虽然有所弱化,但依然存在,《荀子·强国》云:"入境,观其风俗,……入其国,观其士大夫。""入境"虽然进入一个国家,但仍然还在乡野,"入国"才算进入都城。就居民而言,战国时居住于国的主要包括政府官吏、官私手工业者、行商坐贾、士人以及郊区农民等,野则包括郊区以外的耕作者。孟子曰:"在国曰市井之臣,在野曰草莽之臣,皆谓庶人。"(《孟子·万章下》10.7)君子、野人是孟子分配土地的对象,而土地主要在乡野,这在孟子设计的方案中看得非常清楚。

最后,孟子提出"请野九一而助,国中什一使自赋"的具体方案,以往学者囿于成见,认为孟子是谈"古井田之法",而夏商周三代的税率均为十分之一,故对孟子的方案出现两种税率颇感疑惑,于是折中调和,试图作出合理的解释,然而始终无法自圆其说。其实孟子根本不是发思古之忧情,而是针对滕国提出自己的仁政方案。"国中什一使自赋",是让国中的工商业者交十分之一的税,对于郊区的土地实行彻法,同样是什一税。由于郊区的土地已经分配出去,不可能再重新分配,故孟子用"什一使自赋"一句带过,而将关注的重点放在了野。"请野九一而助"才是孟子方案的重点,下面的文字都是围绕这一句展开的,只是存在跳跃,没有严格按照逻辑顺序展开论述而已。其中"方里而井,井九百亩,其中为公田。八家皆私百亩,同养公田……"一段,是对"野九一而助"的具体说明,由此可知孟子的方案是八家共同占有一井土地，一井为九百亩，每家各占一百亩为私田，另有一百亩为公田，八家共同耕种公田，提供劳役地租，私田的收成归农夫所有。那么公田的收成归谁所有呢？由于战国实行授田制，从理论上讲，当然应该归国家所有，不过孟子对此似还有更具体的考虑，这就是他所说的："卿以下必有圭田，圭田五十亩，余夫二十五亩。""卿以下"指大夫和士，他们受圭田五十亩，余夫指一家之中成年劳动力之外其余可以从事劳动的人，他们也可以受圭田二十五亩，按一个大夫或士家中有两名余夫计算，大夫或士受田五十亩，加上两名余夫的田五十亩，正好受圭田一百亩。可见孟子的公田实际是用作大夫、士及其余夫的圭田，圭田是供大夫、士祭祀用的田地。《礼记·王制》说："夫圭田无征。"说明国家对于圭田不征税，其收成归大夫、士所有，用于祭祀。《礼记·王制》又说："大夫、士宗庙之祭，有田则祭，无田则荐。"孟子引《礼》也说："惟士无田，则亦不祭。"（《孟子·滕文公下》6.3）可见当时很多士已没有圭田，无法举行祭祀，只能荐新，用时鲜的食品祭献。孟子设计的公田显然是为了解决士人、君子的土地问题，所以孟子要求"公事毕，然后敢治私事，所以别野人也"，农夫耕种完公田，然后才可以耕种自己的私田，以此区别君子与野人。另外，孟子要求农夫"死徙无出乡，乡田同井"，在君子的治理、教化下，"出入相友，守望相助，疾病相扶持，则百姓亲睦"。这与孟子在滕国执意推行三年之丧一样，都是出于伦理的考虑，是孟子推行儒家教化的一种尝试。

根据以上分析不难看出，孟子针对国、野实际提出了两种不同方案，由于国是官吏、工商业者、士人的居住地，郊区的土地也已分配出去，如果重新分配，必然会引起矛盾，故孟子只是提出"国中什一使自赋",没有涉及土地分配的问题。对于滕国没有"恒产"的农夫,只能靠野外没有开垦的土地来解决了,孟子"请野九一而助"正是针对此提出的。表面上看,"九一而助"与"什一使自赋"似乎只是两种不同的税法,但实际有根本的不同。要做到"九一而助",必须要对土地进行规划和分配,将一井土地分给八家,每家百亩,另有一百亩公田,带有强烈的设计色彩,只有在未开垦的土地才可能实行。孟子的设计有两个特点:一是有公田,二是实行助法。设置公田,如孟子所言,主要是为了区别君子与野人,使野人养君子、君子治野人在土地制度上得到落实。孟子的君子主要是指以儒者为代表的士人阶层,随着士人人数的增加,人们对"不耕而食"的士人多有质疑,孟子从"劳心者治人,劳力者治于人"的立场出发,肯定士人对于治理、教化的作用,故为他们设计了专门的公田,以实现"治人者食于人"的"天下之通义"(《孟子·滕文公上》5.4)。有公田必然有助法,孟子对助法情有独钟,称"耕者助而不税,则天下之农,皆悦而愿耕于其野矣"(《孟子·公孙丑上》3.5),并说"昔者文王之治岐也,耕者九一"(《孟子·梁惠王下》2.5)。文王"耕者九一",未必可信,应该与孟子批评夏后氏之贡一样,都是借古喻今的做法。不过孟子反对贡法,为何不提倡彻法而赞赏助法呢?从经济的发展来看,从劳役地租到实物地租,再到货币地租是一般的规律,战国时期,各诸侯国已普遍采用实物地租的形式,孟子却主张实行劳役地租的助法,从经济学的角度看,显然是违背经济规律的。[①]但孟子提倡助法主要不是出于经济的考

[①] 周国林:《关于孟子"助法"思想的评价》,《孔子研究》1990年第1期。

虑，而是出于伦理、教化的目的，在孟子的仁者蓝图中，庠序、学校之教是一个重要的内容，这必然需要有一定数量的士人、君子，这些士人、君子也需要有一定的土地财产，而实行助法，让农夫耕作公田，可以拉近农夫与士人情感上的距离，一方面君子可以安心教化、治理野人，另一方面野人也有义务奉养君子，实现了孟子所说的"无君子，莫治野人；无野人，莫养君子"。可见，孟子虽然主张"无恒产而有恒心者，惟士为能"（《孟子·梁惠王上》1.7），但在制度的设计上，还是充分考虑到士人利益的。关于助法的税率，由于八家共耕一百亩公田，则每家各耕12.5亩，加上私田100亩为112.5亩，则税率为九分之一，这就是孟子所说的"九一而助"，略高于彻法的十分之一。孟子这样设计，主要是立足儒家立场，推行人伦教化的一种尝试，其具有一定的复古倾向，但绝不是什么"古井田之法"。

二、井田乃战国授田制，而非夏商周三代土地制度

那么夏商周三代是否存在"古井田之法"呢？以往学者认为三代存在井田制主要是根据《孟子》，由于孟子提到井田——实际只说到井地，又说到公田、私田，故主要是根据这两项论证井田的存在。但既然孟子根本没有谈论"古井田之法"，而是提出了滕国土地分配的方案，那么历史上关于孟子提出古代井田制的说法就失去了立论的根据，围绕井田制的种种观点与看法，就需要重新审视和检讨。认为古代存在井田制，一个重要根据是古代土地往往划为井字，郭沫若说"殷、周两代曾经实行过井田制"，"田字本身便是一个证据"，"古代必然有过豆腐干式的田制，才

能够产生得出这样四方四正，规整划分的田字"。[1]甲骨文中田字写作"田""囲""囲""田"等形，金文字形大致相同。《说文》云："树谷曰田。象四口（指像四围的口）。十，阡陌之制也。"段注："此说象形之指，谓口与十合之，所以象阡陌之一纵一横也。"郭氏根据田字像阡陌纵横之井形，便断言"井田制是断然存在过的"，后成为论证井田制最常见的方法，然而却是大有问题的。郭氏说的是井田制，但决定土地制度的不是农田的形制，而是土地占有关系以及产品分配形式，也就是人们所说的生产关系。古代先民生活于黄河冲击平原及河谷盆地，这里土质肥沃，雨水充沛，常有水患，于是先民因地势做沟洫以疏导之，同时标识田界，开辟道路，久而久之，便在平坦广阔的土地上形成一道道阡陌、沟洫纵横的井字形。但这些井字形土地的占有关系与产品分配形式与孟子描述的土地制度有根本的不同，因而不能称为井田制。以往学者由于相信孟子提到过古代的井田制，于是按图索骥，试图证明井田制的存在。但根据前面的分析，孟子根本没有提到古代的井田制，而是针对滕国提出土地分配的方案，这样想从孟子证明古代存在井田制的做法，便失去了根据，不能成立了。相反，判断三代的土地制度能否称为井田制？应当以孟子描述的土地制度为标准。毕竟，历史上长期争论不休的井田问题是由孟子引起的。

有学者提出三代虽然不存在井田制，但存在着井田，井田与井田制是两个不同的概念。"井田是疆理土地为井字形方块田

---

[1] 郭沫若：《十批判书》，《郭沫若全集·历史编》第2卷，人民出版社，1982，第25—26页。

的耕作方法，井田制是将土地划分为小块授予农夫独立耕作的分配土地占有权的制度。不能混淆两类不同性质的概念，以井田的存在论证井田制的起源。"[1]区分井田与井田制当然有一定的意义，但认为三代存在井田仍值得商榷。因为三代有没有井田，只能以当时人们的称谓为准，若三代虽然存在井字形的土地，但当时人们并不称其为井田，而只是称为田或有其他名称，就不能认为已经出现了井田。就像今天一些农村的土地依然由田坎、道路划分为井字形，但人们并不因此就称其为井田，更不会将其与古代井田联系在一起。从文献材料来看，整个三代尚没有出现井田的用法，也没有用井字表示土地单位。郭沫若说："西周的金文里面有好些赐田和以田地赔偿或交易的纪录，而都是以'田'为单位。"[2]这正好说明西周的土地单位是田而不是井，尽管田字取阡陌纵横之形。还有学者从公田、私田论证井田的存在，孟子设计的井田中有公田、私田之分，又引用《诗·小雅·大田》"雨我公田，遂及我私"，于是认为这说明周代也存在井田，孟子所论正是周代井田。其实孟子引《诗》只是想说明周代实行助法，并不表示他想将周代的土地制度照搬到滕国。孟子生活的战国，不论是生产力水平还是生产关系，都与西周有根本的不同，其设计的公田、私田自然也不会与西周相同。正如不能因为有井字形土地便称其为井田一样，也不能简单将历史上的公田、私田归为井田。

从古代土地制度的发展来看，井田制乃是特殊历史时期的产物，其背景是战国时期的国家授田制，当时各诸侯国出于富国

---

[1] 史建群:《井田与井田制度》，《农业考古》1989年第1期。
[2] 郭沫若:《十批判书》，《郭沫若全集·历史编》第2卷，第26页。

强兵、对外兼并的需要，将土地授予小生产者，以此刺激生产，增加赋税，这种做法在先秦两汉文献尤其是《周礼》中多有反映，孟子游说诸侯，劝其制民之产，也是以国家授田为背景的，只不过孟子立足民本，提倡仁政，他设计的田制更多体现了儒家"富之""教之"的理想，与战国诸侯单纯为发展生产、对外扩张的田制有所不同。由于这一时期，一是"井"已成为土地面积单位，一井为九百亩，并且以井为单位来规划、组织生产，如"九夫为井"（《周礼·小司徒》）、"乡田同井"（《孟子·滕文公上》5.3）等。二是出现"井田"的用法，如"断方井田之数"（《管子·侈靡》）等，并出现了《孟子》与《周礼》所记的两种井田模式，尽管《孟子》《周礼》都没有使用井田一词，但它们规划田地都是以井为单位的，因此严格说来只有到战国时才出现了井田。其中《周礼》所记较多反映了当时各国的授田情况，而孟子所言主要体现了他的仁政理想，仅仅推行于滕国。二者虽有不同，但都产生于战国，是战国授田制下的产物。然而由于后人的误读，以为孟子是讲"古井田之法"，将本属于战国的井田制错置于三代，并试图将《周礼》与《孟子》两个不同的田制系统强行统合在一起，结果治丝益棼，引起无谓的争论。既然孟子并没有谈到"古井田之法"，就不应根据孟子将三代土地制度称为井田制，而只能将井田放在战国授田制下进行考察，唯有此，才可以对争论了两千年的井田问题作出彻底的澄清和解决。

战国授田制的出现，既与生产力的突破、诸侯兼并的社会形势有关，也是古代土地制度长期发展演变的结果。我们知道，人类社会是在父权家族阶段进入阶级社会的。父权家族由父家长以及若干代子女构成，并包括一定数量的非自由人。成年子女虽然可以组成家庭,称为室,但他们没有经济独立权。父家长利用对家族经济活动的管理垄断了家族的财产,出现了人类历史上的第一种私有制——父家长私有制。但不同于个体私有制,它不仅没有瓦解父权家族,反而强化了父家长的统治。因此,父权家族的出现,是人类文明发展史上的一件大事,它标志着在社会生活的一切制度上的革命。由于生产力水平低下,父权家族阶段,人们只能采取共同耕作的形式,生产由父家长主持,粮食则分配到各室,室没有成为独立的生产单位,如徐中舒先生所说:"古代的原始农业,都是在氏族或父系家长制下共同协力进行的,一夫一妻制的小家庭力量太薄弱了,不足以单独地征服自然,与自然灾害作斗争。"[1]家族成员依血缘关系而居,共同劳作,这样就形成家长制家庭公社,公社必然占有大块的田地,这些田地如果在平原地区的话,出于灌溉或标识田界的需要,可能会划分为井字形,但这些田地并不能称为井田。从土地占有关系看,家庭公社的土地属父家长所有,产品则由父家长分配,具有随意性,没有形成稳定的制度,与孟子描述的井田有很大的不同。一个家族发展到一定规模,便会让家族中的某一位成年男子离开家族公社,到外地去建立新的家族。这样随着家族的不断繁衍、分化,在家族的基础上形成更高一级的宗族,在宗族的基础上又形成更高一级的氏族。当原来分属不同地区的氏族,随着不断扩张发生接触,便会发生激烈的冲突,形成超越氏族和宗族之上的国家组织,早期王朝国家由此产生。

---

[1] 徐中舒:《论商于中、楚黔中和唐宋以后的洞》,《思想战线》1978年第2期。

夏商周三代即进入王朝国家阶段,这种国家是建立在某个部族对其他部族的征服之上,征服者部族的首领成为握有生杀大权的统治者,而多数被征服部落或氏族则成为被统治者,需要向征服部族提供赋税劳役,但不论是征服者还是被征服者,其社会基本单位都是家族或宗族。"在早期国家阶段,血缘关系往往不仅没有被已经出现的地缘关系和地域组织所取代,而且还在人们的政治、经济生活中继续发挥作用。……当时最基本的社会细胞仍是家族甚或氏族,剥削关系出现在两类族团之间,统治者根本无法突破狭隘的血缘界线直接针对单个的人实施奴役,而只能针对集体,指定某族专服某役,并以被统治各族的族长作为实施剥削的代理人。"[1]所以早期国家的土地所有制具有十分明显的二重性,一方面是国有或王有,另一方面则是宗族或部落所有,王有或国有尚不足以完全取代族有或部落所有,相反,国家向被统治部落征收赋税,要靠其族长的配合才可以实现。从生产力发展水平来看,三代是青铜时代的耒耜农业,虽然商代已出现青铜,但主要用来铸造祭器,很少用作农具,当时的生产工具主要是耒耜。"耒是木制的曲柄农具,下端有歧出而锐利的木叉,用以刺地。木叉之上贯一小横木,为耦耕时足所踏处。古代耦耕两人共持一耒,各以足踏于小横木上,推使木叉深入土中,这样的耕作称之'推'。耒既深入土中之后,向后斜抑柄端以起土谓之'发'。一推一发所起之土因谓之'墢'。古代的耦耕,就是这样反复向后移动的一推一发。《淮南子·修务训》'耕者日以

---

[1] 赵世超:《制定服役制度略述》,《陕西师范大学学报》1999年第3期。

退'，这就是耦耕的现象，与牛耕向前移动是不同的。"①耜是耒下端铲土的部分，为用木头削成的三角尖形状，故合称耒耜或简称耒。耒耜需要二人操作，以便相互辅助，共同用力。受农具的限制，耕种一块土地需要大量人力的投入，故当时多采取集体劳动的形式。甲骨文卜辞有"王大令众人曰劦田"的记载，从"众人"一词看，殷人采取的是集体劳动，"众人"的身份，学者一般认为是与王同族之人，也可能包括被征服部落的人。卜辞所记的劦田，显然不同于孟子所说的井田。

周革殷命之后，早期国家的二重土地所有制依然存在，并得到进一步发展。一方面"普天之下，莫非王土"(《诗经·小雅·北山》)，周天子名义上是天下土地的所有者，王有制得到进一步发展。另一方面，周天子又通过分封的形式将土地赐给诸侯，诸侯又赐给大夫，形成多层次的土地占有，天子、诸侯对人口、土地的控制能力有限。由于生产力水平低下，西周耕种的田有菑、新、畲三种，实行"三年一换土易居"的休耕、轮耕制，其中菑田是第一年初开垦的荒田，新田是第二年已能种植的田，畲田是第三年耕种的田，当时对土地的利用，一般不超过三年，在连续耕种三年之后，就弃耕撂荒，易地耕种，这就是《尔雅·释地》所说："田一岁曰菑，二岁曰新田，三岁曰畲。"这种田制后人称为爰田制（即换耕制），与孟子所说的田制显然有所不同。西周田制有公田、私田之分，《诗经·小雅·大田》："有渰萋萋，兴雨祁祁。雨我公田，遂及我私。"孟子曾引此诗说明

---

① 徐中舒：《试论周代田制及其社会性质——并批判胡适井田辨观点和方法的错误》，《四川大学学报》1955年第2期。

"惟助为有公田",故公田实行助法,需借民力耕种。又说"助者藉也",故公田亦称藉田。《诗经·小雅·大田》说"曾孙来止",据郑笺,曾孙指成王,周王对祖先和神灵习惯自称曾孙。成王亲自视察、督促耕种,故公田为天子之田。私田与公田相对,应为"我"即《诗》作者的田。朱熹注:"此诗为农夫之词,以颂美其上。"[①]不确。西周社会的基本单位是宗族,族长代表宗族占有土地,故"我"非一般的农夫,而是族长,私田为属于宗族或族长的土地。不论是公田还是私田,面积一般都比较大,非孟子所说的百亩。令鼎:"王大藉农于其田……王归自其田。"令鼎是康王时器,记载康王行藉田礼,借民力耕种公田(藉田)。从"大藉(借)农"来看,康王公田的面积应该不小。据《国语·周语上》,"宣王即位,不藉千亩",则天子的公田有千亩之多。又《诗经·噫嘻》说:"骏发尔私,终三十里。""私"指私田,可见属于宗族或族长的私田面积也不小。由于公田、私田的面积广大,加之生产力水平低下,故周人只能采取集体耕作的形式,形成"千耦其耘"(《诗经·载芟》)、"十千维耦"(《诗经·噫嘻》)的大规模耕作场景。虽然这里的"千""十千"只是盖言其多,未必实指,但诗人所描述的一千对乃至一万对农夫共同耕作的田制,与孟子所言井田无疑具有天壤之别。这些农夫也不是个体生产者,而是来自不同的宗族,在族长的带领下进行集体生产,耕种属于本宗族的私田以及天子的公田。所以周代虽然有公田、私田,但与孟子所说的公田、私田不同,二者属于不同的田制。如学者所

---

① (南宋)朱熹:《诗集传》,朱杰人等编《朱子全书》第1册,上海古籍出版社、安徽教育出版社,2002,第628页。

说，孟子井田是以个体劳动普遍化为条件的，"只有个体劳动已经成为可能，才会出现'八家各私百亩'的事实。反之，在个体劳动尚不存在的情况下，无论把私田说成是农奴的份地，抑或说成是公社社员的份地，都会显得毫无意义。"①

西周末年，宣王"不藉千亩"，不再举行藉田礼，同时又"料民于太原"（《国语·周语上》），统计宗族中的人口。以前天子并不直接管理宗族中事务，国家有需要，由族长提供劳役和兵役，宣王此举试图越过宗族直接掌握其中的人口，以便扩大兵役，同时变大田集体生产为个体生产，但由于当时宗族势力强大而失败，不久西周灭亡。春秋中期以后，一些国家进行赋税改革，如齐国的"相地而衰征"、晋国的"作爰田"、鲁国的"初税亩"等，其基本做法是把土地分配给生产者，让他们提供实物租税，农夫由大田集体生产者转变为个体生产者，成为国家赋税、兵役的主要来源。但由于当时国家、宗族的二重所有制并没有改变，所改变的只是剥削方式和土地计算分配方式，农夫或依附于国君公室，或依附于私家贵族，不论是公室还是私族都以控制、支配农夫为目标。到了战国时期，由于铁器、牛耕的普及，个体农民可以完成农作的全过程，五口之家便是一个独立的生产单位，不再需要"千耦其耘"的大规模集体劳作。这时登上政治舞台的一批新兴卿族，如完成分晋大业的韩、赵、魏等，他们不再像春秋的国君那样将土地分封给卿大夫贵族，而是直接分配给农民耕种，国家、宗族二重土地所有制转变为国家所有制，农民由隶属于宗族转而隶属于国家。由于能够为君主、国家直接提供

---

① 赵世超、李曦：《西周不存在井田制》，《人文杂志》1989年第5期。

第十三讲　井田与仁政

赋税和兵源的主要是这一阶层，因此通过授田的形式，将农夫固着于土地之上，课之以税，征之以兵，充分开发土地，保证税源和兵源，便成为各国变法的一个重要内容。战国授田制正是在这一背景下产生的，它具有以下特点：一、土地国有。国君具有土地的所有权，有大量土地可供支配，农夫分得的只是土地的使用权，一般不能买卖。二、计户（人）授田。由于战国是以一夫一妻为核心的个体小家庭为主，故是以户为单位进行授田，在依然流行大家族的地区，则计人授田。与当时生产力水平相适应，授田份额为一夫或一户百亩，以便充分挖掘劳动者的潜能，创造更多的财富。三、完整田界。为了使授田制能顺利进行，政府通过阡陌、封疆建立起完整的田界，将土地划分为百亩的方形或长方形，一块块百亩的土地彼此相连，形成井字形。井不仅指土地面积，也可以表示行政区划，"九夫为井，四井为邑"（《周礼·地官·小司徒》）。四、严密户籍。为了便于授田和征收赋税徭役，政府对人口进行统计，建立起严密的户籍制度，用行政强制手段控制劳动者，禁止人口随意迁徙。农夫被编入户籍、领取土地后，纳税服役于政府，成为国家的编户齐民。五、国家剥削。国家对授田农民征收沉重的赋税，"大体分为租、赋、役三部分，一般来说，租依田征收，赋、役依人（或户）征收，其中赋一般重于租，役又重于租赋。国家收入又以各种形式在剥削者中间进行二次分配，其中有的部分是官吏俸禄"。[①]不难看出，孟子为滕国设计的田制，在土地国有、计户授田、完整田界等方面，与战国授田制是一致的，说明孟子的井田其实也是战国授田制下的

[①] 袁林：《两周土地制度新论》，东北师范大学出版社，2000，第235页。

产物。但从仁政、王道理想出发,孟子对授田制下农民遭受的沉重剥削以及国家权力对宗法伦理的破坏,则深恶痛绝,根本不能接受。孟子说:"有布缕之征,粟米之征,力役之征。君子用其一,缓其二。用其二而民有殍,用其三而父子离。"(《孟子·尽心下》14.27)有征收布帛、麻线的赋税,有征收粮食的租税,有征发人力的劳役。君子采用其中的一项,就暂时不用其他两项。同时采用两项,百姓就会有饿死的;同时采用三项,父子就会骨肉离散。故孟子设计的田制,增加了公田、助法——主要为了伦理教化,以及"野九一而助,国中什一使自赋"——主要体现"薄税敛"(《孟子·梁惠王上》1.5)的内容。如果说主要由法家推行的授田制是为了"尽地力之教",对外兼并、扩张的话,那么孟子的井田在"制民之产"之外,还有"谨庠序之教"(《孟子·梁惠王上》1.7)的更高追求,体现了儒家与法家不同的政治理念。所以孟子虽然也主张"死徙无出乡,乡田同井",但主要是为了维护"出入相友,守望相助,疾病相扶持"的宗法伦理,与法家为获取赋税、劳役而对农民采取超经济强制有根本的不同。后人谈论井田主要根据《孟子》与《周礼》,但二者的政治理念并不相同,实际是提出了两种不同的井田制。《周礼》由于吸收了法家思想,其设计的土地制度与战国授田制较为接近,而孟子从仁政理想出发,其倡导的井田则与诸侯的授田存在较大的差异。二者虽有不同,但都是战国授田制下的产物,若放在战国时代背景下进行讨论,不难对二者作出正确的判断和评价。然而令人遗憾的是,后世经学家却误以为孟子是讲"古井田之法",是陈述三代的理想之制,于是井田被视为古代先王的大经大法,具有了崇高的地位,并试图从中寻找改革弊政的方案,经学史上围绕井田的争论实际是建立在经典的误读之上。近代学者虽然具有了历史观念，认为孟子所说的井田未必实行于三代，澄清了以往经学家的一些错误，但始终不能跳出赵岐、朱熹以来的误读，一些学者虽然注意到"井地"与井田的不同，但没有将其放在孟子的仁政思想下进行探讨，因而无法对井地的具体内涵、思想意义做出全面的分析和解读，这不能不说是令人遗憾的事情。

三、井田与孟子的仁政理想

根据以上的分析，孟子所说的井田并非三代的土地制度，而是在战国授田制下针对滕国的制度设计，是实现孟子仁政理想的具体方案。孟子说："徒善不足以为政，徒法不能以自行。"（《孟子·离娄上》7.1）治理国家，不仅要有"善"，而且还要有"法"，要有相应的制度，孟子的仁政就是这种制度和法。孟子的仁政包括恒产、什一税、"谨庠序之教"三原则，井田则是孟子在滕国落实仁政三原则的具体制度设计。明乎此，围绕孟子井田制的似是而非的看法就能够得到澄清了。有学者注意到，孟子只在滕国谈论过古代井田制，在其他国家则不论及这一问题，而是极力劝说国君制民之产，于是认为《孟子》中实际存在两种井田制，一种是孟子所叙述的古代井田制，也称"井地制"，一种是孟子主张在战国实行的作为其仁政核心的"恒产制"，可称为"新井田制"；前者是孟子对古代制度的追忆，但仅记其"大略"；后者是孟子保护土地私有权的制度设计，因为是个人的主张,所以讲的比较详尽。①这种看法没有跳出"古井田之法"的成见,误把孟子在不同场合的论述看作新旧两种井田制,是不能成立的。

如前所述,孟子的仁政包括恒产等三原则,而井田则是落实恒产等原则的制度设计。恒产指固定的土地财产,包括固定的占有权和固定的数额,数额就是孟子反复陈述的"百亩之田""五亩之宅"。在滕国时,由于文公想将孟子的主张付诸实践,孟子需要考虑土地的分配问题,故设计出井地的方案,孟子的井地带有浓厚的儒家色彩,如设置公田、实行助法等,更多是出于对伦理、教化的考虑。后来到了魏国、齐国,由于梁惠王、齐宣王根本无意实行孟子的主张,孟子只能向诸侯宣讲恒产说,劝其制民之产,而没有机会谈论土地制度的问题,故不再谈论"井地"——规划、分配土地了。孟子离开滕国后来到魏国,曾与惠王谈论过恒产的问题。惠王抱怨说:我对于国家,真是尽心了。河内发生灾荒,我就把那里的一些百姓迁移到河东,把粮食运到河内。河东发生灾荒也是这样。考察邻国的政事,没有哪一个国君能像我这样用心的。可是邻国的人口没有减少,而魏国的人口没有增多,这是为什么呢? (见《孟子·梁惠王上》1.3) 于是孟子讲了五十步笑百步的著名典故,接着评论说:

曰:"王如知此,则无望民之多于邻国也。不违农时,谷不可胜食也;数罟不入洿池,鱼鳖不可胜食也;斧斤以时

---

① 屈英剑:《论〈孟子〉里两类不同性质的井田制》,《西北民族学院学报》1985年第2期。

入山林，材木不可胜用也。谷与鱼鳖不可胜食，材木不可胜用……五亩之宅，树之以桑，五十者可以衣帛矣。鸡豚狗彘之畜，无失其时，七十者可以食肉矣。百亩之田，勿夺其时，数口之家可以无饥矣。谨庠序之教，申之以孝悌之义，颁白者不负戴于道路矣。"（《孟子·梁惠王上》1.3）

值得注意的是，孟子虽然讥讽惠王是五十步笑百步，但并没有批评他不推行恒产，而是强调"不违农时""勿夺其时"。出现这种情况可能是因为，随着战国授田制的推行，向农夫授田百亩已成为魏国的国策。魏文侯执政时，任用李悝为相，"李悝为魏文侯作尽地力之教"，规定"今一夫挟五口，治田百亩"，即一个五口之家，耕田百亩，"行之魏国，国以富强"（《汉书·食货志》）。梁惠王虽然志大才疏，治国无方，但在农业生产上还是颇为用心的。据《史记·魏世家》注引《竹书纪年》，惠王继位的第六年，即迁都于大梁（今开封），迁都后的当年，"梁惠王发逢忌之薮以赐民"（《汉书·地理志》注引《竹书纪年》）。逢忌又称蓬忌、逢池、逢泽，地在今河南开封市东南。"薮"为川泽地。惠王开发了逢忌薮，将新开垦的土地赐予民众。接着惠王又兴修水利，《水经·济水注》引《竹书纪年》说，魏惠王十年，"入河水于甫田，又为大沟而引甫水"。甫田是一泽名，在今河南中牟县西。惠王把黄河水引到甫田泽，又开挖一条大沟，引甫田中水灌溉农田，这样魏国就有大量的土地可以授予农民了。上文惠王称"河内凶，则移其民于河东，移其粟于河内"，河指黄河，黄河中游一段沿吕梁山西侧自北向南而下，到陕西潼关附近后东转，自西向东流入大海，形成一个L形。河内指黄河东西向以北的地区，包括今河南省沁阳、济源、博爱一带；河东指黄河南北向以东的地区，包括今山西省西南部。河内发生自然灾害，惠王把民众迁移到河东，用河东的粮食救济河内的百姓，河东发生灾害亦是如此。说明魏国幅员辽阔，有大片的土地可供开垦，文侯时确立的一夫"治田百亩"的政策一直延续下来。据《吕氏春秋·先识览·乐成》，魏襄王的臣下史起称："魏氏之行田也以百亩，邺独二百亩，是田恶也。""行田"即授田，魏国给农夫授田百亩，邺这个地方由于土地贫瘠，故授田二百亩，可见授田百亩在魏国实行已久。惠王虽然在发展生产上尽心尽力，但他制民之产是为了对外扩张、兼并，而不是行仁政，不是为了让民众过上富足、安定的生活。所以发展生产的同时，他连续对外发动战争，结果"东败于齐，长子死焉；西丧地于秦七百里；南辱于楚"（《孟子·梁惠王上》1.5），遭到失败后，不是及时反省，而是为了报仇雪恨想着继续开战。所以孟子不是指责惠王没有制民之产，而是批评其不断对外开战，"违农时""夺其时"，严重影响了农业生产，使民众饱尝战争之苦。

孟子离开魏国后，来到了齐国，时齐宣王执政。值得注意的是，孟子在齐国时，曾批评宣王的"制民之产"。

是故明君制民之产，必使仰足以事父母，俯足以畜妻子，乐岁终身饱，凶年免于死亡，然后驱而之善，故民之从之也轻。今也制民之产，仰不足以事父母，俯不足以畜妻子，乐岁终身苦，凶年不免于死亡。此惟救死而恐不赡，奚暇治礼义哉？王欲行之，则盍反其本矣。五亩之宅，树之以桑，五十者可以衣帛矣。鸡豚狗彘之畜，无失其时，

七十者可以食肉矣。百亩之田，勿夺其时，八口之家可以无饥矣。(《孟子·梁惠王上》1.7)

按照孟子的说法，制民之产就是要使农夫有百亩之田、五亩之宅，如此方可以"仰足以事父母，俯足以畜妻子"，而从他批评宣王"制民之产，仰不足以事父母，俯不足以畜妻子"来看，齐国显然没有做到这一点，这又该如何理解呢？是否意味着齐国没有推行授田百亩的政策呢？答案应该是否定的。授田百亩是战国时各国的普遍做法，唯有此才可能充分挖掘劳动潜力，发展生产，富国强兵，在列国竞争中立于不败，齐国自然也不能例外。由齐国稷下先生编订的《管子》一书中，多有一夫百亩的记载。"一农之量，壤百亩也。"(《管子·臣乘马》)"地量百亩，一夫之力也。"(《管子·山权数》)长期生活于齐国的荀子也说："家五亩宅，百亩田，务其业而勿夺其时，所以富之也。"(《荀子·大略》)"匹夫者，以自能为能者也。……百亩一守，事业穷，无所移之也。"(《荀子·王霸》) 所以齐国统治者不可能不懂得授田百亩的道理，孟子批评的应该是实际执行的情况，而齐国之所以没有授予农民足够的土地，可能与国君独占、垄断了大量土地有关。这在《孟子》中也有反映，《梁惠王下》2.2章记孟子与齐宣王论园囿之大小，孟子说：

臣始至于境，问国之大禁，然后敢入。臣闻郊关之内有囿方四十里，杀其麋鹿者如杀人之罪；则是方四十里为阱于国中，民以为大，不亦宜乎？

囿是国君畜养禽兽的园林，一般面积较大，而且禁止民众入内，这样就占去了大量土地。从孟子称"始至于境，问国之大禁，然后敢入"来看，齐国境内有大量园囿之类的禁地，境是国境，国境之内的土地主要是野。"郊关之内"才是国，这里"有囿方四十里"，同样占去了大量土地。可见战国社会矛盾主要体现为国家土地所有制下的国家垄断与农夫受田不足，而不是土地私有制下的贫富分化。在国家土地所有制下，授田能否顺利推行，很大程度上取决于国君的意志，国君若贪图个人享乐，占有大量园囿，就会影响到对农民的授田。所以齐国虽然有大量土地，但不一定都授予农民，国君可以根据需要，或留作自己的园囿，或由政府直接经营，或奖励军功，这样就会使一部分农夫授田不足，"仰不足以事父母，俯不足以畜妻子"。由于国君掌握着土地资源，恒产能否实现取决于国君的意志，所以孟子只能把仁政的希望寄托于国君的"不忍人之心"上。孟子说：

> 人皆有不忍人之心。先王有不忍人之心，斯有不忍人之政矣。以不忍人之心，行不忍人之政，治天下可运之掌上。(《孟子·公孙丑上》3.6)

"不忍人之心"即"恻隐之心"，也就是每个人生来便有的仁爱、同情心。"先王"将生而即有的"不忍人之心"施之于社会政治中，于是就有了"不忍人之政"，即"仁政"。只要实行仁政，治理天下便可"运之掌上"。故孟子游说宣王，以不忍人之心循循善诱之，以宣王不忍杀牛衅钟而"以羊易之"，启发齐宣王应扩充此仁心，推恩于他人，"推恩足以保四海，不推恩无以保妻子"(《孟子·梁惠王上》1.7)。推恩之外,孟子还讲推己。当孟子劝说宣王推行仁政时,宣王说:"寡人有疾,寡人好货。""寡人有疾,寡人好色。"我有缺点,我贪财、好色。孟子说:周人的先祖公刘也喜欢财物啊,"王如好货,与百姓同之,于王何有?"周人的先祖古公亶父也好色啊,"王如好色,与百姓同之,于王何有?"(《孟子·梁惠王下》2.5)"同"是"共"的意思,"同之"也就是"共之"。大王贪财、好色,但能想到百姓也喜欢财物,也渴望有家室,作为执政者,能够推己及人,帮助百姓实现他们的愿望,称王天下有什么困难呢?推恩是推己之恻隐之心、不忍人之心,是道德情感的扩充、推广;推己则是推己之好货、好色之心,承认他人生理欲望的合理性,将心比心,"与百姓同之"。孟子的推恩与推己是相互联系的,"推恩"是"推己"的前提与根据,只有"推恩"才有可能做到"与百姓同之";"推己"则是"推恩"的落实和实现,"推己"体现为对民众物质及婚姻生活的关注。两种"推"都发生在国君与民众之间,是自上而下的关爱和施与。孟子将仁政寄托在君主的不忍人之心上,今天看来当然是天真、不切实际,如后人所批评的,是"迂远而阔于事情"。但是在国君掌握土地所有权、决定土地授予的战国国家土地所有制下,这乃是一种无奈之举,也是唯一可行的方法。或许孟子也不相信宣王真能发不忍人之心,只不过他秉持"民为贵"的价值理念,作为一名士人不能不为民众呼吁,向君王进谏。对于孟子来说,性善只是实行仁政的可能条件,"民为贵"才是他要求"制民之产",提出恒产方案的真正原因。

第十四讲

孟子

王道与义利之辨

第十四讲　王道与义利之辨

上一讲我们围绕井田介绍了孟子的仁政思想,这一讲我们要分析孟子的王道与义利之辨。在孟子这里,王道与仁政是联系在一起的,仁政是对国家内部而言,解决的是民众的物质生活及教化问题;王道则是对国与国而言,处理的是天下秩序的问题。古人在国之上,还有更高的天下观念,《大学》说"修身、齐家、治国、平天下",对于一个士人而言,不能仅仅满足于治国,还要平天下。不过由于周天子已经衰微,诸侯成为战国政治舞台的主角,故孟子周游列国,主要是游说诸侯,劝其行仁政,得民心而得天下。所以仁政与王道是联系在一起的,孟子说:"养生丧死无憾,王道之始也。"(《孟子·梁惠王上》1.3)"养生"是使民众有基本的生活保障,避免凶年曝尸于沟壑。"丧死"是使民众有一定的财产,能够为死去的亲人举办丧礼,不留下缺憾,这些都属于仁政的内容。由于实行仁政,天下百姓纷纷前来归附,不是靠武力、暴政,而是靠德性、仁政的力量称王天下,这样就实现了王道。义利之辨也是孟子的一个重要思想,涉及政治秩序的建构原则、政治统治的合法性原则、利益分配的公正原则,以及生命意义的确立等多方面内容,与孟子的其他思想尤其是王道存在密切联系,故我们将王道与义利之辨放在一起讨论。

一、孟子的王道理想

孟子生活的战国时代，统一已成为大的趋势，对此孟子亦持肯定的态度。他曾转述与梁襄王的对话："（襄王）卒然问曰：'天下恶乎定？'吾对曰：'定于一。''孰能一之？'对曰：'不嗜杀人者能一之。'"（《孟子·梁惠王上》1.6）襄王突然问道："天下怎样才能安定？"孟子回答："天下统一了就会安定。"襄王又问："谁能统一天下？"孟子回答："不喜欢杀人的人能统一天下。"从这段对话可知，连年征战给诸侯造成很大压力，如何重建秩序，实现安定，成为他们关切的问题。孟子认为，统一是大势所趋，只有统一才能天下安定，这点孟子与当时多数人的看法是一致的。孟子不反对统一，但在如何实现统一上，孟子则与战国诸侯存在根本的分歧。后者希望以暴力、霸道实现统一，孟子则大义凛然，提出了"以德服人"的王道思想。

> 孟子曰："以力假仁者霸，霸必有大国；以德行仁者王，王不待大。汤以七十里，文王以百里。以力服人者，非心服也，力不赡也；以德服人者，中心悦而诚服也，如七十子之服孔子也。《诗》云：'自西自东，自南自北，无思不服。'此之谓也。"（《孟子·公孙丑上》3.3）

"以力假仁者"推崇的是武力，但是又打出仁义的旗号；"以德行仁者"信奉的是道德，是真正推行仁政。这里的"霸"和"王"用作动词，指称霸和称王。用武力假借仁义的可以称霸，称霸必须是大国；用道德推行仁政的可以称王，称王不一定是大国。因为"以力服人者，非心服也，力不赡也；以德服人者，中心悦而诚服也"，用武力使人臣服，不是真心服从，只是力量不够；用道德使人归服，才是心悦诚服。孟子分别用德、力定义王道与霸道，并将二者对立起来，尊王而贱霸，显示出强烈的理想主义色彩。《孟子》一书中，王道只出现过一次，即"养生丧死无憾，王道之始也"，没有出现霸道的用法。但霸字出现13次，或用作动词，如"管仲以其君霸，晏子以其君显"（《孟子·公孙丑上》3.1），"虞不用百里奚而亡，秦穆公用之而霸"（《孟子·告子下》12.6）；或用作名词，如"五霸"。王道、霸道即称王之道与称霸之道。历史上，三王行王道，五霸行霸道，故王道、霸道也指三王之道与五霸之道。在孟子看来，三王是"以德行仁者"，五霸是"以力假仁者"，故三王高于五霸，孟子的王道、霸道就是对三王、五霸政治的概括，反映了孟子对历史的认识和理解。

　　五霸者，三王之罪人也；今之诸侯，五霸之罪人也；今之大夫，今之诸侯之罪人也。（《孟子·告子下》12.7）

根据赵岐注，三王指大禹、汤和文王，五霸指春秋五霸。关于春秋五霸，有不同的说法，一般是指齐桓公、晋文公、秦穆公、楚庄王、宋襄公，也有说是指齐桓公、晋文公、楚庄王、吴王阖闾、越王勾践的。三王是天子，具有政治的合法性，其与诸侯是统治、服从关系，"天子适诸侯曰巡狩，诸侯朝于天子曰述职"（同上），天子可以到诸侯国巡守，而诸侯有义务向天子述职。天子巡守诸侯，春天视察耕种，救助穷困的人；秋天视察收获,救济缺粮的人。天子进入诸侯的疆界,如果土地开垦,田野整治,老人得到赡养,贤人受到尊敬,杰出之人在位,那么就有奖赏,奖赏给土地。天子进入诸侯的疆界,如果土地荒芜,老人被遗弃,贤人被排斥,贪官污吏在位,那么就要责罚。所以天子巡守主要考察的是春耕秋收、扶危济贫、选拔贤才等,这些也是孟子仁政的内容。诸侯一次不来朝见,就降他的爵位;两次不来朝见,就削减他的封地;三次不来朝见,就派六军声讨。"是故天子讨而不伐,诸侯伐而不讨。"(同上)"讨"是天子征讨不遵从礼制的诸侯,具有合法性;"伐"是诸侯打着天子的旗号侵伐其他诸侯,不具有合法性。"五霸者,搂诸侯以伐诸侯者也,故曰,五霸者,三王之罪人也。"(同上)五霸,是强拉着诸侯去讨伐别的诸侯,所以说,五霸是三王的罪人。"搂"是挟持、搂抱的意思。五霸虽然不具有合法性,但对维持当时的礼制秩序仍起到积极的作用。"五霸,桓公为盛。葵丘之会,诸侯束牲载书而不歃血。"(同上)五霸中,齐桓公的声威最大。在葵丘会盟上,诸侯捆绑了牺牲,把盟书放在它身上,却不歃血。歃血是古代结盟时的一种仪式,立盟时杀牲取血,盟誓者口含其血,或涂于口旁,表示诚信。当时齐桓公威信高,故不歃血进行盟誓。葵丘会盟立下五条盟约,其中第一条盟约说,诛罚不孝者,不改立太子,不立妾为妻。第二条盟约说,尊重贤人,培育人才,以此表彰有德者。第三条盟约说,敬老爱幼,不怠慢来宾和旅客。第四条盟约说,士人不世袭官职,公务不能兼任,选用士人要得当,不得擅自杀戮大夫。第五条盟约说,不得遍筑堤防,不得以邻为壑,不得拒绝邻国购买粮食,不能封赏而不通告。并约定,凡是参加同盟者,盟会之后,言归于好。

可见，五霸在政治上虽然不完全合法，违背了"礼乐征伐自天子出"（《论语·季氏》）的传统，但他们又力图建立一种新的政治、文化秩序，春秋五霸时期是中国历史上一个非常重要的过渡时期。近代以来，学者囿于成见，往往称春秋五霸的时代礼崩乐坏，只看到旧秩序崩溃的一面，没有注意到新秩序建立的一面，是不全面的。其实只要检索文献，就会发现历史上礼坏乐崩是用来指称春秋以后的时代，如《汉书·艺文志》称："至秦患之，乃燔灭文章，以愚黔首。……迄孝武世，书缺简脱，礼坏乐崩，圣上喟然而称曰：'朕甚闵焉！'"这是说秦焚书坑儒，燔灭文化典籍，造成礼坏乐崩。《晋书·范宁传》称："王、何蔑弃典文，不遵礼度，游辞浮说，波荡后生……遂令仁义幽沦，儒雅蒙尘，礼坏乐崩，中原倾覆。""王、何"指王弼、何晏，是魏晋玄学的代表人物。他们以老庄思想糅合儒家经义，谈玄析理，放达不羁，因其倡导的玄学对当时的名教形成冲击，故被指责造成礼坏乐崩。另外，唐末军阀割据，战乱不断，亦造成礼坏乐崩。《朱子语类》卷九十二称："唐末丧乱，乐人散亡，礼坏乐崩。"关于礼坏乐崩的用法，没有一条是说春秋时期的。《论语·微子》说："大师挚适齐，亚饭干适楚，三饭缭适蔡，四饭缺适秦，鼓方叔入于河，播鼗武入于汉，少师阳、击磬襄入于海。"大师为乐官之长，古代天子每天要吃四顿饭，除第一顿饭不奏乐外，第二、第三、第四顿饭都要奏乐，故亚饭、三饭、四饭为天子吃饭时以乐助兴之官，干、缭、缺分别是他们的名字。鼓、播鼗（táo）、少师、击磬也都是乐官。汉代孔安国注："鲁哀公时，礼坏乐崩，乐人皆去。"据孔注，本章是说"礼坏乐崩"，但主要是指乐师四散，造成周王室的礼乐演奏难以为继，而非如后人所理解的是指政治秩序的崩坏。而且哀公（公元前494—前468年在位）为《春秋》十二公的最后一位，其生活于春秋末期，故"礼坏乐崩"与其说是专指春秋时期，不如用来称呼春秋以后的战国时期。所以称春秋时期为礼崩乐坏是不恰当的，相反，春秋时期才是以礼为中心的时代。春秋以前的经典如《诗经》《尚书》中虽然已经出现礼字，但主要是指祭祀礼仪，礼尚没有成为那个时代的核心概念。西周政治、伦理的核心概念乃是德，具体的政治制度、伦理规范称为典、彝、则，它们均包含于德之中。只有到了春秋，礼才成为政治、伦理乃至宗教中的核心概念。颜世安教授说："春秋以前有礼仪制度却无'礼'观念；春秋以后的战国时代贵族制度消亡，主流社会也不再流行'礼'观念。实际上'礼'观念大为流行只有春秋霸政以后二百余年。那是大多数统治阶级成员真正以'礼'为核心观念，相信靠'礼'可以解决一切重大社会问题的时代，那是思想史上'礼'观念的黄金时代。"[①]徐复观先生也说："通过《左传》《国语》来看，春秋二百四十二年的历史，不难发现在此一时代中，有个共同的理念，不仅范围了人生，而且也范围了宇宙，这即是礼。"[②]

春秋非礼崩乐坏，而是政治秩序的重建，是以礼为中心的时代，这当然与五霸有关。当时虽然一方面王室衰落，偏安一隅，但"周德虽衰，天命未改"（《左传·宣公三年》），祭天的权力依然垄断在周天子手里，齐桓、晋文等霸主不可能通过天命获

[①] 颜世安：《礼观念形成的历史考察》，《江苏行政学院学报》2003年第4期。

[②] 徐复观：《中国人性论史·先秦卷》，上海三联书店，2001，第40—41页。

得政治的合法性；另一方面，北狄、荆楚的不断进逼，又给中原华夏造成极大的威胁，故齐桓、晋文只能以"尊王攘夷"相号召，通过会盟、朝聘等制度整合华夏诸国，重建政治、伦理秩序。这套政治、伦理秩序便是礼，礼才是春秋霸主的合法性根据。会盟原是周王的特权，周王卿士可以代王会盟，但诸侯主持会盟则是绝对的僭越行为。但到了春秋时期，霸主主持会盟已得到天子、诸侯的认可，获得合法地位。"会朝，礼之经也；礼，政之舆也；政，身之守也。"(《左传·襄公二十一年》)会朝是礼的根本，而礼又好比政治的车舆，推动着政治的发展。这种由霸主主导、诸侯广泛参与的会盟、朝聘之礼，与西周的王朝礼仪具有了根本差别，它不再是以传统的宗法等级为依据，而是靠政治、军事实力对外称霸，建立、维护一种新的统治秩序。"礼也者，小事大、大字（爱）小之谓。事大在共（通'恭'）其时命，字小在恤其所无。"(《左传·昭公三十年》)小国要服从大国，根据其命令履行义务。大国也要爱护小国，给予相应的帮助。这是春秋时期礼的基本原则，也是春秋霸政的基本精神。在这样的原则之下，华夏诸国在长期的交往中逐渐发展出和衷共济、扶危救困、惩治罪恶的相处之道："凡侯伯救患、分灾、讨罪，礼也。"(《左传·僖公元年》)"救患"是指某个国家受到戎狄的入侵，其他国家要前去救助，如"夏，邢迁于夷仪，诸侯城之，救患也"(《左传·僖公元年》)。这是邢国受到北狄的侵略，被迫迁都，诸侯帮其筑城的"救患"之例。"分灾"是指一个国家遇到灾荒，其他国家有义务赈济救灾，如"冬，京师来告饥。公为之请籴于宋、卫、齐、郑，礼也"(《左传·隐公六年》)。京师指东周的首都洛阳，公是鲁隐公。京城派人来报告饥荒。隐公替其向宋国、卫国、齐国和郑国购买粮食，这是诸侯"分灾"之例。至于"讨罪"，《左传》《国语》中的记载就更多了。除讨罪外，还有"平"，也就是解怨媾和。"齐人卒平宋、卫于郑。秋，会于温，盟于瓦屋，以释东门之役，礼也。"（《左传·隐公八年》）这说的是齐国调节宋国、卫国的冲突，使二者重归于好。这种救患、分灾、讨罪的礼制精神，显然是在葵丘会盟基础上的进一步发展，反映了五霸的政治理念，故孟子一定程度上对其予以肯定，认为五霸远胜于今之诸侯。

"今之诸侯皆犯此五禁，故曰，今之诸侯，五霸之罪人也。"（《孟子·告子下》12.7）现在的诸侯都违背了葵丘会盟的五条誓约，所以说，现在的诸侯是五霸的罪人。葵丘会盟中规定"无曲防"，不得遍筑堤防，将水患引向邻国。但战国诸侯专门以邻为壑，孟子对此多有批判、抨击。《孟子·告子下》12.11章："白圭曰：'丹之治水也愈于禹。'孟子曰：'子过矣。禹之治水，水之道也，是故禹以四海为壑，今吾子以邻国为壑。水逆行谓之洚水——洚水者，洪水也，仁人之所恶也。吾子过矣。'"魏国人白圭吹嘘道："我治水超过了大禹。"孟子说："你错啦。大禹治水，是顺着水性疏导，所以大禹把四海当作纳水处，现在你却是把邻国当作纳水处。水逆流倒行叫做洚水——洚水，就是洪水，这是仁者最憎恶的。你错啦！"更有甚者，竟然引水攻击敌国，秦楚鄢郢之战，秦将白起引水灌鄢城，致使楚国三十万军民丧生。春秋时被人们视为不可触碰的道德底线，到了战国被完全踩到了脚下。在社会风气上，春秋讲礼让，战国崇权谋，宋襄公遵从贵族之间的战争法则，主张"君子不重伤，不禽二毛，……不鼓不成列"（《韩非子·外储说左上》）。君子不攻击已经受伤的人，不俘虏年老的人，敌军没有列好阵，不能进攻，被崇尚权谋的韩非子讥讽为"亲仁义之祸"（同上）。但若放在春秋时期，人们的评价可能正好相反。黄仁宇先生曾分析说："春秋时代的车战，是一种贵族式的战争，有时彼此都以竞技的方式看待，布阵有一定程序，交战也有公认的原则，也就是仍离不开'礼'的约束。"① 所以宋襄公恪守的是春秋礼制，其所作所为在当时不仅不被否定，反而被视为君子之风、贵族精神的体现，宋襄公被列为五霸之一，就能说明这一点。《春秋公羊传》评论此事说："不鼓不成列，临大事而不忘大礼……以为虽文王之战，亦不过此也。"（《春秋公羊传·僖公二十二年》）认为即使文王遇到类似的事件，也会选择与宋襄公一样的做法。司马迁也说："襄公既败于泓，而君子或以为多（贤），伤中国阙礼义，褒之也，宋襄之有礼让也。"（《史记·宋微子世家》）宋襄公虽然在泓之战失败了，仍有君子称赞他贤德，人们伤感中原国家缺乏礼仪，因而赞扬他，因为宋襄公具有礼让的风范。司马迁虽生活在汉代武帝时期，但深受春秋公羊学的影响，所以能够不以成败论英雄，肯定历史中道义的力量。其实春秋时期，类似"不鼓不成列"的事件是十分普遍的，晋楚邲之战，晋军大败，逃跑时有几辆兵车陷到泥坑里无法前行。追上来的楚军没有趁人之危，反而教晋军如何拖出战车。他们先让晋军抽掉车前的横木，兵车稍微向前动了一下，马仍盘旋不前。又让晋军拔掉大旗，扔掉车轭，这才将兵车从坑中拉了出来。晋军脱离险境后，没有仓皇逃跑，反而对楚军深鞠一

---

① 黄仁宇：《赫逊河畔谈中国历史》，生活·读书·新知三联书店，1992，第3页。

躬，说："我们不像你们楚国经常打败仗，所以不如你们有逃跑的经验。"想的不是如何尽快脱离险境，而是用调侃的方式维护住失败者的尊严。《孟子·离娄下》8.24章也记载了一个类似的故事：子濯孺子是郑国人，他受命进攻卫国，卫国派庾公之斯前来迎战。子濯孺子说："今天我旧病发作，无法拿弓，我要没命了。"问他的车手："追赶我的人是谁？"车手说："是庾公之斯。"子濯孺子听后说："太好了，我有救了！"车手不明白："庾公之斯是卫国著名的射手，先生您却说'我有救了'，这是为什么呢？"心想，您是不是被吓糊涂了？子濯孺子说："庾公之斯是跟尹公之他学的射箭，尹公之他是跟我学的射箭。尹公之他是个正派人，他看中的朋友一定也是正派人。"果然，庾公之斯追到跟前，问："先生为什么不拿弓呢？"子濯孺子说："今天我旧病发作，无法拿弓。"庾公之斯说："我向尹公之他学的射箭，尹公之他是向您学的射箭，我不忍心用您传授的箭术来伤害您。但是，今天的事，是君主的命令，我不能不办。"于是抽出箭来，在车轮上磕掉箭头，射了四箭然后返身而去。子濯孺子、庾公之斯、尹公之他都是春秋时大夫，深受春秋礼制的影响，所以具有宽宏、礼让的贵族精神。若放在战国，这样的做法只能受到人们的嘲笑了。而孟子记载此事，既是对春秋礼让精神的赞赏和肯定，也是对战国权谋、诈术的鄙视和否定。所以孟子主要反对的是战国诸侯，他们崇尚暴力，"以攻伐为贤"，奉行的是兼并之道。这样孟子实际说到王道、霸道以及"今之诸侯"的兼并之道，他最反对的是兼并之道，对五霸的霸道反而有所保留。后人所说的霸道虽来自孟子，但含义已有所变化，实际包括了霸道与兼并之道，尤其指兼并之道，是广义的霸道。

"长君之恶其罪小，逢君之恶其罪大。今之大夫皆逢君之恶，故曰，今之大夫，今之诸侯之罪人也。"（《孟子·告子下》12.7）助长君主的过错，这罪行还算小；迎合君主的过错，这罪行就大了。现在的大夫都逢迎国君的过错，所以说，现在的大夫，是现在诸侯的罪人。孟子说的"大夫"实际是指官僚，战国时掌握了权力的诸侯，不再把土地分封给大夫，而是设立郡县，郡县的官吏由国君直接任命，原来分封制下具有相对独立性的大夫成为君主制下的官僚。由于他们的仕途是由国君所决定，所以只能一味迎合国君，而不能对其有任何制约了。春秋贵族的礼让精神，是在春秋五霸的主导下，社会长期演进的结果。但它本身又是脆弱的，一旦有人不遵从礼的规范，相反利用对方的礼让精神行权谋之实，宋襄公等人的行为就会受到质疑了。这时会出现两种可能，一是贵族间形成共识，坚守道义的原则，对违背礼制的行为进行惩罚，维持礼义秩序；二是觉得权谋比礼让更实用，于是弃礼让而用权谋，甚至崇尚起权谋、暴力了。从春秋到战国，历史选择的恰恰是后者。从文明的发展来看，这当然是一种倒退。什么是文明？文明不只是技术进步，经济发展，更重要的是对基本的道德底线形成共识，一些违背人道、严重伤害人类生命、尊严的行为是被禁止、不能做的，人类文明的发展就是道德底线不断提升的过程。

历史经历了从"三王"到"五霸"，再到"今之诸侯"的发展，在孟子眼里，这是历史的倒退，是仁义价值原则的丧失，是人类道德底线的不断坠落。未来历史的发展则是要超越霸道，回归王道，在仁义的价值原则上重建政治秩序。"今之诸侯"完全抛弃了仁义，一味崇尚暴力，是罪大恶极者。五霸虽然表面拥护仁义,一定程度上也维护了礼制秩序,但他们重视的是霸道,只是假借、利用仁义。孟子真正赞赏的是三王,只有他们身体力行,做到了仁义,因而奉行的是王道。"孟子曰:尧舜,性之也;汤武,身之也;五霸,假之也。久假而不归,恶知其非有也。"(《孟子·尽心上》13.30)尧舜是圣人,所以能"性之也",本性自然表现为仁义,这是更高的层次,非一般人所及。"性之也"的性用作动词。之,指仁义。汤武可归于三王,他们身体力行,同样做到了仁义。五霸是假借利用仁义。假借久了仍不回归仁义,哪里知道自己不是真有仁义呢?所以五霸虽然优于"今之诸侯",但他们的霸主地位是建立在政治、军事的实力之上,是"以力假仁"的结果,不具有政治的合法性。而要从根本上消除春秋战国以来的混乱局面,实现天下的安定、统一,就需要有一位王者出现。这位王不是靠暴力,而是靠德性、仁政的力量,得民心而得天下。因此,这是一位新王,是顺应时代要求的王,是为民众而出现的王。但是,这样的王在哪里呢?环顾四周,孟子发现只能是在"今之诸侯"中,尤其是大国的诸侯。战国时一些诸侯开始称王,如徐州相王的齐威王、梁惠王,孟子所说的王当然不是指这样的王,却想游说、引导这样的王,"行仁政而王"(《孟子·公孙丑上》3.1),将他们转化为新王,孟子的王道理想实际又寄希望于他所憎恶的"今之诸侯"。这看似吊诡,却是孟子在当时所作的无奈选择。所以孟子虽然猛烈抨击"今之诸侯",称其"率土地而食人肉,罪不容于死"(《孟子·离娄上》7.14),但又不得不奔走于诸侯之间,"务引其君以当道,志于仁而已"(《孟子·告子下》12.8)。劝说他们放弃霸道,转向王道。孟子曾为滕文公师,但滕国是小国,故孟子主要对其讲仁政,未提及称王之事。孟子见梁惠王，可能是看到其志大才疏，主要是鼓励他行仁政，说明王道需要从"养生送死"做起，而不是劝其称王。在"今之诸侯"中，孟子真正寄希望的乃是齐宣王，孟子游说诸侯，劝其称王的主要是齐宣王。《孟子·梁惠王上》1.7章：

> 齐宣王问曰："齐桓、晋文之事可得闻乎？"
> 孟子对曰："仲尼之徒无道桓、文之事者，是以后世无传焉，臣未之闻也。无以，则王乎？"
> 曰："德何如则可以王矣？"
> 曰："保民而王，莫之能御也。"

齐宣王询问齐桓公、晋文公之事，表明他想效法五霸，推行霸道。孟子则回答："孔子的门徒不谈论齐桓、晋文的事迹，所以没有流传到后世，我自然也不了解。一定要讲的话，那我就讲讲称王吧？""则王乎"的王（wàng），用作动词，指推行王道，称王天下。不是用霸道、武力称王，而靠仁义的力量，行仁政而称王。这是孟子的新王，是寄寓孟子理想的王，也是孟子为在战争中流离失所的生民所期盼的王。所以当宣王问："具有怎样的道德，才可以称王呢？"孟子马上回答："安抚百姓而称王天下，没有人能够阻挡。"称王首先要保民，王道需要建立在仁政上。孟子游说宣王，劝其称王，反复陈说的就是这一点。《孟子·梁惠王下》2.1章记孟子以欣赏音乐为例，说明"今王与百姓同乐，则王矣"。假如大王能和百姓一同快乐，就可以称王天下了。《孟子·梁惠王下》2.4章记孟子对宣王讲"贤者之乐"，称"乐民之乐者，民亦乐其乐；忧民之忧者，民亦忧其忧。乐以天下，忧以天下,然而不王者,未之有也"。乐与天下人一同乐,忧与天下人一同忧,这样还不能称王天下,是不会有的事情。《孟子·梁惠王下》2.5章,当宣王借口"寡人有疾,寡人好货""寡人有疾,寡人好色",拒绝行仁政时,孟子则因势利导:"王如好货,与百姓同之,于王何有?""王如好色,与百姓同之,于王何有?"大王如果喜欢财货,使百姓也能有财货,那么称王天下有什么困难呢?大王如果喜好女色,使百姓也能有妻室,那么称王天下有什么困难呢?这里的"同之"就是共之,也就是将心比心,推己及人,使百姓也能满足、实现他们的情感、欲望。针对宣王试图用"兴甲兵,危士臣,构怨于诸侯"的方式,以实现扩张疆土,臣服秦、楚,君临中原而安抚四夷的"大欲",孟子指出这无异于"缘木求鱼"(《孟子·梁惠王上》1.7),是根本无法实现的。只有实行仁政、王道,使天下出仕的都想到大王的朝廷里任职,耕田的都想到大王的土地上耕作,做生意的都想到大王的市场上交易,旅行的都想到大王的道路上行走,天下痛恨他们国君的都想跑来向大王申诉,这样才能够真正统一天下。可见,王道符合民众的利益,"得民心",是富有成效,切实可行的。孟子说:

> 天时不如地利,地利不如人和。三里之城,七里之郭,环而攻之而不胜。夫环而攻之,必有得天时者矣,然而不胜者,是天时不如地利也。城非不高也,池非不深也,兵革非不坚利也,米粟非不多也,委而去之,是地利不如人和也。故曰:域民不以封疆之界,固国不以山溪之险,威天下不以兵革之利。得道者多助,失道者寡助。寡助之至,亲戚畔之;多助之至,天下顺之。以天下之所顺,攻亲戚之

所畔;故君子有不战,战必胜矣。(《孟子·公孙丑下》4.1)

较之"天时""地利"的外在因素,"人和"对于战争的胜负起着更为重要的作用。因为"得道多助,失道寡助",符合道义的必然得到民众的支持,赢得天下归附;违背道义的必然遭到民众的反对,招致众叛亲离,"以天下之所顺,攻亲戚之所畔",不战则已,战则焉有不胜之理?孟子以商汤伐桀为例,说明百姓盼望仁君、王者,如同大旱时节盼望乌云和虹霓一样。王者所到之处,赶集的照常赶集,种地的照常种地。杀了那里的暴君,慰问那里的百姓,像及时雨从天而降,百姓欣喜若狂(见《孟子·梁惠王下》2.11)。他分析当时的形势,认为王者不出现,没有比现在隔得更久;百姓忍受暴政的折磨,没有比现在更厉害。当今之时,拥有万辆兵车的大国施行仁政,百姓感到喜悦,就像倒悬着被解救下来一样。付出古人一半的努力,取得一倍的功效,只有此时才能做到(见《孟子·公孙丑上》3.1)。所以宣王如果行仁政,以齐国的势力加上王道的力量,称王天下唾手可得。孟子希望齐国统一天下,结束诸侯混战的局面,是不是希望像秦朝那样建立大一统中央集权专制制度呢?当然不是,如果是这样,孟子与"今之诸侯"就没有什么区别了。孟子虽然主张"定于一"(《孟子·梁惠王上》1.6),实现天下的统一,但统一的方式是王道,而非霸道,当然不会赞同秦国的兼并之道了。

齐宣王问曰:"交邻国,有道乎?"孟子对曰:"有。惟仁者能以大事小,是故汤事葛,文王事昆夷。惟智者为能以小事大,故大王事獯鬻,勾践事吴。以大事小者,乐天

者也;以小事大者,畏天者也。乐天者保天下,畏天者保其国。"(《孟子·梁惠王下》2.3)

宣王问:"与邻国交往有什么原则吗?"孟子当然知道宣王的真实想法是用武力兼并天下,实现其"朝秦楚,莅中国而抚四夷也"(《孟子·梁惠王上》1.7)的"大欲",但他没有去迎合宣王,而是从王道政治出发,提出仁、智的外交原则,主张仁者能够以大国感化小国,智者能够以小国服从大国。以大国的地位而关心小国,是"乐天者也";以小国的地位去侍奉大国,是"畏天者也"。孟子所说的天,可理解为世间的最高主宰或价值原则,是外在的超越者。一方面,天生育万物,无所不覆,无所不养,体现着仁爱的价值原则,所以真正的仁者不会恃强凌弱,以大欺小,而是"修文德以来之"(《论语·季氏》),自觉地尊奉天的意志或原则,侍奉葛国的商汤,侍奉昆夷的文王即是其代表。另一方面,天高高在上,代表一种尊严与秩序,智者认识到这一点,便会以小侍大,敬畏天的意志或原则,侍奉獯鬻的周太王,侍奉吴国的勾践是其代表。喜好天命的仁者由于行王道,可以保有天下,而敬畏天命的智者能够保住国家。可见,孟子并不主张攻灭他国,对"今之诸侯"的武力兼并,是持否定态度的。他心目中的国际秩序还是春秋礼制下的"小事大、大字(爱)小"(《春秋左传·昭公十三年》),是国与国的和谐共处。只不过五霸不具有政治的合法性,不能形成稳定的政治局面,齐桓、晋文虽维持了春秋礼制,但又利用霸主地位讨伐、欺凌其他国家,破坏了"救患、分灾、讨罪"的礼制原则。"孟子曰:春秋无义战。彼善于此,则有之矣。征者,上伐下也,敌国不相征也。"(《孟子·尽心下》14.2）为什么春秋没有正义的战争呢？因为诸侯有罪，只能由天子讨伐，诸侯之间不能相互征讨。因此需要有王者出现，以维持天下秩序，保护民众的利益。王不同于霸，具有政治的合法性，这种合法性当然来自民众的拥护，是"保民而王"。既然是王者，当然具有讨伐不道的权力，从这一点看，孟子不完全反对使用武力。当宣王称"寡人有疾，寡人好勇"（《孟子·梁惠王下》2.3），表示自己更喜欢逞强好勇，使用武力时，孟子告诫其不要喜欢匹夫之勇，而应喜好文王、武王之勇，也就是仁者之勇。"武王亦一怒而安天下之民。今王亦一怒而安天下之民，民惟恐王之不好勇也"（同上）。武王一怒而使天下的百姓安定。假如大王也一怒而使天下百姓安定，那么百姓唯恐大王不喜好勇呢！所以要成为王者，就不能因个人的私欲恃强凌弱，而应为民众的利益诛伐不道。

面对战国"当今争于气力"（《韩非子·五蠹》）的现实，孟子提出"以德服人"而非"以力服人"的王道理想，希望有王者出现，重建政治秩序，结束"争地以战，杀人盈野；争城以战，杀人盈城"（《孟子·离娄上》7.14）的兼并战争，拯救民众于水火。但在当时条件下，这位王者只能来自"今之诸侯"，孟子把希望也寄托在后者身上，这就注定其王道理想是无法实现的，后来历史的发展也证明了这一点。但孟子重视人民的力量，关心民众的疾苦，认为任何统治者只有行仁政、王道，维护人民的生命、财产，才具有合法性，才有资格和可能统一天下，这种人道主义思想无疑具有超越时代的价值，一定程度上也规定、影响了历史未来的发展。

> 孟子曰："以善服人者，未有能服人者也；以善养人，然后能服天下。天下不心服而王者，未之有也。"（《孟子·离娄下》8.16）

善当然可以使人服从，但善不是说教，必须能给民众带来实际利益，这样才能真正使人心服。天下人心服，才能称王天下。从"天下不心服而王者，未之有也"一句看，孟子显然是把赢得民心、得到民众的认可，看作称王天下、获得统治的合法性根据。而用暴力、霸道胁迫民众，强奸民意，虽可行之一时，但终难长久。所以孟子的王道与仁政一样，都是建立在民本思想之上的，认为民是历史发展的根本动力，也是评价历史的唯一标准。虽然孟子呼吁王者出现，但王归根结底是服务于民的，这就使孟子的思想超越了时代的限制，具有了恒常的价值。

> 孟子曰："以佚道使民，虽劳不怨。以生道杀民，虽死不怨杀者。"（《孟子·尽心上》13.12）

"佚道"即安乐之道。"佚"通逸。谁"以佚道使民"呢？当然是仁君、王者。王者用获得安逸的方式役使民众，民众即使劳累也不怨恨。王者用获得生存的方式牺牲民众，民众即使丧生也不怨恨让其牺牲的人。为什么？因为民众知道自己的劳累是为自己争取幸福，自己的牺牲是为自己争取生存的权利。本章实际蕴含着允许民众追求自己的美好生活，将生活的权利交给民众自己的思想，与孟子的"民为贵"一样，达到了战国民本思想的最高水平。而王道政治就是以民为本的政治，只有顺应民意、赢得民心，才能称王天下。

二、孟子的难题：王道如何战胜霸道

孟子倡导王道，反对霸道，否定、批判兼并之道。在他看来，得民心者得天下，历史上，"桀、纣之失天下也，失其民也；失其民者，失其心也"（《孟子·离娄上》7.9）。而"今之诸侯"的暴虐已达到极致，"今天下之君有好仁者，则诸侯皆为之驱矣。虽欲无王，不可得已"（同上）。如果现在的君主有爱好仁德的，那么其他的诸侯都会为他赶来人民。他即使不想称王天下，都不可能。这就决定了王道不仅优于霸道——这里的霸道是广义的，包括兼并之道，而且必定战胜霸道。但孟子所言乃理上如此，而非事上如此。从道义上讲，我们都相信正义必将战胜邪恶，仁义必将战胜强权，但这最多表达了人类的理想和期望，以及历史未来可能的发展方向，不等于在历史的每个阶段、每个事件上，王道都必然会赢得胜利。王道要战胜霸道，要从理上如此发展为事上如此，还需要一定的历史条件，需要民由自在的存在转变为自为的存在，不再是沉默的大多数，而是成为主导历史发展的积极力量。孟子的时代，民只是"劳力者"，是"治于人者"，只能被动听从君王的调遣，没有表达自己意愿的意识和渠道，因此孟子也不得不把希望寄托在"今之诸侯"上，这就使王道理想被架在空中，无法真正落实、实现，以致遭受"迂远"之讥。就在孟子以王道游说诸侯时，法家商鞅则用强国之术成功打动秦孝公，将兼并之道推到极致，并最终剿灭六国，统一天下，历史的发展恰恰是霸道战胜了王道。这就要求我们在肯定王道积极意义的同时，还要思考孟子为我们留下的一个难题：王道如何才能战胜霸道？孟子重视民意，认为民心的向背决定了历史的发展，主张通过获取民心、民意，靠仁义的力量而不是暴力实现天下的统一，这当然有其超越时代的价值。但对如何获得民心、民意的支持则缺乏深入思考，似乎只要行仁政、王道，天下百姓必然前来归附，称王天下易如反掌，这就犯了简单化和想当然的错误。其实，得民心者固然可以得天下，但民心、民意也是可以被操控、利用的，操控、利用了民心、民意一样可以兼并天下。特别是在民众分属不同的国家，成为不同的利益群体时，他们更容易被各自的国君所操控，而不是如孟子所设想的，"苟行王政，四海之内皆举首而望之，欲以为君"（《孟子·滕文公下》6.5），天下民众都会仰首期盼，希望实行仁政者做他们的国君。战国的历史之所以最后由秦国胜出，霸道之所以战胜了王道，就在于商鞅根据民性的特点，发展出一套御民之术，成功操控、利用了民心、民意。在商鞅看来，"民生则计利，死则虑名"（《商君书·算地》）民众活着考虑自己的利益，死时会考虑自己名声，所以即使是不愿意做的事情，只要有利益的刺激和刑罚的威逼，依然可以让他们去做。统治者要利用民众的这一特点，用赏罚的手段驱使、引导民众到农战中去。"人情（当为'生'）而有好恶，故民可治也。"（《商君书·错法》）只要民众有好恶，就可对其进行有效统治了。那么什么是民众的好恶呢？"夫人情好爵禄而恶刑罚，人君设二者以御民之志，而立所欲焉。"（同上）民众喜好爵禄，厌恶刑罚，这就是人性，只要掌握了这一点，人君就可利用爵禄和刑罚操控民众的意志，按自己的意愿进行统治了。为了推行农战，商鞅制定了一系列政策、法令，如颁布垦草令，用行政力量打断社会的正常运转，迫使社会所有成员都投入到农业生产中去。奖励军功，建立二十等爵制，规定斩获敌兵一个首级，可以获得一级爵位及相应的田宅，违抗命令、临阵脱逃者，全家处以死刑。商鞅的农战是一种战时动员政策，不仅违背经济规律，与人性也是相抵触的。但在利益的诱惑和刑罚威逼下，竟然出现了父亲送儿子、哥哥送弟弟、妻子送丈夫当兵的奇怪现象，并且叮嘱说："不得到敌人的首级，不要回来！"又说："不遵守法律，违抗了命令，你死，我也得死，乡里会治我们的罪。你在军中没地方逃，就是跑回家，我们想要搬迁也没地方去。"（见《商君书·画策》）这样人的兽性被激发出来，完全被商鞅的农战所操控，"民之见战也，如饿狼之见肉"，"三军之众，从令如流，死而不旋踵"（同上），秦国军队也被称为虎狼之师。孟子认为得民心者得天下，商鞅则说："民不可与虑始，而可与乐成。"（《商君书·更法》）民众见识短浅，只能坐享其成，而不可与其谋划。"凡战者，民之所恶也，能使民乐战者王。"（《商君书·画策》）战争是民众所厌恶的，而能使民众乐于作战的可以称王。这里的王当然不是王道的王，而是霸道的王，商鞅的思想可以概括为：能使民者得天下。"能使民"就是能操控、利用民，而要做到这一点，就要弱民、愚民，"有道之国务在弱民"（《商君书·弱民》），使民众保持愚昧的状态，成为只听从命令而不会思考的杀人机器，这样兼并的霸道才可以实现。商鞅的农战虽然违背人性与经济规律，不可行之久远——秦二世而亡即证明了这一点，但在一定时期内却是十分有效的。从这一点看，王道败于霸道乃是一种无奈，是历史发展中的一个曲折，是必须付出的代价。用孟子的话说"夫天未欲平治天下也，如欲平治天下，当今之世，舍我其谁也"(《孟子·公孙丑下》4.13),上天大概还不想使天下得到平治,如果想使天下得到平治,当今之世,除了我还会有谁呢?我的时代还没有到来,如果到来,一定是民本、仁政、王道的时代,也是王道战胜霸道的时代。这或许要经历一个漫长的过程,为了这一天的到来,儒者、君子要起到启迪、教化民众的作用。王道的实现,很大程度上取决于民众的觉醒程度,取决于民众摆脱了被操控、利用的命运。

孟子曰:"霸者之民骦虞如也,王者之民皞皞如也。杀之而不怨,利之而不庸(酬谢),民日迁善而不知为之者。夫君子所过者化,所存者神,上下与天地同流,岂曰小补之哉?"(《孟子·尽心上》13.13)

霸者"以力服人",百姓为霸主的一点功业欢喜雀跃,感恩戴德;王者"以德服人",百姓身受恩泽而不自觉,因而怡然自得,也不必去酬谢谁。因此王道符合民本的原则,高于霸道。王道政治的实现要靠一批君子,他们"所过者化,所存者神",所过之处人们受到感化,心中存留神妙莫测,用德性感化、影响着广大民众。孟子的时代,由于历史条件的限制,其王道理想只能寄希望于王,甚至是"今之诸侯"。未来王道的实现,则应由王转向民,只有民众政治意识普遍觉醒,获得追求美好生活的基本权利,将仁义、大同奉为最高的社会理想,并且民众中有王者出现,王道才可以真正得以实现。在这一过程中,儒者承担着启迪民众的责任,与民众共同推动王道的实现。从这一点看,王道既是王者之道,也是民本之道,孟子重视民,又不否定王的作用,王顺应、爱护民,民选择、推举王,王的领导与民的授权相统一,才是王道政治的要义所在。

三、孟子义利之辨的三个层面

义利之辨也是孟子思想的一个重要内容,有学者将孟子的思想概括为:义利之辨、人禽之辨和王霸之辨,称为孟子三辨之学。但是长期以来,人们形成一种固定的观念,认为孟子是重义轻利的。这种观念源自于《孟子》开篇第一章孟子与梁惠王关于义利的辩论。

> 孟子见梁惠王,王曰:"叟不远千里而来,亦将有以利吾国乎?"
> 孟子对曰:"王何必曰利?亦有仁义而已矣。王曰'何以利吾国?'大夫曰'何以利吾家?'士庶人曰'何以利吾身?'上下交征利而国危矣。万乘之国,弑其君者,必千乘之家;千乘之国,弑其君者,必百乘之家。万取千焉,千取百焉,不为不多矣。苟为后义而先利,不夺不餍。未有仁而遗其亲者也,未有义而后其君者也。王亦曰仁义而已矣,何必曰利?"(《孟子·梁惠王上》1.1)

这段文字被置于《孟子》的开篇,可能不是偶然的,一定程度上是当时社会趋利若鹜,而孟子独树一帜,倡导仁义的反映。之前我们讲过,孟子在滕国推行仁政失败后,听说魏惠王招贤纳士,于是率领门徒,"后车数十乘,从者数百人"(《孟子·滕文公下》6.4），浩浩荡荡来到魏国。孟子到魏国时，梁惠王正经历了一连串的军事失败，故急切地问："老先生，不远千里而来，那么将给我的国家带来什么利呢？"孟子却回答："大王何必说利？要谈也只有仁义而已。"以往学者注意到孟子主张"何必曰利"，对其作抽象理解，指责孟子重义轻利。但问题是，孟子"何必曰利"的"利"并非一般意义上的利，而是具体的利，具体讲是指攻占别国的土地，杀戮别国的民众，是"欲以富国强兵为利"（赵岐《孟子注》），是梁惠王一己之私利。孟子认为如果一个国家中，"大王说'怎样才对我的国家有利'？大夫说'怎样才对我的家族有利'？士、平民说'怎样才对我自身有利'？上下互相争夺利，国家就危险了"。孟子这样讲，当然是有根据的，战国时经常出现弑君篡位的现象，而万乘之国——拥有万辆兵车的国家，杀害其国君的，一定是千乘之家——拥有千辆兵车的家族；拥有千辆兵车的国家，杀害其国君的，一定是拥有百辆兵车的家族。万乘之国中占有千乘，千乘之国中占有百乘，不能算是不多，但是如果搞乱了义与利的关系，把义放在利之后，不将国家全部夺取就不会满足。这样就会发生弑君、篡国的悲剧，危及到公正、正义与政治秩序。而孟子所说的义或仁义，是指公正和正义，以及对他人的责任、义务。只有建立起公正、正义的政治秩序，才能有人与人的良善关系，以及应承担的责任、义务。上文"后义而先利"的义，指公正、正义，把公正、正义置于一旁而首先追求利，必然是贪得无厌，相互争夺。而"未有义而后其君者也"的义，则主要指责任、义务，建立了公正的政治秩序，明确了相互的责任、义务后，人们就会恪守义务，而不会篡夺国家、杀害国君了。

第十四讲 王道与义利之辨

围绕义与利，孟子与另一位著名思想家宋牼也有过一次辩论。《孟子·告子下》12.4章云：

> 宋牼将之楚，孟子遇于石丘，曰："先生将何之？"
>
> 曰："吾闻秦楚构兵，我将见楚王说而罢之。楚王不悦，我将见秦王说而罢之。二王我将有所遇焉。"
>
> 曰："轲也请无问其详，愿闻其指。说之将何如？"
>
> 曰："我将言其不利也。"
>
> 曰："先生之志则大矣，先生之号则不可。先生以利说秦楚之王，秦楚之王悦于利，以罢三军之师，是三军之士乐罢而悦于利也。为人臣者怀利以事其君，为人子者怀利以事其父，为人弟者怀利以事其兄，是君臣、父子、兄弟终去仁义，怀利以相接，然而不亡者，未之有也。先生以仁义说秦楚之王，秦楚之王悦于仁义，而罢三军之师，是三军之士乐罢而悦于仁义也。为人臣者怀仁义以事其君，为人子者怀仁义以事其父，为人弟者怀仁义以事其兄，是君臣、父子、兄弟去利，怀仁义以相接也，然而不王者，未之有也。何必曰利？"

宋牼（kēng）是宋国人，古籍中也写作宋钘、宋荣，是活跃在战国稷下学宫的著名学者。宋牼要去楚国，孟子在石丘这个地方遇见了他，问道："先生准备到哪里去？"宋牼说："我听说秦楚两国交战，我准备去拜见楚王，劝说他罢兵，如果楚王不接受，我再去拜见秦王，劝说他罢兵。两位君王中，总会有一位想法一致的。"孟子问："我不想问得太详细，只想知道你的主要观点,你准备怎样去劝说他们呢?"宋牼答:"我要告诉他们交战对双方是不利的。"当人们舍弃义而一味追求利的时候,如果有人挺身而出,说这样追逐利对你们自己是不利的,快停止追逐利吧。那么,这个人一定很了不起,孟子认为宋牼就是这样的人,故给予他很高的评价,称其志向宏大。不过孟子虽然赞赏宋牼,但认为宋牼劝说秦、楚国君的理由不成立。因为宋牼是用利去劝说秦、楚的国君,秦、楚的国君因为喜欢利而让三军停战,这样三军将士就因为乐于停战而喜欢利了。但问题是,秦、楚的国君因为对自己没有利而暂时罢兵,而一旦觉得对自己有利,又要发动战争了。推而广之,社会上每个人觉得对自己有利便去做,没利便不做,这样只能使社会陷入更大的混乱,"然而不亡者,未之有也",如此而不灭亡,是从来没有的。正确的方法应该是用仁义劝说秦、楚国君罢兵,让秦、楚的国君因为喜爱仁义而让三军罢兵,这样三军将士就乐于罢兵而喜爱仁义了。那么,什么是孟子所说仁义呢?是说让秦、楚国君互敬、互爱吗?如果这样理解,就把孟子思想降低了。其实孟子所说的仁义主要是指公正、正义,实际是提出了政治秩序重建的问题。孟子生活的战国中后期,周代以来的礼乐制度彻底崩坏,如何重建政治秩序成为紧迫的问题,在这一问题上存在着不同的认识和看法。法家主张对内富国强兵,对外武力兼并,希望通过暴力重建政治秩序,其所行乃霸道;而以孟子为代表的儒家则主张行仁政、王道,"得其民,斯得天下矣"(《孟子·离娄上》7.9),希望以仁义重建政治秩序。所以孟子的义利之辨不只是一个利益分配的问题,而首先是政治秩序重建,是行霸道还是王道的问题——以仁义重建政治秩序是为王道,以暴力实现政治统治则为霸道。而只有实行王道,建立

第十四讲 王道与义利之辨

起公正、正义的政治秩序,君臣、父子、兄弟间才能和谐相处,并承担起相应的责任、义务来。"为人臣者怀仁义以事其君"一句中的仁义,是指臣对君的仁爱之心和责任、义务。所以孟子较之宋牼的深刻之处,在于他不仅要制止、反对战争,同时还思考到公正、正义的问题,认为只有建立起公正、正义的政治秩序,人们才会不以利而是以仁义相互对待,这样才可能消除社会的混乱,建立起和谐的人与人的关系。对于秦王、楚王来说,不是出于利益的考虑消灭对方,而是从仁义出发,建立、维护公正、正义的政治秩序,其利益才能得到保障,对于他们而言,也是最有利的。

司马迁说:"余读孟子书,至梁惠王问'何以利吾国',未尝不废书而叹也。曰:嗟乎!利诚乱之始也!"(《史记·孟子荀卿列传》)司马迁所说的利,就是孟子所否定的利,也就是只讲个人利益不讲公正、正义的利。孟子的义利之辨具有多个层面,不同含义。义利之辨的第一层含义是说,我们不能在一个没有道德原则,没有正义、秩序的社会中去追求利,在这样的社会中如果人们还一味地追求利,那只能是诸侯想着取代天子,大夫想着杀害诸侯,士想着篡夺大夫,只能使社会陷入更大的混乱之中。因此,义先于利,人们不能只看到利,还要看到利背后的义,只有建立起公正、正义的政治秩序,以及人与人之间的良善关系,才能更好地追求利,这是两千年前孟子给我们的启示。

面对无道的社会现实,孟子主张先义后利,反对不顾及义而追求利。但面临有道社会的重建,孟子又主张以义为利,寻求义与利的统一。孟子的义利之辨具有多层含义,不仅涉及伦理学上道德与利益这一普遍问题,还关涉政治学上权力与正义的问题。具体讲，就是政治权力（包括制度与行为）是应追求公正、正义，还是物质利益？孟子认为，政治权力当然应首先追求义而不是利，但其所谓义实际又落实于民众的利，认为符合民众的利才是真正的义。反之，若只是为了少数执政者的利，则是不义，义利之辨某种意义上也就是公利与私利之辨。《孔丛子》中子思与孟轲的一段对话，将义、利的这种关系讲得非常清楚。

> 孟轲问牧民何先，子思曰："先利之。"
> 曰："君子之所以教民，亦有仁义而已矣，何必曰利？"
> 子思曰："仁义，固所以利之也。上不仁则下不得其所，上不义则下乐为乱也，此为不利大矣。故《易》曰：'利者，义之和也。'又曰：'利用安身，以崇德也。'此皆利之大者也。"（《杂训》）

孟子问管理民众应该首先做什么？子思回答："先给他们带来利益。"孟子不明白了，问："君子教导民众仁义，就是为了给他们带来利益吗？"子思说："上面的管理者不仁，下面的人民就得不到利益；上面的管理者不义，下面的民众就会作乱，这都是最大的不利。"所以儒家经典《周易》经传反复强调利的重要性。据学者考证，子思与孟子年代相距较远，二人不及相见，孟子是"受业子思之门人"（《史记·孟子荀卿列传》），而不是子思本人。所以《孔丛子》中的这段文字可能出自子思后学之手，不必有事实的根据，但其观点却是符合孟子思想的。梁惠王所说的利是指是指君王的"大欲"，故孟子主张"何必曰利"，而此段文字中利是指民众的利益，故子思主张"先利之"。在《孔丛子》

的作者看来，执政者本来就是要为天下百姓创造、谋取利的，执政者若奉行仁，遵守义，百姓安居乐业，各得其所，"此皆利之大者也"；若执政者放弃了仁，违背了义，百姓的生活得不到保障，流离失所，甚至铤而走险，"此为不利大矣"。所以义与利是统一的，或者说应该是统一的，这里的义是指公正、正义，以及执政者应承担的责任、义务，利则是指社会的整体利益，尤其是民众的物质利益。故《孔丛子》虽然是杜撰，但其表达的思想与孟子实际是一致的，孟子主张"民为贵"（《孟子·尽心下》14.14），就是认为民众的生命、财产是最为宝贵的，是设立国家的唯一理由和根据，也是理解、处理义利关系的基本原则。从这一原则出发，面对梁惠王，孟子主张"何必曰利"，就是因为梁惠王所说的利是君之利而非民之利，是利于君而害于民的。"孟子曰：今之事君者皆曰：'我能为君辟土地，充府库。'今之所谓良臣，古之所谓民贼也。君不乡道，不志于仁，而求富之，是富桀也。"（《孟子·告子下》12.9）君主的职责在于追求、实现仁义，维持社会的公正、正义，如果君主不向往道，不立志于仁，却为其开疆扩土，充实府库，这等于是帮助夏桀，实际是民贼。对于这些人，只能是讲"何必曰利，亦有仁义而已"。如果是面对民众的利，孟子则认为实现民众的利益是符合义的。所以同样是面对梁惠王，孟子又劝导其"制民之产"，关注民众的利益。《孟子》中记载孟子向梁惠王进言道：

> 五亩之宅，树之以桑，五十者可以衣帛矣。鸡豚狗彘之畜，无失其时，七十者可以食肉矣。百亩之田，勿夺其时，数口之家可以无饥矣。（《孟子·梁惠王上》1.3）

"五亩之宅""百亩之田"是民众的利,使民众满足、实现了他们物质利益,是仁政、王道的核心内容,也是政权的合法性根据所在,当然是符合义的。孟子所说的义或仁义既是一种道义原则、道德品质,也关涉天下的公利,包涵着对政治正义性的思考,强调义利的统一,是孟子义利之辨的第二个层面。

需要说明的是,孟子包括子思的义利观并非其个人的天才发明,而是来自于古代先哲的政治实践,是对其政治智慧的概括和总结。翻开《左传》、《国语》等古籍,不难发现古代先哲关于义利关系的精辟论述。如"德、义,利之本也"(《左传·僖公二十七年》),义是利的根本。"义以生利,利以平民,政之大节也。"(《左传·成公二年》)"义以生利,利以丰民。"(《国语·晋语一》)义产生出利,利丰富了民。"义以建利。"(《左传·成公十六年》)"义以导利,利以阜姓。"(《国语·晋语四》)用义指导利,利满足民。"夫义者,利之足也……废义则利不立。"(《国语·晋语二》)义好比是利的脚,没有了义,利寸步难行。"利而不义,其利淫矣。"(《国语·周语下》)只讲利不讲义,利就会过度、淫乱。"利,义之和也。"(《左传·襄公九年》)利是义的应和,所以谈义必须要有利。"言义必及利。"(《国语·周语下》)言义要落实到利。这些论述一方面强调"言义必及利",反对脱离了利(主要指百姓民众的利)去谈抽象的义,另一方面又主张"义以导利",要求用义去节制、引导利(主要指执政者的利)。在这些真知灼见的基础上,曾子一派提出了"国不以利为利,以义为利",对义与利在政治中的关系作了明确的说明。

未有上好仁而下不好义者也,未有好义其事不终者也,未有府库财非其财者也。孟献子曰:"畜马乘,不察于鸡豚;伐冰之家,不畜牛羊;百乘之家,不畜聚敛之臣。与其有聚敛之臣,宁有盗臣。"此谓国不以利为利,以义为利也。(《礼记·大学》)

"未有上好仁而下不好义者",强调的是执政者对于建立道德伦理秩序的重要性。用荀子的话说,是"上重义则义克利,上重利则利克义"(《荀子·大略》),居上位者重视义,那么义就容易战胜利;居上位者重视利,那么利就容易左右义。其伦理道德的意味较浓,而"未有府库财非其财者",没有国库里的财富不是属于国君的,则涉及利益的分配问题。君主只是把府库中的财物看作个人的私有,反而不容易保住财物。相反,如果不把府库中的财物看作一己的私有,而是拿出来与民共享,获得民众的拥护,这样天下的财物都可以为其所用了,实际强调的是与民共享利,而不与民争利。所以能自备车驾的官员,就不应计较养鸡养猪的小利;凿有冰窖,祭祀能用冰块的大夫,就不应该畜养牛羊;拥有百辆车乘的贵族之家,就不应该豢养聚敛财富的家臣。与其豢养这样的家臣与民争利,还不如把财物直接送给强盗。故"国不以利为利"的前一个利是指国君个人的私利,要求从制度上对执政者的私利进行限制,防止执政者对利益的独占,如此方可实现国家和民众的普遍利益。可见,义利之辨的政治学含义实际源自于执政者的私利与百姓民众的公利的紧张,它表达的是对制度、君主的行为之私利化、专利化趋势的否定,要求国家、执政者不应垄断、独占天下之利,而应与百姓民众共享之。在曾子一派看来,这就是义,是公正、正义的。在这一点上,孟子的观点与其实际是一致的,是对前人思想的发展和总结。

这样,孟子的义利之辨,又涉及物质利益的分配问题。在孟子看来,社会主要是由君、士、民组成,由于他们的身份、地位不同,在义利关系上也要区别对待。①其中民人数众多,是社会的主体,孟子对其非常重视,孟子说"民为贵",就是认为民众的生命、财产是最为珍贵的,并以民众生命、财产是否得到保护,作为判断政治合法性的根据。但是在孟子的时代,民只是"劳力者",是"治于人者",他们的特点是"无恒产,因(则)无恒心"(《孟子·梁惠王上》1.7)。因此,对于民不能唱高调,而首先应"制民之产",解决其物质生活问题。根据当时的生产力水平,孟子要求给予民众"五亩之宅""百亩之田",使他们上足以奉养父母,下足以养活妻儿,丰年一年到头温饱,荒年可免于死亡。满足了民众的物质生活后,然后"谨庠序之教,申之以孝悌之义"(同上),教导他们做人的道理,懂得在人伦关系中如何正确处理义与利的关系。故对于民,孟子主张先利后义,这与孔子"富之""教之"(《论语·子路》)的思想是一致的。

与民不同,士是"劳心者",是"治人者",他们虽然人数较少,但往往通过出仕的方式参与社会治理,属于精英阶层,故孟子对其要求较高,认为"无恒产而有恒心者,惟士为能"(《孟子·梁惠王上》1.7),士人应超越个人的私利而去关心国家、民众的普遍利益。所以士人应"尚志",而"尚志"就是"仁义而已矣"(《孟子·尽心上》13.33)。那么,是不是士人就只能讲义而不能讲利了?当然不是。有学者注意到"无恒产而有恒心"一

---

① 杨泽波:《孟子义利观的三重向度》,《东岳论丛》1993年第4期。

句，便认为士人是不能讲利的，这种认识是不全面的。孟子的时代，士人是否应该得到社会的奉养，获得一定的物质利益，人们是有质疑的，连孟子的弟子都受到影响。公孙丑曾经问："《诗经》说'不素餐兮'——不要白吃饭。可是君子不耕种也吃饭，为什么呢？"孟子说："国君任用君子，就能带来富足安定；学生们跟随君子学习，就会变得孝悌友爱。说不要白吃饭，还有比君子的功劳更大的吗？"（见《孟子·尽心上》13.32）孟子做了滕文公的老师后，影响力大增，追随者蜂拥而至，以至于离开滕国时，"后车数十乘，从者数百人"，场面之宏大，连弟子彭更都怀疑是不是有点过分了。孟子说："如果不符合道，一箪饭也不能接受；如果符合道，就是舜接受尧的天下，也不算过分。你认为过分了吗？"彭更说："这样说来是不过分。但是士人不从事生产却让人供养，这是不应该的。"对于彭更的问题，孟子是从"通功易事"也就是分工交换来作说明。因为有社会分工，所以就应该允许人们用产品进行交换，如果不允许交换，农民的粮食吃不完，妇女织的布穿不完。既然允许木匠、车工用他们的产品交换获得食物，那么为什么士人恪守先王之道，进行文化教育，却不能用他们的贡献获取食物呢？彭更又提出了动机的问题。

曰："梓匠轮舆，其志将以求食也。君子之为道也，其志亦将以求食与？"

曰："子何以其志为哉？其有功于子，可食而食之矣。且子食志乎？食功乎？"

曰："食志。"

曰："有人于此，毁瓦画墁，其志将以求食也，则子食之乎?"

曰:"否。"

曰:"然则子非食志也,食功也。"(《孟子·滕文公下》6.4)

彭更认为:"木匠、车工,他们的动机就是为了找口饭吃。君子行道,难道他们的动机也是为了找口饭吃吗?""志"是动机的意思。彭更的问题比较尖锐,儒家提倡"士志于道",又说"君子固穷",故士人、君子与民确有不同,其行道的动机当然不是为了找口饭吃。针对彭更的质疑,孟子将问题由动机转到功效上,认为物质利益的分配只能根据功效,根据个人的贡献。"人家有功于你,该付报酬就付报酬。况且你是根据动机付报酬呢?还是根据功效付报酬呢?"彭更没有想明白,随口说道:"根据动机。"孟子说:"假如有一个人帮你来修理房子,可是他打碎了屋瓦,弄脏了墙壁,他的动机就是找口饭吃,那么你给他饭吃吗?"彭更说:"当然不给了。"孟子说:"这不就清楚了,你根据的不是动机,而是功效。"这样孟子就从功效或者贡献的角度,回应了当时人们对士人的质疑,肯定士人获取利益的合理性。士人既然有功于社会,当然应该获取相应的报酬,对士人进行道德绑架,认为士人只可言义而不可取利,是荒谬的,也不符合孟子的思想。而且孟子说士人"无恒产",也不是指没有财产,而是指没有固定的财产。士人游说诸侯,没有固定的财产来源,但每一位任用士人的诸侯都应给予其相应的财产和报酬。故士人的义利观,可概括为先义后利。

君人数最少,是国家的执政者,他们具有统治和决策权,直接影响到国家的发展。同时他们地位特殊,享有种种特权,获取比他人更多的物质利益。在义利关系上,君主的情况最为特殊,也最为复杂。就国君个人而言,孟子不反对其获取较多物质利益,追求个人享受,这既是一种现实主义态度,也是对劳心、劳力社会分工的认可。孟子在滕国时曾与农家陈相进行辩论,农家主张国君应该与百姓一起耕种,治理国家的闲暇自己烧火做饭,而滕国有储藏粮食、财货的仓库,这就是损害百姓来奉养自己。孟子则认为,既然有分工,就会有"大人之事""小人之事"(《孟子·滕文公上》5.4),君主拥有一定的特权和享乐是合理的。战国时的诸侯往往利用手中的权力占有大量土地资源,如齐宣王有园囿四十里(《孟子·梁惠王下》2.2),孟子没有像农家那样持批评、反对态度,而是要求君主能够推己及人,与民共享,国君能将利益与民共享,就是符合义的,就会得到百姓的支持。相反,若是一味贪图个人享乐,甚至与民为敌,就违背了儒家的仁义原则,最后只能是自取灭亡。所以就利益分配而言,君主的义利观可概括为由利而义,享受个人利益的同时使民众也满足、实现了他们的利益,这就是义。

孟子的义利之辨,除了政治秩序的建构原则、政治统治的合法性原则、利益分配的公正原则外,还涉及生命意义的确立,这是孟子义利之辨的第三个层面。人有物质的一面,也有精神的一面,用孟子的话说,有"小体",也有"大体"(《孟子·告子上》11.15),"小体"指五官,追求的是感性需要,"大体"指心,具有人之为人的内在道德品质。从人的发展来看,当然是既要满足物质生活,也要追求道德、伦理生活;既追求利,也需要义。虽然君、士、民由于身份、职责的不同,在追求义、利的过程中，存在先后次序的差异，但他们都离不开义与利，需要做到义与利的统一。但是现实生活中，义与利并非始终一致，当二者产生冲突、矛盾时，应该选择什么呢？孟子认为应该选择义，从终极的意义上说，义或仁义才是人之为人之所在。虽然人与动物一样，都有趋利避害的天性，但只有人才可能为了义而舍弃利，甚至舍生取义，这是人的独特和高贵之处，显示了人之为人的价值和尊严。

《孟子·告子下》12.1章记载了这样一个讨论，有个任国人问孟子弟子屋庐子："礼与吃饭、娶妻相比，哪个更重要？"屋庐子回答："礼重要。"又问："按照礼去谋食，就得饿死；不遵守礼去谋食，就能得到食物，那么还一定要遵守礼吗？行亲迎礼，就娶不到妻子；不行亲迎礼，就能娶到妻子，那么还一定要行亲迎礼吗？"屋庐子张口结舌，回答不上来，第二天去邹国向老师孟子请教。孟子说："回答这个问题，有什么难的？不衡量基础的高低，只比较双方的顶端，把一寸厚的木块放在高处，也可以高过尖顶高楼。金子比羽毛重，难道是说一丁点金子比一车羽毛还重吗？拿饮食重要的方面和礼仪细微的方面相比较，岂止是饮食重要？拿色欲重要的方面和礼仪细微的方面相比较，岂止是色欲重要？你去这样回答他：'扭住哥哥的胳膊，抢夺他的食物，就可以得到吃的；不扭，便得不到吃的，那么你去扭吗？翻过东邻的墙头，搂抱人家的姑娘，就能得到妻子；不去搂抱，就得不到妻子，那么你去搂抱吗？'"对于食物、婚姻重要，还是礼义重要的问题，似乎并不好回答。由于食物是个体生命延续的必要条件，没有食物，人会饿死；婚姻是家族生命延续的必要条件，娶不到老婆，家族香火会中断，儒家主张"不孝有三，无后为大"

（《孟子·离娄上》7.26），所以人们自然会认为食物、婚姻更重要，为了生命、家族的延续，放弃礼义也就是道德原则也是可以的。但是孟子认为，所谓食物、婚姻更重要，是将其作用推到极处，用食物、婚姻之大者与礼义之小者比。如果反过来，将二者放在同等情况下，结论就会不一样。当只剩下一口食物，又面对的是亲人时，你会扭着哥哥的胳膊抢夺食物吗？当然不会，更准确地说，不应该去夺，因为礼义比食物更重要。国外有"洞穴困境"的讨论，五位探险者被困在洞穴中，外面的救援迟迟不能到来，被困者是否可以杀死其中一位，靠吃他的肉来维持生命，等待外面的救援呢？在孟子看来，当然不能！因为用剥夺他人生命的方式维持自己的生命，不仅违背了人类的基本道德，也是对人性——指人之善性的挑战，是对人之尊严的伤害，因而是绝对不被允许的。孟子有一段脍炙人口的名言：

> 鱼，我所欲也，熊掌亦我所欲也；二者不可得兼，舍鱼而取熊掌者也。生亦我所欲也，义亦我所欲也；二者不可得兼，舍生而取义者也。生亦我所欲，所欲有甚于生者，故不为苟得也；死亦我所恶，所恶有甚于死者，故患有所不辟也。如使人之所欲莫甚于生，则凡可以得生者，何不用也？使人之所恶莫甚于死者，则凡可以辟患者，何不为也？由是则生而有不用也，由是则可以辟患而有不为也，是故所欲有甚于生者，所恶有甚于死者。非独贤者有是心也，人皆有之，贤者能勿丧耳。（《孟子·告子上》11.10）

当生命和道义不能同时得到时，我们为什么要选择道义而不是生命，为什么要舍生取义呢？孟子的回答很明确：生命固然是我想要的，但还有比生命更为珍贵的，所以我才不会干苟且偷生的事情；死亡固然是我厌恶的，但还有比死亡更让人厌恶的，所以即使面临祸患我也不会躲避。我们不妨设想，假使人们想要的东西没有超过生命的，生命对于人类来说已经是最高的了，那么只要可以求生，什么卑鄙的事情不可以做呢？假使人们厌恶的东西没有超过死亡的，死亡是人类是最恐惧的，那么只要可以避祸，什么无耻手段不能使用呢？历史上的很多人欺师灭祖、卖友求荣、不忠不义，就是因为他们把生命以及荣华富贵看作最重要的，为了保全生命，什么寡廉鲜耻、出卖人格的行为都可以做出来。但是我们也看到另一种情况，当面对死亡的威胁时，有人挺身而出，拍案而起，杀身成仁，舍生取义，宁可牺牲生命，也要维护心中的道义。这足以说明，对于人而言，还有比生命更为珍贵的东西，这就是义，是道义。正是坚信道义比生命更为珍贵，我们才活出了人的样子，活出了人的价值与尊严。而且"非独贤者有是心也，人皆有之，贤者能勿丧耳"(《孟子·告子上》11.10)，不只贤者有这种想法和认识，每个人都有，贤者能不丧失罢了。"一箪食，一豆羹，得之则生，弗得则死，嘑尔而与之，行道之人弗受；蹴尔而与之，乞人不屑也。"(同上)一箪饭，一盆汤，得到就活，得不到就死。可是如果喝叱着施舍给人，路人不会接受；用脚踩踏后施舍给人，乞丐也不屑一顾。可见即使乞丐，也有羞耻之心，也有基本的尊严。这足以说明，人有比生命更为珍贵的东西。那些寡廉鲜耻，出卖人格，做出种种丑行的人，不过是为了"宫室之美""妻妾之奉"，为了一时的利益丧失了"本心"而已。

如果把保存生命看作利，那么坚守道义，维护人格尊严无疑就属于义。从人的生存、发展来看，人先要满足物质生活，然后才能追求道德、伦理生活，因而是先利而后义；但从人之为人，从生命的终极意义上来讲，当利与义发生不可调和的冲突时，人又绝对应把义（道义、理想）置于物质利益甚至生命之上，这样义又高于利。义与利既有同质的一面，也有异质的一面，这是孟子义利观最为深刻的地方。强调义高于利，以此确立生命的价值与意义，是孟子义利之辨的第三个层面。

朱熹说："义利之说，乃儒者第一义。"[1]孟子的义利之辨虽不可说是其思想的第一义，但因其涉及政治秩序的建构、制度的正义性，以及生命意义的确立等一系列问题，具有多个层面和丰富的内涵，在其思想中占有重要地位则是肯定的。孟子的义利之辨的第一个层面是说，从政治秩序的建构来看，义先于利，只有建构公正、正义的政治秩序，以及人与人之间的良善关系，人们才能更好地追求利。孟子义利之辨的第二个层面涉及制度的正义性以及利益的分配问题，强调政治制度和国君行为只有符合民众的普遍利益才是公正、合理的，反之，若只是满足少数执政者的私利，则是不公正、不合理的。表现出对民的利益的极大的关注，但主要是物质利益，而不是政治权利。对于物质利益的分配，孟子则根据君、士、民的不同身份特点，作出不同的规定。以上义利之辨的义具有政治学中公正、正义以及伦理学责任、义务的含义，而利指物质利益或功利、效果，包括执政者的私利和百姓民众的公利等。孟子义利之辨的第三个层面则涉及生命意义的问

---

[1] 朱熹：《与延平李先生书》，朱杰人等编《朱子全书》21册，第1082页。

题，认为从终极、根本人性的意义上说，道义高于物质利益、感性欲望甚至现实生命，义高于利，这里的利指人的感性欲望、自然生命，而义指道义，指人所信奉的道德原则和价值理想。人的高贵、独特之处，在于他能把义置于利之上，甚至舍生取义。如学者所说，"人格尊严之维护亦属于'义'的范围。否定了义利之辨，则人格之尊严与现实的利害便可按照同一尺度去衡量，尊严也就不成其为尊严了"。[①] 在义利之辨第一、第二层面上，义与利是同质的，是可以相互转化的，孟子主要是辨别义与利的相互关系，在义利之辨的第三个层面上，义与利则是异质的，是相互冲突、对立的，孟子是要辨别义与利的价值次序，在人生终极意义上，确立起义高于利的信念，以此确立生命的意义。

[①] 李明辉：《儒家视野下的政治思想》，北京大学出版社，2005，第62页。

第十五讲

孟子

父亲杀了人,儿子怎么办

乱世的抗争——讲给大家的《孟子》

《孟子》中有两章，分别记载了舜"窃负而逃"与"封弟有庳"的故事。这两章非常有名，大概二十年前，有一位学者写了一篇文章《美德还是腐败——析〈孟子〉中有关舜的两个案例》，通过分析这两章中关于舜的案例，认为儒家把特殊的血缘亲情置于普遍的社会道义之上，为了特殊的血缘亲情不惜牺牲普遍的社会正义，某种程度上构成了滋生当今某些腐败现象的温床。[1]文章发表后，引起了儒家学者的反对，他们认为不能将儒家伦理与现实中的腐败现象简单联系起来，相反，儒家重视血缘亲情有其合理性，因为血缘亲情是美德的基础，"是一切正面价值的源头"，"抽掉了特殊亲情，就没有了所谓的儒家伦理准则"，"父子互隐"恰恰有着深度的伦理学根据。[2]由此引发了一场旷日持久的讨论，从发表论文的数量、参与讨论的人数来看，应该是近二十年来影响最大的一场学术讨论。那么，为什么这么多学者关注这个问题呢？难道仅仅是涉及儒家伦理的评价吗？对于《孟子》中关于舜的两个案例应如何评价？我们今天来讨论这些问题。

---

[1] 刘清平：《美德还是腐败——析〈孟子〉中有关舜的两个案例》，《哲学研究》2002年第2期。

[2] 郭齐勇：《也谈"子为父隐"与孟子论舜——兼与刘清平先生商榷》，《儒家伦理争鸣集》，湖北教育出版社，2004，第14—15页。

第十五讲　父亲杀了人，儿子怎么办

一、《论语》"亲亲相隐"章新释

由于"美德还是腐败"的讨论还涉及《论语》"亲亲相隐"章，我们先来分析、解读这一章。

> 叶公语孔子曰："吾党有直躬者，其父攘羊，而子证之。"孔子曰："吾党之直者异于是。父为子隐，子为父隐，直在其中矣。"（《论语·子路》）

"叶公"是楚国的令尹，姓沈，名诸梁，他的封邑在叶，所以叫叶公。叶公也读作 shè 公，shè 是古音，yè 是今音，我们读今音。"直躬"意为一个正直的叫"躬"人，"躬"也写作弓。"证"可以理解为告发，也可以理解为作证。前者是主动的，后者虽不是主动告发，但官府来询问了，我不是隐瞒而是作证。叶公对孔子说：我们乡里有一位很正直的人，他的父亲偷了别人的羊，他告发了父亲。孔子说：我们乡里对直的理解与你们不同，父亲为儿子隐瞒，儿子为父亲隐瞒，"直在其中矣"。在这段文字中，"直在其中"之"直"应如何理解，关系到孔子对待"父子相隐"的真实态度，也关系到对于儒家伦理的理解。然而在长期的论辩中，论辩双方对这一基本问题没有予以足够重视，作出细致辨析。不论是控方还是辩方，都把直理解为公正、正直。这样，在认为儒家维护血缘亲情，将血缘亲情置于社会道义之上这一点上，论辩双方的认识实际是一致的。所不同者，前者认为这是儒家思想的糟粕，是腐败而非美德，在历史和现实中都产生了消极的影响；后者则认为是儒家思想的精华，血缘亲情是人类最真挚的情感，舍弃了血缘亲情也就没有了伦理道德。这样双方便自说自话，陷入立场之争，谁也无法说服另一方，"亲亲相隐"的争论之所以长期悬而不决，根本原因就在这里。

其实，"直"在《论语》中出现了22次，在不同语境下有不同含义，既有率真、率直之意，也指公正、正直。前者是发于情，指情感的真实、真诚；后者是入于理，指社会的道义和原则，二者之间既有相通之处，亦各有侧重。由率真、率直到公正、正直，需要经过一个"下学上达"的提升过程，直作为一个德目，即代表了由情及理的实践过程，称为直道。《论语》中的直与仁一样，都是功能性、过程性概念，而不是实体性概念。《论语》中的直有率真、率直之意，如"子曰：孰谓微生高直？或乞醯焉，乞诸其邻而与之"（《论语·公冶长》）。"醯（xī）"是醋。微生高是鲁国人，有人前来借醋，不巧自己家里也没有，但是微生高不是如实相告，而是从邻居家借来醋，然后借给来借醋的人。所以孔子说：谁说微生高算得上是直呢？这里的"直"不是公正、正直，因为微生高的行为不涉及道德品质问题。别人来借醋，他想办法满足对方，你不能说他不公正、不正直，但是他的行为未免矫揉做作，不够直率、坦诚，有沽名钓誉之嫌，这里的"直"主要指率真、率直，而不是公正、正直。又如"子曰：狂而不直，侗而不愿，悾悾而不信，吾不知之矣"（《论语·泰伯》）。孔子说："狂妄而不率直，幼稚而不谨慎，看上去诚恳却不守信用，这样的人我真不理解了。""侗（tóng）"是幼稚之意。"愿"，谨慎老实。"悾悾"，诚恳的样子。狂妄的人往往很直率，狂妄虽然不好，直率则有可取之处，但是一个人既狂妄又不直率，恐怕就有问题了，这个"直"是指率直而不是正直。再如"子曰：古者民有三疾，今也或是之亡也。……古之愚也直，今之愚也诈而已矣"（《论语·阳货》）。古代的人虽然愚笨，但是纯朴、质朴，今天的人依然愚笨，却变得狡诈。这里的"直"指质朴、耿直，而不是公正、正直。"愚也直"虽然有质朴、真实的一面，但还不是理想状态，是"三疾"也就是三种缺点之一。所以在孔子看来，人仅仅有质朴、率直还是不够的，还需要经过学习的提升、礼乐的节文，使行为上达、符合义，否则便会有偏激、刻薄之嫌。孔子说"好直不好学，其蔽也绞"（同上），"绞"是急切、偏激之意，指出言刻薄。你率真、率直，但不注重后天的学习、修养，必然会出言刻薄。孔子又说"直而无礼则绞"（《论语·泰伯》），只做到率直，而不重视礼乐的节文，同样偏激刻薄。孔子又说"恶讦以为直者"（《论语·阳货》），讦是当面揭露别人的短处、阴私，似乎是率直、敢为的表现，其实是粗鲁、无礼，根本不能算是直。以上几处的直都不能理解为公正、正直，否则不通。

　　《论语》中的"直"也有公正、正直的含义，"子曰：直哉史鱼！邦有道，如矢；邦无道，如矢"（《论语·卫灵公》）。史鱼是卫国大夫，卫灵公近小人、远君子，史鱼多次进谏未果，于是他采取"尸谏"，以自杀的形式向卫灵公进谏。孔子称赞他像箭一样正直，这里的"直"是正直之意。《论语》中有一段文字很不好理解。"子曰：人之生也直，罔之生也幸而免。"（《论语·雍也》）以前读这一章，总是不得其解。后来廖名春教授告知，"人"应读为"仁"，指仁者；"罔"读为"妄"，指妄者，二者相对。这句话是说：仁者生存于世，是因为正直，狂妄者生存于世，则是因为侥幸而免于祸患。这里的"直"是正直之意。"子曰：举直错诸枉，则民服；举枉错诸直，则民不服。"(《论语·为政》)把正直的人选拔上来放在不正直之上，老百姓容易信服；把不正直的人选拔上来放在正直人之上，老百姓就不会信服。这里的"直"指直者，也有正直之意。

《论语》中的直也有直道之意。"或曰：'以德报怨，何如？'子曰：'何以报德？以直报怨，以德报德。'"(《论语·宪问》)什么是"以直报怨"呢？它是相对于以德报怨与以怨报怨而言的。"以直报怨"的"直"有率真、率直的含义，指情感的自然流露。别人有德于我，我应该报之以德；别人有怨于我，我也应该报之以怨，这是人情感的自然流露和真实表达。从这一点讲，孔子反对以德报怨，因为它不符合人之常情，不是情感的自然表达。但是如果对怨恨心理不加节制，一味地听任其宣泄、流露，又容易走向极端，发展为以怨报怨了。古代血亲复仇、冤冤相报非常残酷，孔子是不能接受的。所以"以直报怨"的"直"不仅仅指率真、率直，还指公正、正直，"以直报怨"既从情出发肯定报怨的合理性，又基于理对报怨作出种种限制，比如别人杀了你父亲，当然你要报怨，但是如果你父亲杀人在先，那就不能报怨了；超出一定年限，也不能报怨了；因为报怨，杀害仇家无辜的子孙也是不合理的。所以孔子既同意报怨，又对报怨作出一定的限定，主张以公正、正直的方式也就是直道报怨。

根据以上讨论，《论语》中的"直"在不同语境下具体内涵有所不同，既有率真、率直之意，也指公正、正直，兼及情感与理性两方面。直作为一个德目，代表了由情及理的实践过程，亦称直道。直的这一特点，与早期儒家重视情感与理性的统一密切相关。郭店竹简《性自命出》说:"苟以其情,虽过不恶;不以其情,虽难不贵。"如果是发自真情,即使做错了,别人也不会责怪你;如果没有真情,即使做了很难的事情也不可贵。可见情的重要性。既然只讲情可能会导致过错,那么,正确的方式应是"始者近情,终者近义",也就是"发于情,止乎礼义",做到情理的统一,这一过程就是道,故说"道始于情"。弄清了直的特点及其涵义,我们再来看"亲亲相隐"章。本章出现了三个直字,但内涵是不同的。"直躬"的"直"是只讲公正而不顾及亲情,所以是孔子不能接受的;"吾党之直者"是孔子理想的直;关键是"直在其中矣"一句,"直"是公正、正直,还是率真、率直?我认为是率真、率直。孔子是说,面对亲人的过错,子女、父母的真实反应往往是为其隐匿,而不是检举、告发,这一率真、率直的感情就体现在子女、父母的相互隐匿中。在本章中,孔子只是对直躬告发父亲的行为作出回应,认为是不对的,而不是对"其父攘羊"整个事件的态度,不等于孔子默认了父亲偷羊的合理性,或有意回避,视而不见。因为自从私有制产生以来,勿偷盗已成为各个民族共同的道德原则,孔子也不例外。孔子难道会主张父亲偷了东西,我可以无所谓,心安理得为其隐瞒?当然不会的,因为这不符合孔子的思想。如果大家对把"直在其中矣"的"直"解释为率真、率直还有疑问的话,我可以举《左传·昭公十四年》中的一段材料:

  仲尼曰:"叔向,古之遗直也。治国制刑,不隐于亲,三数叔鱼之恶,不为末减。曰义也夫,可谓直矣。"

叔向是晋国的大夫，他的弟弟叔鱼犯了罪，叔向审理案情时，"不隐于亲"，不隐瞒亲人的罪行，不为其减刑。孔子称赞叔向"不隐其亲"的品德是"直"，这里的"直"显然是指的公正、正直。既然孔子称"不隐于亲"是公正、正直，那么与"不隐于亲"相对的"亲亲相隐"只能是率真、率直，而不可能是公正、正直，否则就是自相矛盾了。这段材料充分说明，"直在其中矣"的"直"只能是率真、率直，以往学者——不论是控方还是辩方，将其理解为公正、正直是不正确的，亲亲相隐的争论长期得不到解决，根本原因就在这里。既然"直在其中"说的是率真、率直，那么"子为父隐，父为子隐"就只具有相对的合理性，而不可将其绝对化，不能认为其是公正、正直的行为。批评儒家或为儒家辩护的学者，都没有读懂《论语》，没有真正理解孔子。

我提出"直在其中"的"直"不是公正、正直，而是率真、率直后，[1]"亲亲相隐"的讨论发生转向，之前大家的讨论都是建立在父子互隐是公正、正直的理解之上，现在学者意识到以前的解读可能不准确，是误解了孔子，于是换了一个思路重新思考，但他们关注的不是"直"字，而是"隐"字。例如廖名春教授撰文指出，"隐"不是隐瞒，而是纠正之意，古代有一种工具叫檃栝，是加工木材的，廖教授认为"父为子隐"的"隐"应当读为"檃"。按照这种理解，"父为子隐，子为父隐，直在其中矣"就是父亲为儿子纠正错误，儿子为父亲纠正错误，是公正、正直的。[2]岑溢成教授在一次会议上提出，"隐"不是隐瞒，而是指痛

---

[1] 梁涛：《"亲亲相隐"与"隐而任之"》，《哲学研究》2012年第10期。
[2] 廖名春：《〈论语〉"父子互隐"章新证》，《湖南大学学报》2013年第2期。

心，《广韵》："隐，痛也。"按照这种理解，这句应该理解为父亲为儿子感到痛心，儿子为父亲感到痛心了，直在其中矣。还有学者将"隐"解释为消除在萌芽状态，认为孔子是说父亲把儿子的错误消除在萌芽状态，儿子把父亲的错误消除在萌芽状态，直在其中矣。[①]还有一些类似的说法，大家有兴趣的话，可以参考。

在《论语》"亲亲相隐"章，孔子只是反对儿子告发父亲，但对如何处理父亲偷羊的问题却没有提及，这样就留下了疑问，引起种种误解和争议。那么，孔子、儒家是如何处理父亲偷羊之类的问题呢？《上海博物馆藏楚竹书（四）》中有《内礼》一篇，是曾子一派的作品，里面说到："君子事父母……善则从之，不善则止之；止之而不可，隐而任之，如从己起。"君子侍奉父母，父母做的对就听从，父母做的不对就要制止。怎么制止呢？就是进谏。儒家经典中有很多关于进谏的论述，如"从道不从君，从义不从父"（《荀子·子道》）。父亲之上还有更高的义，要服从的是义，而不是父亲的想法，所以儒家并没有将血缘亲情绝对化，为了亲情就不顾及社会道义。但问题是，当儿子向父亲进谏，父亲不听怎么办？《内礼》篇说得很清楚："止之而不可，隐而任之，如从己起。"如果父亲不接受，你仍不能去告发，应该隐瞒下来，自己把责任承担下来，就像是自己做的一样。"任"是承担的意思。这样既坚守了社会正义，又保护了血缘亲情，没有让父亲在乡党面前丢脸，情感和理性得到统一。因此不好简单地说儒家夸大了血缘亲情的地位，为了血缘亲情就不顾及普遍的

[①] 王兴国：《儒家"血亲情理"精神论与"尊尊""亲亲"》，见深圳大学国学研究所编《儒学的当代发展与未来前瞻国际学术论文集》，2013年11月15—18日。

社会正义。在重视血缘亲情的同时,儒家对于社会道义也给予了关注,当谏诤无效时,又主张"隐而任之,如从己起",通过曲折的形式维护社会正义。所以《论语》"亲亲相隐"章的内容没有反映儒家对于"其父攘羊"一类行为的完整态度,还需要根据《内礼》等材料作一补充。我们不妨在"亲亲相隐"章之后加一句:"隐而任之,则直道也。"这样才能更好反映孔子、儒家对于父亲偷羊一类行为的观点和看法。

大家可能会问,儒家是否认为"亲亲相隐"是普遍适用的呢?是否只要是亲人的过错就一概可以隐匿呢?这个问题比较复杂,因为儒家内部并非铁板一块,不同派别的态度可能并不一样。不过一般而言,早期儒家主张"亲亲相隐"是有一定范围和条件的,主流儒家是情理主义,而不是亲情主义,更不是亲情至上者。如子思一派就认为,虽然为亲人隐匿是合理、必要的,但必须是有条件的。其所作《五行》篇称:"有大罪而大诛之,简也;有小罪而赦之,匿也。""简"是从实情出发。"匿"是隐匿。对于大罪要从实情出发,严厉惩罚;对于小罪可以隐匿、赦免。"简之为言犹练也,大而显者也;匿之为言也犹匿匿也,小而隐者也。""练"指白色熟绢,引申为实情。"匿匿",前一个"匿"是隐匿,后一个"匿"通"昵",指亲近的人。所以简是从实情出发,秉公而断,是处理重大而明显罪行的原则;匿是从情感出发,隐匿亲近者的过失,是处理轻微而不明显罪行的原则。子思简、匿并举,是典型的情理主义。在他看来,隐匿的界限不仅在于人之亲疏,还在于罪之大小。对于小罪,可以隐匿;对于大罪,则必须惩处。根据简、匿的原则,"其父攘羊"属于小罪,是可以赦免的,孝子的"隐而任之"也值得鼓励。但对于"其父杀人"之类的大罪，则应依法惩办，是不能赦免的。子思说："不以小道害大道，简也。"《五行》篇在郭店竹简与马王堆帛书中都发现过，帛书《五行》除了经文外，还有"说"，是对经文的解说。说文称："不以小爱害大爱，不以小义害大义也。"小爱指亲亲之爱，大爱是仁民爱物之爱。小义指对父母亲人的义，大义指对民众国家的义。子思认为当小爱与大爱发生冲突时，当小义与大义不能统一时，不能将小爱、小义凌驾于大爱、大义之上，不能为了小爱、小义牺牲大爱、大义。所以子思虽然认可"隐而任之"的原则，但又对"亲亲相隐"作了限制，"其父杀人"之类的大罪并不在隐匿的范围之内。了解了这一点，我们再来分析《孟子》中"窃负而逃"与"封弟有庳"的案例，就容易作出判断了。

二、《孟子》"窃负而逃"与"封弟有庳"案例

舜"窃负而逃"的案例见于《孟子·尽心上》13.35章：

> 桃应问曰："舜为天子，皋陶为士，瞽瞍杀人，则如之何？"
> 孟子曰："执之而已矣。"
> "然则舜不禁与？"
> 曰："夫舜恶得而禁之？夫有所受之也。"
> "然则舜如之何？"
> 曰："舜视弃天下犹弃敝蹝也。窃负而逃，遵海滨而处，终身䜣然，乐而忘天下。"

孟子的弟子桃应问:"舜做天子,皋陶做法官,舜的父亲瞽瞍杀了人,该怎么办呢?"孟子说:"逮捕他就是了。"桃应问:"那么,舜不阻止吗?"孟子说:"舜怎么能阻止呢?皋陶这样做是有法律根据的。"桃应问:"那么,舜该怎么办呢?"孟子说:"舜抛弃天下如同是丢掉破草鞋一样,偷偷地背着父亲逃走,沿海边住下,终身逍遥,快乐得忘了天下。"值得注意的是,当面对父亲杀了人,儿子怎么办的难题时,舜前后作出了两个不同的选择:先是命令司法官皋陶逮捕了杀人的父亲,然后又毅然放弃天子之位,背起父亲跑到一个王法管不到的海滨之处,"终身䜣然,乐而忘天下"。可以看到,孟子与子思的最大不同是扩大了"亲亲相隐"的范围,将"其父杀人"也包括在其中。当小爱与大爱、小义与大义发生冲突时,不是像子思坚持"不以小道害大道",而是折中、调和,力图在小爱与大爱、小义与大义之间维持一种平衡。而维持平衡的关键,则是舜的"弃天下",由天子降为普通百姓,使自己的身份、角色发生变化。郭店竹简《六德》篇说:"门内之治恩掩义,门外之治义斩恩。"处理家庭内部的事务亲情重于道义,处理家庭之外的事务道义重于恩情,说明早期儒家对待公私领域是有不同原则的。依此原则,当舜是天子时,他面对的是"门外之治",自然应该"义斩恩",把道义放在第一位,亲情放第二位。可是当舜抛弃天子之位,成为一名普通的儿子后,他面对的是"门内之治",则应该"恩掩义",把亲情放在第一位,道义放在第二位。故面对身陷囹圄的父亲,他不能无动于衷,而必须有所作为了。

由此可见,早期儒家内部对于"亲亲相隐"的态度并非完全一致,子思简、匿并举,匿仅限于"小而隐者",而孟子则将

"其父杀人"也纳入隐匿的范围。那么，如何看待子思、孟子二人不同的态度和立场呢？首先，是立论的角度不同。子思《五行》所说的是处理案狱的一般原则，而《孟子》则是特殊情境下的答问，盖有桃应之问，故有孟子之答，它是文学的、想象的，是以一种极端、夸张的形式，将情理无法兼顾、忠孝不能两全的内在紧张和冲突展现出来，给人心灵以冲击和震荡。它具有审美的价值，但不具有实际的可操作性，故只可以"虚看"，而不可以"实看"。因为现实中不可能要求"其父杀人"的天子"窃负而逃"，如果真是如此，那又置生民于何地？这样的天子是否太过轻率和浪漫？生活中也不可能有这样的事例。所以孟子"窃负而逃"与子思《五行》"有小罪而赦之，匿也"属于不同的问题，应该区别看待。批评者斥责舜"窃负而逃"乃是腐败的根源，予以激烈抨击；而反驳者又极力想将其合理化，给予种种辩护，恐怕都在理解上出了问题，误将审美性的当作现实性的，以一种"实"的而非"虚"的眼光去看待《孟子》文学性、传奇性的文字和记载。

其次，在情与理、亲亲与道义的关系上，子思、孟子的认识存在一定的差异。前面说过，儒家主流是情理主义，而不是亲情主义，更不是亲情至上者。孔子、子思虽对亲亲之情有一定的关注，但均反对将其置于社会道义之上。反映在仁、孝的关系上，是以孝为仁的起始和开端，所谓"行仁自孝悌始"，而以仁为孝的最终实现和目标。仁不仅高于孝，内容上也比孝丰富；孝是亲亲，是血缘亲情，是德之始，仁则是"泛爱众"（《论语·学而》），是对天下人的责任与关爱，是德之终。因其都突出、重视仁的地位和作用，故也可称为儒家内部的重仁派。那么，儒家内部是否存在着亲情主义，存在着将亲亲之情置于社会道义之上，将孝置于仁之上的思想和主张呢？答案是肯定的，这就是曾子弟子乐正子春为代表的重孝派。他们以孝为最高的德，视孝为"天之经，地之义"，孝无所不包，而仁不过是服务于孝的一个德目而已，扭转了孔子开创的以仁为主导的思想方向，在先秦儒学上具有特殊的地位和影响。[①]值得注意的是，孟子在其思想的形成过程中，曾一度受到重孝派的影响，故其思想中有大量宣扬血缘亲情的内容，如"仁之实，事亲是也。义之实，从兄是也"（《孟子·离娄上》7.27）。将仁、义分别理解为"事亲"和"从兄"，与他后来"仁，人心也"（《孟子·告子上》11.11）、"亲亲而仁民，仁民而爱物"（《孟子·尽心上》13.45）等说法也有一定区别。所以孟子在先秦儒学史中的地位是比较特殊的，一方面在他早期比较多地受到重孝派的影响，保留有浓厚的宗法血亲的思想；另一方面随着"四端说"的提出，孟子一定程度上又突破了宗法血亲的束缚，把仁的基点由血亲孝悌转换到"恻隐""羞恶""辞让""是非"等更为普遍的道德情感中去，完成了一次思想的飞跃，将儒家仁学发展到一个新的高度。所以我们看到的孟子思想，往往呈现出新旧杂糅的特点，他在小爱与大爱之间折中、调和，应该与他早期受重孝派的影响有关。

家族是人类最早的社会组织，每个人都生活、隶属于不同的血缘家族中，故当时的人们只有小爱，没有大爱。家族之外的人不仅不在其关爱范围之内，杀死了对方也不承担法律责任，而

[①] 参见拙文：《仁与孝——思孟学派的一个诠释向度》，《儒林》2005年第1辑；又见拙作：《郭店竹简与思孟学派》（修订版）第七章第三节，北京师范大学出版社，2021。

被杀者的家族往往又以怨报怨的形式进行复仇，因此当时的人首先要承担的是对家族的责任、义务——包括为其复仇，这便是"亲亲为大"（《礼记·中庸》）的社会基础。然而随着交往的扩大，文化的融合，地缘组织的形成，逐渐形成了族类意识甚至人类意识，人们开始超越种族、血缘的界限去看待、关爱所有的人，这便是孔子释仁为"爱人"（《论语·颜渊》）、主张"泛爱众"（《论语·学而》）的意义所在。儒家仁爱的提出，某种意义上，也是生命权利意识的觉醒。从积极的方面讲，"天生万物，唯人为贵"（《孔子家语·六本》），人的生命至为珍贵，不可随意剥夺、伤害。"厩焚，子退朝，曰：'伤人乎？'不问马。"（《论语·乡党》）孟子说："行一不义，杀一不辜，而得天下，皆不为也。"（《孟子·公孙丑上》3.2）就是认为人的生命比外在的"天下"更为重要，与康德的"人是目的，不是手段"精神实质是一样的。从消极的方面讲，则是要求"杀人偿命"，维持法律的公正。因此，在"亲亲为大"（《礼记·中庸》）和"仁者，爱人"（《孟子·离娄下》8.28）之间，实际是存在一定的紧张和冲突的。是以孝悌、亲亲为大，还是以仁义为最高理想，在儒家内部也有不同认识。孔子、子思等重仁派都是以仁为最高原则，以孝悌为培养仁爱的起点、根基，当孝悌与仁爱、亲情与道义发生冲突时，他们主张"亲亲相隐""隐而任之"，但隐匿的范围仅限于"小而隐者"，要求"不以小道害大道"。而孟子的情况则比较复杂，由于其一度受到重孝派的影响，故试图在"亲亲为大"和"仁者，爱人"之间折中、调和，表现出守旧、落后的一面。表面上看，舜"窃负而逃"似乎是做到了忠孝两全，既为父尽孝，也为国尽忠，但在这一"执"一"逃"中，恰恰将死者忽略和遗忘了,站在死者的立场,谁又为其尽义呢?如果用"推己及人""己所不欲,勿施于人"的原则来衡量的话,显然是不合理,不符合仁道的。

孟子的这种折中、调和的态度,在"封弟有庳"的案例中同样表现出来。《孟子·万章上》9.3章:

> 万章问曰:"象日以杀舜为事,立为天子则放之,何也?"
> 孟子曰:"封之也,或曰放焉。"
> 万章曰:"舜流共工于幽州,放驩兜于崇山,杀三苗于三危,殛鲧于羽山,四罪而天下咸服,诛不仁也。象至不仁,封之有庳。有庳之人奚罪焉?仁人固如是乎?在他人则诛之,在弟则封之?"
> 曰:"仁人之于弟也,不藏怒焉,不宿怨焉,亲爱之而已矣。亲之,欲其贵也;爱之,欲其富也。封之有庳,富贵之也。身为天子,弟为匹夫,可谓亲爱之乎?"

象是舜同父异母的弟弟,人非常坏。由于尧把两个女儿嫁给了舜,象觊觎两位貌美如花的嫂子,多次设计陷害舜,但舜都逃脱了。舜登上天子之位后,没有杀象,只是将其流放。万章问:"象每天都要谋杀舜,舜做了天子后,只是流放了他,这是为什么呢?"孟子说:"是封他做了诸侯,但也有人说是流放。"万章一听不对了,舜登上天子之位后,流放、杀害了四个坏人,天下才得以安定。"象是最坏的人,舜却封他有庳。有庳的百姓有什么罪过,要受象的统治?难道仁者就是这样?对别人就严加惩处,对弟弟却封他为诸侯?"孟子说:"仁者对待弟弟,不把怒气藏在胸中,不把怨恨埋在心底,只是想要亲近他、爱护他罢了。亲近他,就想让他尊贵;爱护他,就想让他富有。把有庳封给他,就是要使他既富有又尊贵。自己当了天子,弟弟却做百姓,这样能说是亲近、爱护他吗?"当然,象毕竟是一个很坏的人,可能会对有庳的百姓造成伤害,所以孟子又提出:"象不能在他的封国里任意行事,天子派遣官吏治理他的国家,收取那里的租税,所以有人误以为是流放,其实不是。这样象就不能暴虐他的百姓。虽然象伤害过舜,但是舜还是想常常见到象,象也经常来朝见、看望舜。"这样舜既让象享受到荣华富贵,又恢复了与象的兄弟之情,这是孟子为舜想出的两全之策。

  舜"封弟有庳"的案例,同样引起激烈的争论,批评者认为这不是美德,而是腐败,中国社会以权谋私、一人得道鸡犬升天的现象屡禁不止,根源就在这里。辩护者则认为"封弟有庳"是要维护血缘亲情,而血缘亲情是"公德之基",况且孟子也想到了补救的方法,不能简单将"封弟有庳"与当前社会上的腐败联系起来。不知大家怎么看待这一问题。我认为"封弟有庳"主要还是维护血缘宗法关系,可能是孟子早期受重孝派影响时的观点,因而是落后、保守的。孟子生活的战国时期,不仅有来自社会底层的墨家高举起"尚贤"的大旗,力行变法的法家也主张"食有劳而禄有功"(《说苑·政理》),"宗室非有军功论,不得为属籍"(《史记·商君列传》),即使同属儒门的荀子亦提出了"虽王公、士大夫之子孙也,不能属于礼义,则归之庶人;虽庶人之子孙也,积文学,正身行,能属于礼义,则归之卿相、士大夫"(《荀子·王制》)。即便你是官二代,是王公、大夫的后代,没有本事,不懂礼义,一样去做普通老百姓。平民的子弟,学习上进，懂得礼义，一样可以做高官。如果说孟子认为哥哥做了天子，弟弟却是百姓，是伤害了血缘亲情的话，那么，荀子主张将王公、士大夫的子孙降为庶民岂不是寡恩薄义了吗？两相比较，哪个更合理？如果站在"亲亲为大"的立场上，可能会认为孟子讲得对。但是如果从仁道原则出发，就不能不承认荀子的主张是合理的，而孟子的看法是保守的。有学者提出孟子生活的战国，不同于现代社会，不可能有现代社会干部选拔的制度与办法。"在孟子的时代，做了天子、国君的人却不肯加封兄弟，……人们甚至有权怀疑其合法性。"[1]这种说法同样是有问题的，且不说孟子的时代，周天子已名存实亡，根本不具有分封诸侯的能力，即便当时的列国国君，也无不以"尚贤使能"相号召。近些年公布的郭店简与上博简更是反映出战国中前期社会上出现了一股宣扬禅让的社会思潮，如《唐虞之道》提出"唐虞之道，禅而不传。尧舜之王，利天下而弗利也"，高扬了儒家"祖述尧舜""天下为公"的思想，显示了先秦儒家在战国时期崇尚"禅让"的政治理想。在这样的历史背景下，倘有一国之君任人唯贤而不是分封兄弟，是否真的会"被人们怀疑其合法性"，恐怕是要打上一个问号的。即便当时社会上仍残留"分封亲戚"的做法，显然已落后于时代的主旋律，毕竟，思想家是要超越其时代的。在上引孟子与万章的对话中，万章称舜将象流放，应该是当时比较流行的说法，孟子将流放曲解为分封，更多是文学性的杜撰，是他早期受重孝派思想影响的结果。

---

[1] 郭齐勇：《也谈"子为父隐"与孟子论舜——兼与刘清平先生商榷》，《儒家伦理争鸣集》，第17—18页。

三、《孟子》"窃负而逃""封弟有庳"评议

需要说明的是，孟子关于舜"窃负而逃""封弟有庳"的案例虽然是文学性的，但由于后来《孟子》成为经书，上升为意识形态，"窃负而逃"便被赋予了法律的效力，从实际的影响来看，它往往成为当权者徇私枉法、官官相护的理据和借口，我们可以举两个例子加以说明。一是根据《史记·梁孝王世家》，梁孝王刘武是汉景帝刘启的弟弟，景帝未立太子时，与刘武宴饮时说："我千秋之后，传位于梁王你。"刘武虽然谦虚地推辞，但心中暗喜。他们的母亲窦太后知道后，也十分高兴。后来景帝立了太子刘荣，但不久废黜，于是窦太后提议让刘武做继承人，但遭到大臣袁盎等人的反对。刘武的天子梦没有做成，恼怒之下，派人刺杀了袁盎等十多位大臣，事发后其母窦太后拒绝进食，日夜哭泣，景帝也十分忧愁。与大臣商议后，景帝决定派精通儒术的田叔、吕季主去查办。田叔回京后，将孝王谋反的证据全部烧掉，空手去见景帝，把责任推给孝王的手下，让其做了孝王的替死鬼。景帝闻说后，欣喜万分，连忙通告太后，"太后闻之，立起坐餐，气平复"。《史记·田叔列传》中记载了田叔与景帝的一段对话：

> 景帝曰："梁有之乎？"叔对曰："死罪！有之。"上曰："其事安在？"田叔曰："上册以梁事为也。"上曰："何也？"曰："今梁王不伏诛，是汉法不行也；如其伏法，而太后食不甘味，卧不安席，此忧在陛下也。"景帝大贤之，以为

鲁相。

景帝问:"梁王做过这件事吗?"田叔答道:"做过的,死罪。"景帝又问:"证据在哪里?"田叔说:"皇上不要深究梁王的案子了。"景帝问:"为什么?"田叔说:"如果不判处梁王死刑,朝廷的法律就无法推行;可是如果判他死刑,太后就会吃不香、睡不好,这样忧愁就落在您身上了。"景帝听后,大加赞叹,任命田叔为鲁国丞相。值得注意的是,景帝调查弟弟杀人之事时,大臣曾建议"遣经术吏往治之",而田叔、吕季主"皆通经术"(《史记·梁孝王世家》)。据赵岐《孟子题辞》,《孟子》在汉文帝时曾立于学官,为置博士,故田叔所通的经术中应该就有《孟子》,他之所以敢坦然地销毁证据,为犯了杀人大罪的孝王隐匿,其背后的理据恐怕就在于《孟子》。既然舜可以隐匿杀人的父亲,那么景帝为何不能隐匿自己杀人的弟弟呢?在孟子文学性的答问中,还有"弃天下"一说,但田叔明白这种浪漫的说法陈义过高,现实中根本行不通。景帝不可能背着杀人的弟弟跑到海边,"终身訢然,乐而忘天下",结果只能是转移罪责,以弱者的生命来实现景帝的"亲亲相隐"了。孟子的答问恰恰成为田叔徇私枉法、司法腐败的理据,这恐怕是孟子始料不及的吧。

又据《新五代史·周家人传》,周世宗柴荣的生父柴守礼居于洛阳,"颇恣横,尝杀人于市,有司有闻,世宗不问"。柴守礼依仗自己是天子的生父,聚集党徒,滥杀无辜,横行市里,使百姓苦不堪言,世宗却不让有司处理,任其为害一方。对于世宗的"亲亲相隐",《新五代史》的作者欧阳修以《孟子》的"窃负而逃"为之辩护:"天下可无舜,不可无至公;舜可弃天下,不可刑其父，此为世立言之说也。"天下可以没有舜，但不能没有公正；舜可以抛弃天下，但不可以惩罚自己的父亲。但欧阳修所说的"至公"是"亲亲为大"也就是重孝派的公正，从"亲亲为大"来看，自然是父母为大，天下为轻了。"故宁受屈法之过，以申父子之道"，宁可违背了法律，也要维护父子的感情。"君子之于事，择其轻重而处之耳。失刑轻，不孝重也。"(《新五代史·周家人传》)违背了法律是轻，伤害了亲情是重，这就是大文学家欧阳修的见解，可见此人虽有文采，脑子却被重孝派的思想毒害了。对于欧阳修的说法，清代学者袁枚针锋相对予以反驳。"柴守礼杀人，世宗知而不问，欧公以为孝。袁子曰：世宗何孝之有？此孟子误之也。"他认为，欧阳修以周世宗为孝，是受了孟子的误导。孟子让舜"窃负而逃"不是解决问题的方法，反而使自己陷入矛盾之中。"彼海滨者，何地耶？瞍能往，皋亦能往。因其逃而赦之，不可谓执；听其执而逃焉，不可谓孝；执之不终，逃而无益，不可谓智。"孟子所说的海滨之地，难道是法外之地吗？舜可以背着瞽瞍前往，难道皋陶就不可以前往追捕？因为舜背着父亲逃跑，就赦免了瞽瞍，这就与舜命令皋陶逮捕瞽瞍相矛盾；命令皋陶逮捕瞽瞍，然后又背着父亲逃跑，这不能算是孝；命令皋陶逮捕瞽瞍却没有执行，逃到海滨之地没有实际意义，这不能算是智。"以子之矛，陷子之盾，孟子穷矣。"袁枚认为，对于世宗而言，即使没能制止父亲杀人，事后也当脱去上服，避开正寝；减少肴馔，撤除乐器；不断哭泣进谏，使父亲知道悔改，以后有所戒惧。"不宜以不问二字博孝名而轻民命也。不然，三代而后，皋陶少矣。凡纵其父以杀人者，彼被杀者，独无子耶？"[①]显然，袁枚是从"己所不欲，勿施于人"的仁道立论的。如果说世宗纵父行凶为孝，那么被杀者难道没有子女？谁去考虑他们的感受？他们又如何为父母尽孝？如果将心比心，推己及人，以"己所不欲，勿施于人"的仁道原则来衡量的话，世宗的所作所为不仅不能称为孝，反而是不仁不义之举。

袁枚将孟子的"窃负而逃"落到实处，未必符合孟子的本意，但他批评世宗非孝，则是十分恰当的。这也说明，从"亲亲为大"或"推己及人"来看待"亲亲相隐"，观点和态度是有很大不同的。孟子的"窃负而逃"本来是要表达亲情与道义的紧张与冲突，是文学性的而非现实性的，但在权大于法、法沦为权力工具的帝制社会中却被扭曲成为法律的通例。由于"窃负而逃"涉及的是天子之父，而非普通人之父，故其在法律上的指向是特殊的，而非普遍的，实际是为王父而非普通人之父免于法律惩处提供了理论根据，使"刑不上王父"成为合理、合法的。普通人犯法，并不会因其为人父便可以逃脱法律的惩处，而天子、皇帝的父亲即使杀人枉法，法律也不应予以追究，中国古代法律虽然有"王子犯法与庶民同罪"的传统，却始终没有"王父犯法与庶民同罪"主张，这不能不说是十分遗憾的。但是另一方面，孟子也具有丰富的仁道、民本思想，他主张"行一不义，杀一不辜而得天下，皆不为也"（《孟子·公孙丑上》3.2），认为"民为贵，社稷次之，君为轻"（《孟子·尽心下》14.14），均体现了对民众生命权利的尊重；他的性善论，则包含了人格平等的思想，从这

[①] 袁枚：《读孟子》，载袁枚著，周本淳标校《小仓山房诗文集》第四册，上海古籍出版社，1988，第1653、1655页。

些思想出发，又可以发展出批判封建特权的观点与主张。袁枚的批判思想，其实也是受到孟子的影响，是对孟子民本、性善思想的进一步发展。这看似吊诡，却是历史的真实。

综上所论，围绕"亲亲相隐"的争论，其核心并不在于亲情是否珍贵，"亲亲相隐"是否合理。而在于儒家如何看待、处理血缘亲情，儒家又是在何种意义、条件下谈论"亲亲相隐"。尤其是如何看待、理解"窃负而逃"案例中孟子对亲情与道义的抉择和取舍。这些无疑是较为复杂的学术问题，需要具体分析，不可一概而论。根据我们前面的讨论，围绕"仁"与"孝"，儒家内部实际是存在不同的观点和主张的。重孝派以孝为最高原则，通过孝的泛化实现对社会的控制，重仁派则视孝为仁的起点和开始，主张要将孝提升为普遍的仁，二者代表了儒家内部不同的观点和流派。孔子虽然也提倡孝，视孝为人类真实、美好的情感，但又主张要将孝上升为仁，强调的是"泛爱众""己所不欲，勿施于人"。因此，在面对亲情与道义的冲突时，并不主张为亲情去牺牲道义。孔子讲"父为子隐，子为父隐，直在其中矣"，直是率真、率直之直，而不是公正、正直之直。为了维护社会的道义、公正，曾子一派又提出"隐而任之，如从己起"，要求子女不是告发，而是代父受过以维护情与理、亲亲与道义的统一。子思一派的《五行》篇则将隐匿的范围限定在"小而隐者"，即小的过错上，并强调"不以小道害大道""不以小爱害大爱"。孟子的情况虽较为复杂，在亲亲与道义间表现出一定的折中、调和，但其"窃负而逃"的情节设计，主要还是展示亲情与道义间的冲突与紧张，更应从文学、审美的眼光去看待，而不可落在实处，进行简单的道德批判或辩护。这样的做法，恐怕都并没有理解孟子的本意。况且,孟子也不是为了父子亲情便完全置社会道义于不顾,他让舜下令逮捕父亲瞽瞍,让舜"弃天下",便是对道义、法律的尊重,试图缓和情理间的紧张、冲突,是"隐而任之"的表现。只不过孟子的这一设计不仅不具有可操作性,其实际的后果则是为"刑不上王父"提供了法理的依据,成为帝王将相转移罪责,徇私枉法的根据和理由。从这一点看,子思强调"有小罪而赦之","不以小道害大道",可能更值得关注,更具有时代进步的意义。

"亲亲相隐"之所以受到人们的广泛关注,是因为它不仅是一个学术问题,也关涉到我们每个人的选择:假如我们的亲人违法了,我们该怎么做?经过前一阶段"亲亲相隐"问题的讨论,由人大委员提议,在《刑事诉讼法》一百八十八条增加了"不可强制被告人的配偶、父母、子女出庭作证"的内容。辩护派对此大为兴奋,认为这不仅标志着"亲亲相隐"的辩论告一段落,同时也说明"亲亲相隐"是公正、合法的。其实这种看法是大有问题的,忽略了一个最核心的问题,即把"亲亲相隐"写入刑法的背后的理据是什么?是因为父为子隐、子为父隐是一种公正、正义的行为,有绝对的合理性?还是如夫子当年启示我们的,父子互隐不过是人性的一种至诚坦率的表现,是人情之不能免,应受到适当的保护,而不可将其绝对化?不搞清楚这一问题,不仅认识是模糊的,生活中也可能作出完全不同的选择。例如一个恐怖分子要做出严重危害公共安全的行为,如果我是他的亲人,要不要为其隐瞒呢?如果认为"亲亲相隐"是公正、正直,是绝对合理的,我当然是应该隐瞒而不是告发。但这样一来,又将那些无辜者置于何地?难道他们的生命就不值得关注吗?这显然不符合儒家仁道的思想。相反，如果认为"亲亲相隐"只具有相对的合理性，可以适当保护，但不能绝对化，这样就可以作出不同的选择了。其实正如传统社会中，法律一方面允许"亲亲相隐"，另一方面又规定"谋反"等大罪不在隐匿的范围之内，"亲亲相隐"只有相对的合理性，不可超越"王法"。今日对待"亲亲相隐"实际也持大致类似的原则，而《刑事诉讼法》第一百八十八条增加不可强制被告人亲属出庭作证的规定，实际也并没有赋予"亲亲相隐"公正、正直的地位。例如，《刑法》第三百一十条有"窝藏、包庇罪"的规定："明知是犯罪的人而为其提供隐藏处所、财物，帮助其逃匿或者作假证明包庇的，处三年以下有期徒刑、拘役或者管制；情节严重的，处三年以上十年以下有期徒刑。"其中并没有将亲属排除在外，说明"亲亲相隐"一旦上升为窝藏、包庇的具体行为，是不被法律允许的。另外，《刑事诉讼法》第六十条规定："凡是知道案件情况的人，都有作证的义务。生理上、精神上有缺陷或者年幼，不能辨别是非、不能正确表达的人，不能作证人。"第一百二十三条关于"侦查人员询问证人"的规定："询问证人，应当告知他应当如实地提供证据、证言和有意作伪证或者隐匿罪证要负的法律责任。"这里，"不能作证人"和"隐匿罪证"者也均未将亲属排除在外。虽然在今后的法律实践以及法律修订中，如何更好地处理"亲亲相隐"还可以不断地探索和完善，但既保护、维护亲情，又不致对社会公共安全造成威胁，应是一条基本原则。的确，一个不允许"亲亲相隐"的社会是可怕的，但对亲人任何过错、罪行都鼓励隐匿的社会同样是无道的。因此，在亲情与道义之间，如何为"亲亲相隐"寻找恰当的位置，如何在伦理和法律实践中对其作出合理的规定，便成为人们需要认真思考的问题。当年夫子以"父为子隐，子为父隐，直在其中矣"一句，开启了对这一问题的思考，"直"是率真、率直之直，而非公正、正直之直。只不过由于时过境迁，语义变化，今人已不理解夫子的真意，反以直为公正、正直。这样，"父为子隐，子为父隐"便成为正义、正直是甚至诚实的行为，并引申出是腐败还是美德的无谓争论，这不能不说是令人遗憾的事情。

第十六讲

孟子

与告子的辩论

乱世的抗争——讲给大家的《孟子》

《孟子》七篇中有一篇是《告子》，主要记载孟子与告子的辩论。思想史上有很多著名的辩论，如庄子与惠施的"濠梁之辩"，朱熹与陆九渊的"鹅湖之会"等，而孟告之辩同样是儒学史上的一次著名辩论，告子虽然不是儒家学者，但对孟子以及儒家思想都产生了重要影响，所以也是一位值得关注的人物。孟子与告子的辩论，主要包括三个问题："人性善恶"的问题；"生之谓性"的问题；"仁内义外"的问题。这三个问题都是儒学史上的重要问题，我们今天就来作一分析、讨论。在讨论这三个问题之前，我们先对告子其人作一考察。

一、告子其人

首先我们来看告子的身份。赵岐注《孟子》说："孟子弟子。"这个说法是不正确的，赵岐是东汉时期的人，离孟子的时代已经比较远了，虽然他的《孟子注》影响很大，贡献也很大，但也有一些不准确的说法。他说告子是孟子弟子，可能是看到告子与孟子请教、辩论，故将其当作万章、公孙丑之类的孟子弟子了。现在学者一般认为，告子应该是与孟子同时代的人，而且年龄长于孟子。因为在《墨子·公孟》篇中也提到了一位告子，据学者考证，他应该与《孟子》中的告子是同一个人。钱穆、郭沫若、庞朴等先生都有考证，其中以庞朴的考证最为详尽，[①]大家有兴趣，可以参考。据《墨子·公孟》篇：

> 二三子复于子墨子曰："告子曰：'[墨子]言义而行甚恶。'请弃之！"子墨子曰："不可。称我言以毁我行，愈于亡（指没有毁誉）。有人于此，[曰]翟甚不仁——[言]尊天、事鬼、爱人，[而行]甚不仁——犹愈于亡也。今告子言谈甚辩，言仁义而不吾毁（不毁吾之仁义）。告子毁[我行]，犹愈亡也。"

几位弟子给墨子打小报告："老师，告子背后说您坏话呢！告子说墨子口中讲仁义，但行为却很坏！请把告子逐出师门吧。"但是墨子比较大度，说："不可以。有人称赞我的主张，却批评我的行为，总比完全没有批评好一点。有人说我墨翟不仁，说我主张尊天、事鬼、爱人，只是行为不好，总比没有人批评好一点。告子很喜欢与人辩论，也主张仁义而不否定仁义，他只是诋毁我的行为，总比没有人批评好一些。"从这段材料可知，一、告子曾是墨子的弟子。二、告子很喜欢与人辩论，所以遇到孟子后，俩人展开讨论。三、告子也主张仁义，但他对仁义的理解可能与墨子包括孟子有所不同。墨子虽然包容了告子，但对这位弟子并不欣赏，而是有些反感的。这在《公孟》的下面两条材料中有所反映：

[①] 庞朴：《告子小探》，《文史》1962年第1辑。

> 二三子复于子墨子曰:"告子胜为仁。"子墨子曰:"未必然也。告子为仁,譬犹跂以为长,隐(注:当作'倾',即'仰')以为广,不可久也。"
>
> 告子谓子墨子曰:"我治国为政。"子墨子曰:"政者,口言之,身必行之。今子口言之,而身不行,是子之身乱也。子不能治子之身,恶能治国政?子姑亡,子之身乱之矣。"

可能是看到老师并没有驱逐告子之意,几位弟子又来汇报说:"告子能够做到仁。"墨子说:"我看未必吧。告子为仁,好比跂起脚跟就自以为很高,仰起身子就自以为很广,实在是荒唐可笑,是不可以长久的。"还有一次,告子对墨子说:"我能治国理政。"墨子说:"治国理政,嘴上讲了,一定要去做。可是你是嘴上说得好,却根本不去做。你连自己都管不好,怎么能治国理政呢?"墨子对告子的批评是很严厉的,可能因为此,不久告子就离开了墨子。有学者将告子归于墨家,是不准确的,告子曾学于墨子,但是一个不听话的学生,很快就背叛了师门。现在学者一般认为告子是齐国稷下先生,稷下先生的特点是博采众家之长,融合儒、墨、道、法不同学派的思想,告子也有这个特点,他既不是纯粹的墨家,也不是纯粹的儒家,但对墨家、儒家都有了解。既然告子是稷下先生,他与孟子的辩论应该就发生在齐国稷下学宫。前面我们讲过,稷下学宫是战国时期学术、文化的中心,由于齐国采取开放的文化政策,当时著名的学者纷纷云集于此,战国时期的百家争鸣主要就是发生在这里。虽然礼贤下士是战国时期的普遍现象,孟子曾经到过的滕国、魏国也都有过设官开馆、招徕人才的情况，但影响与规模均无法同齐国相比。孟子来到齐国时正是稷下学宫的繁荣时期，所以他在这里与告子相遇并展开辩论是完全可能的。既然孟子与告子的辩论最有可能发生在齐国，那么，这次辩论是在孟子第一次来齐国的齐威王时，还是第二次来齐国的齐宣王时呢？在没有旁证材料的情况下，我们不妨通过孟子和告子的年龄作一个大致推断。

孟子的年龄前人多有考证，比较流行的看法是孟子约生于公元前372年，卒于公元前289年，活了八十四岁。据《墨子·公孟》，告子曾见过墨子，而且敢于对墨子提出批评，那么墨子去世时，他至少也有二十岁。前人考订墨子约生于公元前469年，卒于公元前386年，[①]则告子当出生于公元前406年前后。孟子首次到齐国为齐威王二十八年，公元前329年，此时孟子约四十四岁，告子为七十七岁。孟子第二次来齐国为齐宣王二年，公元前318年，[②]此时孟子约五十五岁，而告子已年近九十，可谓垂垂老矣。因此从年龄上看，孟子第一次到齐国与告子相遇的可能性较大，若说孟子第二次到齐国才与年近九十的告子辩论，似乎可能性不大。由此我们可以知道，这场先秦思想史上的著名辩论原来是在壮年的孟子与暮年的告子之间展开的，孟子的能言善辩、咄咄逼人与告子的反应迟钝正是这一情况的反映。

---

① 梁启超：《墨子年代考》，《墨子学案》，商务印书馆，1921，第168页。
② 参见本书第三讲《孟子行年表》。

二、告子先生，成就仁义是符合人性，还是违背人性

孟子与告子对人性的认识不同，孟子主张性善，而告子认为性无善无不善，所以二人一见面，就围绕人性善恶的问题展开辩论。据《孟子·告子上》11.1章：

> 告子曰："性犹杞柳也，义犹桮棬也。以人性为仁义，犹以杞柳为桮棬。"
>
> 孟子曰："子能顺杞柳之性而以为桮棬乎？将戕贼杞柳而后以为桮棬也？如将戕贼杞柳而以为桮棬，则亦将戕贼人以为仁义与？率天下之人而祸仁义者，必子之言夫！"

告子率先发难说："人性好比柳木，仁义好比杯子；把人性看作仁义，就好比把柳木当作了杯子。"从这个提问就可以看出，告子的水平非同一般，一下就抓住了问题的根本。古人常用柳木制作杯子，但柳木不等于杯子。告子说，我不否认人性可以为善，但从人性到善，也就是仁义，有一个制作、加工的过程，把人性直接说成是善的了，就好比是把柳木直接说成是杯子了。针对告子的质疑，孟子回答说："你是顺着柳木的本性去制作杯子呢，还是要残害了柳木的本性去制作杯子？如果你认为是残害了柳木的本性去制作杯子，那么是否也认为是残害了人的本性才成就了仁义吗？（如果是这样），率领天下的人祸害仁义的，一定是你这种言论！"孟子承认柳木不等于杯子，但柳木适合做成杯子，

这应该是当时人们的观念。柳木比较轻，不容易漏水，所以当时人们习惯用柳木来制作杯子，用柳木制作杯子不是伤害了柳木的本性，而是顺应了柳木的本性。同样地，成就、实现仁义不是伤害了人的本性，而是顺应了人的本性，成就了人的本性。孟子所说人的本性指什么呢？是指人之所以为人者，在孟子看来，人之所以为人者就是人不同于禽兽的一点点善端。我们前面讲过，孟子性善论是以善为性论，而善是指善端，是善的种子、善的根苗，其本身就有一个生长、发展的过程，是需要扩充、培养的。孟子举出"一曝十寒""拔苗助长"的例子也是为了说明善端的扩充、培养，善端扩充、培养为仁义，就实现了人的本性。善端是潜能，仁义是实现。所以孟子不是把善端等同于仁义，把潜能等同于实现，他是从动态、活动的角度看待人性，认为人性就是善端成长、发展的过程。所以他反问，成就仁义是符合人性，还是伤害了人性？如果说是伤害了人性，那么做一位好人不符合人性，相反做坏人倒是符合人性了？告子先生，您的言论一定是不正确的，是祸害仁义啊！

　　孟子与告子的第一轮辩论非常精彩，一问一答都点到了问题的要害。告子的疑问是，你们儒家怎么把性直接等同于善了？那还需要后天的教育吗？需要后天的学习吗？告子不否认人性可以为善，但认为那是教育、学习的结果，所以你不能直接把性就说成是善的。告子的质疑是有根据的，因为根据当时人们的观念，"性者，本始材朴"（《荀子·礼论》），性是未经加工的材朴、材质。经过后天培养的已不是性，而是习，可称为习性，孔子讲："性相近也，习相远也。"（《论语·阳货》）人们生而所具的性是相近、相似的，但后天的习性则差别很大。但孟子不是纠缠于性与习的"异",而是着眼于二者的"续",指连续。教育、学习固然重要,但要符合人的本性,应该是为了成就、实现人的本性,而不是违背人的本性。成就仁义、做一个好人是符合人性的,而戕害仁义、做一个坏人是违背人性的。可见,孟子亚圣之名不是白得的,他不仅"好辩",而且会辩。第一轮辩论结束后,马上又进入第二轮:

> 告子曰:"性犹湍水也,决诸东方则东流,决诸西方则西流。人性之无分于善不善也,犹水之无分于东西也。"
> 孟子曰:"水信无分于东西,无分于上下乎?人性之善也,犹水之就下也。人无有不善,水无有不下。今夫水,搏而跃之,可使过颡;激而行之,可使在山。是岂水之性哉?其势则然也。人之可使为不善,其性亦犹是也。"(同上11.2)

告子说:"人性好比湍急的流水,东面开个缺口就向东流,西边开个缺口就向西流。人性没有善、不善之分,就像流水没有东、西之分。""决"是动词,挖一个口子,让水流出来。水不分东、西,人性也不分善、恶,人性之善恶是由外在环境造成的。孟子回答道:"流水确实没有东西之分,难道也没有上下之分吗?人性表现为善,就像水趋向下。人性没有不表现为善的,水没有不趋向下的。水,拍打飞溅起来,也能高过额头;阻挡使其倒流,可以流到山上。这难道是水的本性吗?是形势造成的。人会干坏事,也是形势造成的。"与告子以水之东、西类比人性没有固定的本质不同,孟子是用水之上、下说明人性是趋向善的。

人性中有没有一种自觉向上的道德力量？当然有！这就是孔子的仁、孟子的性善所要强调的内容。人性当然也有堕失、向下的倾向，孟子认为这是环境、形势造成的。

表面上看，告子、孟子都是在谈人性，但因为他们对人性的理解不相同，因而对人性的类比和描述也不同。告子主张"食色，性也"（同上11.4），关注的是人的自然属性，其人性主要指欲性，食色没有固定的方向，东边有利益就趋向东，西边有利益就趋向西，故告子以水之东、西类比性。孟子则以四端之心为性，关注的是人的道德属性，其人性主要指仁性，四端有价值诉求，有目的、方向，故孟子以水之上、下比喻说明性。"凡有四端于我者，知皆扩而充之矣，若火之始然，泉之始达。"（《孟子·公孙丑上》3.6）扩充我们自身拥有的四端，就像火刚刚燃起，泉水刚刚涌出。人往高处走，水往低处流。涌出的泉水流向下，而人之善端则趋向上。仅就类比方式来看，二人的说法都有道理，与其对性的理解也是相符的，二人的根本分歧主要在于对人性的理解。告子以食色为性，只关注到人的欲性，显然是不全面的，后人批评他把人混同禽兽，就是因为此。孟子以四端、仁义礼智为性，上升到仁性，显然比告子深入一步，后人肯定、认可孟子，也主要是出于这个原因。但是人毕竟是一个完整的存在，既有自然属性，也有道德属性，否定或忽略了任何一面都是不全面的，只讲道德属性，不讲自然属性，否认感性欲求的合理性，会造成人格上的伪善。孟子批评告子以食色为性，认为不能局限于人的自然属性，不能仅仅以感性欲望理解人性，是合理的，但是由于二人辩论的缘故，观点难免对立，孟子只是指出人还有道德属性，还有更高的仁义之性，而没有说明欲性与仁性的关系,没有将二者结合起来。后世学者解读此章,自觉不自觉将欲性与仁性对立起来,甚至发展出"存天理,灭人欲"的主张,将天理也就是善与人欲对立起来,产生了不好的影响。其实真正意义上的善,不仅指仁义之性,也应包括感性欲求的满足与实现。虽然感性欲求是人与禽兽都具有的,但实现的方式是不同的,禽兽满足其欲求的方式是弱肉强食,遵循的是自然法则,人满足欲求的方式是互助合作,遵循的是伦理法则。告子、孟子都没有涉及这一层,其思想存在着局限与不足。在儒学史上,最早涉及这一问题的是荀子。荀子说:"人生而有欲,欲而不得,则不能无求;求而无度量分界,则不能不争;争则乱,乱则穷。先王恶其乱也,故制礼义以分之,以养人之欲,给人之求。"(《荀子·礼论》)人生而有各种欲求,如果得不到满足便会向外追求;追求而没有法则、制度,便会产生纷争,导致混乱、贫穷。所以先王制定了礼义,对人的欲求作了限定,既使人的欲求得到满足,也避免了混乱与冲突,这便是礼的作用,故说"礼者,养也"(同上)。荀子意识到虽然过度的欲求可能导致恶,但并不因此否定欲求的合理性,而是寻求实现欲求的合理方式,较之告子乃至孟子都深入一步。他说:"凡语治而待去欲者,无以道欲而困于有欲者也。"(《荀子·正名》)"道"通"导",引导的意思。治理国家不是满足民众的欲望,而是想着如何去除民众的欲望,是因为不懂得应该引导民众的欲望,结果被欲望所困。"心之所可中理,则欲虽多,奚伤于治?"(同上)人的欲望即使多一些,只要不违背理,就是合理的。所以不在于欲望本身,而在于实现、满足欲望的方式要符合理。在荀子那里,理是抽象原则,礼是具体的制度、规定,二者都是公平、正义的法度。虽然荀子对公平、正义的理解存在着时代的局限，但他主张以合理的方式满足人的欲望，则具有深刻的伦理学意义。这一思想被以后明清之际启蒙思想家以及戴震等反理学思想家进一步发展，成为儒家人性论的一个重要内容。如明末清初的陈确说："人心本无所谓天理，天理正从人欲中见，人欲恰好处即天理也。向无人欲，亦无理之可言矣！"[①]王夫之也说："人欲之各得，即天理之大同。"[②]

从整个儒学史的发展来看，儒家完整的人性论应该包括了欲性、智性、仁性三个方面，一个具有健康的体魄、丰富的知识、道德良知的人才是完整意义上的人。所以成就、实现人之本性，就不能只限于仁性，还应包括欲性和智性。人有欲望、欲求，能够合理地实现它，才能有健康的心理和生理。人有求知的愿望，具有了丰富的知识，才能处理好人与人、人与自然的关系。更重要的，人有仁爱之心，有道德良知，才能算是真正意义上的人，才能建立起一个人道、公正的社会。在这样的社会中，人的欲性、智性、仁性才都能得到充分的实现和发展。

三、告子先生，牛的性如同人的性吗

孟告之辩的第二个主题是"生之谓性"的问题，这个问题比较复杂，为了讨论的方便，我们先将二人的对话引用于下：

> 告子曰："生之谓性。"

[①] 陈确：《与黄太冲书》，《陈确集》，中华书局，1979，第149页。
[②] 王夫之：《读四书大全说》，岳麓书社，2011，第641页。

孟子曰:"生之谓性也,犹白之谓白与?"

曰:"然。"

"白羽之白也,犹白雪之白;白雪之白犹白玉之白与?"

曰:"然。"

"然则犬之性犹牛之性,牛之性犹人之性与?"(《孟子·告子上》11.3)

这段对话的关键是"生之谓性"。"生之谓性"可能是当时流行的说法,因为"生"与"性"本来是一个字,"性"也写作"生",后来加上竖心旁,就变成了"性","性"字是从"生"字衍生出来的。孟子与告子辩论时,可能"生""性"还是一个字,所以告子就说"生之谓性",生就是性。但是"生之谓性"不只是一个文字表达的问题,而是一个命题判断,表明古人是从"生"来理解"性"的。"生之谓性"乃是以前面之"生"解释后面之"性",换一种句式,也可以表述为:性,生也。而"生"字在古汉语中的含义十分丰富,作为动词,它可指出生、生长;作为名词,可指出生以后的生命,以及生命所表现的生理欲望等,如《吕氏春秋·仲春纪第二·贵生》:"全生为上,亏生次之……所谓全生者,六欲皆得其宜也。所谓亏生者,六欲分得其宜也。"这里的"生"即有"欲"之意。而如何理解"生"或在何种意义上理解"生",往往又会影响到如何理解"性"。所以,"生之谓性"实际只是一个形式的命题,它只是表明"性"就是"生",但"性"何以是"生",或在何种意义上是"生",还需要作进一步说明。这样,由"生之谓性"便衍生出以下命题形式:一是"生之所以然者谓之性"(《荀子·正名》),或"生之自然之资谓之性"(《春秋繁露·深察名号》），指生命物之所以如此生长的根据、原因或生而所具的自然本质为性，这是对性的实质规定。唯有具有了此规定，以上命题才能成为一个有效命题，才能对不同事物作出区分与规定，如牛与犬的"生之所以然"之性是不同的，其所谓性是指事物的本质属性。二是"性，生而然者也"（《论衡·本性》），可表述为"生之然者谓性"，指生而所具的生理欲望或生理现象为性，这是对性的形式规定。按照这一规定，牛与犬的"生之然"之性又是相似、相同的，都具有食色的生理欲望，其所谓性是指事物的非本质属性。告子虽提出"生之谓性"，却没有对其内涵作出具体说明。又由于告子主张"食色，性也"，故他实际是以生而所具的欲望为性，接近于上面第二种命题形式。食色等欲望是事物的非本质属性，人、牛、犬都有食色的欲望，但人之为人、牛之为牛、犬之为犬不在于它们的食色欲望，而在于它们的本质属性。人的本质属性是有仁爱之心，有四端之心；牛的本质属性是体型比较大，可以耕田犁地；犬的本质属性是会汪汪叫，可以看家护院。所以仅仅从"生之然"的非本质属性是无法对其作出区别的，还需要上升到"生之所以然"的本质属性。本章与前面两章类似，虽然都是谈论人性，但不论是孟子还是告子，都没有点出人性的具体内容，而是根据心中所理解的人性作类比和陈述。告子心中所想是"食色，性也"，故认为性如同柳木，又认为性如同流水，本章则提出"生之谓性"，但他所要表达乃"生之然之为性"，也就是以生而所具有的食色欲望为性，所以孟子对告子的驳难，实际是针对"生之谓性"具体理解的驳难，其发问、推论方式也是针对这种具体理解提出的。

　　告子说："生而具有的叫作性。"孟子说："生而具有的叫作性,就好比白色的东西叫作白吗?"告子说:"是的。"孟子说:"白色羽毛的白,如同白雪的白;白雪的白如同白玉的白吗?"告子说:"是的。"孟子说:"那么,狗的性如同牛的性,牛的性如同人的性吗?"对话到此戛然而止,告子显然是被问住了,辩论以孟子的胜利而告终。传统上学者也是这样认为的,如东汉赵岐说:"言物虽有性,性各殊异,惟人之性与善俱生,赤子入井以发其诚。告子一之,知其粗矣。孟子精之,是在其中。"虽然人与动物都有性,但各自的性是不相同的,人具有善性,这从小孩子要掉到井里,人会有怵惕恻隐之心,就可以得到证明。告子把人与动物混同为一,见识粗浅。孟子能分别人与动物的不同,所以是正确的。清代焦循也说:"孟子此章,明辨人物之性不同,人之性善,物之性不善。盖浑人物而言,则性有善有不善;专以人言,则无不善。"(《孟子正义·告子章句上》)认为此章是辨明人与动物的性有所不同,人的性善,动物的性不善。混合人与动物而言,性有善有不善;专就人言,则性无不善。以后宋明理学家提出气质之性与义理之性,对性作形上、形下的区分,对此表达得更为清晰。朱熹注本章时说:"性者,人之所得于天之理也;生者,人之所得于天之气也。性,形而上者也;气,形而下者也。"这是理学家最常用的语言,朱熹所说的"性"是指义理之性,义理之性是得之于天之理,是至善的。"生"指的是气质之性,气质之性是得于天之气,是可善可恶的。告子的问题是"徒知知觉运动之蠢然者,人与物同;而不知仁义礼智之粹然者,人与物异也。孟子以是折之,其义精矣"(朱熹《四书章句集注·孟子集注》卷十一)。告子只知道"知觉运动",也就是人的感觉欲望,人和动物是相同的,但是不知道人除了气质之性之外,还

第十六讲 与告子的辩论

有义理之性,还有"仁义礼智之粹然者",在这个方面人和动物是不同的。孟子从这一点来驳斥告子,他的道理是能够成立的。以上看法都认为在"生之谓性"的辩论中,孟子用性善论驳倒了告子的性无善无不善论。

但是学术史上也有一些学者认为,孟子的推理并不成立,孟子是靠诡辩驳倒告子的。如北宋司马光写过《疑孟》,对孟子有很多批评。我们之前讲过,北宋时期有学者尊孟,也有学者非孟,尊孟的代表人物之一是王安石,非孟的代表人物就是司马光。王安石写过一本《淮南杂说》,被誉为当世孟子;司马光则写《疑孟》,严厉批评孟子。大家知道,王安石推行变法,司马光则反对变法,他们分别是新党、旧党的领袖。司马光在《疑孟》中说:"孟子云,白羽之白犹白雪之白,白雪之白犹白玉之白?告子当应之云:色则同矣,性则殊矣,羽性轻,雪性弱,玉性坚。而告子亦皆然之,此所以来犬、牛、人之难也。孟子亦可谓以辩胜人矣。"(《疑孟》)司马光认为当孟子问白色羽毛的白,如同白雪的白;白雪的白如同白玉的白时,告子应该回答:颜色是一样的,性则不同。性是指本质属性,羽毛的本质属性是轻盈,雪花的本质属性是柔弱,玉石的本质属性是坚硬——司马光的这个概括用今天的眼光看,当然也有问题,但能作出这样的分析,已经十分难得。在司马光看来,白色只是事物的非本质属性,告子没有区分本质属性与非本质属性,结果糊里糊涂被孟子带到沟里去了,所以孟子实际是"以辩胜人",其推理在逻辑上未必成立。近代以来,由于学者受到了形式逻辑的训练,他们的分析就更为细致了。比如说牟宗三先生在《圆善论》第一章就讨论过"生之谓性"的辩论,认为"孟子推理存在着两步跳跃和划转"。首先是"'生之谓性'不等同于'白之谓白'","生之谓性"是一个命题判断,而"白之谓白"只是同语反复,二者是不相同的,但是告子没有想清楚,随口答了一句:是的。结果陷入被动之中。孟子将"生之谓性"误解为"白之谓白",这是第一个错误。接着他问"白羽之白犹白雪之白,白雪之白犹白玉之白",这个是可以成立的,但是不能由此推出"犬之性犹牛之性,牛之性犹人之性",这是孟子的第二个错误。所以孟子是通过诡辩取得了胜利,逻辑上是不成立的。[1]不过牟宗三又认为,孟子的推论虽不合理,但他的结论仍是对的。

以上两种观点都有不完善的地方,前一种观点认为孟子驳倒了告子,但没有对孟子如何驳倒告子作出分析。理学家提出义理之性与气质之性,更多是自己的理论创造,并不符合孟子的思想。后一种看法认为孟子的推理不合理,并没有真正驳倒告子,但又认为他的结论是正确的,这就更奇怪了。那么如何看待孟子与告子的辩论呢?为说明这一点,我们先来分析一下"生之谓性"这个命题。戴震辨析过"之谓"与"谓之"的不同,他说"古人言辞,'之谓''谓之'有异:凡曰'之谓'者,以上所称解下,如《中庸》'天命之谓性'。凡曰'谓之'者,以下所称之名辨上之实,如《中庸》'自诚明,谓之性'"[2]。戴震分别举"天命之谓性"与"自诚明,谓之性"来说明"之谓"与"谓之"的不同,"天命之谓性"是用"之谓"前面的"天命"解释后面的"性",性是什么?性是天所赋予的,是天之所命。"自诚明,谓之性"则

---

[1] 牟宗三:《圆善论》,《牟宗三先生全集》第22卷,台湾经联出版公司,2003,第7—8页。

[2] 戴震著,何文光整理:《孟子字义疏证》,中华书局,1982,第22页。

不同，是用"谓之"后面的"性"解释前面的"自诚明"。什么是"自诚明"呢？它是发自本性的，所以可以称作性。根据这个分析，"生之谓性"就是用"之谓"前面的"生"来解释"之谓"后面的"性"，可以表述为：性，生也。但如我们前面分析的，由于生的含义比较复杂，人们是如何根据生来理解性还需要作出解释、说明，故"生之谓性"只是一个形式命题，它要成为一个有效命题还要作进一步界定。这样又衍生出两个命题：一是"生之所以然者谓之性"（《荀子·正名》），"性者，生之质也"（《庄子·庚桑楚》）。二是"性，生而然者也"（《论衡·本性》）。这里"生之所以然者谓之性"与"性，生而然者也"显然属于两个不同层次的命题，后者是就生而所具的生理现象而言，如人生而具有食色等生理需要，所以人吃饭才能活着；前者则是从生理现象推进一层，求"生之所以然"的根据，人活着不是为了吃饭。所以孟子对告子的驳难，实际是针对"生之谓性"具体理解的驳难，其发问、推论方式也是针对这种具体理解提出的。

告子是怎么理解"生之谓性"的？因为告子主张"食色，性也"，所以他是从"生之然之谓性"，而不是从"生之所以然者之谓性"来理解"生之谓性"的。"生之然"强调的是生而所具的生理欲望，它只是生命物的生理现象、外在表现，不足以概括其全部的特质，所以还需要由"生之然"进一步推论其"所以然"。由生理现象推论其背后的原因、根据，这便是"生之所以然者之谓性"命题的含义所在，告子的思想缺乏这一层面，其对"性"的理解是不够全面的。孟子曾与其就人性善恶进行辩论，对这一点显然有所了解。所以当告子提出"生之谓性"后，孟子需要问清楚，你是在什么意义上理解"生之谓性"的？是根据"生之然"还是"生之所以然"？所以孟子马上问道："生之谓性，犹白之谓白？"这句中的"犹"，是"好比"的意思，它表示一种比喻，而不是类推。孟子是问，你所说的"生之谓性"好比"白之谓白"吗？因为告子主张"食色，性也"，从自然欲望、生理现象来理解性，凡生而所具的"食色"等生理欲望都可称为性，正好比凡具有白色外表或属性的都可称为白一样。孟子的这个比喻式判断本身并没有什么问题，只不过它不是孟子个人的主张，而是对告子观点的比喻式说明，意在使其观点明确起来。以往学者批评孟子推理有误，主要是认为"生之谓性"是一命题判断，而"白之谓白"是同义反复，二者是不等值的，不能进行类推。但这种看法忽略了一点，"生之谓性"在"生之所以然者之谓性"的意义上，确实与"白之谓白"不等值，二者不可以进行类推；但若是在"生之然之谓性"的意义上，"生之谓性"与"白之谓白"又是等值的，二者虽不可以类推，但可以类比，孟子的设问与告子答曰"然"皆由此来。

下一句"白羽之白也犹白雪之白，白雪之白犹白玉之白"中的"犹"，是"如同"的意思，表示类推。该句中的两个类推是由"白之谓白"而来，而不是由"生之谓性，犹白之谓白"而来。再下一句"然则犬之性犹牛之性，牛之性犹人之性与"，虽是由上一句"白羽之白犹白雪之白……"顺带而出，但其推理的根据则是"生之谓性，犹白之谓白"，告子既承认这一根据，则必然推出"犬之性犹牛之性，牛之性犹人之性"的结论。所以孟子这里实际使用的是归谬法，是从告子自己认可的主张推出告子自己也无法接受的结论，以批驳其仅仅从"生之然"、从生理欲望来理解性的局限和不足。赵岐在"告子曰：'生之谓性'"一句后注：

"凡物生同类者皆同性。"焦循说:"赵氏盖探孟子之旨而言之,非告子意也。"认为"物生同类者皆同性"实际是孟子的主张,告子的"生之谓性"反倒不包含这一层含义,无疑是很有见地的。以往学者在论及孟、告之辩时,往往要联系孟子的性善论,认为孟子是从性善论来批驳告子的性无善恶论。不过,从当时的具体语境来看,孟、告之辩的焦点并不在于人性善恶的问题,而在于如何看待、理解"生之谓性"。孟子强调的是,不能从"白之谓白"的意义上理解"生之谓性",即不能仅仅从生理欲望来理解性,认为这样势必会混同犬性、牛性与人性,因犬、牛、人均有"食色"等生理欲望,但并不意味着他们有相同的性。而且即使从犬、牛、羊的生理欲望有表现之不同,来区分其有不同的性,也依然不能成立。因这种不同是量上的,而不是质上的,不影响其同为性,正如白羽之白、白雪之白、白玉之白可能有量上的差别,但不影响其同为白一样。所以,还要从"生之然"进一步推求其"生之所以然",以确立人之为人的独特性及价值和尊严。至于人之为人的独特性在于其有善性,虽可能已蕴含在孟子的思想中,但并不是其驳倒告子的必要条件。

四、义是内在的,还是外在的

第二轮辩论结束后,又进入第三轮辩论,这次讨论的是"仁内义外"的问题。据《孟子·告子上》11.4章:

> 告子曰:"食色,性也。仁,内也,非外也;义,外也,非内也。"

乱世的抗争——讲给大家的《孟子》

> 孟子曰："何以谓仁内义外也？"
>
> 曰："彼长而我长之，非有长于我也；犹彼白而我白之，从其白于外也，故谓之外也。"

从本章可知，告子是以食色为性，这可能并非告子个人的看法，而是当时多数人的观点。但这种看法只是揭示了人的自然属性，没有点出人的道德属性，没有显示人之为人的真正特性。故孟子与告子展开了两轮论战，但他们都没有直接点出性的内容，而是用柳木、湍水的比喻，以及"生之谓性"的命题展开讨论。但告子所理解的性是指食色，孟子所理解的性是指四端或仁义，则是可以肯定的。除食色外，告子在本章又提出仁是内在的，义是外在的，也就是仁内义外。这个问题比较复杂，以前学者讨论此章，都认为仁内义外是告子的观点，而儒家是反对仁内义外，主张仁义内在的。但是前些年郭店竹简公布后，人们发现里面有很多仁内义外的论述。郭店竹简多数是属于儒家的作品，其中一部分还与子思有关，那么为什么郭店竹简主张仁内义外，与告子相同，而与反对仁内义外，主张仁义内在的孟子相反呢？于是学者各抒己见，纷纷展开讨论，有学者甚至认为郭店竹简属于告子的作品，与儒家没有关系。我经过思考，提出自己的看法，认为仁内义外曾经是儒家普遍接受的观点，这一观点的思想来源不是别人，而是儒家的创始者孔子。我们知道，孔子创立儒学，提出两个重要概念：仁与礼。孔子把仁看作主体自觉，认为"我欲仁，斯仁至矣"（《论语·述而》），这里的"至"不是由外而至，而是由内而至，是由内向外的显现。因此，由仁出发，便表现为主体的自觉行为，所谓"为仁由己，而由人乎哉"(《论语·颜渊》),"无终食之间违仁,造次必于是,颠沛必于是"(《论语·里仁》)。同时,孔子又重视礼,把礼看作制度化、习俗化的外在规范,通过实践外在的礼,又可以转化、发明内在的仁,所谓"克己复礼为仁"(《论语·颜渊》)。另外孔子也重视义,其所说的义虽介于仁与礼之间,但与礼的关系更为密切,具有外的特点。因此,孔子通过仁、礼实际提出了道德实践中主体自觉与外在规范这一儒学基本问题。以后孔门后学基本是从内(仁)与外(礼、义)两个方面继续探索,并各有侧重,这样便产生了郭店竹简的仁内义外说。《郭店楚墓竹简·语丛一》:"人之道也,或由中出,或由外入。由中出者,仁、忠、信。由外入者,礼□□。仁生于人,义生于道。或生于内,或生于外。"《尊德义》:"故为政者,或论之,或义之,或由中出,或设之外,论列其类。"从这些材料来看,战国时期的"仁内义外"说主要是认为人们的道德规范来自两个方面,"或由中出,或由外入","由中出者"有"仁、忠、信",但主要是仁;"由外入者"原文虽有残损,但从下文看当有"义",故主要有礼和义。仁、义来源各不相同,仁"生于内",生于内心;义"生于外",生于人们的习俗规范,而在政治和伦理实践中,需要从仁、义两个方面入手,将二者结合起来。不光是郭店竹简,传世文献也有关于仁内义外的讨论。《管子·戒篇》:"仁从中出,义由外作。""中"就是内,仁是从内心生发出来的,就像我爱我的父母、亲人,是自然而然的。而义是一种外在的道德规范,是社会规定的,所以说是"由外作"。《墨子·经说下》:"仁,爱也;义,利也。爱、利,此也;所爱、所利,彼也。爱、利不相为内外,所爱、[所]利亦不相为外内。其为仁内也、义外也,举爱与所利也,是狂举也。"墨子把仁理解为爱,对他人的爱;把义理解为利,给他人带来利益,墨子是从功利的角度来理解利的。当然,我爱别人,别人也会爱我,我给他人带来利益,别人也会有利于我,所以《墨子》主张"兼相爱,交相利"(《墨子·天志上》)。把仁和义理解为爱和利的话,爱和利都有两个方面:一方面是主体,是我去爱、去利,用墨子的话说,就是"此"。另一方面是爱、利的对象,是我所爱、所利的对象,就是"彼"。爱和利"不相为内外",无所谓内外之分,爱、利都有内的一面,也有外的一面。所以主张仁内义外,是"狂举",用我们今天的话来说,是不符合逻辑的。你可以讲爱、利是内的,所爱、所利是外的,但不能讲爱是内的,所利是外的,这等于是拿爱的主体与利的对象对比,这样讲是不符合逻辑的。《墨子》是从逻辑进行分析的,这说明战国时期仁内义外成为人们关注的一个重要问题。

那么,以上仁内义外说与告子的仁内义外说是什么关系呢?二者是否相同呢?我认为是不同的。郭店竹简与《管子》都是强调仁内与义外的统一,认为道德实践既有仁内的一面,也有义外的一面,《墨子》更是从逻辑的角度,对内、外的关系作了分析说明。而告子的仁内义外则是强调二者的对立,认为仁是内在的自觉,义是外在的规定和强迫。其实孟子也意识到这一点,所以他问:"你说的仁内义外是什么意思呢?"告子说:"他年长,我便尊敬他,不是我内心尊敬他;就像这件东西是白色的,我便说它是白的,是根据它的外表的白色作的判断,所以说义是外在也。""彼长而我长之",前一个"长"指年长,后一个"长"则是动词,尊敬之意。小时候家里来了客人,父母会要求你向叔叔、阿姨问好。可是你正埋头写作业或者打游戏,不想被打扰。

第十六讲 与告子的辩论

这时父母就会批评你,小孩子没有礼貌,客人走后,甚至会教训你一顿。告子说的就是这种情况,很多伦理规定,比如尊敬长者,不一定是发自我的内心,而是一种外在的规定,是爸爸妈妈从小要求我的,长大后社会也这样要求我,我是根据外在的规定这样做的,所以说义是外在的。对于告子的说法,孟子展开了反驳,但遗憾的是,孟子的反驳是不成功的。

曰:"异于白马之白也,无以异于白人之白也;不识长马之长也,无以异于长人之长与?且谓长者义乎?长之者义乎?"

曰:"吾弟则爱之,秦人之弟则不爱也,是以我为悦者也,故谓之内。长楚人之长,亦长吾之长,是以长为悦者也,故谓之外也。"

曰:"耆秦人之炙,无以异于耆吾炙,夫物则亦有然者也,然则耆炙亦有外与?"

孟子说:"白马的白,与白人的白没有什么不同;但不知道对老马的恭敬,与对长者的恭敬是不是也没有什么不同呢?而且你说的义,是在于长者呢,还是在于恭敬长者的人呢?""异于白马之白也"的"异于"是衍文,当删去。孟子的意思是,告子用白色是外在的来说明"义外"是不恰当的。一个事物外部是白的,所以我们说它是白的,这固然没有问题。但对人的恭敬却不能说是外部决定的,你会恭敬一位老人,但不会恭敬一匹老马,这说明恭敬实际是发自内心的,不是由外部对象决定的。孟子这个说法有一个问题,就是把人和马混同起来了,用不会对外在的

455

马表示恭敬来论证、说明恭敬之心是内在的。我具有内在的恭敬之心，所以我会对一位长者表示恭敬，但不会对一匹老马表示恭敬，恭敬不恭敬是由我决定的，所以是内在的。这个说法告子当然是不能接受的，因为告子的仁内义外说针对的是人，并不涉及禽兽。告子强调的是，即使面对的都是人，情感也是不一样的。他说："我的弟弟就喜爱，秦国人的弟弟则不喜爱，这是因为我乐意的缘故，所以说仁是内在的。恭敬楚国人的长者，也恭敬我自己的长者，这是为了使长者满意的缘故，所以说义是外在的。"我的弟弟便爱他，这是我发自内心的，相反，一个与我关系很疏远的人的弟弟我就不会爱他，这说明我对弟弟的爱是内在的；恭敬楚国的长辈，也恭敬我的长辈，这是因为他处在长辈地位的缘故，而恭敬长辈是一种外在的伦理规定，但不一定是发自我内心的，所以说是外在的。可以看出，告子是从血缘情感来理解仁的，认为对自己亲属的爱是内在的，同时他把义理解为对他人的义务，认为这种义是外在的，不是发自内心的。对于告子的义外主张，孟子以喜欢吃肉作了反驳。他说："喜欢吃秦国人的烤肉，与喜欢吃自己的烤肉没有什么不同，其他事物也是这种情况，那么，难道喜欢吃烤肉也是外在的吗？"喜欢吃肉不在于它是外在的肉，而是因为人喜欢吃肉，由此类推，仁、义也是内在的，不可能是外在的。如果认为仁、义是外在的，岂不是认为喜欢吃肉也是外在的肉引起的？但孟子的这个类比是缺乏说服力的，因为喜欢吃肉也可以说是因为肉好吃，这样喜欢吃肉恰恰是由外在的肉引起的。这正好可以证明了告子"义外"的观点，所以孟子的论证并不成功。《孟子·告子上》11.5章还记载了有关"仁内义外"的一次讨论，孟子的论证同样是失败的：

> 孟季子问公都子曰:"何以谓义内也?"
> 曰:"行吾敬,故谓之内也。"
> "乡人长于伯兄一岁,则谁敬?"
> 曰:"敬兄。"
> "酌则谁先?"
> 曰:"先酌乡人。"
> "所敬在此,所长在彼,果在外,非由内也。"
> 公都子不能答,以告孟子。

这场辩论可能在孟、告辩论之后不久。公都子受老师孟子的影响,主张"义内"说,故孟季子提出疑问,让他解释"为什么说义是内在的呢"?公都子说:"义表达的是我内心的恭敬,所以说是内在的。"孟季子问:"乡人比兄长大一岁,那么你恭敬谁呢?"公都子说:"恭敬兄长。"孟季子问:"乡里一起饮酒时,你先给谁斟酒呢?"公都子说:"先给乡人斟酒。"孟季子说:"内心喜爱的是兄长,行礼恭敬的是乡人,可见义果然是外在的,不是发自内的。"公都子不能回答,便将这件事告诉了孟子。那么孟子回答了孟季子的疑问了吗?同样没有。

> 孟子曰:"敬叔父乎?敬弟乎?彼将曰:'敬叔父。'曰:'弟为尸,则谁敬?'彼将曰:'敬弟。'子曰:'恶在其敬叔父也?'彼将曰:'在位故也。'子亦曰:'在位故也。庸敬在兄,斯须之敬在乡人。'"
> 季子闻之曰:"敬叔父则敬,敬弟则敬,果在外,非由内也。"

公都子曰:"冬日则饮汤,夏日则饮水,然则饮食亦在外也?"(同上)

孟子说:"(你可以这样反问他),'你是恭敬叔父呢,还是恭敬弟弟?'他会说:'恭敬叔父。'你再问:'如果弟弟做了受祭的尸主,那么应该恭敬谁呢?'他会说:'恭敬弟弟。'你再问:'为什么不恭敬叔父了?'他会说:'这是因为弟弟处在尸主的位置上。'你也说:'乡人处在客人的位置上,所以要先给他斟酒。平时的恭敬在兄长,此刻的恭敬在乡人。'""庸",是平时、平常之意。"斯须",须臾、片刻。孟子这段建议有点答非所问了。孟季子的疑问是,为什么我们内心喜爱的是自己的亲人,可是社会的礼义却要求我们向自己内心并不喜爱的长者表达敬意?这难道不是说明作为人伦规范的义是外在的,而不是内在的?孟子的回答却是,先向年长的乡人敬酒,是因为乡人处在受恭敬的地位——"在位故也"。这就像本来内心对叔父的恭敬胜过兄弟,但当兄弟作为受祭的尸主时,则需要恭敬兄弟一样。猛一看孟子的陈述,很难搞清他是在论证"义内"还是"义外",因为"在位故也"不正说明义是外在的吗?孟子这样回答,可能是为了解释孟季子"所敬在此,所长在彼"——内心喜爱的是兄长,行礼恭敬的是乡人的疑问,但这实际上已承认了义是外在的。对于孟季子来说,他当然不只是想要知道为什么会"所敬在此,所长在彼",而是想要知道如何能从"义内"说明"所敬在此,所长在彼"。孟子的这个回答显然难以让人满意,而且有帮对方论证的嫌疑。所以在听了公都子的转述后,孟季子马上表示"果在外,非在内也",认为孟子实际是论证了自己的观点。对此,公都子辩解说:"冬天喝热汤,夏天饮凉水,那么,饮食也是外在的吗?"但是如前面分析的,饮食也可以说是外在原因引起,公都子的辩解是无力的,冬天喝热汤,夏天饮凉水,换一个角度,也可以说是外部原因如天气引起的。

从以上两章的内容来看,孟子在与告子辩论时,尚无力对其"仁内义外"说作出有力反驳,出现这种情况并不奇怪,因为"仁内义外"说曾经是儒家学者普遍接受的观点,其思想源头正是孔子。孔子创立儒学,既重视仁,也突出义。他以仁表达内在自觉,以义表示外在义务,所以在孔子那里,仁、义本来就有内、外的侧重。而且孔子言仁,是以血缘宗法的孝悌为基点,通过层层外推,上升为君臣间的"忠",朋友间的"信",最后达到普遍意义的"泛爱众",实现"亲亲"与"爱人"的统一。但是,"亲亲"与"爱人"之间又存在着矛盾、对立的一面,对"亲亲"的过分强调,就可能意味着对"爱人(他人)"的漠视。如果说,在孔子的时代,由于宗法血缘关系在社会中占据主导地位,内在自觉和外在义务还不至于发生对立和冲突,二者借助血缘亲情达到一种和谐与统一的话,那么,随着生产的发展、交往的扩大、血缘关系的瓦解,人们之间关系的复杂、多样化,便出现了郭店竹简中的"仁内义外"说。郭店竹简的"仁内义外"说,是强调"仁内"与"义外"的统一,认为道德实践需要从"仁内"与"义外"两个方面入手。告子的"仁内义外"说则与此不同,他强调的是"仁内"与"义外"的对立,认为对家族以内人的爱是自觉的,是发自内心的;而对家族以外人的爱是不自觉的,是由外部规定的。告子的这种看法与他把仁理解为"亲亲"有关,从"亲亲"出发,自然是"吾弟则爱之,秦人之弟则不爱也";"亲亲"是人人具有的内在情感,所以说它是内在的。同时,他又把义理解为对他人的义务,这种义务是由我与他人之间的身份关系决定的,从这一点看,它是外在的。告子对仁、义的这种理解,不一定符合孔子以来儒家的思想,却将其中隐含的内在矛盾揭示出来。所以当孟子与告子辩论时,无力对告子作出有力反驳,这是因为告子的"仁内义外说"本身就是植根于儒学理论的内在矛盾之中,而这一矛盾是孟子自己自觉不自觉也承认的。试看下面这段材料:"有人于此,越人关弓而射之,则己谈笑而道之,无他,疏之也。其兄关弓而射之,则己垂涕泣而道之,无他,戚之也。"(《孟子·告子下》12.3)这里有一个人,越国人拉弓射他,他会有说有笑地讲这件事,没有别的原因,因为关系疏远。如果是他的哥哥拉弓射他,他就会哭哭啼啼地讲这件事,没有别的原因,因为关系亲近。孟子这段言论完全可以作为告子"仁内义外"说的注脚,只不过它不是一种明确的主张,而是一种不自觉的表述而已。孟子早期曾受到重孝派的影响,其思想中有大量宣扬宗法孝悌的内容,如"孟子曰:事孰为大?事亲为大。守孰为大?守身为大"。(《孟子·离娄上》7.19)又比如,"孟子曰:仁之实,事亲是也。义之实,从兄是也"。(同上,7.27)孟子认为最重要的事情是侍奉亲人,仁的实质是侍奉亲人,说明他也是从"亲亲"来理解仁义的,他能有与告子类似的说法就不奇怪了。然而,可能正是与告子的辩论,使孟子意识到早期儒学理论中的内在矛盾,意识到必须突破宗法血亲的狭小藩篱,为儒学理论寻找新的理论基石。在这一背景下,孟子提出"四端"说,认为"恻隐之心,仁之端也;羞恶之心,义之端也;辞让之心,礼之端也;是非之心,智之端也"(《孟子·公孙丑上》3.6),把仁义的基点由血缘亲情转换到"恻隐""羞恶""辞让""是非"等更为普遍的道德情感中去。他提出"仁,人心也"(《孟子·告子上》11.11),以人心言仁(广义的),仁在横的方面兼摄仁义礼智而成为最高范畴,在纵的方面则包含了由"四端"到"四德"(仁义礼智)的发展过程,融道德情感与道德理性于一体,成为主体实践的内在根源和动力;而义不过是"羞恶之心"的外在表现,是仁(心)的一个方面,它是内而不是外的。人们之所以产生"仁内义外"的错误看法,就在于没有真正理解仁,因此必须打破血缘亲情的狭隘限制,树立起主体自觉,这样才能克服"仁内义外"的矛盾。可以说,直到这时,孟子才真正从理论上完成了对告子的批判,同时把儒学理论推向一个新的发展阶段。

但是这一探索过程是逐步完成的,在与告子辩论时,孟子的"四端"说尚未形成,故他在辩论中时有类推不当、偷换命题的错误。后来,随着"四端"说的形成,他才以"羞恶""辞让"等不同于宗法血缘、更为普遍的人类情感对人的道德实践活动作出了论证、说明,以"羞恶之心,义也"的命题,说明作为道德准则的义乃是植根于人的内心,是内而不是外的。这时,他才在理论上真正对"义外"说作出有力批驳,同时将先秦儒学理论发展到一个新的阶段。孟子"四端"说的提出,在儒学发展史上无疑是一场深刻的革命。这场革命是由孟子完成的,而告子则起到了外在的促进作用。因此,我们不妨说,告子在思想史上的地位在于,他注意并强调了早期儒学理论中所蕴涵的矛盾,并以一种极端的方式将其突显出来,从而引起了人们的关注,并试图从理论上加以解决,结果从一个侧面促进了儒学理论的发展。需要说明的是,孟子主张仁义内在,只是强调仁义根植于道德本心,具有内在的根源，是内在的自觉和判断，并不否定义具有外在的一面。义作为客观的道德原则或法则，也可以是外在的。孟子说："义，人路也。"（《孟子·告子上》11.11）义是人们共同遵循的道路，这当然是外在的。但由于它来自人们的内在抉择和判断，具有内在的根据，因而不同于告子所说的"义外"。孟子又说："心之所同然者何也？谓理也，义也。"（同上11.7）义是"心之所同然者"，这里的心不是个别人的心，而是众人之心，众人之心认可的，就是理，也是义。这种义可以是外在的，但又具有内在的根据。孟子形象地说："故理义之悦我心，犹刍豢之悦我口。"（同上）刍豢——猪肉、牛肉是外在的，但我们嘴巴喜欢吃它。同样地，理义也可以是外在的，但它是我们内心想要的，故而又是来自内的。告子的错误在于，否认了道德法则具有内在的根据，仅仅将其看作外在的规定和强制。而孟子则强调义既是内在的道德意识和判断，也可以是外在的道德原则和法则，是内与外的统一，这样理解孟子的仁义内在说可能更合适。

第十七讲 孟子 事天与立命

乱世的抗争——讲给大家的《孟子》

上一讲我们讲了《孟子·告子》篇，分析了孟、告之辩，这一讲我们要讲《孟子》七篇中的最后一篇《尽心》篇，讨论其中的"尽心、知性、知天"等问题。对于《孟子·尽心》篇，我一般不太愿意讲，因为《孟子·尽心》篇的内容比较玄虚、抽象，对于初学者而言，不容易理解。但它又是学习儒学、了解孟子思想绕不过去的问题，只有读懂了《孟子·尽心》篇，才可以说真正进入了儒学的堂奥，真正理解了孟子。当然，《孟子》中有些与"尽心、知性、知天"相关的内容，被编在了其他篇中，这就是我们所说的孟子有实质的系统而没有形式的系统，所以讨论《孟子·尽心》篇还要结合其他篇中的内容。儒学说起来很复杂，概括起来也很简单，就四个字：上下、内外。上下是天人关系，内外是仁礼关系，也就是人与他人、社会的关系，天人关系与仁礼关系是儒学的基本问题，学习儒学一定要注意这两个问题。既然天人关系是儒学的基本问题，那么儒学可以说是天人之学，是从天的角度来思考社会人生问题，《中庸》说："思知人，不可以不知天。"不理解天，就不可能理解人。天人关系十分重要，是儒家的核心问题。由于儒家说的人是一个完整的人，既指人的身体，也指人的心或者性，如果只关注后一方面，天人关系就化约为"性与天道"的问题。《论语·公冶长》记载了子贡的一段话："夫子之文章，可得而闻也；夫子之言性与天道，不可得而

第十七讲 事天与立命

闻也。""夫子"指孔子,"文章"是文献之意。孔子整理《诗》《书》《礼》《乐》等古代文献,用来教授弟子,对于这部分内容,子贡当然是听到过。但是孔子关于"性与天道"的论述,子贡却没有听说过。关于子贡的说法,后人有不同的理解,一种观点认为孔子不谈"性与天道",所以子贡自然听不到。还有一种观点认为,孔子并非不谈"性与天道",只是子贡资质差,理解不了,所以孔子没有对他讲。其他悟性好的弟子如颜回等,孔子还是讲的。正因为孔子讲"性与天道",子贡才感慨自己没有听到,否则何来这种感叹呢?我认为,孔子讲天,也讲性,但没有将二者联系起来,没有说明二者的关系,所以子贡的感叹是有一定道理的。但孔子没有谈"性与天道",不表示他对天人关系没有思考。相反,天人关系是孔子思想中的一个重要问题,只是孔子还没有把"人"具体到"性"。孟子则不同了,他不仅提出性善论,还将"性"与"天"联系在一起,所以《孟子》中有《尽心》篇,就涉及"性与天道"的问题。

不过孟子虽然讨论了"性与天道",但在汉唐时期,并不受人重视。等到宋明理学兴起,《孟子·尽心》篇才受到学者的关注,成为儒学复兴的一个重要思想资源。那么,宋儒为什么关注"性与天道"的问题呢?这当然与佛老的冲击导致的信仰危机有关。汉唐儒学主要是经学,以注疏解释《五经》为主,是一种章句之学,重视名物制度的考订,主要解决的是制度建构的问题,而没有提供一套超越的精神信仰,随着时代的发展已不能满足社会的需要。相反,佛、道二教则由于超脱于政治之外而得到迅速发展,并分别从缘起性空和天道自然的角度对宇宙人生作了形而上的理论阐发。佛教视现实人生为虚幻烦恼,不过是苦难轮回的一个阶段，道教则追求长生不死、羽化升天，视现实世界为获得自由幸福的羁绊，二者都主张在名教之外去寻找生命的最终归宿和精神寄托，这对积极入世、重视纲常名教的汉唐儒学形成极大的冲击和挑战。据《佛祖统纪》记载：

> 荆公王安石问文定张方平曰："孔子去世百年而生孟子，后绝无人，或有之而非醇儒。"方平曰："岂为无人，亦有过孟子者。"安石曰："何人？"方平曰："马祖、汾阳、雪峰、岩头、丹霞、云门。"安石意未解。方平曰："儒门淡薄，收拾不住，皆归释氏。"安石欣然叹服，后以语张商英，抚几赏之曰："至哉，此论也！"[①]

唐代韩愈提出道统说，认为"轲之死，道不传焉"，[②]故王安石问："为什么说孟子之后，儒学没有传人，有的已不是醇儒。"张方平说："怎么能说没有？超过孟子的大有人在。"王安石瞪大眼睛，问："是谁呢？"张方平列出的马祖、汾阳、雪峰、岩头、丹霞、云门，都是佛教禅宗的大师。王安石一脸困惑，张方平解释说："儒门淡泊，收拾不住，杰出人物都皈依了佛门。"王安石听后，欣然感叹，表示信服。这说明汉唐经学此时在社会上已失去了影响力，在佛、道的出世主义面前败下阵来。所以从北宋开始，一场儒学复兴运动在民间士人中开始兴起，儒者突破章句注疏之学，回归孔孟，重新阐发道德性命之学，以解决人生信仰和

[①] 志磐著，道法校注：《佛祖统纪校注》下册，上海古籍出版社，2012，第1091页。

[②] 韩愈：《原道》，《韩愈全集》，上海古籍出版社，1997，第120页。

第十七讲　事天与立命

意义的问题。如学者指出的:"宋明时期的'问题意识'是解决人生焦虑或曰'内圣'问题。此一时期,儒者突破经典笺注之学,在'性与天道'的深层次的哲学问题上探讨人生的意义与价值的本原。"[1]之前子贡表示"不可得而闻也"的"性与天道"问题,此时则成为儒者热议的话题。究其原因,就是因为佛教、道教有一套关于生命意义、终极关怀的理论学说,满足了人的精神需求,而汉唐经学没有提供这方面的内容,因而"收拾不住",失去了凝聚人心的作用。所以信仰是十分重要的,一种学说有没有生命力,就在于它是否能提供一种人生的信仰,这种信仰是否具有"收拾"人心的作用。宋明理学一定程度上解决了这个问题,所以儒学得到再次复兴。理学家解决精神信仰问题,主要就是讨论"性与天道",而早期儒学涉及"性与天道"的文献,主要就是《孟子·尽心》篇,此外还有《易传》和《中庸》,所以《尽心》篇受到关注,就不难理解了。我们今天学习儒学,研读《孟子》,同样面临精神信仰重建的问题,《孟子》能不能为今天的国人提供一种精神信仰?如果可能,我们是要回到宋明儒学关注的"性与天道"问题,还是重新挖掘孟子思想中更为丰富的思想内涵?我认为是后者。儒学是天人之学,而不仅仅是心性之学,"性与天道"只是天人关系的一个方面。在孟子那里,天固然可以落实于人的心或性,同时也代表一种外在的价值与秩序。而且孟子所说的天具有多重内涵,既指主宰天、义理天,也指运命天、自然天,其所谓天人关系呈现出复杂的面向,是不可以简单用"性

---

[1] 姜广辉:《中国经学思想史》第1卷,中国社会科学出版社,2003,第18页。

467

与天道"来概括的。从孟子的思想来看,如何从天人关系的角度说明德命与运命的关系,处理事天、立命的问题,才是他关切的重心。这对于我们今天重建精神信仰,仍具有重要的意义。

一、从"绝地天通"到"以德配天"

为什么说儒学是天人之学,天人关系是儒学的核心问题呢?其实,任何一个古代民族都信奉一种至高无上的神圣者或者超越者。这个超越者可以是上帝、神灵或者天,它们创造了人类以及世间万物,规定了人的行为,主宰了人的命运,人需顺从或听命于这个超越者,才会得到护佑,否则,便会受到惩罚。中国古代的超越者或者至上神就是上帝或者天,天人关系也就是神人关系。不过,由于理性早熟,从春秋时期开始,中国文化逐渐从宗教向人文转化。宗教以神为中心,是神本;人文则将关注的重心转向人,是人本。但人本思想并不等于无神论,并不排斥对神的信仰,只是把神道德化、理性化了,原来宗教性的天,转化为天道或天命。儒家是宗教,还是人文主义?学术界有很多争论。我认为是人文主义。但儒家是有神圣性或超越性的人文主义,是天道或天命人文主义。所以孔子虽然关注人,但不否定天,主张君子要"畏天命"(《论语·季氏》),从天人的角度展开对社会人生的思考。前面我们说了,天人关系来自神人关系,是古代宗教向人文转化的结果。

既然天人关系来自神人关系,那么,中国古代宗教特点如何,经历了怎样的发展?这便是个需要认真讨论的问题。根据《国语·楚语下》的记载,中国上古的原始宗教经历了"民神不杂、民神异业"——"民神杂糅、家为巫史"——"绝地天通、无相侵渎"三个阶段。但据学者研究，这种类似正、反、合的辩证演进，是后人的构造，并不能反映古代宗教的演化过程。古代宗教的发展实际应为"民神杂糅、家为巫史"——"绝地天通、无相侵渎"两个阶段。古代宗教第一阶段的特点为："民神杂糅，不可方物；夫人作享，家为巫史。"（《国语·楚语下》）其反映的是原始社会末期父权家族阶段的宗教情况。关于父权家族，我们之前讨论过，它是以父家长为核心的家庭组织，一般由父家长与若干代子女组成，其宗教信仰则是祖先崇拜。一个家族，从起源上可以追溯到久远的祖先，这位祖先因对家族发展建立过巨大功业，被视为家族精神的象征，为全体家族成员所崇拜。祖先崇拜一经产生，便成为家族的共同信仰，对维系家族的统一具有不可替代的作用。在家族内部，父家长垄断祭祀权，是主祭，其他成员在家长率领下，参加祭祀活动，这就是"夫人作享"。韦昭注："夫人，人人也。享，祀也。"祭祀需要专业的巫史与神灵沟通，需要巫史的参与，这就是"家为巫史"。"为"当训为有。《孟子·滕文公上》："夫滕，壤地褊小，将为君子焉，将为野人焉。"赵岐注："为，有也。"以往学者错把该句中的"家"当作后世的小家庭，把家直接等同于人，将该句理解为人人都作巫，家家都作巫，是不正确的，也不符合古代宗教的一般情况。古代社会是以家族为单位，每个家族都有自己的神，不同的神之间没有隶属关系，无法作出上下的区别，这就出现了"民神杂糅，不可方物"的情况。

　　早期巫教虽然对整合家族关系起到一定的作用，但也存在一定的局限。特别是随着家族的不断繁衍、分化，在家族的基础上形成更高一级的宗族,在宗族的基础上又形成更高一级的氏族,以及超越氏族和宗族之上的部落联盟时,其局限性就显得十分明显了,主要表现是"烝享无度,民神同位。民渎齐盟,无有严威"(《国语·楚语下》)。由于神、人的界限不够明确,缺乏超越不同氏族之上的神,故影响范围有限,无法促进社会的分层,树立政治权威,形成政治共同体。"齐盟"是同盟之意,当时不同氏族或部落间通过结盟的方式形成社会秩序,但是由于每个氏族都有自己的神,神与神之间没有隶属关系,每个氏族的首领都可以通神,对于祭祀没有统一的法度。"民渎齐盟"的"渎"是轻慢、不敬之意,"民"虽然包括氏族所有的人,但主要是指氏族首领。没有更高的神灵,不同氏族间的人们自然缺乏精神上的向心力,氏族首领对于盟誓也就不以为意了,这样同盟就缺乏权威性,失去了威严。于是到颛顼主政时,进行了宗教改革,"乃命南正重司天以属神,命火正黎司地以属民,使复旧常,无相侵渎,是谓绝地天通"(同上)。颛顼的宗教改革主要包括三个方面:一是提出了超越宗族、氏族之上的天神,作为更高的精神信仰。二是"绝地天通",禁止与天神任意交通,设立专门的巫觋——重,垄断了祭祀天神的特权。三是在专业巫觋之外,设立管理民事的官员——黎。经颛顼的改革后,早期巫教被以天为至上神的信仰所代替,古代宗教进入第二阶段。需要说明的是,"绝地天通"并非完全隔绝人与天的交通,而是将交通的权力垄断在少数人手里。天也不再是各个氏族信奉的祖先神,而是更高的神灵,是超越地域性的至上神。各个家族祭祀祖先神的传统虽然保留,但祭天只能是少数人的特权。由于古代社会宗教与权力具有密切关系,垄断了通天权也就垄断了世俗的统治权。原来各个氏族都有自己的祖先神，现在则有更高的至上神——天，而信奉天的权威自然也就要臣服于垄断了通天权的部族首领，故颛顼的改革实际是为新的王朝国家的做了理论准备，为部族国家向王朝国家的过渡提供了宗教信仰。

"绝地天通"可能最早发生在颛顼所属的华夏部落联盟，后又扩展到东夷部落联盟和苗蛮部落联盟。根据《尚书·吕刑》，南方的苗民不肯接受北方的高级巫教，也就是颛顼改革后出现的天神教，于是颛顼打着同情无辜民众的旗号，对反抗的苗民进行杀戮，同时命重黎断绝天地交通，将祭祀权垄断在自己手里，不允许苗民与天沟通，至此北方的高级巫教才传播到南方，被苗蛮族所接受。可见，祭祀权与统治权是联系在一起的，统治权要靠祭祀权维系，而祭祀权也要靠军事征服来获得。据《国语·鲁语下》："昔禹致群神于会稽之山，防风氏后至，禹杀而戮之，其骨节专车。"这里的"群神"指各地部落首领，因为他们具有祭祀各自部落神的权力，故被称为神。禹借杀防风氏，对各地部落首领进行威吓，逼迫他们臣服于自己。又据《左传·哀公七年》："禹合诸侯于涂山，执玉帛者万国。"到涂山之会时，各地部落首领已自觉臣服，故不再称神，而称诸侯了。这样，随着部族统一战争的完成，天神教被普遍接受，早期部族国家就进入统一的夏王朝国家，所以"绝地天通"的积极意义是为王权的兴起提供了宗教的根据。中国古代国家是通过垄断宗教与暴力的方式建立起来的，宗教与权力结合在一起，被高度政治化。但由于祭天权被天子垄断，"绝地天通"将广大民众排除在外，没有为他们提供超越的精神信仰，而是让他们匍匐在神权之下，古代天神教又具有严重的局限。

殷周之际，中国古代宗教又经历一次变革。如王国维先生所说："中国政治与文化之变革，莫剧于殷周之际。""殷周之兴亡，乃有德与无德之兴亡。"[1]周人为何能完成由无德向有德的转变呢？因为周人完成了由自然宗教向伦理宗教的变革，用周人的天命信仰取代了殷人的上帝崇拜。如学者所说，"新的宗教观是西周文明的普照之光，失去这道光，我们将无从窥见西周文明的全体大用，无法对于西周文明乃至中华文明的精神品格做出深入的说明"。[2]荷兰学者提埃利曾指出，从自然宗教到伦理宗教是宗教发展史上的重要事件，具有普遍的意义。[3]在自然宗教阶段，虽然出现了频繁的祭祀活动和整全的神灵系统，但人们所信奉的神灵尚不具有伦理的品格。而到了伦理宗教阶段，情况则发生了根本性的变化，神灵具有了鲜明的伦理品格，关注于人间的正义和善，其所降祸福是根据人行为的善恶。与之相关，祭祀乃至信仰具有了新的内涵，伦理意义开始取代巫术意义，开启了人生全新的方向。凡完成或经历了这一宗教变革的文化，便为自己注入了新的动力，具有了广阔的发展空间，而因为种种原因，没有完成这一变革，仍停留在自然宗教的文化，只能蜕变为文明的余烬，在苟延残喘中逐渐退出历史的舞台。殷周之变正是自然宗教向伦理宗教的转变，主导并完成周初宗教变革的是文王、武王尤其是周公。其基本精神则有三：一是塑造了超越各民族之上具

---

[1] 王国维：《殷周制度论》，《观堂集林（外二种）》，第231页。
[2] 赵法生：《殷周之际的宗教革命与人文精神》，《文史哲》2020年第3期。
[3] 转引自吕大吉主编：《宗教学通论》，中国社会科学出版社，1989，第79—80页。

有伦理内涵、代表人间正义、关心民众疾苦的至上神——天;二是强化了天命靡常、"天不可信"的观念,而以敬德、保民为获得天命的条件;三是因此之故,突出了民的地位与作用。殷人已具有了至上神的观念,但尚不具有伦理的意识。周人的天或上帝则不同,不仅是具有主宰权能的人格神,同时也是道德性的至上神。"皇矣上帝,临下有赫。监观四方,求民之莫(通'瘼',疾苦)。"(《诗经·大雅·皇矣》)上帝辉煌伟大,监看人间目光如炬。观察四方,了解民众的疾苦。这种上帝显然已经具有伦理的属性和仁道的关怀,周人的上帝具有伦理的品格,其关注的就不是祭品的多少,而是德的芳香。天也不会一劳永逸地保佑某族,而是根据人们的德而授予天命,所谓"皇天无亲,惟德是辅"(《左传·僖公五年》引《周书》)。周人不再是一味地祭祀、奉献,而是转向对民间疾苦和德的关注,形成了以德配天的思想:君王具有了德,才能获得上天授予的天命,此天命指政治的统治权。如果说"绝地天通"使古代宗教高度政治化,祭祀和暴力成为统治的重要手段,那么周人的"以德配天"虽然针对的也是少数统治者,但受命的天子必须关注民众的福祉,这就为古代宗教注入新的因素,使华夏文化焕发出新的生命力,影响长达五六百年之久,直到孔孟新的天命观的出现。

二、德命与运命

周人的"以德配天"不仅突破了商人的自然宗教,而且一定程度上开始关注人的命运。《尚书·召诰》:"今天其命哲,命吉凶,命历年。"命,赐也。哲,指智慧。历,久。如果修德,则上天赐予其智慧、吉祥、长寿。若不修德，则上天降下祸患、短命。这里的上天所赐已具有命运的含义，但主要是一个集体概念，针对的是一族一姓，尤其是作为统治者的君王。到了西周末年，个人命运的观念开始出现。本来在周人的观念中，天有意志、有目的，按照人们行为的善恶进行赏罚，可是人们在生活中发现，天并非那么绝对、公正，行善者未必会有好报，作恶者也不一定会受到惩罚，天的公正性、权威性开始发生动摇。"瞻卬昊天，则不我惠。"（《诗·大雅·瞻卬》）"旻天疾威，天笃降丧。"（《诗·大雅·召旻》）"天生烝民，其命匪谌。"（《诗·大雅·荡》）在这种情况下，出现了两种不同的天命观。一是强调天赏善罚恶，将个人的命运归于天赏罚的结果。清华简《命训》称："天生民而成大命，命司德，正之以祸福，立明王以训之。曰：大命有常，小命日成。"（第1—2简）[①]天生下民众并颁布大命，什么大命呢？就是"命司德"，让他们遵从德。"司"是主的意思，"司德"即主德，也就是守德，并根据民众的表现给予他们祸或者福。凡遵从大命者赐予福，违背大命者降下祸。在《命训》看来，"大命有常"，大命有常法，也就是要求民要遵守德。但"小命日成"，每个人的运命则是由其平日的行为造成的，个人的表现不同，命运也不同。显然，这里的大命即天命，不过它已不是针对少数统治者，而是包括所有的人；不是授予天下的统治权，而是颁布应遵从的伦理法则，可称为德命。"小命"则针对个人的命运而言，个人的命运虽然是由其行为所决定，但也与

[①] 李学勤主编：《清华大学藏战国竹简（伍）》，中西书局，2015，第125页。

天的赏罚有关，可称为运命。《命训》将大命、小命并举，表达了对个人命运的思考，较之周人的"以德配天"，显然是一种发展。不过它延续的仍是旧的传统，认为个人的命运是上天赏善罚恶的结果。

二是否认命运与德行的因果联系，而将个人命运归于不可控制的外部力量，由传统的神学天中分化出运命天，认为个人的命运更多是这种运命天作用的结果，而不一定与个人的行为和努力有关。郭店竹简《穷达以时》："有天有人，天人有分。察天人之分，而知所行矣。有其人，无其世，虽贤弗行矣。苟有其世，何难之有哉？"（第1—2简）[1]为什么有的人穷困潦倒，有的人却显达富贵？面对穷达，又应该采取什么样的态度？千百年来一直是无数哲人关注和思考的问题。在竹简看来，关系世间穷达的，不仅有人而且有天，天人各有其分。"分"是职分的意思。故天人之分是说，天人各有其职分、作用、范围，二者各不相同。而明白了哪些属于人，哪些属于天，便知道该如何行为了。郭店竹简《语丛一》："知天所为，知人所为，然后知道，知道然后知命。"（第29—30简）这里的"天所为""人所为"就是天与人的职分和作用，也就是天人之分。知道哪些是人所为，哪些是天所为，就知道了道，知道了道就知道了命。这里的命是运命，知命就是知道如何对待运命。竹简将个人的穷达祸福归于天，与其对天的理解密切相关。《穷达以时》称："遇不遇，天也。"（第11简）这种"遇不遇"的天既非上古有意志、有目的的神学天，也

---

[1] 荆门市博物馆：《郭店楚墓竹简》，文物出版社，1998，第145页。下引郭店竹简均出自该书，不一一注明。

475

不同于后来"不为尧存，不为桀亡"的自然天，而是一种运命天，具体到个人，又可称为命，合称为天命。古人在生活中意识到，人虽然以主宰者的身份独步世上，但并非无所不能，而是时时受到外部力量的束缚和限制。这种力量既可以是必然性的，表现为社会的"合力"或"形势"，也可以是偶然性的，表现为出人意料的某种机遇或巧合等等，这些统统可称作天。这种天往往对人世的穷达祸福发挥着巨大作用，或者说穷达祸福本来就属于天，是可遇而不可求，是非人力所能控制、掌握的。所以竹简感叹"时""遇"的重要，认为"有其人，无其世，虽贤弗行矣"（第1—2简），往往就是针对这些内容而言，所谓谋事在人，成事在天也。既然天的作用如此之大，那么，是否意味着人便无所作为，只能听天由命呢？答案是否定的，这又回到了天人之分。在竹简看来，个人的富贵穷达主要取决于时运，这些属于天，是天的职分；而一个人的德行如何则主要靠自己，属于人的职分。明白了这种"天人之分"，就不应汲汲于现实的际遇，而应"敦于反己"，只关心属于自己职分的德行，尽人事以待天命，这样就做到了"知命"。那么，对于穷达祸福，个人就无能为力了吗？当然不是。在个人可控制的范围内，还是要尽力争取好的结果。清华简《心是谓中》提出"天命"和"身命"的概念，认为命虽然由天所决定，但人也应该发挥自身的作用。"断命在天，苟疾在鬼，取命在人。人有天命，其亦有身命。"（第5—6简）[①]断，决也。决定命运的是天，"妄作衡触，而有成功，名之曰幸。幸，

[①] 李学勤编：《清华大学藏战国竹简（捌）》，中西书局，2018，第149页。

第十七讲 事天与立命

天"（第4简）。胡乱作为，却侥幸取得成功，这只能说是天意，此天显然是运命天，类似《穷达以时》的"遇不遇，天也"。人的命是由天所控制、决定的，这称为天命；疾病是由鬼造成的，这是当时人们的认识，今天看来属于迷信；每个人获得怎样的命则是其努力争取的结果，这称为身命。所以人的命实际是由天与人共同作用的结果，虽然冥冥之中有不可抗拒的天意在起作用，但也离不开个人的努力。"必心与天两事焉，果成"（第4简），个人的心与天二者共同发挥作用，命才能得以形成。这样就不仅要"祈保家没身于鬼与天"，还要"祈诸心与身"（第7简）。不仅祈求鬼与天保佑家庭平安、终身无病，还要诉诸个人的理智与行为，也就是靠个人的努力。上博简《曹沫之阵》记鲁庄公与曹沫关于天命的对话，庄公称"君子得之失之，天命"，认为祸福得失都是天命，这等于取消了人的作用。曹沫则认为："君子以贤称而失之，天命；以无道称而没身就世，亦天命。"[①]君子以贤能著称却失去福禄，这是天命。个人可以做到贤能，却控制不了福禄，虽然尽力了，但仍得不到，那就只能归于天命了。坏人以无道著称却寿终正寝，这也是天命。作恶本应受到惩罚，但坏事做尽，却没有灾祸及身，那同样只能归于天命了。天命是超出人力控制的说不清、道不明的盲目力量，至于人力可以控制的事情，则不可归为天命。竹简提及的曹沫，即"曹刿论战"中的曹刿，是鲁国人，早于孔子。"没身"即终身。《老子·十六章》："没身不殆。""就世"是死亡之意。《国语·越语下》："先人就世，不穀

[①] 马承源主编：《上海博物馆藏战国楚竹书（四）》，上海古籍出版社，2004，第247—249页。

即位。"没身就世,即寿终正寝之意。

可见西周以降,从传统宗教天命观中又发展出两种新的天命观,这两种天命观都关注个人命运问题,较之"绝地天通"以来少数统治者对天命的垄断,无疑是一种发展。但这两种天命观又是完全对立的,反映了人们对待天命的矛盾心理。说明随着对天公正性的怀疑,如何处理天命信仰与理性自觉已成为一个重要问题,这也是困扰人类的普遍性问题。《命训》继承了传统的天命观,认为天有意志、目的,"命司德",命令人们要遵从德,从天命的高度说明人为何要为善去恶的问题,其天命不再是一个政治概念,不是指天下的统治权,而是最高的伦理原则,有其积极意义。但要从天赏善罚恶、"正之以祸福"的角度说明个人的命运,也就是其所谓"小命",显然存在着困难。《命训》在具体论述中实际也持存疑的态度,主张"道天莫如无极",言及天的赏善罚恶不必过于拘泥,说明也注意到"善者不得赏,恶者不得罚"的情况。《穷达以时》则从"天人之分"的角度说明命运与德行的关系,将个人的穷达祸福归之于天,将个人的德行归之于人,要求人们"敦于反己",关注属于人之职分的德行。《穷达以时》否定天有意志、目的,天不再是上帝、神灵,而是外在于我们的不可控制、掌握的限定性力量,较好解释了人们所困惑的穷达祸福的命运问题,对传统天命观是一种补充。但是对于当时的人们来说,天毕竟是最高的超越者,是人类价值的根源和源头,是人们信仰的终极实在。把天虚化为外在的盲目性力量,会使精神信仰失去了对象。从以上两种天命观来看,当时人们关注的是天命信仰和个人命运问题,《命训》的天命观可以称为"德命",《穷达以时》《曹沫之阵》的天命观则可以称为"运命",而如何

第十七讲 事天与立命

处理二者的关系，也是孔孟等儒者着力思考的问题。

作为儒学的创立者，孔子十分重视德命，也认真对待运命。他主张"君子有三畏"，第一畏就是"畏天命"（《论语·季氏》），他自称"获罪于天，无所祷也"（《论语·八佾》），"吾谁欺，欺天乎"（《论语·子罕》），"予所否者，天厌之，天厌之"（《论语·雍也》），可见他是以天为最高主宰和信仰对象。孔子所理解的天是有道德、有意志的，接近周人的天，而不同于殷人的上帝。不过周人的天针对的是族姓集体和天子君王，只有最高统治者才有通天的权力，但孔子却提出"天生德于予"（《论语·述而》），认为上天赋予我德。什么德呢？孔子虽然没有说明，但从他的一些论述来看，应是指天所赋予的职责与使命，此职责与使命即德，即天命。我既承担此天命，则必得天之佑助。"子畏于匡。曰：'文王既没，文不在兹乎？天之将丧斯文也，后死者不得与于斯文也。天之未丧斯文也，匡人其如予何！'"（《论语·子罕》）孔子被匡人所拘，经历人生的一次危难，但他自任文王开创的礼乐文明的继承者，如果上天想中断"斯文"，后来的人无法了解周代的文明传统，那也是无可奈何之事。但如果上天还不想中断此文明传统，匡人又能把我如何呢？天既把传播、弘扬周文的使命交付于我，一定会佑助我不被匡人所害。孔子自称必得天之佑助，更多是一种感奋之语，是处于绝境、困境时的精神慰藉，但也说明他是以天为信仰对象和精神动力。既然天赋予我德，那么我践行德就可以被天所理解。"子曰：不怨天，不尤人，下学而上达，知我者，其天乎！"（《论语·宪问》）孔子所说的"学"主要不是指获取知识，而是塑造人格，完善德性。"子曰：君子食无求饱，居无求安，敏于事而慎于言，就有道而

479

正焉，可谓好学也已。"（《论语·学而》）可见学不是指学习成绩好，考一百分，而是学习做人，是追求道。"哀公问：'弟子孰为好学？'孔子对曰：'有颜回者好学，不迁怒，不贰过。不幸短命死矣，今也则亡，未闻好学者也。'"（《论语·雍也》）颜回为什么好学呢？因为他不把自己的怒气发到别人身上，不两次犯同样的错误，好学是指他修养好，善于反省总结。所以"下学"是学习做人，塑造人格，"上达"是上达于天，实现精神的超越。只要不抱怨天，不怪罪人，践仁行义，完善德性，就会为天所理解。所以孔子的天是针对个人的，天不再是君王统治的合法性根据，而是为个人提供了精神信仰和动力。每个人都可以"下学"而"上达"于天，获得精神的慰藉。孔子感叹"莫我知也夫"（《论语·宪问》），为什么没有人理解我呢？因为我承载了天的使命，有德命在身，我来到这个世界，就是要完成天的职责与使命。所以真正的理想主义者都是孤独的，是不会为世人所理解的，"天将以夫子为木铎"（《论语·八佾》），上天要让孔子传播大道于天下，但是又有几个人理解他呢？还不是落得丧家狗的下场。但是即使世界没有一个人理解我，还有天理解我，"知我者天也"。这样孔子便打破了自颛顼"绝地天通"以来少数贵族对天命的垄断，使天与个人发生关系。从这一点看，我们可以说孔子创立了一种"新教"，一个属于所有士人、君子的宗教，这是孔子对中华文化的一大贡献。

　　孔子谈德命，也讲运命。孔子自称"天生德于予"，与《命训》的"命司德"似有相似之处，但又有所不同。《命训》要求人们遵从德，是因为天赏善罚恶，而且有明王用"绋冕"和"斧钺"加以赏罚。绋冕是古代的礼服，代表高官显位；斧钺指刑具，

第十七讲　事天与立命

表示惩罚、杀戮。孔子完善德性，"下学上达"，则是完成天的使命，更强调个人的责任意识。至于孔子称天会佑护自己，如我们前面所说，更多是困境中的感愤之词，并不表示个人的命运都是由主宰天所决定。孔子在生活中意识到，事业的兴废，以及个人的生死、祸福等，都不是自己所能控制、掌握的，而是冥冥中有某种神秘的力量在发挥作用，这种力量可以是社会的发展趋势，也可以是偶然的时运、机遇，孔子将这种力量称为命，是为运命。"子曰：道之将行也与？命也。道之将废也与？命也。公伯寮其如命何！"（《论语·宪问》）公伯寮是鲁国执政季氏的家臣，曾诋毁孔子学生。孔子主张"人能弘道，非道弘人"（《论语·卫灵公》），故道之实行，在于我的传播、弘扬。不过我虽然有心弘道，但道之行与不行，并不完全取决于我，而是由外在的命或运命所决定，这种命不是公伯寮可以左右的。这样讲，当然不是说公伯寮与命无关，而是说命是由众多因素汇聚而成，远比公伯寮强大、复杂得多，公伯寮最多只是其中一个微小的因素而已。道之难行，是因为有千千万万个公伯寮，如果只是一个公伯寮，他的谗言怎能阻止我行道呢？"伯牛有疾，子问之，自牖执其手，曰：'亡之，命矣夫！斯人也而有斯疾也！'"（《论语·雍也》）伯牛名列"孔门四科"中的德行，与颜回等人并称。虽然有德，却不幸染病而早逝，故孔子感叹"命矣夫"。上句中的"亡之"，是说要失去此人了。亡，是丧。之，指伯牛。所以孔子既讲德命，也讲运命，一方面以天命自任，自觉承担起天所赋予的职责和使命；另一方面又将道之兴废、个人的祸福得失诉诸外在的运命。所以孔子虽然说过"予所否者，天厌之，天厌之"（同上），但并不认为个人的命运都是天赏善罚恶的结果，有德的伯牛早

481

逝就说明了这一点，影响个人穷达祸福的似乎是另一种运命，也就是子夏所说的"死生有命，富贵在天"(《论语·颜渊》)。所以孔子所说的天命既指天之所命，指德命，类似《命训》的"大命"，也指个人之运命，类似《命训》的"小命"。不过孔子虽然肯定天有意志，但并不认为天赏善罚恶，决定了人的命运。人之运命是由一种外在的盲目性力量所决定，德命与运命一定程度上是分离的，这与《命训》又有根本的不同。因此，孔子对待天命的态度也更为复杂和深刻，他自述一生的精神历程是"五十而知天命"(《论语·为政》)，又说"不知命，无以为君子也"(《论语·尧曰》)。那么，为何孔子五十岁才"知天命"呢？又为何只有"知命"才能成为一名君子呢？这当然与孔子所说天命的内涵有关。我认为孔子的"知天命"，可以从积极和消极两个方面去理解。从积极的方面说，"知天命"就是明确和知晓天赋予我的职责和使命，天命指德命。据《史记·孔子世家》，定公九年（公元前501年），孔子五十岁，"为中都宰，一年，四方皆则之。由中都宰为司空，由司空为大司寇"。孔子的政治生涯达到顶峰，他自觉天命降身，故自觉承担起复兴周文的使命。从消极的方面说，则是懂得如何对待运命，也就是郭店竹简所说的"知天所为，知人所为"(《语丛一》)。通过"察天人之分"(《穷达以时》)，知道哪些是我可以控制的，哪些是我无法控制的，尽人事以待天命，这里的天命指运命。虽然孔子自信"天生德于予"，以复兴周文为己任，但他也意识到道之行与不行，还有一种外在的限定性力量在起作用，对于这种力量，个人往往是无可奈何的。面对德命，孔子"知其不可而为之"(《论语·宪问》)，显示了以力抗命的决心和勇气。"君子之仕也，行其义也。道之不行，已知之矣！"（《论语·微子》）既然已经知道无法实行道，那么孔子和他的弟子们为什么还要积极出仕，不断奔走呼吁呢？因为行道是义之所在，义是应然，只问应该，不问结果。面对运命，孔子又表现出达观、超脱的态度，并根据时运的变化对自己行为作出调整，得势则积极进取，不得势则独善其身。"天下有道则见，无道则隐。"（《论语·泰伯》）"道不行，乘桴浮于海。"（《论语·公冶长》）在孔子那里，德命与运命是存在一定的紧张和冲突的。

孔子自称"天生德于予"，但德与心或性关系如何？孔子尚没有作出明确说明。孔子之后，《中庸》则提出"天命之谓性"，将天命直接落实为性。"命"意为令，天之所令即为性。郭店竹简《性自命出》："性自命出，命自天降。"（第1—2简）上天降下命，命又落实为性，也是认为性来自天，是天的赋予。但是《性自命出》的天还不具有明确的道德含义，《中庸》则明确肯定"诚者，天之道也；诚之者，人之道也"（《中庸》第二十章）。上天是真诚的，是有道德的，上天赋予我们的性也是真诚的，是一种善性，是诚性。既然我们的性来自天，是天的赋予，那么我们扩充、培养我们的性，就可以上达于天，"与天地参"。"唯天下至诚，为能尽其性；能尽其性，则能尽人之性；能尽人之性，则能尽物之性；能尽物之性，则可以赞天地之化育；可以赞天地之化育，则可以与天地参矣。"（《中庸》第二十二章）"尽其性"的"尽"是扩充、实现之意，"其"是第一人称代词，指己，与下一句的"人"相对，这是其的特殊用法，需要注意。"唯天下至诚"指至诚之人，虽然上天赋予我们诚性，但我们还要以至诚的态度对待上天赋予的性，不断地扩充、培养，这样我们在完成、实现自己性的同时，也帮助完成、实现他人的性；在实现自我的同时，也使他人的价值得以实现。可以看到，在《中庸》这里，一方面由天而人，"天命之谓性"，天赋予人善性；另一方面由人而天，"尽其性"则"尽人之性""尽物之性""与天地参"。一方面"诚者，天之道"，另一方面"诚之者，人之道"，天道与人性上下贯通，"性与天道"的关系由此得到确立和说明。孔子自称"天生德于予"，其德主要是指复兴周文的责任和使命，这更多是孔子的个人诉求，德没有落实于性之中，因而不具有普遍性，无法施及所有人。《中庸》则明确提出"天命之谓性"，天命直接下贯为性，赋予每个人诚性。我们每个人成就自己、成就他人、成就万物，就是完成和实现上天赋予我们的责任与使命。只不过由于天命已经内化于我们的性，这种责任和使命更多是出于我们的内在自觉和要求。

　　《中庸》不仅从"性与天道"的角度说明了个人的成德，回应了德命的问题，还提出"俟命"，说明了人如何对待运命。《中庸》称："故大德，必得其位，必得其禄，必得其名，必得其寿。""故大德者必受命。"（第十七章）大德之人必然得其位、得其禄、得其寿，似还保留着周人赏善罚恶天命观，但这主要是针对舜而言，说的是历史上的事情。对于普通人，则更多谈论的是运命的问题。《中庸》意识到，现实中每个人的命运是不同的，有的富贵、有的贫贱，有的流落夷狄、有的身处患难。面对这种情况，正确的态度应该是"君子素其位而行，不愿乎其外"（《中庸》第十四章）。"素"是居、处之意，君子处在什么位置，就做什么样的事情，而不羡慕位置之外的事情。"素富贵，行乎富贵；素贫贱，行乎贫贱；素夷狄，行乎夷狄；素患难，行乎患难，君子无入而不自得焉。"(同上)处于富贵,就做富贵时应做的事情;处于贫贱,就做贫贱时应做的事情;身处夷狄,就做夷狄应做的事情,身处患难,就做患难时应做的事情,这样君子就无处而不安然自得。"上不怨天,下不尤人。故君子居易以俟命,小人行险以徼幸。"(同上)上不报怨天,下不怪罪人,君子处于平易之地,等待天命的到来,小人则做出危险的事情,希望侥幸获得成功。"俟命"的命是指什么命呢?我认为是运命,君子既非听天由命,也非以力抗命,而是在安处其位中等待命运的变化。据记载,《中庸》作于子思之手,而孟子又学于子思的门人,故孟子也受到《中庸》的影响。读懂了《中庸》,再来看孟子的事天和立命就容易理解了。

三、"正命"与"天下有道"

前面我们用较多的篇幅介绍、分析了古代天人关系的发展演变,尤其是孔子、子思关于德命、运命的思想,而如何处理二者的关系也就成为先秦儒学必须面对的问题。说到天人关系,人们就会想到天人合一,认为是儒家思想的根本特征。其实,天人合一的说法出现很晚,据学者考证,最早使用天人合一的是北宋理学家张载,距离孔孟的时代已经一千年之久。先秦时期未见有天人合一的用法,相反有说天人之分的,分别见于竹简《穷达以时》与《荀子》。天绝对、无限,人相对、有限,天与人是不能简单等同、合一的。后儒喜欢谈天人合一,应是受到佛教的影响,混淆了天与人的界限,是不可取的。从早期儒家对天人关系的理解看,称为天人之际可能更合适。司马迁称:"究天人之际,通古今之变。"(《报任安书》)"际"虽然有会合、交合之意，但是表示两个不同事物的会合、交合，所以"际"又有边际、分际之意。"究天人之际"就是探究绝对的天如何作用到相对的人，而相对的人又如何回应绝对的天，这显然更符合早期儒家的思想。孔子说"下学上达，知我者天也"，不能说是天人合一，而是说我践仁行礼，完善德性，就可以被天所理解，其所反映的是天人相通，天与人可以交流、沟通。子思说"尽其性""尽人之性""尽物之性"，就可以"与天地参"，也不能说天人合一，而是说与天地并列为三，天与人仍有所不同。但是天与人是相通的，天赋予人善性，人扩充善性可以参与到天地的化育之中。所以早期儒家的天人观应概括为天人之际，而不是天人合一，天人之际又包括了天人相通与天人之分两个方面。天人相通主要是针对德命而言，由于天赋予我善性，授予我职责、使命，故完善德性，完成天的使命便是我的德命所在，这里的天指主宰天；天人之分处理的则是运命的问题，面对无常的运命，我们应"察天人之分"，知天所为，知人所为，这里的天指运命天。《孟子·尽心》篇（包括《孟子》其他相关篇章）主要讨论的是天人之际，包括天人相通与天人之分，涉及德命与运命的问题，宋明理学家仅仅从"性与天道"来理解，是不全面的。《孟子·尽心上》13.1章称：

> 尽其心者，知其性也；知其性，则知天矣。存其心，养其性，所以事天也。夭寿不贰，修身以俟之，所以立命也。

第十七讲　事天与立命

如果大家读过宋明理学的著作，就会知道，当时的儒者非常喜欢引用孟子这段话，而且作了大量的解释、说明，以表达他们对"性与天道"的理解。在一个关于中西宗教的会议上，我曾听美国夏威夷大学的成中英教授讲：儒者不用信仰上帝，我们讲尽心、知性、知天，一样可以解决人生信仰的问题。会上的一位外国学者说：那我祝福你。显然，成先生对于孟子有自己的体会、感受，但老外不知道他在讲什么，俩人的理解是错位的，无法形成对话。其实，不仅老外不理解孟子，对于今天大多数国人来说，可能也读不懂《尽心》篇，或者只是读懂文字，对于其精神内涵是有隔膜的，缺乏共鸣和体会。但是我们前面说了，《尽心》篇的事天、立命讨论的是德命与运命的问题，处理的是人的终极关怀、人生信仰问题，如果对此没有深刻的领悟，没有精神上的共鸣，只是停留在文字上，是没有意义的。我在很长一段时间，对于《尽心》篇这段文字，也没有共鸣和体会，不理解为什么历史上有那么多儒者会关注这段文字。不过，现在我理解了，我的理解是建立在前面关于天人关系的发展演变，尤其是德命与运命关系的认识之上，也包含了我个人的生命体验。儒学是生命的学问，探究生命的终极意义，离不开个人的生命体验与人生阅历。从这一点看，下面所谈可以说是我的理解，与历史上一些著名儒者比如朱熹、王阳明的理解有所不同，但我相信我的理解相对来说是符合孟子的想法或者"原意"的。

我们来看，在《孟子·尽心》篇这段文字中，孟子首先提出了"知天"，怎么知天呢？通过"尽其心""知其性"，即通过我们的心、性来知天。为什么通过心、性就可以知天呢？因为天人相通！孔子认为"天生德于予"，天赋予了我德，所以我"下

487

学上达",就可以被天所理解,"知我者天也"。同样,子思主张"天命之谓性",故"尽其性"就可以"尽人之性""尽物之性",进而"与天地参"。由于我们的性是由天赋予的,所以扩充我们的性就可以上达于天。先由天而人,再由人而天,其逻辑是自洽的。孟子则直接由人而天,认为扩充心、性就可以知天,而没有说明心、性是从何而来。表述似有不准确、不完善之处,在天人关系中,过分强调了人而弱化了天。但若结合孟子的其他论述,对其思想有整体把握,就不得不承认,孟子实际也承认我们的心与性是来自于天,是天的赋予。孟子说:"心之官则思,思则得之,不思则不得也。此天之所与我者。"(《孟子·告子上》11.15)"心之官"即心之器官,是就心的经验层面而言,"思"是反思、反求诸己,思什么呢?思心中所具的善端,也就是四端之心。四端之心不是四个心,而是一个心,是一个心的四种不同表现。"心之官"经过反思,就可以发现心中原来具有善端,心之中还有个心,就是四端之心,不思当然就发现不了。心中所具的善端是从哪里而来呢?孟子明确说"此天之所与我者",是天赋予我的,所以孟子说"仁义礼智,非由外铄我也,我固有之也,弗思耳矣"(同上,11.6),仁义礼智不是后天获得的,而是本来就有的,只是我们不自觉,没有反思、意识到而已。对于孟子而言,我们的心与性也是来自天,是天的赋予,正因为如此,通过我们的心与性就可以认识到天。这是孟子对子思思想的继承和发展。不过子思说"尽其性""尽人之性""尽物之性",成己、成人、成物,然后才可以"与天地参",但孟子则说"尽其心""知其性",只讲成己,不讲成人、成物,较之子思,有唯我独尊的倾向,这点是需要注意的。"知天"的天具体何指呢?我认为是指主宰天,

第十七讲 事天与立命

也就是世界的最高主宰和超越者,所以天才能赋予人善性。孟子曾引"天生烝民,有物有则。民之秉彝,好是懿德"(《大雅·烝民》),说明人的善性来自天,表明孟子所说的天就是来自周人的天,是对后者的继承和发展。"知天"就是知天意,知道最高主宰者的意志和命令。

在孟子看来,"尽其心"就可以"知其性",这里的心指四端之心,四端之心虽然来自天,是天的赋予,但还只是一种起始、潜存的状态,是一种端,需要经过一个扩充、发展的过程。而扩充我们的心,就可以了解我们的性,这是即心言性,根据心去理解性。孟子所说的性内涵比较复杂,可以包含不同的内容。如"口之于味也,目之于色也,耳之于声也,鼻之于臭也,四肢之于安佚也",也可以属于性(《孟子·尽心下》14.24)。但孟子强调要即心言性,通过心去理解性,如此理解的性才是真正的性,是人之为人之性,是善性。而"知其性"就可以"知天矣",知道了我具有善性,知道了人之为人在于其道德性,也就知道了天,知道了天意所在。天既然赋予我四端之心,使我可以通过四端之心来理解我的性,故天必希望我能保存住我的心,养护好我的性,做一个好人、君子,而不是坏人、恶人。故"知天"不仅仅是说,知道了我四端之心来自于天,是天的赋予,更重要的是知道天要求我应扩充心、培养性,积极地成就、完善自己。故孟子接着说:"存其心,养其性,所以事天也。"这里的心仍是指四端之心,人虽然有四端之心,但若不加培养就会流失,孟子称为"放心"(《孟子·告子上》11.11),"放"是放跑、逃逸之意。保存住我的心,养护我的性,就是在侍奉天了。存心、养性实际是一回事,是一个过程的两个阶段。既然我的心与性得之于天,是天赐予我的礼物，那么存心、养性便是侍奉天的最好方式，是奉行天之使命。古人侍奉天通常是祭祀，通过献祭牛、猪、羊来获得天的保佑，但孟子却不是通过献祭而是用心祭，用完善德性来侍奉天。我存心、养性，"仰不愧于天，俯不怍于人"（《孟子·尽心上》13.20），顶天立地，堂堂正正，就是在侍奉天。所以孟子虽然让人侍奉天，但并不是让人匍匐在天的脚下，乞求天的救赎，而是涵养德行，挺直了腰板来侍奉天，这是儒家人文教不同于其他解脱、救赎宗教的地方。而"知天"与"事天"又是联系在一起的，"知天"侧重于伦理，"事天"侧重于宗教，而天无疑就是指最高的主宰者、超越者。

下一句"夭寿不贰，修身以俟之，所以立命也"，短命长寿都不会改变，不改变什么呢？不改变以存心、养性来侍奉天，也就是不改变为善的决心和态度。从这句可知，孟子虽然认为天赋予我心与性，要求我积极行善，而不可为恶，此可称为德命，但也承认天不一定会赏善罚恶，更不会决定人间的祸福夭寿。天虽然"全善"，但并非"全能"。个人的穷达祸福、寿命长短则是由另一种运命所决定，"修身以俟之"的"之"就是指运命。修身是德命所在，故"夭寿不贰"，而个人的命运如何，则由运命所决定，故只能"以俟之"，也就是俟命了。"所以立命也"的"命"指天命，包括德命与运命，从积极的方面讲，"立命"是把存心、养性看作我的德命所在，是天赋予我的职责和使命，故不论个人的夭寿祸福，都应积极践行，而不可改变；从消极方面讲，"立命"则是要确立起对待运命的正确态度，具体而言，就是"察天人之分"，知道哪些是我可以控制的，哪些是我无法控制的，尽人事以待天命。德命内在于己，是我可以控制的；运命

第十七讲 事天与立命

外在于人,是我无法控制的。明白了这种天人之分,就可以知所为,知所不为了,知道该如何行为了。孟子曰:

> 广土众民,君子欲之,所乐不存焉;中天下而立,定四海之民,君子乐之,所性不存焉。君子所性,虽大行不加焉,虽穷居不损焉,分定故也。君子所性,仁义礼智根于心,其生色也睟然,见于面,盎于背,施于四体,四体不言而喻。(《孟子·尽心上》13.21)

"广土众民""定四海之民"能否实现取决于天,是由运命所决定,故君子虽然也"欲之""乐之",想有所成就,但不是本性所在。君子的本性在于内心的仁义礼智,在于德性的完满,"虽大行不加焉,虽穷居不损焉",即使誉满天下也不会觉得增加一分,即使穷困隐居也不会感觉减少一点,这是因为"分定故也",我的职分确定了。"广土众民""定四海之民"是"求之有道,得之有命",是"求之在外者",故属于天,是天的职分所在,这里的天指命运天;扩充仁义礼智,完善德性属于人,是"求则得之,舍则失之",是"求之在我者",是我的职分所在。确立了这种天人之分,就不当为外在的际遇所左右,而孜孜于我性分内的仁义礼智。这样孟子就用天人之分处理了人与运命的问题,运命或者说人与命运天的关系,同样是孟子思想中的一个重要问题。《孟子·尽心上》13.2章:

> 孟子曰:"莫非命也,顺受其正,是故知命者不立乎岩墙之下。尽其道而死者,正命也;桎梏死者,非正命也。"

"莫非命也"的"命"指运命,没有一样遭遇不是命,你出生在什么家庭是命,所以每个人的人生的起点都是不一样的,有的人生下来所具有的东西,或许你努力一辈子也无法得到。你走上社会,选择什么工作,遇到什么领导,也有命运的成分,而这对你事业的发展往往影响很大。甚至结婚生子、组成家庭也有命运在起作用,伴侣虽然是你选择的,但遇到什么人则是命。既然一切遭遇都是命,那是不是就应该听天由命,无所作为,彻底躺平了呢?当然不是!孟子认为命有正当与不正当之分,人应该接受正当的命,而避免不正当的命。那么,什么是正当的命,什么又是不正当的命呢?孟子提出两个标准:首先,对于现实的福禄寿命而言,虽然从根本上讲属于命,是我不可控制的,但在人力的范围内,还是应该争取好的结果。如避开危险的环境,不做违法的事情,这样获得的命就是"正命",是正当的命。相反,如果因为有命的存在,便对自己的行为采取无所谓的态度,故意立于危墙之下,甚至铤而走险,以身试法,这些都不能算是"知命",所获得的是"非正命",是不正当的命。上文的"岩墙"指危墙,岩,通"险"。所以在德与福之间,儒家虽然重视德,但并不排斥福,孔子讲"富而可求也,虽执鞭之士,吾亦为之。如不可求,从吾所好"(《论语·述而》)。富贵如果可以求得到,为别人赶马车我也愿意。如果求不到,那还是做我喜欢的事情。孟子阔气的时候,"后车数十乘,从者数百人"(《孟子·滕文公下》6.4),连弟子都质疑是不是过分了。孟子却认为,关键在于是否符合道。如果符合道,舜接受尧的天下都不算过分,我待遇好一点,徒众多一些,你认为过分了吗?所以只要是以合理的方式获得的富禄、报酬,儒家都是不反对的。以"君子固穷"(《论语·卫灵公》）为理由，认为儒者就应当甘守清贫，是不正确的。但是仅有现实的考虑，没有超越的追求，仅从现实的利益去理解正当的命，会使人只关注利而忽视了义，甚至明哲保身，躲避责任。所以孟子提出还需从"尽其道"来理解"正命"，当道义与个人利益发生冲突时，一个人为了道义"杀身以成仁""舍生而取义"，这才是真正的"知命"，所获得的依然是"正命"。所以孟子的"正命"既是针对运命，也是针对德命。它不仅要求对于祸福夭寿这些根本上属于运命的内容，在人力可及的范围内争取最佳的结果，不可听天由命，无所作为，更为重要的是，它还要求超出穷达祸福夭寿之外，不以现实的际遇，而是以是否"尽其道"、尽人的职分看待人的命运。"尽其道"是德命所在，故牺牲生命也当为之，其所获得的仍可以说是正命。因此，命运虽然是人不能控制的，但如何面对命运却是我们可以选择的，孟子的"知命""正命"与前面的"立命"一样，既肯定了对德命的认可和坚守，也表达了对命运的选择、判断，在人与命运的对立中确立起人之为人的价值和尊严。

由于孟子分别从德命与运命来看待正命，其所谓正命实际包括两方面内容，二者一定程度上是对立的。德命是义之所在，故即使牺牲生命也当为之，如此获得的正命在于德不在于福；运命是得之于外，个人虽可努力，但得与不得在于天不在于我，其所指实际是福。这样在孟子这里，德福没有得到统一，而是呈现分裂的状态。追求德便不能考虑福，甚至要付出生命的代价，追求福虽然不能违背德，但得与不得主要取决于外在的天，与个人的努力没有多少关系。德命无法影响到运命，德福无法得到统一。孟子以德命超越运命，以道义超越个人的幸福，固然显示出人之伟大与崇高，但人除了理想的一面外，也有现实的一面。追求福禄长寿是人的本性，希望善有善报、恶有恶报是人类的朴素正义，一种学说如果只讲德不讲福，或者只要求人超脱个人的穷达祸福，只关注内在的德性，显然是不全面的，也缺乏说服力。那么，孟子是否考虑过德福一致，或者说德命与运命如何统一的问题呢？我认为是有的。孟子说：

> 天将降大任于是人也，必先苦其心志，劳其筋骨，饿其体肤，空乏其身行，拂乱其所为，所以动心忍性，曾益其所不能。（《孟子·告子下》12.15）

上天如果想考验一个人，降重任于其身，必让他经历一番坎坷、磨难，以此磨砺他的心智，增加他的才干。这里的天显然是主宰天，是有意志、目的的。所以面对命运的不公，如果不是将其视为人生的不幸，而是看作上天对我们的考验，反省自我，纠正过错，思有所得，反而能成就一番事业。孟子所列举的"舜发于畎亩之中，傅说举于版筑之间，胶鬲举于鱼盐之中，管夷吾举于士，孙叔敖举于海，百里奚举于市"（同上），就属于这种情况。舜本来是农夫，傅说是苦力，胶鬲是小贩，管仲是囚徒，孙叔敖是渔民，百里奚是奴隶，但他们没有怨天尤人，自甘沉沦，而是直面天命，奋发有为，终于成为一代圣君贤相，命运由此得到改变，德命与运命得到统一。故德福一致的实现，首先离不开个人的努力，但仅有个人的努力而没有制度的保障，如此获得的福往往是偶然的，只有少数人可以实现，对于社会的大多数人而言，只能靠建立起有道的社会，德位相配、德福一致才有可能实现，德命与运命也才有可能得到相对的统一。

> 孟子曰："天下有道，小德役大德，小贤役大贤；天下无道，小役大，弱役强。斯二者，天也，顺天者存，逆天者亡。"（《孟子·离娄上》7.7）

有道的社会遵从的是正义原则，根据德性、贤能分配职位、俸禄，故大德之人管理小德之人，小贤之人服从大贤之人；无道的社会遵从的是丛林法则，根据暴力进行统治，故力量小的要服从力量大的，力量弱的要服从力量强的。有道的社会，人的福禄由其德性、贤能决定，故往往可以做到德福一致，是符合正义的；无道的社会，人的福禄与其德性、贤能无关，而是卑鄙者得福，无耻者有禄，是不符合正义的。"斯二者"指"小德役大德，小贤役大贤"，孟子认为这是天颁布给人间的法则，故说"天也"。"天"指主宰天，不过更强调法则意，故也可称作义理天。所以在孟子看来，天不仅赋予人内在的善性，还降下外在的法则；人不仅要"尽心""知性"，知天意所在，为善而不为恶，还要践行天的法则，建立有道的社会。前者因为只涉及个人的抉择，或许相对容易，后者需要多数人的参与、努力，故更为艰难，过程也更为漫长。但因为是天的法则所在，故是不可违背和抗拒的，"顺天者存，逆天者亡"，顺从天的法则才能生存，违背天的法则必将灭亡。孟子认识到，"欲贵者，人之同心也。人人有贵于己者，弗思耳矣。人之所贵者，非良贵也。赵孟之所贵，赵孟能贱之"（《孟子·告子上》11.17）。人人都追求尊贵，但真正的尊贵就存在于我们之中，只是没有意识到罢了。别人给予的尊贵，不是真正的尊贵。赵孟可以使一个人尊贵，也可以使一个人卑贱。赵孟是春秋时晋国正卿赵盾，字孟，他的子孙后来也称赵孟，这里代指有权势的人物。所以合理的做法，是由天所赋予的内在尊贵决定外在的富贵，靠公正的制度分配福禄，而不是让权势人物决定他人的富贵。

  孟子曰："有天爵者，有人爵者。仁义忠信，乐善不倦，此天爵也；公卿大夫，此人爵也。古之人修其天爵，而人爵从之。今之人修其天爵，以要人爵；既得人爵，而弃其天爵，则惑之甚者也，终亦必亡而已矣。"（《孟子·告子上》11.16）

"天爵"是天颁给人的爵位，"人爵"是君主赐予人的爵位，由于"唯天为大"（《论语·泰伯》），故天爵高于人爵，天爵决定了人爵。同时由于"此天之所与我者"，天爵是天赋予每一个人的爵位，故每个人都有与生俱来的尊严，具有与生俱来的生存权利。孟子讲"民为贵"（《孟子·尽心下》），认为民众的生命最为珍贵，即是由此而来。人人都具有天爵，因而人人在尊严、权利上是平等的；每个人对待天爵的态度不同，人与人之间又存在德性、贡献的差别。故在平等的尊严、权利原则之下，还存在差等的分配原则，而人爵、福禄的分配只能以天爵、德性为标准。古代的人培养他们的天爵，就会获得相应的人爵，体现了天爵高于人爵的价值原则，他们所处的是有道的社会，是符合正义的，因而福禄可以得到公正的分配；今天的人培养天爵，是为了换取人爵，得到人爵，便会抛弃天爵，违背了天爵高于人爵的价值原则，是不符合正义的，所成就的是无道的社会，因为其违背了天的原则，最终一定会灭亡。所以人类社会的未来发展，必定是重新回到天爵高于人爵的价值原则，"古之人"曾经实践了这一原则，"今之人"又抛弃了这一原则，儒家所说的"古"往往指理想的状态，它虽然存在于古代，又是人类不断追求、实现的目标。

孟子注意到，人间的赏罚往往是不公正的，故提出"天吏"的概念，以求实现人间的公平、正义。在与齐人讨论"燕可伐"的问题时，孟子主张"为天吏，则可以伐之"（《孟子·公孙丑下》4.8），天吏是遵从天的法令，代表天执行人间的赏罚。什么是天的法令呢？孟子说：

> "惟仁者为能以大事小，是故汤事葛，文王事昆夷。惟智者为能以小事大，故大王事獯鬻，勾践事吴。以大事小者，乐天者也；以小事大者，畏天者也。乐天者保天下，畏天者保其国。"（《孟子·梁惠王下》2.3）

这里的天可以理解为主宰之天或者义理之天，指世间的最高主宰或者价值原则。天生育万物，无所不覆，无所不养，体现着仁爱的价值原则，所以真正的仁者不会恃强凌弱，以大欺小，而是"修文德以来之"，自觉地尊奉天的意志或原则，侍奉葛国的商汤，侍奉昆夷的文王即是其代表。同时，天高高在上，代表一种尊严与秩序，智者认识到这一点，便会以小侍大，敬畏天的意志或原则，侍奉獯鬻的周太王，侍奉吴国的勾践是其代表。喜好天命的仁者由于奉行王道，可以保有天下，而敬畏天命的智者懂得节制，可以保住国家。所以天的法令包括仁爱原则和秩序原则，这即是天命所在。而齐国讨伐燕国，既违背仁爱原则，也破坏了政治秩序，是"以燕伐燕"，是与燕国一样无道的国家去讨伐燕国，因而不具有合法性。面对无道的战国乱世，孟子呼吁能有实行仁政、王道的天吏出现，"如此，则无敌于天下。无敌于天下者，天吏也"（《孟子·公孙丑上》3.5）。只有天吏降临，才能称王天下，实现人间的公正、正义。

公正、正义的实现，虽然要靠多数人的共同努力和参与，但少数先知、先觉者在其中发挥着更为重要的作用。孟子借伊尹之口说：

"天之生此民也，使先知觉后知，使先觉觉后觉也。予，天民之先觉者也。予将以斯道觉斯民也。非予觉之，而谁也？"思天下之民，匹夫匹妇有不被尧舜之泽者，若己推而内之沟中。（《孟子·万章上》9.7）

天民即天所生之民，也是承载着天之责任、使命之民。虽然我们每个人都是承载着天的责任、使命来到人间的，但存在着先知、先觉与后知、后觉的差别，故先知、先觉者便有义务用"斯道"去唤醒那些后知、后觉者。"斯道"即天道，也就是尧舜之道，是"小德役大德，小贤役大贤"之道。"有天民者，达可行于天下而后行之者也。"（《孟子·尽心上》13.19）"达"是理解、明白之意，天民意识到天道可以推行于人间，便去积极地努力实践，一个根据德性、贤能分配职位、俸禄的社会，才是正义的社会，是德福相配、德命与运命可以相对统一的理想社会。所以天民的理想不在彼岸、来世，而在于此岸、今世，这是儒家人文教之为人文而非宗教的地方。所以孟子虽然用天、天爵、天吏、天民等概念建构起一套天学，但这套天学恰恰是要落实于人间，是为人间的公平、正义建立形上根据。孟子的天不仅赋予人善性，同时还代表了一种法则、秩序；善性内在于心，"思则得之"，可以从内心去体悟；法则、秩序则是外在于心，需要去体察天命、天意。在孟子那里，天乃是第一本体，仅仅从"性与天道"去理解孟子，把孟子解读为心学或心性之学，是不全面的。由于孟子的天离不开人，需要人去落实、实践，故其学可称为天人之学，不仅关注内在善性、道德主体，还着意于人间的公正、正义，而孟子的天是最高的主宰者、超越者，是一个完整的概念。以往学者受冯友兰先生的影响，喜欢把儒家的天区分为物质之天、主宰之天、运命之天、自然之天、义理之天，[①]具体到孟子的天，则切割为主宰之天、义理之天、运命之天以及自然之天等几个部分，显然是不恰当的。孟子虽然在不同语境中，会突出天的某一方面含义，但在孟子的心目中实际只有一个天。孟子如果像今人一样，把一个完整的天分解为不同的方面，天就失去了神圣性，不具有统摄人心、规范秩序的作用了。我们今天要做的，恰恰是要像孟子一样去理解他所说的天。

　　孟子的天首先是主宰天，是对西周、孔子的天的继承和发展，所以天才能够赋予人善性，规定人间的政治秩序。由于孟子的天有法则、秩序意，学者又分出义理之天，但法则、秩序即是主宰天意志的体现，不是在主宰天之外另有一个义理天。比较复

[①] 冯友兰：《中国哲学史》上册，中华书局，1947，第55页。

杂的是运命天。前面说过，随着西周末年人们对于天公正性的怀疑，在传统的神学主宰天之外，又发展出一个运命天，以解释、说明人的穷达夭寿祸福。孟子也非常重视运命天，他说："莫之为而为者，天也；莫之致而至者，命也。"（《孟子·万章上》9.6）我们生活的世界中，似乎并没有一个主宰者在发号施令，但又确实存在着一种人力无可奈何的力量，它作用于每个人身上，使其或穷或达、或福或贵、或寿或夭，表现出不同的人生际遇，这种力量就是天，落实到个人就是命。鲁平公欲见孟子，因嬖人臧仓从中作梗而未能成行，孟子评论此事说："行，或使之，止，或尼之，行止非人所能也。吾之不遇鲁侯，天也。臧氏之子，焉能使予不遇哉！"（《孟子·梁惠王下》2.16）平公来，是某种运命在促使；不来，也是运命在阻止。平公来与不来，都不是人力所能决定。我不能与鲁君相见，这是天命啊。姓臧的小子怎能阻止我与平公相见呢？孟子把自己不能与平公相见归于天，这里的天指运命天，其与主宰天显然有所不同。主宰天是有意志、目的，有价值内涵的，套用孟子的定义，可称为"有所命而命者天也，有所令而令者命也"，故主宰天的命令乃是德命。而运命天则是个人无法控制的盲目力量，是没有价值内涵的。主宰天降下德命，运命天影响到人的运命，二者确乎是有所不同的。但仔细分析不难发现，孟子的主宰天与运命天依然存在内在的联系，运命天是从主宰天分化而来，而不是没有关系的两个不同的天。孟子的运命天虽然看上去神秘莫测，似不可捉摸，但究其实，主要还是人相互作用的结果，只不过不是个别的人，而是所有的人，是一个时代的人所形成的趋势、合力，以及机缘、巧合等。对于不遇平公，孟子之所以归于天命，而不认为是某个小人在起作

第十七讲　事天与立命

用，就是因为平公来与不来，不完全是他人所能决定的，关键还在平公自己。平公不辨别是非，轻信谗言，自身就存在很大问题，而平公的见识短浅与他所处的环境、受到的教育、接触的人物有关，若探究下去又可以发现众多的原因，不是完全可以解释清楚的。所以遇到平公这样的君主，只能说是天命，这里的天命指运命。本来人是由天所生，天生众民之时，赋予其善性，赐予其天爵，规定了人间的价值秩序，故我们每个人乃天民，是天所生之民，是承载天的使命与责任之民。我们若听从天命的召唤，存心、养性、完善德性，践行天的法则、秩序，建立起一个有道的社会，便可使德福一致，德命与运命得到相对的统一。但由于人的无知、无觉，忘记了自己的天民身份，忘记了自己所承载的责任与使命，丧其本心，弃其天爵，背离了正义，陷入无序乃至无道，成为盲目的力量，人们之所以感觉德命与运命的对立，感叹德福不能相配，根本原因就在这里。由于人为天所生，此天指主宰天，而运命天又是人与人、人与自然相互作用的结果，所以儒家、孟子所说的运命天也是从主宰天包括自然天分化而来，并非与主宰天、义理天、自然天没有关系。运命虽然难以把握，但我们却可以用德命去制约它，首先是用德命超越运命，把"尽其道"看作最高的正命。其次是根据天的法则建构有道的社会，使运命受制于德命。那么我们是否有可能完全掌握自己的命运，使德命与运命得到统一？答案是悲观的，不能！因为命运是个体性的，而运命如何作用于个人是永远无法说清楚的，除了社会的因素外，自然界的山洪暴发、森林大火、气候异常以及身体上的意外疾病等，都会影响到个人的生活与命运，想要完全掌握个人的命运，达到德命与运命的统一是不可能的。我们所能做的，只

501

能是践行天的法则，建立有道的社会，在相对的意义上使德福相配，实现人间的正义。而天的法则实际又来自于民，天的法则也就是人的法则，因为孟子相信"天听自我民听，天视自我民视"（《孟子·万章上》9.5），不过天所听的不是个别的民，不是作为盲目力量的民，而是整体的民，是意识到自己天民身份的民，天所听的实际是民的普遍意志，是普遍的道德律。从这一点看，天固然会听于民，民更要听于天，民只有聆听天命——指德命，才能回归到天民的身份，才能由自在的存在成为自为的存在，奉行天命，通达运命，才能真正做到事天与立命。

当孟子离开齐国，告别战国政治舞台时，曾意味深长地说："夫天未欲平治天下也，如欲平治天下，当今之世，舍我其谁也？"（《公孙丑下》4.13）这里的天乃是结合主宰天与运命天而言，主宰天当然希望天下能够得到平治，但天的意志需要人去落实、实践，当人不能理解天意、奉行天命时，天即使有心使天下平治，也只能徒唤奈何！德命在现实中受制于运命，需要通过运命表现出来，人类历史乃是天与人共同作用的结果。从这一点看，天命既是"有"，也是"无"；"有"是说德命有规定、有内容，是可以被认识的；"无"则是说运命如何展开对于我们来说，是难以猜测和预料的。由于"天命之谓性"，我们"尽其心"就可以"知其性"，就可以知天命之所在。同时"天降大常，以理人伦"（郭店简《成之闻之》），天颁布大常、法则规定了人间秩序，我们"顺天常"，遵从天的法则，推己及人，"尽其性""尽人之性"——此点孟子有所缺失——就可以建立有道的社会，使天命在人间得以实现。但这需要经历一个漫长的过程，其间有种种未知的因素在发生作用。孟子自称"当今之世，舍我其谁也"，表明他自认已掌握、理解了天命——德命，但因受制于运命，故其民本、仁政、王道的理想尚不能在当时实现。但德命虽然受制于运命，又超越于运命，故终归会在人间落实，民本、仁政、王道的理想也一定会实现。